Zu diesem Heft

Das Heroische ist keineswegs en vogue. Es wird aber seit Neuerem, wenn auch mit großer Vorsicht, wieder häufiger bedacht, am liebsten in seiner aktuellen Schwundstufe: dem »Helden des Alltags«. Das ist ein Zeitgenosse, der etwas Gutes tut, selbst wenn es unbequem für ihn wird, beispielsweise das Retten einer Katze aus einem Baum. Was unbedingt zu loben, aber vielleicht doch keine Heldentat im strengen Sinne ist. Die Popularität solcher Alltagshelden ist ein starkes Indiz für den herrschenden antiheroischen Affekt, und auch damit beschäftigt sich dieses Heft, jedoch geleitet von der Einsicht, dass es gerade das Unalltägliche ist, das den Helden ausmacht.

Diese Einsicht hat zwei analytische Charakteristika: Das heroische Phantasma ist ein Protokoll unserer Imagination, es stillt, jenseits eines politischen Missbrauchs, ein anthropologisch-psychologisches Bedürfnis in allen Kulturen. Und es hat sich, von seinen archaisch-rituellen Anfängen über die antike Zivilisation bis zur europäischen Moderne, als Imago herausgebildet.

Diese Konstante soll hier in ihren unterschiedlichen Erscheinungsformen dargestellt werden. Dabei zeigt sich, dass heroisches Verhalten, wenn es seinen Namen verdient und die Phantasie einer kulturellen Gemeinschaft anregt, keineswegs immer die »gute Tat« eines edlen Menschen sein muss.

Es ist eher die Abweichung, die das Heroische kennzeichnet, nicht die Erfüllung einer vorgegebenen moralischen Norm. Und es ist auch nicht nur die Tat als solche, sondern der Gestus, die Kühnheit des Tuns, die uns das Heroische erkennen lässt.

Die erste Abteilung des Heftes präsentiert ein Kaleidoskop des Heroischen, das in vielfältiger Perspektive die Bedeutung und Aktualität des Themas markiert – von der Zivilcourage Teheraner Demonstranten über den heldenfeindlichen Egalitarismus westlicher Massendemokratien bis hin zur Soziobiologie des Heroischen.

In der zweiten Abteilung wird das Thema kulturhistorisch entfaltet in den Archetypen des Helden: Achill und Don Quijote, Satan und Dandy, Dichter und Denker – wobei nicht nur das Heroische in der Literatur, sondern auch in Musik und bildender Kunst behandelt wird.

Die dritte Abteilung reflektiert den Helden in dem Medium, das ihn für die Gegenwart am stärksten geprägt und auf der ganzen Welt verbreitet hat: dem Film. Mit dem Verschwinden des Kriegshelden im 20. Jahrhundert ist es jetzt noch der Westerner, in dem die aggressive Heldenimago ihren Ausdruck findet, wenngleich die Comic-Heroen, wie sie im Cartoon, in Film und TV und Computerspiel endemisch geworden sind, wohl demnächst den einsamen Mann auf seinem Pferd zur abgelebten Figur machen und endgültig in der untergehenden Sonne verschwinden lassen.

Die Abneigung gegen Heldentum ist keine Nebensache, sondern essentiell für postheroische Gesellschaften, und daraus resultiert auch der sprachpolitische Versuch, Zivilcourage als das nettere Wort zu lancieren. Denn der eigentliche Skandal des Heroischen wird im Laufe der Zeit nicht kleiner, sondern wächst: Man kann den Helden immer weniger dulden, weil er das Prinzip der Gleichheit radikal in Frage stellt – er ist eben kein Mensch wie du und ich. Das ist unverzeihlich, und deswegen sollen heutzutage Helden, wenn es sich nicht gerade um kindgerechte Supermänner oder brave Katzenretter handelt, nicht mehr bewundert, sondern nur noch entlarvt und destruiert werden. Aus Geschichten der Größe sind solche des Schwindels und der medialen Mache geworden. Wie man beides dialektisch verknüpft und ausgerechnet aus einer Entlarvungsgeschichte den Helden hervorzaubert, dieses Kunststück führt uns zum Schluss Bertolt Brecht vor.

K.H.B. / K.S.

Jörg Lau

Pathos des Eigensinns

Zivilcourage und Heldentum

Am 20. Dezember 2007 kehrt der pensionierte Realschulrektor Hubert N. von einer Weihnachtsfeier mit seinen alten Kollegen heim. Am Max-Weber-Platz steigt er um in die U4 Richtung Arabellapark und nimmt im letzten Wagen Platz, in der letzten Sitzreihe, wie er es immer tut. Zwei angetrunkene junge Männer setzen sich ihm gegenüber, Serkan A. und Spyridon L. Die beiden zünden sich eine Zigarette an und blasen den Rauch in Richtung des Rentners. Der sagt irgendwann den Satz, der sich als fatal erweisen wird: »In der U-Bahn wird nicht geraucht.« Die beiden beschimpfen ihn daraufhin als »deutsches Arschloch« und »scheiß Deutscher«. Als er aussteigt, folgen sie ihm und stoßen ihn, wie sich auf Überwachungsvideos beobachten lässt, von rückwärts zu Boden. Dann traktieren sie ihn mit Tritten gegen Kopf und Bauch. »Sie spielten Fußball mit meinem Kopf«, erinnerte sich der Lehrer. Er erleidet einen dreifachen Schädelbruch.

Der Fall Hubert N. wurde sehr schnell zu einem Politikum. Bald ging es um »kriminelle Ausländer« und eine vermeintlich allzu lasche Justiz. Das Getöse der Parteien um den Vorfall hat es bald unmöglich gemacht, ihn als eine Episode zu sehen aus dem ganz normalen Alltag unserer Städte, die von ethnisch motiviertem Hass, Feigheit und Zivilcourage handelt. Wenn Roland Koch den Vorfall nicht für seine populistische Wahlkampagne zu vereinnahmen versucht hätte, fiele es leichter zu erkennen, dass das Schicksal des Hubert N. symptomatisch für unseren merkwürdigen Diskurs über »Zivilcourage« hierzulande ist.

Lassen wir die ganze hochideologische Debatte über den Fall beiseite: Auf dem Überwachungsvideo aus der U-Bahn-Station kann man deutlich erkennen, wie einer der beiden Täter Anlauf nimmt und mit voller Wucht gegen den Kopf des liegenden Sechsundsiebzigjährigen tritt. Die außergewöhnliche Aggressivität der beiden jungen Männer führte zu einer monatelangen, republikweiten Debatte. Einzelne Stimmen versuchten, die schockierende Inländerfeindlichkeit von Serkan A. und Spyridon L. als Kompensation eines Aufwachsens in ausländerfeindlicher Atmosphäre zu deuten – so etwa der Chef des *Zeit*-Feuilletons, Jens Jessen, der in einem Videoblog den versuchten Mord als ein fast schon verständliches Zurückschlagen der von deutschen Rentnern schikanierten Migranten hinstellte. Das war offenbar ein Versuch, die Koch-Kampagne gegen »junge kriminelle Ausländer« zu konterkarieren. Diese allerdings scheiterte ohnehin beim Publikum. Als herauskam, dass die hessischen Gerichte besonders lasch und langsam mit Jugendstrafverfahren umgehen, war Kochs Wiederwahl gefährdet.

Im Sommer 2008 wurden die beiden Täter wegen versuchten Mordes zu achteinhalb und zwölf Jahren Haft verurteilt. Das Opfer hat das Urteil mit

Genugtuung aufgenommen. Der *Süddeutschen Zeitung* gab er vor dem Prozess gegen die beiden Täter zu Protokoll, zwei Gedanken seien ihm durch den Kopf geschossen, als er auf dem Boden lag: »Die wollen mich totschlagen – warum eigentlich?« Und: »Was würde ein Held jetzt machen?« Gegenüber *Spiegel Online* erinnert Hubert N. sich, er habe, bereits am Boden liegend, ein Mädchen gesehen, das die Tat beobachtete: »Jetzt reden alle von Zivilcourage. Aber das bringt doch nichts.«

Damit sind die Begriffe gefallen, um die es hier geht: Heldentum und Zivilcourage. Unsere öffentliche Auseinandersetzung mit dem Komplex Heldentum und Zivilcourage ist merkwürdig ambivalent. Es hat sich einerseits eine regelrechte Zivilcourageindustrie gebildet, die dem Bürger zuredet, bei Gewaltsituationen im öffentlichen Raum nicht wegzuschauen, sondern tapfer zu handeln. Wie ein Mantra wird von dieser Bewegung andererseits aber der Satz wiederholt, man solle dabei »bitte nicht den Helden spielen«.

Die Bewegung für »mehr Zivilcourage« ist eng verbunden mit dem Kampf gegen den Rechtsradikalismus – mit Initiativen wie »Gesicht zeigen«, »Schule gegen Rassismus – Schule mit Courage« oder »Mut gegen rechts«. Wenn diese Gruppen »Zivilcourage« sagen, meinen sie eigentlich den Kampf gegen aggressiv auftretende Neonazigruppen oder Schläger mit Insignien der rechtsradikalen Popkultur wie Bomberjacken, Skinhead-Haarschnitt und dergleichen. Mit diesen Worten zum Beispiel wird ein *Handbuch für Zivilcourage* angepriesen: »Was Sie tun können, wenn Sie selbst Zeuge oder Opfer rechter Gewalt werden, finden Sie in zahlreichen Verhaltenstipps für den Ernstfall – in der Kneipe, bei einer Schlägerei, im Bus oder in der Fußgängerzone. Trainings und Seminare werden vorgestellt und wo man diese Angebote buchen kann – ob Deeskalationstraining, Selbstbehauptungskurs oder Toleranztraining.«

Wie selbstverständlich ist da von »rechter Gewalt« die Rede. Doch was dem Hubert N. widerfahren ist, passt nicht so recht in das Wahrnehmungsschema der Zivilcourageaktivisten. Die Täter, die ihren Hass an ihm auslebten, waren nichtdeutscher Herkunft. Ein Deutscher als Opfer von Rassismus – das ist natürlich verwirrend. Und so sind wohl die Versuche zu erklären, das Ereignis umzudeuten, bis es wieder ins vertraute Muster passt: Der auf einer rauchfreien U-Bahn insistierende Rentner sei eine unerträgliche Inkarnation des »deutschen Spießers«, und die jungen Männer hätten wohl schon »unendliche Gängelungen« durch seinesgleichen zu erdulden gehabt, mutmaßte Jessen in seinem oben erwähnten Kommentar. Haben die beiden Täter also eigentlich nur zurückgeschlagen – Opfer endloser Schurigelei durch deutsche Rentner? Keine Umdeutung der Geschehnisse scheint offenbar zu absurd, will man das bekannte Täter-Opfer-Schema wiederherstellen.

Dabei hat Hubert N. getan, was die Propagandisten der Zivilcourage zu Recht fordern: den öffentlichen Raum nicht widerstandslos der Gewalt preiszugeben. Er hat sich der Einschüchterung nicht einfach ergeben, sondern auf ziviler Rücksichtnahme insistiert. Heldentum ist sicher ein zu großes Wort dafür. Aber hier hat sich jemand nicht weggeduckt und sich mindestens einen Kommentar über die raumgreifende Belästigung nicht verkniffen. Die meisten von uns werden in ähnlichen Situationen lieber klein beigeben – und damit Stück für Stück der angstfreien Öffentlichkeit aufgeben, ohne die es kein bürgerliches Leben geben kann.

Der Kampf um diese Sphäre ist unteilbar. Es ist zu kurz gegriffen, ihn als Widerstand gegen »rechte Gewalt« zu definieren. Der Kampf für das Recht, nicht zusammengeschlagen zu werden, weil man eine andere Meinung oder einen anderen Lebensstil hat oder einfach nur auf irgendeine signifikante Weise anders aussieht, wird in manchen ostdeutschen Städten in der Tat gegen den Pöbel geführt, der es auf dunkelhäutige Menschen und Asiaten abgesehen hat. In Berlin-Mitte wird er aber zum Beispiel auch gegen Homosexuellenfeinde ausgefochten, die schwulen Pärchen auflauern, um sie zu »klatschen«. Die Berliner Polizei hat darum ein Beratungsteam speziell für Schwule eingerichtet, das über das richtige Verhalten bei homophober Aggression aufklärt. Es sind neben Rechtsradikalen zunehmend muslimische Jungs, von denen Schwule in der Öffentlichkeit das Schlimmste zu fürchten haben. Schwule werden aufgefordert, Gruppen von orientalisch aussehenden Jungs aus dem Weg zu gehen. Das mag klug sein, aber solche Ratschläge bedeuten letztlich, dass diese Gesellschaft ein weiteres Stück bürgerlicher Freiheit den Soziopathen opfert, denen niemand mehr entgegentritt.

Und wenn ein älterer Herr als »scheiß Deutscher« in einer Münchner U-Bahn fast totgeschlagen wird oder die letzten verbliebenen deutschstämmigen Schüler auf manchen Berliner Schulhöfen von türkischen und arabischen Mitschülern als »Weißbrote« und »Schweinefleischfresser« drangsaliert werden, ist das auch ein legitimes Betätigungsfeld für die allerorten eingeklagte Zivilcourage. Auch wer gegen solche Mobgesinnung aufbegehrt, riskiert viel, wie etwa die Recherchen der ZDF-Reporterin Güner Balci gezeigt haben. Sie hat zwei Schüler der Thomas-Morus- Oberschule in Berlin-Mitte beim Spießrutenlauf auf dem Schulhof begleitet, wo sie regelmäßig zur Zielscheibe des Deutschenhasses wurden. Sie sind die letzten Deutschstämmigen in ihrer Klasse. Wenn die beiden sich nicht damit begnügen wollen, in einer de facto segregierten Ecke des Pausenhofs unbehelligt zu bleiben, müssen sie dauernde Belästigungen, Demütigungen und Schläge über sich ergehen lassen. Die Lehrer haben sich offenbar damit abgefunden, dass es für die beiden Übriggebliebenen keine angstfreien Schultage mehr gibt.

Wahrscheinlich werden die Jungen mit ihren Familien eines Tages klein beigeben und wegziehen und damit die ethnische Segregation in der deutschen Hauptstadt weiter zementieren. Mut brauchte es hier vonseiten der Schulleitung, aber auch vonseiten der Migrantenkinder und ihrer Eltern, die den angstfreien öffentlichen Raum als hohes Gut zu schätzen wissen, und zwar nicht nur solange sie selbst die Minderheit unter Deutschen darstellen. Wenige können sich dazu durchringen, das raumgreifende, pöbelhafte Verhalten der türkischen und arabischen Jugendlichen zu kritisieren, die vielerorts, längst nicht nur in Berlin, die Mehrheit darstellen.

Warum aber rät die Polizei in all ihren Broschüren und Schulungsfibeln immer wieder davon ab, »den Helden zu spielen«? Es gibt einen pragmatischen Grund dafür: Es soll unvorsichtigem Verhalten vorgebeugt werden, das den Helfer schnell zum zweiten Opfer werden lassen kann. Aber irgendetwas ist an der geradezu rituell wiederholten Formel auch merkwürdig. Wenn die Tugend der Zivilcourage mit großem Publicityaufwand beworben werden muss, kann Heldenübermut ja eigentlich nicht das vordringliche Problem sein. Wenn große Kampagnen zur »Aktivierung des Helferverhaltens in der Bevölkerung« nötig sind, weil »eine Haltung des Wegschauens den idealen Nährboden für kriminelle Machenschaften bereitet« (so die »Initiative für mehr Zivilcourage« der Polizei), dann scheint wohl eher ein Mangel an Mut vorzuliegen. Die Polizei klagt, »Gaffer und Schaulustige, die Straftaten in der Öffentlichkeit als ›Unterhaltung‹ missverstehen«, seien »gänzlich fehl am Platz«. Schlimmer noch: Viele greifen offenbar nicht nur nicht ein, sondern wollen nach der Tat auch nicht als Zeugen zur Verfügung stehen. Es gelte aber, die »Förderung des sozialen Miteinanders« und die »Verantwortung für den Nächsten« ernst zu nehmen. »Kriminelle werden verunsichert«, heißt es auf der Website der Kampagne, »wenn sie sich nicht mehr darauf verlassen können, durch die Passivität möglicher Zeugen Schutz vor dem Zugriff der Polizei zu finden.«

Aber ist es vorstellbar, solche Passivität aufzubrechen ohne wenigstens Spurenelemente von Heldentum? Denn irgendjemand muss sich ja einen Ruck geben und nach vorne treten, um den Bann zu brechen. Irgendjemand, dem es nicht zu peinlich ist, »den Helden zu spielen«. Das Problem des Zivilcouragediskurses ist aber, dass er eben jenes eingreifende Verhalten kleinredet, indem er reflexhaft das Heldentum problematisiert. Es ist ein Selbstwiderspruch, Courage fördern zu wollen und heroisches Handeln unter Verdacht zu stellen. Hubert N. hat sich nach Maßgabe der Ratgeber und Broschüren, mit denen die Bevölkerung hierzulande zum eingreifenden Verhalten erzogen werden soll, paradoxerweise schlicht falsch verhalten.

In den Arbeitsblättern der Bundeszentrale für politische Bildung zum Thema »Zivilcourage: Eingreifen statt Zuschauen?« werden so die Erwägungen beschrieben, die für das Einschreiten bestimmend seien: »Entscheidend für das Eingreifen oder Nicht-Eingreifen in einer Notsituation ist die Höhe der Kosten. Als solche Kosten kommen in Frage: erstens die Kosten der Hilfe, die sich auf die Gefahren und den Aufwand beziehen, die mit einem Eingreifen einhergehen können: z. B. die Gefahr der eigenen Verletzung, Zeitverlust, Blamage durch nicht sachgerechtes Handeln, aber auch Ärger mit Behörden oder Unannehmlichkeiten, die grundsätzlich jede Einmischung in die Angelegenheiten anderer Menschen einbringen kann; zweitens die Kosten der Nichthilfe wie z. B. Gewissensbisse, moralische Selbstvorwürfe oder eine Strafanzeige nach § 323c StGB (Unterlassene Hilfeleistung); damit ist gleichzeitig der Nutzen der Hilfe verbunden, der in der Vermeidung von Gewissensbissen, Selbstvorwürfen und einer eventuellen Strafanzeige besteht.« Zivilcourage lässt sich aber nicht als Folge eines Kosten-Nutzen-Kalküls verstehen. Wer Situationen betrachtet, in denen sich zuerst Einzelne und dann in der Folge manchmal ganze Massen für das Handeln wider Macht und Gewalt entscheiden, merkt schnell, dass rationale Kostenabwägungen hier nicht sehr viel weiterhelfen.

Der Sommer nach den gefälschten Wahlen im Iran lieferte reichlich Anschauungsmaterial für solche Prozesse. Die *Los Angeles Times* berichtete unter anderem von einem dreiunddreißigjährigen Ingenieur namens Ali-Reza. Am Tag nach den Wahlen wurde er in Teheran zum Zeugen, wie Mitglieder der zur Aufstandsbekämpfung eingesetzten Bassidsch-Einheiten einen anderen Mann auf brutale Weise zusammenschlugen. »Schlagt ihn nicht«, wandte er sich an die Prügelnden. Einige dieser Milizangehörigen in Zivil hörten tatsächlich auf, aber nur, um sich nun ihm zuzuwenden. Sie begannen, ihn mit Knüppeln, Kabeln und Fußtritten zu malträtieren. Er wurde in Haft genommen und noch tagelang weiter geschlagen. Als er sich beklagte, wurde ihm beschieden: »Du hast Mussawi gewählt, dich zu schlagen ist unser Recht. Wir können dich sogar umbringen.« Bei den folgenden Verhören im Gefängnis wurden ihm Videoaufnahmen von Demonstrationen gezeigt, an denen er teilgenommen hatte. Nach zehn Tagen konnte seine Familie die Freilassung erreichen, allerdings gegen Hinterlegung der Hypothek des Familienhauses als Kaution. Die *Los Angeles Times* resümiert: »Die Tortur hat ihn wütender gemacht und seine Verachtung der iranischen Autoritäten bestärkt. Er erinnert sich, junge Männer blutend und verletzt am Boden liegend gesehen zu haben, und niemand kam ihnen zu Hilfe. ›Jetzt weiß ich, wen ich hasse‹, sagte er. ›Jetzt weiß ich, dass sie wie Tiere sind. Sie glauben an nichts. Sie schließen ihre Augen und schlagen auf dich ein, bis du tot bist.‹«

Die deutschen Zivilcouragefibeln haben für Ali-Rezas Verhalten keinen Sinn. Es war ja absehbar, dass die berüchtigten Bassidsch-Milizen sich nicht von seinem Appell beeindrucken lassen würden. Mit seiner eigenen Misshandlung und Verhaftung hätte er nach den Erfahrungen mit früheren Aufständen im Iran rechnen müssen. Und doch nötigt uns seine unerschrockene Tat Respekt ab. Ali-Rezas Kosten-Nutzen-Kalkül scheint sich selbst durch die Misshandlungen nicht verändert zu haben: Er ist wütender und in seiner Verachtung der Autoritäten bestärkt durch die Behandlung, die man ihm angedeihen ließ.

Es ließen sich viele solcher Beispiele allein aus den sommerlichen Aufständen im Iran anführen: Es war bewegend, allabendlich die »Gott-ist-groß«-Rufe von den Dächern Teherans zu hören, wie sie durch YouTube dokumentiert wurden. Tausende Teheraner Bürger gingen noch Wochen nach den gefälschten Wahlen auf die Straßen und riefen »Tod dem Diktator«, wohl wissend, dass sie nicht mehr auf einen Sieg der Bewegung rechnen konnten. Es schien ihnen längst mehr um ihre Würde zu gehen als um die Aussicht auf reale Veränderung. Die Bilder der vor laufender Handykamera verblutenden Studentin Neda Agha-Soltan wurden zum Symbol der Unbeugsamkeit einer Bewegung, die Gefahr nicht suchte, aber im Zweifelsfall auch nicht scheute.

Es sind die Bilder und Geschichten von solchem Widerstand, die dem Wort Zivilcourage einen Sinn geben. Das Bild der blutüberströmten Neda kann gefährlich werden für das herrschende Regime, wenn es einen Märtyrermythos begründet – zumal in einem schiitisch geprägten theokratischen Staat, der selber immer wieder das Märtyrertum funktionalisiert hat. Die

Waffe des Märtyrertums, die von der Islamischen Republik Iran so erfolgreich im Krieg gegen den Erzfeind Irak eingesetzt wurde, kann sich in Krisenzeiten auch gegen das Regime selber richten.

Es ist nicht schwer zu verstehen, warum der deutsche Zivilcouragediskurs nicht ohne Denunziation des Heldentums auskommt. Die Kritik am Heldentum versteht sich als Teil der geschichtspolitischen Aufarbeitung. Wenn Zivilcourage als Alternative zum Heldentum präsentiert wird, geht es darum, Unangepasstheit gleichsam zu demokratisieren und zu vergesellschaften. Nicht auf den Einzelnen, sein Pathos und moralisches Virtuosentum soll es ankommen. Um missbrauchsanfällige Heldenideale gar nicht erst aufkommen zu lassen, soll es unter dem Schlagwort Zivilcourage auch zu ermäßigten Kosten möglich sein, Mut zu zeigen, ohne Konfrontation und ohne Selbstgefährdung. Zivilcourage wird daher in Deutschland nicht einfach nur als Bürgermut, sondern immer auch als Gegenkonzept zum verdächtigen Kriegerethos früherer Zeiten verstanden.

Ob sich Zivilcourage aber verlustfrei entheroisieren lässt? Typischerweise bestreiten die Helden selber das Heroische ihrer Haltung: »Ich habe bloß meinen Job getan.« Oder sie behaupten, sie seien »nur zufällig zur falschen Zeit am falschen Ort gewesen« und so zum Handeln gezwungen worden: »Jeder hätte sich so verhalten.« Ganz offenbar ist das aber nicht wahr. Es bleibt ein Geheimnis um das Nichtmitmachen, das oft auch von den Handelnden selber nicht durchschaut werden kann. Ohne das Pathos des Eigensinns kann der Schritt aus der Reihe nicht gelingen.

Ich will an drei Beispielen zeigen, dass die Rede von der Zivilcourage hohl bleibt, wenn sie nicht die radikalen Querköpfe im Blick hat, die sich nicht zu schade sind, »den Helden zu spielen«. Denn ohne die Bockigkeit der Schweißerin und Kranführerin Anna Walentynowicz wäre der Kommunismus in Polen womöglich bedeutend später zusammengebrochen. Ohne die Bereitschaft von John Lewis, immer wieder Schläge einzustecken, wäre Barack Obama heute vielleicht nicht Präsident der Vereinigten Staaten. Und auch die Blogeinträge des ägyptischen Studenten Karim Amer wird man vielleicht eines Tages als Vorboten eines Wandels sehen können.

Anna Walentynowicz war als Arbeiterin auf der Danziger Leninwerft die meiste Zeit ein Problem für die Behörden. Sie wird für ihre gewissenhaften Schweißarbeiten ausgezeichnet, aber sie will sich nicht damit abfinden, dass Männer bei Planübererfüllung besser bezahlt werden als Frauen. Weil sie sich darüber beklagt, wird sie 1953 zum ersten Mal verhaftet und acht Stunden lang verhört. Sie kann trotzdem Kranführerin werden, gerät aber wieder mit der Leitung aneinander, weil sie sich über die Veruntreuung von Geldern durch ein Mitglied der Werftleitung beschwert. Die sechziger und siebziger Jahre hindurch ist sie in einer verbotenen Arbeitergruppe aktiv und unterstützt die Streikbewegung, die 1970 in einem wahren Massaker niederkartätscht wird, bei dem neunundvierzig Menschen sterben. Ende 1978 ist sie an der Gründung einer freien Gewerkschaft beteiligt. Und 1980 wird ihr Fall dann zum Auslöser der Streiks an der Leninwerft, die den Anfang vom Ende des polnischen Sozialismus einläuten. Walentynowicz wird wegen ihres fortgesetzten Eintretens für bessere Arbeitsbedingungen fünf Monate vor Erreichen des Rentenalters entlassen. Vor einem Gericht setzt sie zwar durch, dass diese Kündigung unrechtmäßig sei, die Werftleitung stellt sie aber dennoch nicht wieder ein. Diese Ungerechtigkeit führt zu dem Streik auf der Leninwerft, der Lech Wałęsa auf die Bühne der Weltpolitik katapultiert. Die Arbeiter können ihre Forderungen durchsetzen, die Solidarność wird gegründet, der Rest ist Geschichte.

Woher nahm das katholische Bauernmädchen Anna Walentynowicz – gebürtig aus der heutigen Ukraine, Kriegswaise, Vertriebene und alleinerziehende Mutter – die Courage, sich dem allmächtigen System entgegenzustellen? Schwer zu sagen, doch wie sie den zeitweilig über hundert Stasiagenten getrotzt hat, die auf sie angesetzt waren, selbst noch in der Haft, ist zweifellos heldenhaft zu nennen. Die Entwicklung der Solidarność verlief dann zwar weitgehend ohne sie. Die Kompromisslosigkeit, die sie für den Widerstand prädestinierte, disqualifizierte sie zugleich für die Politik. Doch ohne ihre Störrischkeit hätten andere nicht die Gelegenheit bekommen, den Kommunisten am Runden Tisch die Freiheit abzuverhandeln.

Der Kongressabgeordnete John Lewis steht für einen der seltenen Fälle, in denen der Übergang vom zivilen Widerstand zur etablierten Politik gelungen ist. Lewis war in den sechziger Jahren der junge Mann der Bürgerrechtsbewegung um Martin Luther King. Er war an der Planung des legendären »Marsches auf Washington« vom 28. August 1963 beteiligt, und er hat dort neben King die Rede mit der größten Resonanz gehalten – und dabei war er erst dreiundzwanzig Jahre alt. Die Schlüsselworte der Rede lauten: »Denen, die uns gesagt haben ›Seid geduldig und wartet‹, müssen wir sagen, dass Geduld ein schmutziges und hässliches Wort ist. Wir können keine Geduld haben, und wir wollen nicht Schritt für Schritt frei werden. Wir wollen unsere Freiheit, und wir wollen sie jetzt.«

Die Insistenz auf dem Hier und Jetzt hob Lewis heraus und machte ihn zum Helden der jungen Schwarzen in den USA. Er war als Kind von Erntearbeitern in Alabama aufgewachsen und hatte Theologie studiert. Martin Luther Kings Radioansprachen inspirierten ihn, sich der Bürgerrechtsbewegung im Süden anzuschließen. Als Student begann er, Sit-Ins zu organisieren, um gegen segregierte Restaurants in Nashville zu protestieren. Lewis gehörte zu den Freedom Riders, die gegen die Rassentrennung in den Bussen aufbegehrten. 1961 wurde er von einem rassistischen Mob zusammengeschlagen, weil er seinen Sitzplatz nicht einem Weißen abtreten wollte.

Am 7. März 1965 führte er den berühmten Marsch sechshundert friedlich protestierender Bürger von Selma, Alabama, an, bei dem es um das Wahlrecht der Schwarzen im Staate ging. Beim Versuch, eine Brücke zu überqueren, wurden die Demonstranten brutal zusammengeknüppelt. Der vorneweg marschierende Lewis erlitt gefährliche Schädelverletzungen. Die Ereignisse wurden als »Bloody Sunday« bekannt. Die Bilder der Gewaltorgie wurden zum Fanal für die Bürgerrechtsbewegung. Präsident Johnson beschleunigte danach die Verabschiedung des Voting Rights Act, um eine weitere Eskalation zu verhindern. Die Demonstranten hatten freilich gewusst, welche Behandlung sie durch die State Trooper erwartete. Sie marschierten dennoch singend auf die schwerbewaffneten Polizisten zu. Sie hatten also die Gefahr in Kauf genommen. Dennoch würde man ihnen wohl kaum vorhalten wollen, den Helden gespielt zu haben. Es war eine Frage der Selbstachtung, der Gewalt nicht zu weichen.

Mehr als vierzig Mal wurde Lewis in der heißen Phase der Bürgerrechtsbewegung verhaftet. Er ist so schwer am Kopf verletzt worden, dass man noch heute die Narben sieht. Bei einem Vortrag im letzten Herbst, kurz nach Obamas Wahl, sagte Lewis: »Dieselben Hände, die einst im Süden Baumwolle pflückten, haben jetzt Barack Obama zum Präsidenten gewählt. Wenn mir damals jemand gesagt hätte, dass ich den Tag erleben würde, an dem dieses Land die Bürde des Rassismus niederlegt, hätte ich ihm nicht geglaubt.« Fünfundvierzig Jahre nach dem Marsch von Selma war John Lewis als wichtigster Zeitzeuge der Bürgerrechtsbewegung bei der Amtseinführung des ersten schwarzen Präsidenten der USA zugegen. Barack Obama übergab ihm danach ein Foto mit der Widmung: »Because of you, John«.

Karim Amer heißt eigentlich Abdul Karim Nabil Suleiman. Der heute fünfundzwanzigjährige Student der Rechtswissenschaften hatte sich geweigert, einige Blogeinträge zurückzunehmen, die sich radikal kritisch mit seiner Universität, mit dem Islam und mit dem ägyptischen Regime auseinandersetzen. Als Student der Kairoer Al-Azhar-Universität, der höchsten theologischen Autorität des sunnitischen Islam, hatte Suleiman sich immer weiter vom konservativen Mainstream entfernt. Er hatte angefangen, sich für die Rechte der Frauen zu engagieren. Die Apartheid der Geschlechter in der Welt des Islam begann ihn zu empören, ebenso die Verschränkung der religiösen Autoritäten mit dem Geheimdienstregime Mubaraks.

Zu den scharfen Worten, die ihn ins Gefängnis bringen sollten, wurde er allerdings durch ein Ereignis inspiriert, dessen Augenzeuge er wurde. Am Freitag, dem 21. Oktober 2005, hatte sich in Alexandria ein Mob von mehreren tausend Menschen versammelt, um gegen ein Theaterstück zu protestieren, das in einer koptisch-orthodoxen Kirchengemeinde aufgeführt worden war. Die Menge war aufgepeitscht durch die Berichterstattung einiger Boulevardzeitungen, die dem Stück die Verächtlichmachung des Islam unterstellten. Es handelte sich um eine gezielte Hasskampagne gegen die ägyptischen Christen: Das Stück war in Wahrheit bereits zwei Jahre zuvor gespielt worden und hatte eine Kritik jedes religiösen Extremismus zum Inhalt. Dies alles interessierte die Menge aber nicht, die plündernd und prügelnd durch das Viertel zog. Drei Menschen starben bei den Unruhen.

Suleiman war schockiert von diesem Gewaltexzess und reagierte in seinem Blog mit einem wütenden Angriff auf die Religion, auf die sich der Mob berufen hatte: »Die Muslime«, schrieb er, der selber Muslim ist, »haben die Masken fallenlassen und ihr wahres, hasserfülltes Gesicht gezeigt. Sie haben der Welt gezeigt, dass sie auf der Höhe ihrer Brutalität und Inhumanität sind ... Ich habe mit meinen eigenen Augen gesehen, wie diese Lumpen in die Geschäfte unserer christlichen Brüder einbrachen, nachdem die gesamte Gegend von Muharram Bey außer Kontrolle der Polizei war. Ich habe gesehen, wie sie die Läden plünderten und dabei extremistische islamische Slogans riefen. Ich habe gesehen, wie sie das Geld aus den Kassen nahmen und unter sich aufteilten, als würde es ihnen rechtmäßig zustehen, von den ›Ungläubigen‹ und den ›Kreuzesverehrern‹ zu nehmen.« Suleiman rief dazu auf, nicht bloß die Täter zur Rechenschaft zu ziehen, sondern »zuerst die schmutzigen Lehren vor Gericht zu stellen, die sie veranlassten, plündernd und zerstörend durch die Straßen zu ziehen«.

Das war genug, um die Scheichs der Azhar zu seiner Zwangsexmatrikulation zu bewegen. Doch Suleiman ließ sich dadurch nicht einschüchtern. Im Herbst 2006 schrieb er: »Ich habe überhaupt keine Angst. Die Tatsache, dass die Gegner des freien Denkens glauben, solche Methoden gegen mich anwenden zu müssen – wie es nur die intellektuell Bankrotten tun –, macht mich selbstsicherer, standfester in meinen Prinzipien und bereit, alles zu ertragen für das Privileg, meine Meinung sagen zu können.« Es ist anrührend zu lesen, mit welch jugendlichem Enthusiasmus Suleiman sein Freidenkertum ausbuchstabiert – in zunehmend radikalen Blogtexten, die gegen eine Atmosphäre der Intoleranz und Unfreiheit aufbegehren. Woher bloß, fragt man sich, nimmt er die innere Freiheit dazu? Viele Kommilitonen wenden sich von ihm ab. Sein Vater distanziert sich. Hier steht ein einzelner junger Mann gegen ein ganzes System von Autoritäten, die sich wechselseitig tragen und sich verschworen haben, ihn niederzuhalten: Familie, Moschee, Universität und Geheimdienst. Am Montag, dem 11. September 2006, schreibt er in seinem Blog: »Die Grundfunktion des Gesetzes besteht darin, die Beziehungen der Individuen in einer Gesellschaft zu organisieren und ihre Freiheiten davor zu schützen, entwertet oder ausgebeutet zu werden.«

Dieses Bekenntnis zum liberalen Rechtsstaat, nicht zufällig am Jahrestag der Terroranschläge, war eine Provokation zu viel für den ägyptischen Staat und für die Autoritäten der Azhar-Universität. Suleiman wurde vor Gericht gestellt wegen »Schürens gesellschaftlicher Unruhe und Diffamierung des Islam« sowie »Gefährdung der öffentlichen Sicherheit« und »Beleidigung des Präsidenten«. Der Staatsanwalt im Gericht von Alexandria fragt Suleiman, was er damit meine, dass »Hosni Mubarak der Kalif sei, Gottes Stellvertreter im Lande Ägypten, Unterdrücker der Menschen und Symbol der Tyrannei«. Der Angeklagte antwortet: »Das ist meine Überzeugung. Ich habe das sarkastisch gemeint. Ich sehe ihn als Tyrannen.« Das Urteil am 22. Januar 2007 lautete auf vier Jahre Haft: drei für die »Missachtung der Religion«, ein Jahr für die »Diffamierung des Präsidenten«. Sein Vater ließ die Medien wissen, er hätte die Todesstrafe für angemessen gehalten.

Schwer zu ermessen, wie einsam ein solcher Mensch sein muss: Sich weder von der Macht der anderen noch von der eigenen Ohnmacht dumm machen zu lassen ist unter diesen Umständen etwas Heroisches. Undenkbar ist es immerhin nicht, dass man in dem unbeugsamen Eigensinn von Karim Amer eines Tages den Anfang vom Ende der Mubarak-Tyrannei sehen wird.

Norbert Bolz

Der antiheroische Affekt

»Also Bester, sieh zu, ob nicht das Edle und Gute etwas ganz anderes ist, als das Erhalten und Erhaltenwerden, und ob nicht ein Mann, der es wahrhaft ist, eben dieses, nur zu leben, so lange es irgend geht, muss dahingestellt sein lassen.« Platon, *Gorgias*

Menschen tun, was die anderen tun, und sie begehren, was die anderen begehren. Das war unter Soziologen und Psychologen niemals strittig. Aber nur wenige haben so klar wie der amerikanische Soziologe Charles Horton Cooley erkannt, dass der Mensch nicht nur der Macht des Konformismus und der Rivalität, sondern auch der Heldenverehrung unterworfen ist. Die Faszination durch charismatische Autorität, die Heldenverehrung als grenzenlose Bewunderung des großen Mannes ist für den Seelenhaushalt der modernen Gesellschaft nur noch ein Ärgernis.

Die Tiefe solcher Verehrung mag noch für den Gottesdienst akzeptiert werden, aber man muss Begriffe wie Loyalität, Royalität und Souveränität nur aussprechen, um sofort zu spüren, wie weit man sich mit diesem Thema vom modernen Leben entfernt hat. Natürlich verstummen unsere Wissenschaftler nicht, wenn man sie mit dem Thema Heldenverehrung konfrontiert. Wer verehrt, liebt jemanden, um ihn nicht fürchten zu müssen, könnte ein Psychologe sagen. Und ein Soziologe könnte ergänzen: Bewunderung ist die Währung, in der wir die Helden bezahlen, die uns entlasten. Doch der entscheidende Punkt bleibt hier ungeklärt: In der Heldenverehrung geht es um eine Hingabe, die nicht auf das Begehren reduziert werden kann.

Einen Helden zu haben ist das Privileg der Jugend. Nun wird man heute wohl kaum mehr einen Jungen finden, der sich mit Achill identifiziert – immerhin aber mit Brad Pitt. Selbst auf diesem trivialen Niveau bilden Bewunderung, Enthusiasmus und Heldenverehrung nach wie vor das Medium, in dem sich ein Charakter entwickelt. Und man ist genau so lange jung, wie man Helden hat, die man verehrt. Wer keinen Helden hat, hat auch keinen Ehrgeiz; er lebt ein Leben, das nicht lebenswert ist.

Deshalb hat Nietzsches Zarathustra vor der Verleumdung unserer höchsten Hoffnungen gewarnt: »wirf den Helden in deiner Seele nicht weg!« Diese Warnung ist dann in Martin Heideggers Hauptwerk *Sein und Zeit* Philosophie geworden. Im Paragraphen über die Grundverfassung der Geschichtlichkeit spricht Heidegger ausdrücklich davon, »daß das Dasein sich seinen Helden wählt«. Das ist keineswegs metaphorisch gemeint. Indem sich das Dasein seinen Helden wählt, wiederholt es eine faktisch existent gewesene Möglichkeit. Mein Held wirkt als Kraft der Möglichkeit in meinem Dasein. Und gerade indem ich mich vor der Autorität dieser heroischen Existenzmöglichkeit beuge, bin ich meinem eigenen Selbst treu. Die Wiederholung einer überlieferten Existenzmöglichkeit erwidert diese Möglichkeit, widerruft damit die Macht der Vergangenheit und »entgegenwärtigt« die Gegenwart. So buchstabiert Heidegger Nietzsches Begriff des Unzeitgemäßen. Der entscheidende Effekt, den die Orientierung an der Autorität des Helden hat, ist die »Entwöhnung von den Üblichkeiten«.

Und deshalb klingt diese Sprache auch so fern und unmodern; es war ein Kinderspiel, sie als Jargon der Eigentlichkeit abzufertigen. Schon auf den Tonfall der Entschlossenheit reagiert unser aufgeklärtes Selbstverständnis empfindlich. Der Bürger der modernen Gesellschaft ist ja derjenige, der vor niemandem das Knie beugt. Doch wenn von der Autorität des Helden die Rede ist, den sich das Dasein wählt, dann spürt man sofort den Anspruch des Herrn. Der Held ist die entscheidende Idee als Person. Man könnte deshalb auch sagen: Er verkörpert die Souveränität. Und das erzeugt eine ambivalente Gefühlslage, die für unser Verhältnis zum Helden charakteristisch ist.

»Command is a strong magic«, heißt es in Joseph Conrads *The Shadow-Line*. Der Held ist immer auch der Befehlshaber, der uns sagt, was zu tun ist. Insofern steckt in der Heldenverehrung die Sehnsucht nach dem Befehl, die Hoffnung auf den guten Führer der Welt. Die Amerikaner haben diese Sehnsucht gerade an Barack Obama erprobt. Jeder Führer ist ein Sinnstifter. Und dazu bedarf es keines Programms; die große Geste genügt. Der Führer emanzipiert von der Systemgeschichte: Change – yes we can.

Das Beispiel Obama zeigt, dass wir zwar keine Helden mehr haben, wohl aber immer noch ein unartikuliertes Bedürfnis nach Heldenverehrung. Das ist offenbar eine Folge der modernen Massendemokratie, denn ihr Egalitarismus duldet nicht die Exzellenz des Helden. Doch was verdrängt wird, kehrt bekanntlich wieder, aber in entstellter oder doch zumindest peinlicher Gestalt – nämlich im Starkult und seinen Fans. Daneben werden heute nur noch namenlose Helden akzeptiert. Und die politisch korrekten Massenmedien verklären längst nicht mehr die Helden, sondern die Opfer.

Der Egalitarismus der Massendemokratie kann den Helden nicht dulden, denn er ist eben nicht ein Mensch wie du und ich. Das Problem der Gleichheit, während doch alle nach Auszeichnung dürsten, haben die Griechen noch ganz anders gelöst. Auf dem Marktplatz, der Agora, traten die Gleichen in Wettkämpfe ein, um sich zu unterscheiden und auszuzeichnen. Der agonale Geist will sich von anderen unterscheiden, zeigen, dass er der Beste ist, und sich durch einzigartige Taten über die anderen erheben.

»Aristoi« nannten die Griechen die Besten, die sich ständig selbst beweisen und nach unsterblichen Taten trachten. Unverlöschlicher Ruhm – das ist auch heute noch gemeint, wenn man vom Ehrgeiz einiger Politiker spricht, sich in die Geschichtsbücher einzutragen. Der Egalitarismus kann das nicht dulden und verführt die demokratische Gesinnung zu jener Perversion, die jede Größe verleugnet und das Heroische verachtet. Es soll keine großen Männer, keine großen Taten und keine großen Gedanken mehr geben. Der Neid ist begierig nach Nachrichten über das Unglück der Großen, weil er ihre Exzellenz nur unter dieser Bedingung ertragen kann. Wissenschaftliche Unterstützung bekommen die Neidischen heute vor allem von den Psychologen, die es verstehen, die großen Taten der großen Männer auf Süchte und Leidenschaften zu reduzieren. Hegel hat das vorausgesehen: »Es giebt für den Kammerdiener keinen Helden«.

Das berühmte Kapitel über historische Größe in Jacob Burckhardts *Weltgeschichtlichen Betrachtungen* fasziniert schon in den ersten Sätzen durch die Formel: »Größe ist, was wir nicht sind.« Und am Ende dieser Überlegungen, die der begeisterte junge Nietzsche 1870 als freie Rede in Basel hörte, steht die Mahnung des Historikers an seine Zuhörer, den Geist für jede Größe offenzuhalten. Während uns die Soziologen predigen, dass Sein heute Ersetzbarsein heißt, weiß Jacob Burckhardt noch: Alle Menschen sind ersetzbar, nur die Großen nicht. In den großen Männern verdichtet sich die Geschichte – sie sind nicht moralisches Vorbild, sondern Ausnahme.

Vor allem diese letzte Bestimmung ist von eminenter Bedeutung: Größe ist Ausnahme, nicht Leitbild. Die Orientierung an Größe, die Sorge um den Ruhm erscheint geradezu als das Gegenteil der bürgerlichen Erfolgsorientierung. Und noch beunruhigender am Helden ist, dass er den Sinn des Lebens nicht im Glück sucht. Das in der Tat kann man von den Kammerdienern der Geschichtsschreibung lernen: Die Helden sind nicht glücklich. Sie halten Distanz zu der modernen Vergötterung des Erfolges, zu der Suche nach dem Glück und zu der Eitelkeit moralischer Vorbildlichkeit. Ihre heroische Identität kennt nur eine Währung: den Ruhm.

Vielleicht können wir den antiken Helden nicht mehr verstehen, weil er noch die Stimmen der Götter hören konnte und ihnen folgte. Aber wir können den antiheroischen Affekt verstehen, mit dem unsere Gegenwart allem Großen und Exzellenten begegnet. Und wir können verstehen, wie unsere moderne Gesellschaft die vakante Stelle der Heldenverehrung neu besetzt. Um den Begriff des Helden herauszuarbeiten, müsste man ihn von jeder moralischen Vorbildlichkeit und welthistorischen Aufgabe freihalten. Das Heroische ist weder eine ethische noch eine geschichtsphilosophische Kategorie.

Wir belassen es aber bei diesen Negationen und fragen nicht nach dem Wesen des Helden, sondern nach dem antiheroischen Affekt der modernen Gesellschaft. Deshalb können wir eine wichtige Unterscheidung unberücksichtigt lassen, nämlich die zwischen dem antiken Heros und dem modernen Helden. Hier nur ein paar Andeutungen. Heros heißt bei Homer jeder freie Mann, der am Trojanischen Krieg teilgenommen hat. Achill ist kein Individuum; er wird von Göttern geführt. Der antike Heros ist in all seiner Stärke und Selbstbehauptung noch kindlich, der moderne Held ist männlich. Man hat auch gesagt: Der antike Heros hat einen weiten Weg vor sich, der moderne Held aber einen Abgrund.

Man kann diese Differenz sogar in Homers Epen hineininterpretieren und Achill als einen »flat character«, Odysseus dagegen als ersten »round character« begreifen. Odysseus steht dann prototypisch für die Selbstbehauptung des Urbürgers, und seine Abenteuer werden als Bedrohungen seines Selbst gedeutet. Der Verschlagene erweist sich auf seinem weiten Irrweg als der Held des Überlebens. Aus Heroismus wird Überlebenskunst, der Held wird zum Bürger. Die Inversion dieser Interpretation liegt auf der Hand und wird dem 19. Jahrhundert zum Selbstverständnis: der Bürger als Held.

So wichtig diese Unterscheidungen sind – wir wollen den Akzent anders setzen, nämlich nach dem Faszinosum und dem Ärgernis des Heroischen fragen. Der Held ist derjenige, der die große Tat allein vollbringt. Mit seiner Heldentat tritt er aus der Masse heraus. Oft handelt es sich ja um die Bezwingung eines Ungeheuers. Doch dahinter versteckt sich vielleicht eine ungeheure Tat, eine Untat, und es könnte die Funktion der Trophäe sein, sie als Heldentat zu verkleiden. Gerade aber wenn sie eine maskierte Untat ist, dürfen wir vermuten, dass sie einen historischen Kern hat.

Der antiheroische Verdacht zielt also darauf, dass die Heldentat eine Untat ist. Hier kann man es sich leicht machen, nämlich moralisch urteilen: Nie wieder Helden! Und für gehobene intellektuelle Ansprüche kann man dieses moralische Urteil »dialektisch« anreichern, nämlich mit Brechts Abfertigung des Andrea Sarti durch Galileo Galilei, der das historische Unglück eines Landes, keine Helden zu haben, durch das posthistorische Glück verdrängt, keine Helden nötig zu haben.

Es gibt aber noch eine ganz andere Dialektik des Heroischen, und Hegel hat sie, Aug in Aug mit der Weltseele zu Pferde, klar herausgearbeitet. Der Held ist der Outlaw, der sich als großer Mann durchsetzen kann: Das welthistorische Individuum ist der gerechtfertigte Verbrecher. Und der Philosoph Hegel verzeiht dem Helden Napoleon das Böse. Denn der Held tut nur instinktiv, was Not und was an der Zeit ist. Er ist der »Geschäftsführer des Weltgeistes«. Es gibt also gar keinen Zweifel daran, dass der Held das Gesetz verletzt. Er will schuldig sein an seiner Tat, und er steht für das Ganze seiner Tat ein. Wenn er Böses tut, redet er sich nicht auf die Umstände heraus. Napoleon hatte keine Legitimationsprobleme, denn das Große ist begründungsunbedürftig. Die Heldentat kennt weder Risiken noch Nebenwirkungen.

Hegel hebt seinen Helden Napoleon in Geschichtsphilosophie auf – aber er löst ihn nicht darin auf. Napoleon war der Politiker des Ruhms, und er wusste sich als den einzigen, der die großen Taten vollbringen konnte; deshalb wurde seine Politik für die anderen zu Schicksal. So hat ihn auch Goethe gesehen und seine Identität daran gesetzt, ihm auf Augenhöhe begegnen zu können. Hegel sieht die Weltseele zu Pferde, Goethe tritt Napoleon gegenüber – das sind die Schlusstableaus der wahren Heldenverehrung.

Bei Goethe spielt das Dämonische für das Verständnis des Heroischen eine Schlüsselrolle; und noch Max Weber fordert vom gereiften Menschen, nicht dem Glück oder dem Sinn des Lebens hinterherzujagen, sondern seinem Dämon zu folgen. Dieser Begriff ist heute außer Gebrauch, aber für unseren Zusammenhang unverzichtbar. Der Held ist seinem Dämon verschrieben, und das entfernt ihn von allem Psychologischen und Soziologischen. Mit anderen Worten: Der Held hat keine Motive, es gibt keine Psychologie der Heldentat.

Ein antiker Heros wie Achill ist ganz und gar in seinen Taten. Er hat im Gegensatz zum modernen Helden des Romans keine Innerlichkeit. Der klassische Held ist mutig, aber im Gegensatz zum modernen Abenteurer nicht tollkühn. Am einfachsten kann man ihn vielleicht mit der Caesar-Formel definieren: »operibus anteire« – durch Taten vorangehen. Thomas Carlyle hat viel Spott auf sich geladen, weil er sich die Begeisterung für den Helden und die Einsicht in die gesellschaftliche Notwendigkeit der Heldenverehrung nicht nehmen ließ.

Jede Heldentat sprengt die Immanenz des Lebens. Und auch die armseligste Existenz kann das Gefühl nicht unterdrücken, dass der Heroismus das Mysterium des Lebens berührt, die Lebensexzellenz. Krieg und Abenteuer sind die unverwechselbaren Schauplätze der Bewährung heroischer Lebensstandards. So unnachvollziehbar es uns heute erscheint: Der Krieg war bis ins 19. Jahrhundert hinein als das extreme, starke Leben erfahrbar. Und am Abenteuer gilt es vor allem, den Gegensatz zum Risiko zu betonen. Der Held gehört zur Gefahr, nicht zum Risiko. Er interpretiert die Gefahr als Abenteuer.

Ganz gleich ob wir es mit einem antiken Heros, einem modernen Romanhelden oder einem Erlebnistouristen zu tun haben: Das Abenteuer fällt aus dem Leben heraus, es hat Anfang und Ende. Das Abenteuer ist reine Gegenwart; Vergangenheit und Zukunft spielen keine Rolle. Deshalb können wir es als das Erlebnis schlechthin definieren. Der Held des Abenteuers verkörpert die vollkommene Geistesgegenwart. Seine freie Individualität und Selbständigkeit bewährt sich gerade im eigenen Abenteuer. Er trotzt sie der Barbarei ab, und sie zerschellt erst endgültig am absoluten Ordnungsanspruch des Staates.

Heldentum fordert den Mut, sich zu exponieren, der Gefahr ins Gesicht zu sehen. Held ist derjenige, über den man eine Geschichte erzählen kann, weil er sich exponiert hat. Hier präsentiert sich der Mensch nicht als das Tier, das die Rede hat, sondern als Alpha-Tier. Es geht um Selbstbehauptung, selbstsicheres Auftreten, die Freude an der erfolgreichen Handlung – genauer gesagt: der erfolgreichen Aggression.

Je näher wir diesem Phänomen des Heldentums kommen, desto älter werden die Begriffe. Charisma, Daimon, Thymos. Den Dämon kennen immerhin noch die Goethe-Leser. Charisma ist ein zentraler, aber dunkel gebliebener Zentralbegriff der Weberschen Herrschaftssoziologie, der die Heiligkeit des Außeralltäglichen bezeichnet: »Offenbarung und Schwert, die beiden außeralltäglichen Mächte«. Thymos schließlich ist ein Begriff für die leidenschaftliche Seele, den Francis Fukuyama in seinen Studien über das Ende der Geschichte wiederentdeckt hat. Platon unterscheidet in der menschlichen Seele drei Instanzen, nämlich Vernunft, Begehren und Thymos. Auch ein griechisches Wörterbuch hilft bei der Übersetzung kaum weiter; man kann nur interpolieren. Es geht um Stolz, Herz, Hingabe, Leidenschaft, um das, was bei Max Weber »Würdegefühl« heißt, aber auch um Empfindungen, die wir heute einem Adrenalinstoß zuschreiben würden.

Kurzum, es geht um heroische Energie. Sie ist das Grundproblem, das die Männer der modernen Gesellschaft stellen. Die selektiv angezüchtete Aggressivität, die früher einmal überlebenswichtig war, findet heute nämlich keine Möglichkeit mehr, sich abzureagieren. Deshalb hat William James nach einem moralischen Äquivalent des Krieges gesucht. So unzeitgemäß seine Lösungsvorschläge – freiwillige Armut der Askese, Kampf gegen die Natur – heute klingen, so aktuell bleibt doch die Fragestellung: Wie kann man Männlichkeit in einer pazifistischen Welt bewahren und bewähren? Über dieser Frage liegen nun hundert Jahre Vergessenheit.

Singe den Zorn, o Göttin, des Peleiaden Achilleus. Die Dichter von Homer bis Ernst Jünger haben das Lob der Männlichkeit im Krieg gesungen. Krieg war immer der Ernstfall der Männlichkeit, die Möglichkeit ihrer vollständigen Entfaltung. Und noch heute, in glücklichen Zeiten des Friedens, zeigt fast jeder Film die Waffe als Totem der Männlichkeit. Sie ist ständig gefährdet und muss deshalb ständig demonstriert werden. Ein Mann verweigert die Auswege des Eskapismus und Infantilismus. In all seiner Lächerlichkeit ist der Macho noch ein Repräsentant des Geistes männlicher Dominanz.

In der modernen Gesellschaft gibt es keine hegelsche Negativität mehr, also Kampf, Feindschaft, Heldentum und Selbsttranszendenz. Man muss nur den Namen »Langemarck« aussprechen, um diese Unmöglichkeiten zu pointieren: Sterben für das Vaterland, der heilige Opfertod. William James war das schon vor dem Ersten Weltkrieg klar, und deshalb suchte er eine neue Form für das Messen der Kräfte. Männlichkeit ist seither das Thema der Ressentimentkritik der Moderne an sich selbst.

Welches Ventil bietet die moderne Gesellschaft für heroische Energien? In den Selbstbeschreibungen der Moderne trifft man nur auf Umbesetzungen der Heldenposition, die suggerieren, dass sich das Problem des Thymos von selbst erledigt hat. Den Helden, dessen Rolle ja nur für wenige möglich ist, ersetzt zunächst das Genie, das die besondere Leistung auf das Feld des Kreativen verlagert, und schließlich der »homme universel«, dessen Rolle für alle möglich ist. Einzigartigkeit kann in der Folge dann nur noch über Abweichung und Kritik realisiert werden – typisch im modernen Avantgardisten.

Während wir auch heute noch ganz selbstverständlich den Verbrecher, der gegen die Norm verstoßen hat, bestrafen wollen, und den Trottel, den Versager, der unter der Norm bleibt, verspotten, tun wir uns mit der Bewunderung für den Helden, der über der Norm bleibt, sehr schwer. Die Ethik bezeichnet seine Taten als supererogatorisch, und das besagt im Wesentlichen, dass man sich derartiges selbst nicht zumuten muss. Das Supererogatorische wird gerühmt, ist aber nicht verpflichtend. Insofern erscheint auch die Heldentat als abweichendes Verhalten. Jede Abweichung individualisiert und sichert Aufmerksamkeit – ist aber auch riskant. Der Königsweg der Individualisierung ist deshalb die überbietende Leistung, also Abweichung gepaart mit Konformität. Derart, als Übererfüllung der Norm, kann die bürgerliche Gesellschaft das Heldentum gerade noch ertragen.

Doch in der modernen Welt der Information braucht man keine Helden mehr, und wo Kollaboration regiert, gibt es keine Helden mehr. Der Bürger ersetzt die Leistung des Helden durch die innerweltliche Askese der Bewährung im Beruf. Das Industrielle verdrängt das Räuberische, und der Reichtum tritt an die Stelle der Trophäen des Erfolgs. So sind Schritt für Schritt die heroischen Taten durch bürgerliche Leistungen ersetzt worden; der Bürger kennt keinen Ruhm mehr, sondern nur noch Prestige.

Wir können hier den langen Weg vom Ruhm zum Prestige nicht nachzeichnen, wollen aber immerhin andeuten, dass er über die kritische Zwischenstation des Ehrbegriffs führt. Ruhm ist die Sache des Heros, Ehre ist die Sache des Ritters. Und so wie man die Griechen in ihrer großen Zeit nicht verstehen kann, wenn man nicht weiß, was Schicksal heißt, so kann man die Spanier in ihrer großen Zeit nicht verstehen, wenn man nicht weiß, was Ehre heißt. Die Ehre ist das Unbedingte, oder, wie Hegel gesagt hat, »das schlechthin Verletzliche«. Doch über El Cid lacht man heute wie über Don Quijote, und die Ritterlichkeit musste schon bald Asyl suchen in sublimierteren Typen wie dem »honnête homme« und dem Gentleman, den Leo Strauss noch in wunderbarer Einfachheit durch seine »manly gentleness« definieren konnte.

Es gibt einen antiheroischen Affekt, und die moderne, bürgerliche, demokratische Welt belässt es nicht bei einem Abbau des Heroischen. Sie will es entlarven, zerstören, lächerlich machen. Die Heldenzerstörung endet dann in Oberseminaren mit dem Tod des Subjekts. Die politische Dimension dieses antiheroischen Affekts wird heute besonders deutlich, wo man im Namen der Humanität die Geschichte umschreibt und mit Bedacht die weißen Helden denunziert.

Die charismatische Präsenz des Helden ist ein Ärgernis für die Massendemokratie – und trotzdem sucht man den Führer. Diese Spannung ließe sich in einer Konfrontation von Thomas Carlyle und Jeremy Bentham verdeutlichen; der naive Verehrer wahrer Helden gegen den Erfinder des bürgerlichen Nützlichkeitskalküls. Vordergründig hat natürlich Bentham gesiegt und der Unternehmer die Nachfolge des Helden angetreten. Asketische Bürgerlichkeit braucht keine supererogatorischen Leistungen mehr. Aus dem Heldentum wird der Beruf.

Doch die bürgerliche Zähmung der Leidenschaften erzeugt Langeweile, und das ist die große Gefühlschance für Romantik. In der Romantik geht es nicht um »Vernunftkritik«, sondern um das Erlebnis als Handlung. Lord Byron hat den hier entscheidenden Zusammenhang von Langeweile und Erregungssucht gesehen, und sein Bewunderer Goethe hat »die große Leere« emphatisiert, in der sich die Sphäre des spezifisch modernen Helden auftut: das Dämonisch-Heroische.

Für unsere Zwecke genügt es, diesen komplexen Zusammenhang in einem groben Schema zu vergegenwärtigen. Am Anfang war der Bürgerkrieg, die Barbarei der ungezügelten Leidenschaften. Dann haben das moderne Kunstwerk des Staates und der asketische Geist des Kapitalismus Ordnung ins Chaos gebracht. Doch bald wurde der Preis spürbar, den der alte Adam für diese Ordnungsleistung entrichten musste: Entzauberung, Enttäuschung, Unbehagen und Langeweile. Aus dieser »großen Leere« befreiten dann Protest, Terror, Engagement und die Poesie des Krieges. Die letzten Helden starben im Ersten Weltkrieg. Stefan George hat das beschworen, Ernst Jünger hat es protokolliert.

Es gibt neben der romantischen aber noch eine zweite Entwicklungslinie, die das Heroische inkognito bis in die Gegenwart führt: vom Heroischen zum Agonalen: Es geht einzig und allein darum, Sieger zu sein – berühmt und bestaunt. Ehre ist Status um seiner selbst willen, wie ihn in reinster Form der Sieg im Kampfspiel gewährt.

Die Menschen, die ihre Lebensenergie aus der Ehrliebe, dem Rühmen und der Heldenverehrung ziehen, mussten immer schon gegen das Kartell der Mittelmäßigkeit antreten. Diese Verschwörung gegen die Exzellenz ist nicht nur in dem anthropologischen Grundfaktum, dass alle Menschen neidisch sind, begründet, sondern vor allem auch darin, dass Ruhm ein Nullsummenspiel ist. Man kann niemanden erheben, ohne andere herabzusetzen. Der Ruhm steht also immer im Kampf mit dem Neid. Der beste Schüler macht die Kameraden zu schlechteren. Die Eliteuniversität macht die anderen zu Hochschulen zweiter Klasse. Exzellenzinitiativen sind ein Agon.

Jacob Burckhardt hat nicht nur den Entwicklungsschritt vom Heros zum Agonalsieger der Kultur der alten Griechen abgelesen, sondern auch den nächsten, der bis in die Gegenwart führt – den Schritt vom Sieger im Wettkampf zur Zelebrität. Sowohl die Geschichtsschreibung als auch die Kunst haben den Helden vertrieben; selbst in der Trivialwelt der Unterhaltung hat er einen schweren Stand. Die Scheinwerfer der Medien sind nämlich zu grell für den Helden. Sie zeigen alle Menschen in ihrer Gewöhnlichkeit, und so wird ständig die Sehnsucht nach dem Helden frustriert. Man könnte vom »Scheinriesen«-Phänomen der modernen Medienwelt sprechen: Je näher wir den Großen kommen, desto kleiner werden sie.

Doch das Entertainment produziert seine eigenen Helden, die Stars. Schon vor einem halben Jahrhundert haben die Medienwissenschaftler Marshall McLuhan und Daniel J. Boorstin dieses System mit Hilfe der Unterscheidung von Held und Celebrity beschrieben. Der eine ist berühmt, der andere berüchtigt. Der eine erbringt eine Leistung, der andere hat ein Image. Der eine ist ein Großer Mann, der andere ein Großer Name. Während »nobiles« Leute hießen, die berühmt waren und die man deshalb gerne kennenlernen wollte, sind die Celebrities nur noch dafür bekannt, sehr bekannt zu sein. Den Unterschied, um den es hier geht, kann man sich mit einer einfachen Frage verdeutlichen: Wenn man einen berühmten Namen hört, denkt man dann zuerst an eine Idee, eine Tat – oder ein Gesicht?

Wir haben keine echten Helden mehr – oder müsste man sagen: wollen keine mehr haben? Wir haben aber immer noch das Bedürfnis nach Heldenverehrung. Während die charismatische Eminenz des Helden eigentlich immer ein Ärgernis für die Demokratie ist, bieten uns die Celebrities Präparate des Durchschnitts. Ihre Geschicklichkeit besteht in der Unterscheidung von ihresgleichen. Celebrities beweisen die Perfektibilität des Durchschnitts. Sie sind nicht anders als wir, nur ein bisschen mehr: reicher, beweglicher, mobiler. Sie sind »oben«, ohne dass wir deshalb »unten« wären, und deshalb ermöglichen sie die demokratische Bewunderung. Man ist nicht neidisch auf sie, weil man in ihnen sich selber feiert. Zur Celebrity könnte nämlich jeder werden. Das ist das Grundprinzip der Castingshows. Und fast täglich kann man vor dem Bildschirm miterleben, wie die Massenmedien den Sprung über die spezifisch moderne Kluft der Abweichungsverstärkung schaffen: Deutschland sucht den Superstar.

Der intellektuelle Spott über derartige Sendungen ist billig. Sieht man aber genauer hin, so kann man bemerken, dass sie wie Psychopharmaka wirken. Sie schützen den Zuschauer gegen die Drohung, ein Niemand zu sein. Je glänzender nämlich die Prominenz auf den Bildschirmen, desto unerträglicher das Gefühl der eigenen Nichtigkeit. Die Hölle ist, nicht beachtet zu werden. Deshalb lässt man sich gerne von den Medien einreden, jeder könne die Seiten wechseln und selbst auf den Bildschirm gelangen. Sobald nun deutlich wird, dass sich der Status eines Stars nicht der Leistung, sondern allein dem Design verdankt, begreift jeder Zuschauer die Warhol-Lektion über den fünfzehnminütigen Weltruhm. Ihre durchaus realistische und nur durch die Wahrscheinlichkeitsrechnung getrübte Botschaft lautet: Jeder könnte der Star sein.

So verkoppelt das System der Stars den naiven Kult der Celebrities mit dem Kult des Publikums und dem Kult der Tyche. Wenn es keinen positiven Gegenstand der Verehrung mehr gibt, richtet sich die Sehnsucht nach Abhängigkeit auf das Unvorhersehbare. Jeder könnte ein Star sein. Die Massenmedien demokratisieren den Ruhm; und das ist möglich, weil sich der Ruhm von der Leistung emanzipiert hat. Dazu gibt es eine sehr wichtige Entsprechung im Alltagsleben der modernen Gesellschaft: Die Selbstwertschätzung eines Menschen hat sich von seiner Leistung abgekoppelt. Früher verstand man seine Selbstverwirklichung noch als Bewährung, gemessen an einem für alle verbindlichen Standard. Heute ist an dessen Stelle die Eigenrichtigkeit des leistungsunabhängigen Selbstwertgefühls getreten: Ich bin es mir wert.

Unter den Medienbedingungen der modernen Massendemokratie wird aus dem Helden der Star und aus der Heldentat »action«. Roger Caillois hat in seiner Theorie des Spiels die entscheidenden Begriffe bereitgestellt. Wir können für unsere Zwecke die Spielwelten von »alea« (Schicksal, Willkür des Zufalls, Chance) und »mimikry« (Maske, Rolle, Zeremonie) vernachlässigen und uns ganz auf Wettkampf und Thrill konzentrieren. Im »agon« geht es um Triumph, Rivalität, persönliche Leistung und den Wettkampf, wie wir es heute noch vom Sport kennen. Noch näher an die Gegenwart führt uns aber jene Spielwelt, die Caillois »illinx« nennt: Hier geht es um die Erfahrungen des Rauschs, der Trance, die Sensation und die Lust am Kontrollverlust.

Wie jeder Horrorfilm, dieses moderne nackte Präparat der antiken Plötzlichkeit des Schreckens, beweist, kann man Schocks konsumieren. Dahinter steht der Wunsch nach radikal neuen Erlebnissen, in denen sich die ältesten Erlebnisse des Jägers wiederholen, nämlich Aufregung, Abenteuer und Sensation. Dass man das wollen kann, ist das Geheimnis des Thrill: die Angstlust. Der Psychoanalytiker Michael Balint hat dieses Geheimnis erkundet. In seiner Theorie erscheint der Held als Akrobat im griechischen Wortsinne.

Für den Helden ist die freiwillige Entfernung von der Sicherheitsbasis entscheidend; alle seine Taten sind »akrobatische« Beweise seiner Unabhängigkeit.

Im Abenteuer ergreift der Held die Gelegenheit der Selbsterprobung. Das muss man auch dann noch im Auge behalten, wenn man vom Fernsehen heute das Abenteuer als Farce im Dschungelcamp geboten bekommt. Alles ist reduziert auf die Lust an der Emotion an sich. Die Show bietet große Gefühle, aber in einer kontrollierten Situation: Man lässt sich überraschen und aufregen – kann aber jederzeit rausgehen oder ausschalten. Und auch für die abenteuerlichen Herzen im Dschungelcamp gilt: Man begibt sich in eine Gefahr, die man nicht ernst nehmen muss. Massenweise konsumierbar wird diese sterile Aufgeregtheit heute auch im Tourismus, der das versicherte Abenteuer als Präparat bietet.

Heldentum als Farce in den Sendungen der Massenmedien – das ist der logische Endpunkt der Analyse. Aber jedem steht es frei, ob er seine Helden gegen die Gespenster der Unterhaltungsmedien eintauschen will. Immer noch gibt es die Kirche der Bücher, gibt es das Lesen als Gottesdienst und Heldenverehrung. Und nur in den Großen Büchern finden wir die wahren Helden. Deshalb ist die »kritische« Aversion gegen Klassiker, Kanon und Bildung nur ein anderer Ausdruck für den antiheroischen Affekt. Der antiheroische Affekt entsteht nämlich aus dem Ressentiment gegen die Selbsttranszendenz. Der Held erinnert uns daran, dass das bloße Leben und Überleben nicht das gute Leben ist.

Der Held ist das Über-sich-hinaus des Menschen. Seine Geschichte erzählt, was vielleicht niemals geschah, aber immer ist. Sie befriedigt das unzerstörbare Bedürfnis nach der bedeutsamen Geschichte, nach dem großen Ereignis in seiner Anschaulichkeit und Erzählbarkeit. Während die moderne Soziologie alles in Zurechnung verwandelt, legt der Mythos das Geschehen als Tun aus, als Heldentat und Handlung. Der Tod des Helden lässt dann seine Geschichte zurück, die sein Wesen zeigt. Deshalb gehören zu den großen Taten des Herzens die großen Werke des Kopfes: Achill und Homer, Sokrates und Platon, Alexander und Aristoteles, Perikles und Thukydides, Christus und Paulus, Napoleon und Hegel. Das sind die wahren Helden, und sie werden erst untergegangen sein, wenn es niemanden mehr gibt, der die Großen Bücher lesen will.

Hans-Thies Lehmann

Wunsch nach Bewunderung

Das Theater um den Helden

Wir leben, noch immer, in der Moderne, der Epoche der Heldenkritik. In der von Hegel konstatierten »Prosa der bürgerlichen Verhältnisse« wird nicht der große und gewaltige Kämpfer des »heroischen Weltzustands« der homerischen Antike gesucht, der wie der Westernheld dem Rechte Geltung verschafft, sondern man braucht fähige, gut ausgebildete Justiz- und Polizeibeamte. Heldenkult jeder ideologischer Prägung ist passé, kommt nur noch als Modeeffekt – das Che-T-Shirt – oder voraufklärerischer Fanatismus vor. Es ist Opferbereitschaft für eine größere Sache, was den Helden auszeichnet, und eben solche »Sachen« sind von einem Nebeldunst des Zweifelhaften und der Manipulation umgeben. Tod fürs Vaterland, Nibelungentreue, aber auch der Soldat im Straßenkampf von Bagdad: Die »Sache«, für die da gekämpft wird, ist allemal fragwürdig, umstritten. Wo aber an keine »Sache« so pathetisch geglaubt wird, dass heldenhaft für sie einzustehen wäre, bedauert man Soldaten eher, die verwundet oder getötet werden, als dass man in ihnen Helden bewundert. Und der Pilot der technologischen Kriegführung, der aus mehreren Kilometern Höhe Bomben dahin wirft, wo vielleicht Gegner sind, erscheint erst recht nicht als Held.

Die Aufklärung und ihr Theater hatte sich vom Helden der großen Tragödie abgewandt, das mythenhungrige 19. Jahrhundert ihn neu belebt. Im 20. Jahrhundert haben die Einsicht in den Wahnsinn des Nationalismus und die Industrialisierung des Kriegs das Pathos des soldatischen Helden der Pathologie, den Kampfesmut der Patrioten der Verblendung verdächtig gemacht. Heiner Müller über das Denkmal von Verdun: »ein Monument der Dummheit«. Galileis berühmte Antwort auf den Feigheitsvorwurf »Unglücklich das Land, das keine Helden hat!« lautet in Brechts Stück: »Unglücklich das Land, das Helden nötig hat.« Der Satz pointiert nur den verbreiteten Verdacht, Helden brauche es lediglich, weil und solange gesellschaftliche Unvernunft herrscht. Heiner Müller sieht den Helden überflüssig werden, wenn die Ackerflächen nach dem Krieg mit technischen Mitteln entmint werden können und kein heroischer Traktorist mehr das Leben riskieren muss, um pflügend zu sichern, dass wieder Lebensmittel angebaut werden können. Schon Stanley Kubricks *Paths of Glory* sagte das Wesentliche über die Heldenhaftigkeit der Soldaten: Karrierematerial ihrer Chefs.

In die offensichtlich antiheroische Grundstimmung der westlichen Welt platzt neuerdings die Beobachtung, dass es in der Massenkultur, aber auch im politischen Leben Anzeichen für ein wieder gestiegenes Bedürfnis nach Helden gibt. Wir wissen wohl, dass der Einzelne kaum etwas vermag – und doch … – und doch möchte man einem Barack Obama das Zutrauen entgegenbringen, dass er etwas in der Tiefe zum Besseren bewegt. Es ist, als ob die

Leute, sehr in ihre Alltagssorgen vertieft, gleichsam an Regierungen und bestimmte Personen die Aufgabe delegieren, als Helden eine Revolution zu veranstalten.

Die anscheinend unvernünftige Begeisterung für Helden erinnert den Kritiker jedoch auch daran, dass das Heldenbashing eine andere Seite hat. Spielt nicht in der Abwendung vom Helden eine Verdrängung mit? Will man vielleicht nur nicht wahrhaben, dass das eigene Leben in vielfacher Weise und immer wieder auf einem nichtalltäglichen Einsatz, auf der Risikobereitschaft und dem Eingehen von Lebensgefahr durch andere Menschen beruht oder beruhen kann? Dass es doch etwas gibt wie die außergewöhnliche Persönlichkeit, die mehr bewegt als die fähigen Funktionäre – und zwar gerade weil sie nicht nur rational kalkuliert, sondern überschwengliche Energien im Menschen zugleich selbst manifestiert und in anderen freisetzt? Hat man den Helden womöglich nur ad acta gelegt, um sich eine in ihm lebendige oder repräsentierte Forderung, einen Anspruch billig vom Leibe zu halten? Von diesem Gefühl zeugt wohl die häufiger gewordene Rede von Helden des Alltags. Auch wenn Helden ihr Dasein wesentlich im Raum der Fiktion haben und es darum stets etwas verfehlt wirkt, Menschen des Alltagslebens mit diesem Etikett zu versehen, blicken wir doch gern auf den selbstlosen Retter, auf todesmutige Demonstranten in Teheran, vorbildliche Menschen eben. Wie stellt sich die »Wiederkehr« des Helden vor diesem Hintergrund dar?

Grundsätzlich benötigt man den Helden oder die Imagination/Fiktion des Helden, um sich anzulehnen – zumal in Zeiten, in denen es nicht gut läuft in der erlebten Welt. Sich um einen Helden scharen erzeugt ein indirektes Wir-Gefühl, meine Bewunderung für den Helden schließt mich mit seinen anderen Bewunderern zu einer Fangemeinde zusammen. Heldenkult ist kollektiv abgesicherter Egotrip. Ein klassisches Beispiel solch einer staatlichen Wir-Politik sind die krampfhaften Versuche, »Helden der Arbeit« zu küren, als es in der Wirtschaft der SBZ/DDR schlecht lief. Umgekehrt hatte das Heldenbashing seinen Höhepunkt in Zeiten ökonomischer Prosperität. So bedarf es keiner besonderen Prophetengabe, um für die vor uns liegende Zeit neuer gesellschaftlicher Schwierigkeiten einen weiter steigenden Boom der Heldenfiguren zu prognostizieren.

Zudem ist ein neues Konfliktbewusstsein zu verzeichnen. Politisch und gesellschaftlich ist ein Bewusstsein, das von der Harmoniebehauptung der Konsumgesellschaft überdeckt war, wiedergekehrt: dass die von uns gelebte Gesellschaft in ihrer Grundstruktur Konflikt ist, Konkurrenz, Rivalität und verbissener Wettkampf um Ressourcen. Und zugleich, dass es politisch auch in der heutigen Welt Feinde gibt und nicht nur Diskussionspartner, gewaltförmige Konflikte und nicht nur Friedensbemühungen. Wo aber Konfliktbewusstheit herrscht, sind Kampf und Krieg nicht mehr so weit und die Nachfrage nach Helden darin minder unplausibel.

Ein weiterer Faktor ist das gewachsene Bewusstsein der Handlungsohnmacht des Einzelnen, dem Heldenbilder als Kompensation dienen. Der Globalisierungsdiskurs bringt das Gefühl zu verschärfter Deutlichkeit, dass wahr ist, was man schon lange ahnte: Selbstbestimmtes Handeln bleibt auf immer engere Territorien beschränkt, und man ist auf Gedeih und Verderb weltweiten Zusammenhängen ausgeliefert, über die man nicht verfügt und die man nicht überschaut. Die aktuelle Krise bringt dies nur auf den Punkt. Der Held aber zeichnet sich genau dadurch aus, dass er »agency« verkörpert, autonom und selbstbestimmt zu handeln vermag. Während wir im gewöhnlichen Leben nur reagieren, verstrickt sind in Geschehnisse, liefern uns Heldenbilder einen idealisierenden, illusionierenden Spiegel eigener Handlungskompetenz, die wir in der Realität schmerzlich vermissen.

Am Helden ist das Reflexartige, das Gedanken- und Bedenkenlose, das beinahe Instinktive und von keiner wägenden Rationalität gebremste Verhalten bemerkenswert – daher der Anschein des Tumben, der viele Helden umgibt, siehe Siegfried oder Leopold Jessners bekannten Spott »Ödipus/Blödipus«. Ohne zu zögern stellt er sich der Gefahr, ist nicht eigentlich in der Situation der Entscheidung, sondern hat immer schon entschieden, für das Schwierigste, für das Riskante, für das Unmögliche. Der Held wird einer durch die *Tat*. Im Grunde hat der Westernheld ebenso wie der Detektiv oder der Gangster immer schon gehandelt, gezogen und geschossen, bevor Zeit für die Rede ist. Das Phänomen des wortkargen Helden reicht weit zurück bis hin zu Nietzsches Beobachtung, dass schon die antiken Helden oberflächlicher reden als sie handeln. (Die abundierende Rhetorik der klassizistischen und barocken Tragödienhelden mag darüber täuschen. Aber in Wahrheit stellte ihre kunstvoll-künstliche Redeform nur das Sprachgitter vor dem affekt- und triebhaft gelenkten Agieren der Passion dar.)

Gesucht wird im Helden das Vorbild. Jedoch genügt keineswegs ein einfach vorbildliches Verhalten, um das Heldenbild zu erzeugen. Vielmehr muss ein weiteres Moment unabdingbar hinzutreten: eine Grenzüberschreitung. Sie erst macht am Ende den Helden. Es geht um das, was außerhalb des Kollektivs steht: aus dessen Perspektive eine Chance und ebenso eine Bedrohung. Dem Herkommen und der Geburt nach, dem Tun, dem körperlichen Sein nach, hinsichtlich der seelischen oder intellektuellen Disposition verkörpert der Held ein Jenseits der Norm, exorbitante Fähigkeit und zugleich Gefährdung im Übersteigen des Maßes, Bedrohung, nicht nur Schutz für die anderen. Der Held ist ein Wesen der Imagination, welches den Einzelnen herausfordert, mehr als nur ein Vorbild und dadurch auch weniger als ein Vorbild. Denn die Heldenimago der Fiktion integriert auch die schwarze Seite. Herakles beseitigt nicht nur Monster, sondern erschlägt im heroischen Wahnsinn, der ihn befällt, auch schon einmal die eigene Familie.

Der Held bringt manchmal die Katastrophe, benötigt sie aber vor allem als tatsächliche oder drohende. In der Ausnahmesituation erweist er sich. Krisendiskurs und Heldenbild gehören zusammen. Denn ganz so wie der Held einer ist, der Grenzen überschreitet, ist neuerdings das überall evozierte Bild der Katastrophe zum Inbegriff einer Situation der Transgression geworden. Woran man im Individuum kaum mehr glaubt, die Katastrophe signifiziert es: Zerrüttung aller Regel und Norm, Überschreiten jeden Maßes, Ausnahmezustand.

Der antike Heros steht zwischen Menschen und Göttern. Diese Halbgötter sind, mit Hölderlins paradoxem Komparativ, die »Unsterblicheren«, Grenzverletzung der Condition humaine der Mortalität. Der mittelalterliche Held, der menschliche Bewährung in der Aventiure sucht, der mutige Ritter im Duell, der Detektiv im Dschungel der Großstadt, der Held des Western, der nach Herstellung von Recht und Ordnung am Ende in die untergehende Sonne reitet: vor allem ist der Held allein. Es geht bei ihm um eine Dimension des einzelmenschlichen Subjekts, die dieses nur *allein mit sich* ausmachen kann. Robert Warshow zeigte in *The Gangster as Tragic Hero*, warum der Held als Gangster notwendig allein ist: Er will den Erfolg über alle anderen erzielen, und genau dieser Wille macht ihn einsam. Wenn er nahe daran ist zu triumphieren, scheitert er an den Gegenkräften, die er gegen sich aufgebracht hat. Outcast oder Outsider, der von der Norm abweicht, stellt er eine hervorragende Besonderheit dar, die schon in den Mythen beharrlich mit einer besonderen Herkunft in Verbindung gebracht wird: Er entspringt einem Inzest, wurde ausgesetzt, sollte eigentlich gar nicht leben, verdankt seine Existenz selber bereits einer Übertretung. Und er ist in aller Regel irgendwie »gezeichnet«: das Phänomen der Schwachstelle, Achillesferse, Siegfrieds verwundbare Stelle.

Zur Erklärung der neuen Virulenz von Heldenbildern muss man noch eine andere Tendenz nachtragen: die zur Infantilisierung der Kultur. Kaum ist zu übersehen, dass der Ort der Heldenbilder vor allem die Institutionen der Massenkultur und des öffentlichen Starwesens sind. Vom Blockbuster, der Auffassungsvermögen und Horizont von Fünfzehnjährigen nicht strapazieren darf, wenn er Kasse machen soll, über die tausend Niedlichkeiten, mit denen die Alltagskultur über die rein technologischen Realitäten hinwegtrösten will und die auf Kinder und Kindlichkeit berechnete Machart vieler Fernsehprogramme bis hin zum kindisch-egozentrischen »Ich will«-Gestus vieler Werbung – allerorten ist das Infantile eine Charakteristik von Medienkultur. Man kann daher sagen: Die neue Heldenakzeptanz ist nicht nur Surrogat von Gemeinschaftlichkeit, sondern dialektisch zugleich Reflex kindlicher Egozentrik als gesellschaftlichem Grundantrieb.

Heldenverehrung alten Stils hat einen Knick bekommen, aber an ihre Stelle treten Fußballer, Rennfahrer, Boxer, Tenniscracks, Radler, die für gar keine andere »Sache« als für ihren eigenen Erfolg stehen. Nun ist klar: Helden, auch Sporthelden, begleiten jeden auf dem Weg ins Erwachsensein, jeder könnte eine lange und äußerst heterogene Sequenz von Helden identifizieren, die zu dem einen oder anderen Zeitpunkt seiner Kinder- und Jugendzeit als Spiegelbilder für kindliche oder jugendliche Ideale dienten – einst der mädchenhaft-märchenhafte Prinz Eisenherz, Albert Schweitzer, Robin Hood, Zora für die Mädchen, Elvis, der tragische Kapitän Nemo, JFK, heute vielleicht Harry Potter, im Kino Superman, James Bond, der zeitgemäß gebrochene Killer Bourne usw. usf. – eine bunte Reihe von »Helden«, die bei jedem und für jede Generation anders zusammengesetzt in bestimmten Etappen der Entwicklung die Funktion wahrzunehmen vermochten, Idealbilder für das werdende Ego zu liefern. Diese entwicklungspsychologische

Stütze, Kindliches und Kindisches haben Aufenthaltsrecht in der allgemeinen Kultur erhalten. Gegen die Verlegenheit, die diese Beobachtung hervorrufen könnte, steht übrigens ein probates Allzweckargument bereit: Es ist die Ironie, mit der wir all dies distanziert genießen.

Es liegt nahe, das Thema unter theaterästhetischen Gesichtspunkten zu beleuchten, denn auf eigentümliche Weise scheint sich das Theater der Gegenwart den neuen Tendenzen zum Helden zu verweigern. Vielmehr reflektiert es eher noch verstärkt den Zerfall der Person, den Mangel an Handlungsfähigkeit, problematisiert sogar die Konstitution eines Willens zum Handeln. Sofern es eher als dramatische Abläufe im engeren Sinne offene Prozesse ins Zentrum rückt, fragmentierte Bildwelten, kollektive Subjekte und Berichte aus dem Alltag; indem die Ästhetik von Theater und Performance eher Details des alltäglichen Lebens hervorhebt mit Hilfe einer Ästhetik der Aufmerksamkeit und des Fokussierens, weniger einer Ästhetik formaler Steigerung, sind die Darstellungsbedingungen des Theaters denkbar ungeeignet für einen Beitrag zu neuen Heldenbildern.

Man könnte folgern, Theater als Kunst von gestern habe sich eben abgekoppelt von den neuen Interessen. Auf der Bühne des Theaters erschien jedoch der Held interessanterweise immer schon in seinem Scheitern, Versagen, Nieder- und Untergang, es widmete sich der Reflexion und Problematisierung des Helden. Das Los der Heroen auf der Bühne: Ihre Intelligenz richtet sich gegen sie selbst (Ödipus), ihr Ehrgefühl zwingt sie zum Selbstmord (Ajas), sie verfallen in Wahnsinn und morden ihre Liebsten (Herakles), sie fallen beleidigten Ehefrauen zum Opfer (Agamemnon, Jason). Während Epos und Legende von den Taten des Helden erzählen, von denen die Kinder durch die Ammen Kenntnis erhalten – Taten, die von Könnerschaft, Mut, Kraft, Witz erzählen –, war das Theater von Anfang an der Schauplatz eines anderen, eines schrägen und scheelen Blicks auf den Helden. Heute ist unsere Amme das Kino. Dort finden wir die Heldenlegenden, den Mythos, nicht im Theater, das ihn vielmehr polemisch wendet.

Systematisch eignet sich das Theater wegen seiner schweren Materialität schlecht zur Ausgestaltung imaginärer Heldenidealbilder. Der Vorteil des ganz und gar fiktiven Helden ist ja, dass er mich des Konkurrierens enthebt: Wer so weit weg/über mir/exorbitant fähig und in allen Belangen überlegen ist wie der Held (bei James Bond bis zum Komödiantischen überspitzt), ist nicht wirklich mein Konkurrent. Meine Bewunderung ist neidlos, stark und rein. Rückt jedoch der Held auch nur in die Nähe einer realen oder real möglichen Gestalt, ist es vorbei damit: Nun werde ich neidisch, rivalisiere mit ihm, werde in meiner Leichtigkeit gestört durch den latenten Anspruch, es ihm gleichzutun. Die unverantwortliche Lust wird trüber in dem Maße, wie die Idee eines solchen realen Anspruchs an mich selbst hinzutritt. In diesem Sinne ist das Theater aufgrund seiner körperlich-realen, weniger illusionär-abbildenden als vielmehr bewusst-bezeichnenden Eigenart der reinen Heldenphantasie nicht günstig. Es erlaubt weniger das Hinüberdämmern ins reine Phantasieren als zum Beispiel die Oper oder das Kino.

Aber auch historisch ist die eigentümlich aheroische und sogar antiheroische Sicht auf die mythischen Helden im Theater der Antike kein Rätsel. Die Altphilologie hat immer wieder daran erinnert: Diese Antigone und Kreon, Agamemnon und Kassandra, Herakles, Ödipus usw. waren für das Publikum der klassischen athenischen Polis des 5. Jahrhunderts keine besonders begabten Mitmenschen, sondern entstammten aus der Sicht der damaligen Athener einer grauen Vorzeit. Sie waren unheimliche, in ihren Willen verbohrte, kein Maß kennende Gestalten aus alten heroisch-aristokratischen Zeiten des Trojanischen Kriegs. Wenn sie auf der Theaterbühne erschienen, warfen sie – Hunderte von Jahren nach dem mythischen Krieg gegen Troja – den Schrecken der Extreme mitten ins Gesicht einer hochgradig modernisierten Polisgesellschaft, deren diskutierende Bürger sich bereits auf dem Weg in ein »postheroisches Management« (Dirk Baecker) befanden. So waren die mythischen Helden frei für die Besetzung mit den schmerzhaftesten und ungelösten Fragen der Polisgesellschaft, Projektionsflächen für Angst, Widerspruch, Scheitern, erschreckende Verwirrung der Grundbegriffe – keineswegs für Strahlen, Sieg, Vollbringen. Es erscheint der Held in seiner Zweideutigkeit und in seinem Fall.

Später wird im Zeichen christlicher Exempeltheorie daraus die Vorstellung und Definition der Tragödie: Sie führe den womöglich vom Rad der Fortuna unerbittlich geforderten, zuletzt von Gott gewollten und gesandten exemplarisch lehrreichen Sturz und Fall eines Helden oder Herrschers vor. Und meist hat Theater seitdem diese Eigentümlichkeit bewahrt: den Helden zum Problem zu machen. »Tragische« Schwarzzeichnung des Heldenloses im Theater bildet eine massive Opposition zur übergroßen Mehrzahl der filmischen Heldenphantasien etwa der Nachkriegsjahrzehnte (»Sandalenfilme« mit Herkules-Versionen, Maciste und Ursus, Jason, Achill, Samson und dergleichen) oder heute Superman, Batman, Spiderman (untereinander durchaus verschieden).

Eine wichtige Erkenntnis ist daraus für die neuere Zeit zu gewinnen: Das ist die nicht immer recht gewürdigte Bedeutung der drohenden und sogar eintretenden Niederlage für den Helden. Worum es geht beim Helden, ist eigentlich der Gang in die Niederlage als Grundbild: Handeln im Angesicht des nach menschlichem Ermessen sicheren Scheiterns. Das kann ästhetisch auch als gänzlich angstfreies Riskieren ironisch präsentiert werden (Bond, um den man keine Sekunde fürchten muss), doch im Grunde folgt das Heldenerlebnis der Logik, dem Tod zu begegnen, der ultimativen Niederlage – und ihn zu überleben. Unbewusst dürften wir die Beinahe-Niederlage mit dem Tod, den Sieg des Helden mit der Auferstehung assoziieren. Tod, wo ist dein Sieg? Der Held verkörpert das Wunder, den Glauben daran, dass er nicht stirbt.

Hier ist eine zweite theaterästhetische Überlegung am Platz. Auffallenderweise setzte der als Rationalist verschriene Bertolt Brecht in seinen scheinbar durch und durch rationalisierten Lehrstücken gerade an diesem Punkt an. Brecht scheint auf den ersten Blick nichts in einer Erörterung über Helden verloren zu haben. Aber dieser Schein trügt. Wenn es einen Dichter gab, der davon durchdrungen war, dass der Mensch sich allein auf dem Gang in die anscheinend unvermeidliche Niederlage findet, so war es Brecht. Sprechen wir nicht von seinen berühmten Helden, sämtlich dem epischen Theater zugehörig, in ihrem Heroismus zutiefst zweideutig und doch admirabel (Galilei, Mutter Courage), sondern von seinen der Tragödie am nächsten kommenden Lehrstücken der späten zwanziger Jahre, in denen jeweils eine buchstäbliche oder metaphorische Grenzüberschreitung thematisch ist.

Der Held dieser Stücke zerfällt in widerstreitende Figuren und zeigt sich als Kollektiv, aber die heroische Grundgeste ist da. Der Pilot des *Ozeanflugs* kommt an die Grenze des Kalküls, wenn er erklärt: »Drei Tage habe ich gewartet auf das beste Wetter / Aber die Berichte der Wetterwarten / Sind nicht gut und werden schlechter ... / Aber jetzt warte ich nicht länger / Jetzt steige ich auf. / Ich wage es.« Jenseits aller Berechnung. Der brechtsche Held kommt zu sich selbst bei dem Versuch des Unmöglichen. In der *Maßnahme* überschreiten die Agitatoren allegorisch die Grenze (nach China in der Fabel), und es heißt: »Ich verlasse also meinen Posten, der zu schwierig war für zwei, für den aber jetzt einer genügen muss.« Vor allem aber ist der jugendlich enthusiastische Held auf radikale Selbstverwirklichung aus, wenn er alle taktischen Erwägungen hintanstellt und auf seinem Jetzt des Lebens besteht, in dem er sich als Mensch realisieren, nämlich helfen will: »Mit meinen zwei Augen sehe ich, dass das Elend nicht warten kann ... Darum mache ich jetzt die Aktion, jetzt und sofort«.

Brecht war fasziniert von der Frage der Haltung im Angesicht der fast sicheren Niederlage, durchdrungen von der Überzeugung, dass hier und nur hier der Mensch sich beweist, wo er etwas unternimmt, das geboten und zugleich unrealisierbar scheint. »Dieser Plan gefällt mir. Er ist groß, er ist undurchführbar.« Es ist diese Position für einen »revolutionären« Dichter, als der Brecht sich verstand, für einen Dichter, der niemals den Versuch der Bewahrung, sondern die Veränderung als A und O menschlichen Tuns dachte und die marxistische Lehre von der gesellschaftlichen Entwicklung für zwingend hielt, überraschend, aber im Grunde logisch. Jeder »Revolutionär«, jeder mutige Reformer befindet sich strukturell in der Situation des ungleich Schwächeren gegenüber den Verhältnissen, die man nicht umsonst die »herrschenden« nennt. Sein Kampf scheint aussichtslos – auch wenn ihm historisch-politische Theorie bescheinigen mag, dass er in einer entfernten Zukunft recht behalten wird. »Die Kräfte waren gering. Das Ziel / Lag in großer Ferne / Es war deutlich sichtbar, wenn auch für mich / Kaum zu erreichen.« Wer eine etablierte Gesellschaft grundlegend verändern will, der Revolutionär, ist die ideale Illustration einer *schwachen Sache*. Sein Tun wendet sich immer gegen etablierte und anscheinend fest gegründete Macht und Übermacht.

So bewegt sich für Brecht jede Bewegung zur Veränderung der Gesellschaft von Niederlage zu Niederlage. Dialektische Figur von Negation und Negation der Negation. Was ihn fasziniert, ist die Frage, woher der tausendmal Geschlagene am nächsten Tag wieder den Mut nimmt: Es ist die Kraft des Vergessens. Der Held ist vergesslich. Er vergisst das Aussichtslose seines

Tuns. Er vergisst sich. »Wie erhöbe sich ohne das Vergessen der / Spurenverwischenden Nacht der Mensch am Morgen? / Wie sollte der sechsmal zu Boden Geschlagene / Zum siebenten Mal aufstehen ...« Brechts Figuren stellen sich einer Aufgabe und einem Gegner, die nach menschlichem Ermessen nicht zu besiegen sind, Siegfried und der Drache. »Verlass deinen Posten. / Die Siege sind erfochten. Die Niederlagen sind / Erfochten: / Verlass jetzt deinen Posten. / – Tauche wieder unter in der Tiefe, Sieger. / Der Jubel dringt dorthin, wo das Gefecht war. / Sei nicht mehr dort. / Erwarte das Geschrei der Niederlage dort, wo es am lautesten ist: / In der Tiefe ... / Der Geschlagene entrinnt nicht / Der Weisheit. / Halte dich fest und sinke! Fürchte dich! Sinke doch! Auf dem Grunde / Erwartet dich die Lehre.«

Nirgendwohin führt die Analyse der allenthalben präsentierten Heldengestalten selbst. Von Lara Croft bis zum neuen »verletzlichen« Bond, von Batman bis Spiderman reicht kein allgemeines Modell aus, das »den« Helden zu identifizieren erlaubt. Der Held verfügt über keine intrinsische Qualität. Er ist nur eine irgendwie exzeptionelle Gestalt, die man bewundert. Die Analyse hat daher nicht von den Gestalten, sondern erfahrungstheoretisch von einem wieder gesteigerten Wunsch nach Bewunderung auszugehen. Die identifizierungsfähige Heldengestalt ist vom Affekt der Bewunderung her zu verstehen. Vom Helden handeln heißt von Bewunderung handeln. Dieser Affekt ist, leider, ganz indifferent gegenüber moralischen oder politischen Werten. Bewunderung gibt es für den schieren Erfolg und Ruhm, für exzellente bloße physische Könnerschaft; für den genialen Erfinder, für das Idealbild des großen Einsamen; für den opferbereiten Lebensretter, für den mutigen Kämpfer. Oder einfach für einen umschwärmten »Star« – können doch in der Konsumwelt fiktive Figuren ebenso wie die wirklichen, auf gewisse Weise nicht minder fiktiven Stars als Heldenbilder figurieren.

Für das Bild des Helden ist daher auch kein Werturteil über die Gesamtpersönlichkeit notwendig. Es genügt oft eine einzige Tat, Bewunderung empfinden wir auch für den Taugenichts, der sich urplötzlich zu einer unerwarteten Rettungstat aufschwingt und in einem Moment zum Helden wird, weil er den entsprechenden Affekt der Bewunderung in uns auslöst. Für die Bewunderung zählt am Ende nicht der moralische Wert, den wir seinem Handeln zuschreiben. Man wirft sich in die glühende Begeisterung für den siegreichen Helden ohne ideologische, moralische Vorbehalte. Es ist die Identifizierung mit dem Sieger, die uns erhebt. Es kann sich um den Seeräuber Störtebeker handeln, um Barack Obama, den Gangster wie den Detektiv oder Revolverhelden. Was aber bewundern wir dann, wenn es offenbar nicht das »Gute« ist, auch wenn es in manchen Fällen so scheinen mag?

Wir suchen zunächst, wenn wir bewundern, die eigene libidinöse Erregung, die das Gefühl der Bewunderung in uns selbst auslöst. Wie wir den Affektzustand als solchen dem affektlosen vorziehen, so suhlen wir uns gern im Gefühl des Bewunderns. Es ist dieses Gefühl, dessen wir bedürftig sind und das wir bei den Helden der Imagination, der Leinwand, der Öffentlichkeit oder des Comic suchen. Es handelt sich um eine von moralischer Selbstkritik und empirischer Realitätsprüfung ziemlich unbehelligte Weise, den Affekt der Selbstbewunderung (oder, wenn man will, der narzisstischen Selbstliebe) auszutoben. Die ästhetische Wahrnehmung bietet eine Chance, die bei der Reflexion über die tatsächlich existierende Heldengestalt immer gebrochen und möglicherweise relativierend ausfallen kann. Die Tatsache, dass wir es bei dem weltbekannten Piloten von New York mit einem »wirklichen« Helden zu tun haben – mit Name, Adresse und Versicherungsnummer –, stört eher das freie Verhältnis der Bewunderung. Jener Namenlose, von dem erzählt wird, dass er sich im überfüllten Rettungsboot stumm nach hinten in die Fluten fallen ließ, um einer Frau und ihrem Kind Platz zu machen, lebt in der Erzählung als ein unvergessliches Exemplum – aber wir müssen beinahe vergessen, dass es ihn wirklich gegeben hat, um das ganze freie Sentiment der Bewunderung in uns freizusetzen, während wir jene Realität nur mit einem Gefühl der Beklemmung und Ratlosigkeit reflektieren können.

Beim Stichwort Bewunderung drängt sich nun eine dritte, auf den ersten Blick gegenläufige theatergeschichtliche Beobachtung auf: dass es nämlich in einer bestimmten Epoche, vor der bürgerlichen Aufklärung in Europa, eine explizite Poetik der Bewunderung gegeben hat. Bei Pierre Corneille und vielen seiner Zeitgenossen wurde das Funktionieren des ernsten Theaters so verstanden, dass der Zuschauer sich dadurch bessert oder doch zu solcher Besserung sich angehalten fühlt, dass er dem Beispiel des Helden nachzufolgen bestrebt ist: dem Märtyrer, der die Festigkeit des Glaubens auch in Folter und Tod bewährt, dem Ritter, Kaiser oder Helden, der Tugend übt, Maß hält statt in Passion zu verfallen usw. Man fügte dem bekannten aristotelischen Paar aus Furcht und Mitleid die Bewunderung hinzu, machte aus deren Erzeugung das Hauptgeschäft der Heldendarstellung.

Was an dieser Tragödienepoche der Affektenlehre, in der die Admiration ihren zentralen Platz innehatte, von heute aus gesehen fasziniert, ist nicht zuletzt das eigentümlich Flache der Figurenauffassung. Im Unterschied zur Phase des bürgerlich-psychologischen Theaters des 18. und 19. Jahrhunderts mit seiner »Erfindung des Menschen« im Sinne Michel Foucaults, in der es um die Hochschätzung der abgründigen Seelentiefe der dramatis personae ging, stellte die Poetik der Bewunderung im 17. Jahrhundert auf ein Ich als psychologisch und mental kombiniertes, sozusagen aus Affekten und Ideen montiertes Wesen ab. Der Mensch ist hier gleichsam eine Anzeigentafel, auf der die jeweiligen Affektzustände aufleuchten. In diesem Kontext funktioniert Bewunderung als rationalistisch konzipierte Wirkungsweise der Bühne.

Bald erkannten freilich die Protagonisten des bürgerlichen Theaters die Schwachstelle der Poetik der Bewunderung. Lessing oder Voltaire benötigten keinen Ralph Waldo Emerson, um zu bemerken, dass der admirable Held schnell langweilig wird und zu viel Lärm macht. Im bürgerlichen Theater verdrängten der Alltag und das bürgerliche Leben mit seinen moralischen, seelischen, finanziellen Problemen einer erfolgreich triebverdrängenden bürgerlichen Lebensführung den exemplarisch besonderen Helden von der Bühne. Jetzt tritt die Psychologie der »mittleren«, schmelzenden und gemischten Gefühlslagen in den Vordergrund – Rührung Mitleid, Empfindsamkeit, Leiden an Verzweiflung und Reue –, während der Held zuvor im Extrem des Affekts existierte. Das war sein Lebenselixier.

Es erhebt sich vor dem Hintergrund dieser theaterhistorischen Erwägung die Frage, ob die neue Lust am Helden anzeigt, dass wir uns einer neuen Art von Poetik der Bewunderung nähern, und ob dies auf eine Abwendung vom sentimentalisierten Helden des 18. und 19. Jahrhunderts hindeuten könnte. Der sentimentalen Moderne der Seelentiefe stünde dann eine eher deleuzianisch zu beschreibende (Post)Moderne der Flächigkeit gegenüber; dem tiefen Sinnen ein kompetentes Agieren. Die wie immer auch ironisch behaupteten Heldenimagines der Gegenwart deuten vielleicht darauf hin, dass es mit der Einfühlerei genug sei und ein eher – mutatis mutandis – barock und klassizistisch gesinnter Wahrnehmungsstil der gemeisterten Oberfläche wiederkehren könnte, weil er bedeutend besser zu der vernetzten, eher flüchtig, flächig und vielverknüpft agierenden Subjektivität passt, die sich gegenwärtig abzeichnet. Kein Bedürfnis, den Menschen endlos zu durchleuchten. Unlust an der alltäglichen TV-Sentimentalisierung, aber auch am Theater der »Menschendarstellung«.

Dagegen träfen sich in der Verwandtschaft zum Denken des »flachen« Rhizoms und zu den Verkettungen der Netzkultur insgesamt, die Funktionsweise des postdramatischen Theaters mit Tendenzen des neueren Kinos: Vielfältigkeit oberflächlicher Verknüpfungen mehr als Reichtum der Vertiefung.

GILES MACDONOGH

Helden und Patrioten

Die Helden sind weiterhin unter uns. In England, Deutschland und anderen Ländern schmücken sie Sockel, liegen erhobenen Hauptes oder stehen aufrecht in Kirchen und Kathedralen und blicken von Podesten in Parks und Universitätsauditorien auf uns herab; unsere historische Literatur ist voll von ihnen, und heranwachsende Jungen lassen sich von ihnen begeistern. Aber kann die Verehrung des Helden überhaupt von der Vaterlandsliebe getrennt werden? Macht der Aufstieg der kulturellen Vielfalt und der Rückgang des Patriotismus den Helden zu einer Sache der Vergangenheit?

England ist offiziell immer noch ein Land, das Helden willkommen heißt, ja entschiedener noch als jemals zuvor, aber man fragt sich, ob sie aus demselben Holz geschnitzt sind wie die Helden der Vergangenheit. Wenn man einen Blick in die Boulevardblätter wirft, strahlen sie einen daraus an, wie sie ihre Orden bei der Königin im Buckingham-Palast abholen. Die Soldaten, die die Aufständischen im Irak oder in Afghanistan bekämpfen, könnten wohl Anspruch auf den Titel eines Helden erheben, aber für manche ist schon die bloße Tatsache, dass sie sich freiwillig zu einer gefährlichen Arbeit meldeten, Grund genug dafür; sie müssen nicht erst irgendeine andere Form von Tapferkeit unter Beweis stellen, um wie Helden begrüßt zu werden, wenn sie in ihre Kasernen zurückkehren. Vor zwei Jahren wurde uns gar der Anblick einer Gruppe von Marineinfanteristen gewährt, die als Helden begrüßt wurden, auch wenn sie nicht mehr geleistet hatten, als sich von Revolutionären Garden gefangennehmen und von der iranischen Regierung als Geiseln festhalten zu lassen.

Verwundung, Verstümmelung durch eine explodierende Bombe am Straßenrand oder der Tod auf dem Schlachtfeld helfen dem Soldaten natürlich, eine höhere Stufe des Heroismus zu erreichen, und verbessern seine Chancen, einen Orden verliehen zu bekommen, aber die Soldaten kämpfen nicht länger für England im eigentlichen Sinne, sondern werden stattdessen zu den »Friedenstruppen« der »internationalen Gemeinschaft« abkommandiert. Patriotismus wird nicht erwähnt, weil er nicht länger notwendig ist: Der letzte patriotische Krieg wurde vor einem Vierteljahrhundert geführt, um die Falkländer aus den Klauen der Argentinier zu retten.

Man kann getrost davon ausgehen, dass die Idee »My country, right or wrong« von der überwältigenden Mehrheit aller Intellektuellen, die etwas auf sich halten, missbilligt wird. Heute, wo die Regierungen für »kulturelle Vielfalt« und Multikulturalismus eintreten, ist Patriotismus zu einer politisch riskanten, antiquierten oder gar unerwünschten Idee geworden. Heroismus muss nun von Patriotismus getrennt werden. Das Sportstadion ist der einzige Ort, wo Vaterlandsliebe toleriert wird. Die politischen Moralisten scheinen diesen Kryptonationalismus übersehen zu wollen, vielleicht weil Sport für harmloser als Krieg gehalten wird.

Den Sport dafür zu benutzen, Dampf aus dem Volkskessel zu lassen, führt zu einer Welle primitiven Patriotismus. Manche Engländer drängen nun auf einen Nationalfeiertag, um es den Schotten, Iren und Walisern gleichzutun. Noch vor dreißig Jahren war das Georgskreuz nur auf Darstellungen des Heiligen als Drachentöter zu sehen. Jetzt repräsentiert der Heilige Georg England bei Sportveranstaltungen. Früher schickten wir Rugby- und Fußballmannschaften für jeden einzelnen unserer Landesteile auf den Platz: England, Schottland, Wales und Nordirland, und doch waren die Engländer durch die Union Flag, die britische Nationalflagge, repräsentiert, auf der seit 1801 das Andreaskreuz (Schottland) und das Kreuz von St. Patrick (Irland) über das Georgskreuz gelegt waren. Jetzt, wo die Ideen von »Großbritannien« oder »Britannien« verblassen, ist das Georgskreuz überall zu sehen.

Während es in England von Helden wimmelt, weist Deutschland in die entgegengesetzte Richtung. Die großen Gestalten der deutschen Geschichte von den Hohenstaufen zu den Hohenzollern sind in der untersten Schublade weggeschlossen worden. Wir hörten in letzter Zeit von einem Wiedererwachen des Nationalstolzes in der Bundesrepublik, und Meinungsumfragen zeigen, dass die Mehrheit der Deutschen der Ansicht ist, dass ihre Regierungen in den vergangenen sechzig Jahren viel erreicht haben. Die Fahne der Bundesrepublik wird nun auch bei Fußballspielen geschwenkt.

Die patriotische Formel »My country, right or wrong« ist verständlicherweise für alle anständigen Deutschen Anathema. Die moralische Katastrophe des Zweiten Weltkriegs war der Grund dafür, den Begriff des Heldentums aus dem Vokabular der deutschen Sprache zu streichen. Indem die Historiker ihrer Arbeit nachgehen und die Geschichte des Dritten Reiches detailliert untersuchen, entdecken sie immer mehr Teile der damaligen deutschen Gesellschaft, die in diese Volksgemeinschaft mit Ausschließlichkeitsanspruch oder den Genozid verstrickt waren. Insbesondere die Wehrmacht ist nun in die Kritik geraten, und es wird zunehmend schwieriger, die Schuld für die Vernichtung der Juden, Zigeuner und anderer Nichtkombattanten einzig Himmlers Einsatzgruppen zuzuschieben. Angesichts dessen liegt es nahe, dass es keine Verehrung des edlen Helden mehr geben kann, keinen Stolz auf die Heldentaten der deutschen Vorfahren und keine Achtung vor den Toten, die scharenweise zu den Fahnen eilten, um einen unmoralischen Krieg zu führen: Geschichte beginnt in Auschwitz.

Den Engländern fällt es auch heute noch leichter, Helden anzuerkennen – selbst die auf deutscher Seite. So ist es zum Beispiel bezeichnend, dass das Kriegstagebuch des deutschen »Fliegerasses« Hans-Ulrich Rudel zwei Vorworte enthält, eines von Pierre Clostermann, dem höchstdekorierten französischen Fliegeroffizier im Zweiten Weltkrieg, und das andere von Douglas Bader, einer paradigmatisch britischen, legendären Gestalt, der gleichermaßen ritterlich wie todbringend war trotz des Verlusts seiner beiden Beine bei einem Flugzeugabsturz vor dem Krieg. Bader vermochte Mitgefühl mit Rudel zu empfinden, der ebenfalls ein Bein verloren hatte und die letzten hundert seiner 2530 Einsätze mit nur einem Bein flog. Sowohl Bader als auch Clostermann würdigen in Rudel einen ritterlichen Gegner, und doch hatte

Rudel mit seinen 500 Abschüssen das Leben vieler ihrer Freunde beendet. Darin erkennen die beiden nichtdeutschen Flieger unschwer den Imperativ des Kriegers - töten oder getötet werden, entweder du oder ich.

Nach dem ungeheuren Blutvergießen des Ersten Weltkriegs frönten beide Länder einem Kult der toten Helden. Die Engländer sprachen von einer im Ersten Weltkrieg »verlorenen Generation« und behaupteten, die männliche Elite des Landes sei von den Geschützen und Gewehren der Deutschen in der Schlacht an der Somme und anderen Schlachten niedergemäht worden. Die erlittenen Verluste - vor allem unter den Offizieren der unteren Dienstgrade, die eilends aus den Privatschulen und Universitäten eingerückt waren - konnten nie wieder gutgemacht werden. Darüber hinaus waren hunderttausende Leben durch den Krieg ruiniert worden, sei es durch die Trauer über den Tod der Nahestehenden, sei es durch die schrecklichen Erinnerungen an den Stellungskrieg und die Folgen von Giftgas und Kriegsneurose.

Deutschland verlor doppelt so viele Männer wie Britannien. Die Geister der Toten suchten auch weiterhin die Lebenden auf beiden Seiten der Nordsee heim. Die Engländer wie die Deutschen feierten tote Dichter wie Wilfred Owen oder Walter Flex, und in den Kirchen wurden eindrucksvolle Kriegerdenkmäler errichtet. Aber während sich die Briten angesichts ihrer im Krieg erlittenen Verluste zunehmend dem Pazifismus zuwandten, reagierten die Deutschen aggressiv auf die Tragödie dieses Krieges, weil sie mit der Niederlage und den als Bestrafung wahrgenommenen Bestimmungen des Versailler Vertrages zurechtkommen mussten.

Diejenigen deutschen Schriftsteller und Dichter, deren Werke von der Nachkriegsgeneration begeistert aufgenommen wurden, werden heute vom liberalen Establishment in Deutschland gemieden, vielleicht mit Ausnahme des Überlebenskünstlers Ernst Jünger, dessen Werk gleichwohl in linken Kreisen immer noch höchst kontrovers ist. Walter Flex' *Der Wanderer zwischen beiden Welten* war ein Kultbuch der Weimarer Zeit. Sowohl Jünger wie auch Flex feiern den Kameradschaftsgeist und die Erfüllung, die sie als Krieger erlebt hatten. Jünger wurde immer wieder verwundet und erhielt Deutschlands höchste Tapferkeitsauszeichnung, den Pour le mérite. Entsprechend wurde er in der Weimarer Zeit als Held betrachtet und für viele deutsche Studenten zum Vorbild.

Walter Flex ist rückblickend in die Nähe zum Nazismus gerückt worden, aber er war keineswegs ein Nazi. Er starb 1917 an seinen Wunden, und er ließe sich am besten als konservativer Nationalist beschreiben. Seine Biographen aus neuerer Zeit vergleichen ihn mit Theodor Körner. Den Nazis gefiel sein Werk natürlich, das den Krieg nicht in Frage stellt und ihm sogar einen gewissen Glanz verleiht, und sein bekanntestes Gedicht *Wildgänse rauschen durch die Nacht* wurde zum Stammlied der Jugendbewegung. In Flex' Werk gibt es keinen Hinweis auf eine politische Bewegung, aber seine Botschaft heroischen Opfermuts könnte zahllosen Kriegerdenkmälern als Inschrift dienen: »Er war ein Hüter, getreu und rein, / Des Feuers auf Deutschlands Herde. / Nun blüht seiner Jugend Heiligenschein / Als Opferflamme im Heldenhain / Über der blutigen Erde.«

Es gibt Vertonungen auch von Gedichten Stefan Georges, aber die waren nicht im Marschrhythmus komponiert. George starb 1933. Er hatte in der Schweiz Zuflucht gefunden und nicht gewollt, dass seine Schriften von den Nazis missbraucht wurden. Obwohl es Nazis gab, die von seinen Schriften begeistert waren, würde sich George als Homoerotiker für ein Regime, das auf der drakonischen Anwendung des Paragraphen 175 des Strafgesetzbuches insistierte, wohl kaum als geistesverwandt erweisen. Heute erinnert man sich an ihn als den Mentor der Stauffenberg-Brüder, und sein Gedichtband von 1928, *Das neue Reich*, war Berthold Schenk von Stauffenberg gewidmet, der wie sein berühmter Bruder nach dem Scheitern der Verschwörung vom 20. Juli hingerichtet wurde.

In Gedichten wie *Einem jungen führer im ersten weltkrieg* gesteht George die Schmach der Niederlage auf dem Schlachtfeld ein: »Anders als ihr euch geträumt fielen die würfel des streits.. / Da das zerrüttete heer sich seiner waffen begab / Standest du traurig vor mir wie wenn nach prunkendem fest / Nüchterne woche beginnt schmückender ehren beraubt.. / Tränen brachen dir aus um den vergeudeten schatz / Wichtigster jahre.« In einem anderen Gedicht fordert George etwas weitaus Höheres als bloße Erneuerung: »Was dient uns schlachtenvorteil scharfsinn kraft! / Im blutgedüngten marschland mutige wehr! / Wenn uns die hoheit stirbt.«

Deutsche Studenten mochten 1939 mit ähnlichen Gedichten im Kopf in den Krieg gezogen sein. Die Generation hatte noch Epen wie das *Nibelungenlied* oder Felix Dahns *Ein Kampf um Rom* gelesen. Beide Werke boten Vorbilder *deutschen* Heldentums, das eine Modifizierung des klassischen griechischen Urbilds darstellte. Trotz ihrer halbgöttlichen Abstammung sind die Helden der homerischen Epen ganz unverkennbar Wesen aus Fleisch und Blut. Sie haben menschliche Schwächen. Achilles schmollt wegen Briseïs und weigert sich zu kämpfen; Ajax wird wahnsinnig und tötet die Schafherde des Odysseus; und Odysseus ist bis zur Verschlagenheit listenreich (wenn auch weniger bei Homer als in den anderen griechischen Texten). Mit Ausnahme vielleicht der Nebenfigur des Patroklos erweist sich nur der Trojaner Hektor als ein makelloser Held.

Trotz ihrer fehlbaren Helden besitzt die *Ilias* eine moralische Klarheit, die dem *Nibelungenlied* fehlt. Am Ende des *Nibelungenliedes* sollen wir für Hagen und Gunther gegen Kriemhild Partei ergreifen, nachdem Hagen den wehrlosen Siegfried hinterrücks mit dem Speer durchbohrt hatte – mit Einwilligung Gunthers, der sich wie jeder andere der Tatsache bewusst ist, dass Siegfried Brünhild um Gunthers willen unterworfen hatte. In den letzten Szenen des Epos erweckt Kriemhild, die ihren früheren guten Ruf dadurch untergrub, dass sie ganze Armeen gegen die Burgunder in den Tod schickte, den Anschein, dass sie all das einzig materiellen Gewinns wegen tut – sie will den Schatz der Nibelungen zurück. Ihre Mordlust wird so abstoßend, dass wir jegliche Sympathie verlieren; aber empfinden wir denn Mitgefühl mit Hagen? Zu seiner Verteidigung lässt sich einzig vorbringen, dass er ein Held ist im Sinne von »Krieger«.

Zwei Motive erweisen sich in dem deutschen Epos als bestimmend: der

Missbrauch der Gastfreundschaft und der Treuebund oder die »Nibelungentreue«. Die Burgunder stehen fest zu Hagen, obwohl er eindeutig im Unrecht war, als er Siegfried tötete. Das ist die »Nibelungentreue« des Zweiten Weltkriegs – für Hitler zu kämpfen wurde nicht in Frage gestellt, selbst wenn man wusste, dass das moralisch falsch war. Wie König Gernot es formuliert: »Wenn wir Tausende aus der Familie deiner Verwandten wären, so würden wir eher sterben, als hier einen Mann als Geisel zu übergeben.«

Treue ist wichtiger als Moral oder Ethik, was auch in der moralischen Kurzsichtigkeit der Wehrmacht im Zweiten Weltkrieg zum Ausdruck kam. König Giselher sagt zum Beispiel: »ich verliere niemals einen Freund durch einen Treuebruch.« Am Ende heißt es: »Die noch draußen Stehenden trieben sie mit Schwertern und Speeren in den Saal, wobei großer Lärm entstand. Doch die Fürsten und ihre Männer wollten sich nicht trennen; sie konnten ihre Treue zueinander nicht brechen.« Hier klingt gespenstisch Hitlers Urteil über das Schicksal der Deutschen im Kriege an: dass die Besten schon gefallen seien. Es ist kein Zufall, dass die berühmte Saalschlacht im *Nibelungenlied* mit der Schlacht von Stalingrad verglichen wurde.

Das sind deutsche Helden, aber kann ein Held je völlig ohne Moral sein? Siegfried ist ein unkomplizierter Fall, aber ist Hagen wirklich ein Held? Oder Gunther? Und wichtiger für unser Thema: Gab es deutsche Helden im Zweiten Weltkrieg? Es scheint drei Kategorien deutscher Helden zu geben, die in diesem Zusammenhang untersucht werden könnten: Naziheiden, Kriegshelden und moralische Helden, die als Helden für die Bundesrepublik in Frage kämen. Die erste der genannten Gruppen verdient nicht allzu viel Aufmerksamkeit. Hätte Hitler jedoch den Krieg gewonnen, wären Statuen errichtet und Straßen umbenannt worden für diejenigen, die dem Regime bedingungslose Treue erwiesen hatten.

Zahllose Straßen wurden nach Horst Wessel benannt, als die Nazis an die Macht kamen. Vielleicht hätten einige große Straßen den Namen von Ernst Otto Remer, der entscheidend an der Niederschlagung der Verschwörung vom 20. Juli beteiligt war, oder den des tollkühnen Otto Skorzeny getragen. Skorzeny muss ein ganz besonders tapferer Mann gewesen sein, aber seine Tapferkeit galt einer Sache, die wir heute als moralisch verwerflich ansehen. Und was ist mit Hanna Reitsch? Sie war eine außergewöhnliche Naziheldin, deren Bravourstück, auf der Ost-West-Achse des von den Russen bereits eingeschlossenen Berlin zu landen, Stoff für viele Geschichten für die Kinder geboten hätte – die Mädchen vor allem. Sie bewies zweifellos »Nibelungentreue« und war eine leidenschaftliche Bewunderin Hitlers.

Es gibt andere Helden, die weder Nazis noch Antinazis waren. Das sind die Menschen, die in England als Helden geehrt werden würden – wie Guy Gibson, Träger des Victoria Cross, der höchsten britischen Tapferkeitsauszeichnung, dessen Bombardierung der Möhne- und Edertalsperre im Mai 1943 zum Tode Tausender Sklavenarbeiter und deutscher Zivilisten in den Flutwassern führte. Drei deutsche Flieger fallen einem sofort ein: Rudel, Adolf Galland und Werner Mölders. Alle drei waren sie sehr viel mehr als nur effiziente Tötungsmaschinen, sie hielten ihre Geschwader zusammen und begeisterten die Männer unter ihrem Kommando ebenso wie Scharen von deutschen Kindern, die in Goebbels' Presse von den Heldentaten lasen.

Weder Rudel noch Galland waren Nazis, aber in ihren Autobiographien gestehen beide ein, dass sie Hitler bewunderten. Beide bezweifelten ebenso wenig die moralische Legitimität des Krieges, wie sie sich weigerten, als Angehörige der Legion Condor Kampfeinsätze gegen die rechtmäßige spanische Regierung zu fliegen. Man könnte einwenden, dass Gibson sich diese Gelegenheit auch nicht hätte entgehen lassen, aber er kämpfte auf der Seite der Sieger, und seine Motive wurden nicht in Frage gestellt. Das bislang einzige, was ihn der feinfühligen heutigen Generation kontrovers erscheinen lässt, war der Name »Nigger« seines schwarzen Labradors.

Moralisch gesehen ist Werner Mölders der interessanteste der drei Flieger. In seinem Geschwader als »Vati« Mölders bekannt, war er nicht nur tapfer, sondern auch ritterlich. Man könnte sich versucht fühlen, ihn mit dem Markgrafen Rüdiger im *Nibelungenlied* zu vergleichen: »Mit Rüdiger fiel der Vater aller ritterlichen Vollkommenheit.« Im Juni 1940 wurde Mölders über Frankreich abgeschossen, gefangengenommen und bei der Vernehmung brutal geschlagen. Nach dem Waffenstillstand wurde der dafür verantwortliche französische Offizier zum Tode verurteilt, aber Mölders lag Göring so lange in den Ohren, bis der Feldmarschall das Urteil aufhob und den französischen Offizier freiließ. Mölders war ein frommer Katholik, der Hitlers Politik der Bombardierung von zivilen Zielen und der Judenverfolgung abgelehnt haben soll. Er starb im November 1941 bei einer Bruchlandung in Breslau. Später erhielt der britische Geheimdienst Informationen, die vermuten ließen, dass er Gegner des Naziregimes gewesen war. Das veranlasste die Engländer dazu, einen Brief zu fingieren, worin Mölders die Politik der Nazis verurteilte. Dieser Brief wurde anschließend als Flugblatt gedruckt und in der Hoffnung, die Moral der Zivilbevölkerung zu beeinflussen, über Deutschland abgeworfen. Die Briten zumindest glaubten, dass Mölders' Ansehen als Held die Deutschen gegen das Regime einnehmen würde.

Neben den Generalen, die bei der Verschwörung vom 20. Juli eine bedeutende Rolle spielten, bewiesen die Feldmarschälle Erwin Rommel und Walter Model eine geradezu römische Auffassung von Tugend, vor allem im Tode. Als bekannt wurde, dass Rommel Verbindungen mit den Verschwörern gehabt hatte, wurde er vor die Wahl gestellt, sich entweder das Leben zu nehmen oder vor dem Volksgerichtshof angeklagt zu werden. Er entschied sich für den Selbstmord und erhielt ein Staatsbegräbnis. Model beging ebenfalls Selbstmord, nachdem er zu dem Schluss gelangt war, dass weiterzukämpfen aussichtslos war. Mit dem Ruf »Es lebe unser geliebtes Deutschland« löste er am 17. April 1945 seine Armee auf und erschoss sich vier Tage später in einem Wald. Als Feldmarschall Paulus in Stalingrad kapitulierte, hatte Model seinem Sohn Hansgeorg eindeutig zu verstehen gegeben, dass er die Kapitulation eines Feldmarschalls für inakzeptabel halte. Hansgeorg Model wurde später Brigadegeneral der Bundeswehr.

Manche würden wohl bestreiten, dass solchen Männern der Rang eines Helden zukommt; da ihnen jeder spezifisch moralische Mut fehlt, stellt sich die Frage, ob sie nicht einfach nur extrem tapfer waren. Durch die Suche nach »guten Deutschen«, die sich auf den 20. Juli konzentriert, wird eine moralische Dimension eröffnet. Die Idee, dass Helden nützliche Vorbilder bieten sollten, ist bekanntlich von dem Schotten Thomas Carlyle in seiner einflussreichen Vortragsreihe von 1841 *Über Helden, Heldenverehrung und Heldentum in der Geschichte* vertreten worden. Carlyle glaubte, dass Helden in allen Lebensbereichen anzutreffen seien und dass selbst ein Geistlicher ein Held sein könne (Dietrich Bonhoeffer, Dompropst Lichtenberg, Pater Delp würden sich als Beispiel anbieten): »Wir können einen großen Mann nicht ohne Gewinn betrachten. Er ist ein lebendiger Quell des Lichts, dessen Nähe gut und erfreulich ist.«

In den vierundsechzig Jahren seit dem Ende des Krieges wurden wiederholt Dokumente zur Diskreditierung vieler Mitglieder des Widerstandes gefunden: Das moderne Deutschland sucht wirklich nicht nach Helden. Man stellte fest, dass sie möglicherweise Mitläufer waren (Stauffenberg), dass sie Mitglieder der NSDAP gewesen waren (Gottfried von Bismarck, Fritz-Dietlof von der Schulenburg) oder Antisemiten (Wolf-Heinrich von Helldorf), dass sie sogar an Massakern beteiligt waren und Einsatzgruppen kommandiert hatten (Arthur Nebe), dass sie vor einem Attentat zurückschreckten (Helmuth James von Moltke), oder, dies der häufigste Vorwurf, dass sie einfach nur unzufrieden waren, weil Hitler sie in die Niederlage führte. Viele dieser Anschuldigungen stellten sich als unbegründet heraus: Nationalkonservative und Nationalsozialisten hatten vor und nach 1938 eine Reihe von Zielen gemein; Mitgliedschaft in der Partei war eine der wenigen Möglichkeiten, dem Nazisystem nahe genug zu kommen, um es angreifen zu können; andere Mitglieder des Widerstandes bekannten, dass sie keine Militärs waren und nicht in der Lage, ein Attentat auszuführen. Selbst ein früherer Nazischläger wie der Berliner Polizeipräsident Helldorf konspirierte bereits 1938 gegen das Regime, indem er Gauleiter Goebbels das eine sagte und etwas ganz anderes tat. Warum sollte der Held nicht wie der Sünder für seine früheren Missetaten Buße tun können?

Helldorfs Stellvertreter war Fritz-Dietlof von der Schulenburg. Als Helldorf befohlen wurde, einige der Juden festzunehmen, die in Berlin Zuflucht suchten, ließ Schulenburg sie umgehend wieder frei. Goebbels schäumte vor Wut, aber Helldorf sorgte dafür, dass Schulenburg in seinem Amt verblieb. Schulenburgs Werdegang und Herkunftsmilieu ähnelte dem vieler preußischer Junker. Als politisch rechts stehender Student hatte Schulenburg in der Weimarer Zeit sich wie die anderen für die Romane Ernst Jüngers begeistert. Später, als idealistischer alter Kämpfer, trug er stolz das Goldene Parteiabzeichen, weigerte sich aber, es jemals wieder zu tragen, als ihm klar geworden war, dass die Naziführer nicht mehr als eine Gangsterbande waren. Als Schulenburg im August 1944 vor dem Volksgerichtshof der Prozess gemacht wurde, sagte er zu Roland Freisler: »Wir haben diese Tat auf uns genommen, um Deutschland vor einem namenlosen Elend zu bewahren. Ich bin mir klar, daß ich daraufhin gehängt werde, bereue meine Tat aber nicht und hoffe, daß sie ein anderer in einem glücklicheren Moment durchführen wird.« Fritz-

Dietlof wurde nach seinem Tode viel geschmäht. Sein Bruder, der Ritterkreuzträger Wolf-Werner von der Schulenburg, war damals der Held der Familie: Er fiel 1944 in der Normandie. Nach dem Mai 1945 war Wolf-Werners tapfere Verteidigung seines Landes vergessen, und Fritz-Dietlofs Versuch, den Tyrannen zu töten, der das Ansehen seines Landes für alle Zeiten besudeln würde, rückte ins Zentrum der Aufmerksamkeit.

Das generelle Problem mit Helden, sie zu erkennen oder sie vom Podest stürzen zu wollen, besteht darin, dass wir die Vergangenheit allzu sehr mit unseren eigenen Augen und nach unserem eigenen Wertesystem betrachten. In einem verbrecherischen Krieg wird Heroismus notwendig komplexer: bloße Tapferkeit reicht nicht aus, wenn die Sache, für die gekämpft wird, Unrecht ist, oder wenn dem Soldaten befohlen wird, Handlungen zu begehen, die er mit seinem Gewissen nicht vereinbaren kann. Das war auch die Grundhaltung von Ludwig Becks Rat an seine Offiziere im Jahre 1938 (den damals keiner beachtete), aber sich ein Gewissen im Kriege zu leisten wird kompliziert durch den Wunsch, seine Männer zu schützen und seinem Land eine Niederlage zu ersparen. Das alles war den Verschwörern vom 20. Juli vollkommen klar: Hitler musste beseitigt werden, ohne die an der Front kämpfenden Soldaten allzu sehr zu gefährden.

Henning von Tresckow war wohl der Offizier, der die moralische Dimension der Verschwörung am deutlichsten sah, wie in den Worten zum Ausdruck kommt, die durch das Buch *Offiziere gegen Hitler* seines Freundes und Ordonnanzoffiziers Fabian von Schlabrendorff auf uns gekommen sind. Ob Schlabrendorff Tresckows Worte im Nachhinein ausschmückte oder nicht, ist schwer zu entscheiden, aber sie beschwören die Tragödie der Verschwörung des 20. Juli besser herauf als alle anderen. Tresckow war von Anfang an überzeugt, dass nur ein Attentat Deutschland von Hitler reinwaschen könne. Er betonte mit aller Entschiedenheit seine Bereitschaft, die Kugel selber abzufeuern: »Wir dürfen nicht fackeln, nicht straucheln. Das Vorhaben der Befreiung Deutschlands und der Welt von dem größten Verbrecher der Weltgeschichte ist den Tod einiger Unschuldiger wert.«

Tresckow dachte in Begriffen nationaler Ehre. An seinen Freund Rudolf-Christoph von Gersdorff schrieb er von seinen Versuchen, Feldmarschall von Kluge zu überreden, gegen Hitlers mörderische Befehle zu protestieren: »Wenn es uns nicht gelingt, den Feldmarschall dazu zu bewegen, alles, auch seine Person einzusetzen, daß diese Befehle zurückgenommen werden, dann hat Deutschland endgültig seine Ehre verloren. Das wird sich in hunderten von Jahren noch auswirken, und zwar wird man nicht Hitler allein die Schuld geben, sondern Ihnen und mir, Ihrer Frau und meiner Frau, Ihren Kindern und meinen Kindern, dieser Frau, die gerade über die Straße geht, und dem Jungen, der da Ball spielt.« In einer Mitteilung an Stauffenberg machte er seinen Standpunkt, dass selbst ein Scheitern der Tatenlosigkeit vorzuziehen sei, absolut klar: »Das Attentat muß erfolgen, coûte que coûte. Sollte es nicht gelingen, so muß trotzdem in Berlin gehandelt werden. Denn es kommt nicht mehr auf den praktischen Zweck an, sondern darauf, daß die deutsche Widerstandsbewegung vor der Welt und der Geschichte unter Einsatz des Lebens den entscheidenden Wurf gewagt hat. Alles andere ist daneben gleichgültig.«

Und dann sind da auch die letzten Worte Tresckows an Schlabrendorff, bevor er sich mit einer Handgranate in die Luft sprengte. Er hatte erfahren, dass die Verschwörung gescheitert war: »Jetzt wird die ganze Welt über uns herfallen und uns beschimpfen. Aber ich bin nach wie vor der felsenfesten Überzeugung, daß wir recht gehandelt haben. Ich halte Hitler nicht nur für den Erzfeind Deutschlands, sondern auch für den Erzfeind der Welt. Wenn ich in einigen Stunden vor den Richterstuhl Gottes trete, um Rechenschaft abzulegen über mein Tun und Unterlassen, so glaube ich mit gutem Gewissen das vertreten zu können, was ich im Kampf gegen Hitler getan habe. Wenn einst Gott Abraham verheißen hat, er werde Sodom nicht verderben, wenn auch nur zehn Gerechte darin seien, so hoffe ich, daß Gott auch Deutschland um unsertwillen nicht vernichten wird. Niemand von uns kann über seinen Tod Klage führen. Wer in unseren Kreis getreten ist, hat damit das Nessoshemd angezogen. Der sittliche Wert eines Menschen beginnt erst dort, wo er bereit ist, für seine Überzeugung sein Leben hinzugeben.«

Das Bild, das wir von Henning von Tresckow haben, ist das eines Helden alter Schule, der glaubt, alles in seinen Kräften Stehende tun zu müssen, um die Ehre seines Landes zu retten. Tapferkeit reichte nicht aus – eine eindeutige moralische Absicht musste damit verbunden sein. Der Widerstand gegen Hitler bot zahlreiche Beispiele für Tapferkeit gepaart mit moralischer Überzeugung; ein weiteres leuchtendes Beispiel dafür ist der pommersche Junker Ewald von Kleist-Schmenzin. Er war das Musterbild eines prinzipientreuen Mannes, der sich niemandem unterwarf. Er hatte Hitlers Aufstieg von Anfang an verfolgt, *Mein Kampf* gelesen und 1932 um ein Interview mit dem Autor gebeten. Auf der Grundlage dieses Treffens verfasste er eine Schrift mit dem Titel *Der Nationalsozialismus – eine Gefahr*. Als Hitler an die Macht kam, war Kleist-Schmenzin bereits ein gebrandmarkter Mann.

Im August 1938 führte Kleist einen Auftrag der Widerstandsbewegung aus. Er fuhr mit einem von der Abwehr beschafften Pass nach England und traf sich dort mit Robert Vansittart und Churchill. Keiner der beiden Engländer schien zu wissen, wie er mit dem pommerschen Junker umgehen sollte, der erklärte, kein Interesse am Sudetenland zu haben, aber glaubte, dass Deutschland dabei unterstützt werden sollte, den Polnischen Korridor zurückzuerlangen, und das zu eben dem Zeitpunkt, als die Engländer den Eindruck gewannen, dass Hitlers expansionistischen Plänen entgegengetreten werden musste. Von Churchill erhielt Kleist gleichwohl einen Unterstützungsbrief. Kleist kehrte am 24. August nach Deutschland zurück, und zwei Tage später entschied sich Chamberlain auf Anraten des britischen Botschafters in Berlin gegen die Konfrontationspolitik gegen Hitler – Ende September kam es dann zum Münchner Abkommen.

Während der Kriegszeit ermutigte Kleist seinen Sohn Ewald-Heinrich, sich freiwillig dafür zu melden, eine Bombe in Anwesenheit Hitlers zur Explosion zu bringen und damit auch sich selbst zu töten. Er konnte sich keinen besseren Tod vorstellen. Ewald von Kleist-Schmenzin wurde am 3. Februar

1945 vor Freislers Volksgerichtshof gestellt. Auf die Frage, ob er Hochverrat begangen habe, antwortete er: »Jawohl, ich habe Hochverrat betrieben seit dem 30. Januar 1933, immer und mit allen Mitteln. Ich habe aus meinem Kampf gegen Hitler und den Nationalsozialismus nie ein Hehl gemacht. Ich halte diesen Kampf für ein von Gott verordnetes Gebot. Gott allein wird mein Richter sein.« Das war der Tag, an dem eine Bombe der Alliierten das Gerichtsgebäude traf und Freisler tötete. Kleist-Schmenzin nützte das nichts. Er wurde schließlich am 9. April zur Hinrichtung geführt, als die Rote Armee bereits nach Berlin vordrang. Der Richter, der das Urteil am Galgen verlas, erklärte: »Er ging wie ein Held in den Tod.«

Der Opfergang von Menschen wie Kleist spielte im Nachkriegsdeutschland, einem für Helden entschieden ungeeigneten Land, kaum eine Rolle. Heroismus wurde auch in der Bundeswehr, den politisch neutralisierten Streitkräften, nicht gerade gefördert. Ihr Einsatz war bis vor kurzem höchst umstritten, als sie sich den anderen Streitkräften zur Friedenssicherung anschlossen. Die meisten Helden des 20. Juli wurden nach dem Scheitern der Verschwörung auf brutale Weise hingerichtet. Wer im Dienste des Hitlerstaates Tapferkeit bewiesen hatte, wurden nach dem Krieg ebenfalls nicht als Held empfangen. Hanna Reitsch und Adolf Galland gingen nach Argentinien, Otto Skorzeny trieb sich in Madrid herum und behauptete, die Organisation »Odessa« zur Rettung der Nazikriegsverbrecher zu leiten.

Einige wenige Helden des Ersten Weltkriegs lebten immer noch. Einer von ihnen war Ernst Jünger. Bei einer Begegnung mit ihm beklagte er sich bei mir, dass er seinen Pour le mérite nicht tragen dürfe. Zu der Zeit war er siebenundneunzig Jahre alt und der letzte lebende Träger dieses militärischen Ordens. Das machte mich neugierig, wo sie wohl alle waren, die Ritterkreuze, die der Führer persönlich verliehen hatte. 1957 erlaubte die Bundesrepublik den letzten von einst 7200 Ritterkreuzträgern, es wieder zu tragen, aber erst nachdem das Hakenkreuz entfernt worden war.

Die Bundesrepublik meidet sowohl den Totenkult wie die Heldenverehrung. Ich habe mir oft das Kriegerdenkmal am Perelsplatz in Berlin-Friedenau angeschaut, dessen Inschrift entfernt worden war, so dass nur noch der Stahlhelm des Denkmals einen Hinweis auf seine ursprüngliche Bestimmung gibt. In jedem Friedhof in Deutschland stößt man bei einem Besuch auf Grabsteine, deren Inschrift nach dem Kriege verändert wurde. Mit einem Stück Stein oder ein paar unbeholfenen Auskratzungen wurden die Wörter »Gestorben für Führer und Vaterland« unkenntlich gemacht. Die Engländer sehen kein Problem darin, die glorreichen Toten zu feiern, und jedes Jahr am 11. November zeigt sich die Königin und legt einen Kranz am Cenotaph nieder, dem von Sir Edwin Lutyens entworfenen Denkmal, das nun die von der Nation in beiden Weltkriegen gebrachten Opfer feiert.

Aber wenn es ein Vorbild für die Bürger der Bundesrepublik gibt, dann sind es doch gewiss die Männer des 20. Juli? Ich habe mich oft gefragt, ob die Einstellung der deutschen Nachkriegsgesellschaft zu deutschem Idealismus grundsätzlich anders wäre, wenn es Stauffenberg und seinen Mitverschwörern gelungen wäre, Hitler zu töten. Hätte ihr Handeln dann ein anderes

Deutschland bewahrt und geheiligt, ein auf den edleren Werten der Vergangenheit beruhendes »geheimes Deutschland«? Stauffenbergs Scheitern zwang Deutschland, mit seiner Vergangenheit zu brechen – Geschichte begann nun in Auschwitz, und die Verschwörer hätten dieses Ergebnis wohl nicht zu ändern vermocht. Der Rauch quoll aus dem Schornstein des Krematoriums in Birkenau, als Stauffenberg nach Rastenburg flog. Selbst wenn eine deutsche Regierung nach Hitlers Tod befohlen hätte, die Vernichtung des Lebens unschuldiger Zivilisten umgehend zu beenden, wäre sie doch nicht imstande gewesen, die Dinge ungeschehen zu machen. Die Verbrechen Deutschlands waren bereits zu grauenhaft geworden.

Fast immer in der Geschichte waren Helden Patrioten: Patrioten ihres Landes, ihres Stammes, ihres Volkes. Eben dadurch wird der Held für die heutigen Deutschen Anathema. Vor zwanzig Jahren waren deutsche Rezensenten irritiert über den Titel *A Good German* meiner Biographie über Adam von Trott zu Solz. Sie erkannten nicht, dass es der erste Teil eines scheußlichen Spruches aus der Kriegszeit ist: »A good German is a dead German«. Kurzum, den Engländern jener Zeit zufolge gibt es keine »guten« Deutschen, es sei denn, sie wären tot. Mein Titel wollte betonen, dass Trott sein Leben geopfert hatte, weil er der Idee eines moralisch ehrenhaften, von Hitler und dem Nationalsozialismus befreiten Deutschland treu war.

Die Engländer hatten ebenfalls Probleme mit Trott: Sie stellten fest, dass er Patriot war, er liebte das gesittete Deutschland, dem seine Familie über Jahrhunderte gedient hatte. Wie war es möglich, dachten seine Altersgenossen in Oxford, dass dieser Mann, von dem wir meinten, er sei einer von uns, ein grässliches Volk so sehr achtete, das unsere Väter und Brüder im Ersten Weltkrieg tötete und Adolf Hitler zu seinem Führer wählte? Dass sein heroischer Widerstand gegen das Dritte Reich durch die Liebe zu seinem Lande motiviert war, würden englische Intellektuelle heute ebenso wenig verstehen, wie sie es damals konnten. Und die deutschen Intellektuellen würden ihnen heute zustimmen. Auch sie hätten Schwierigkeiten, damit zurechtzukommen.

Aus dem Englischen von Siegfried Kohlhammer

Niels Werber

Soldaten und Söldner

Krieg, Risiko und Versicherung in der »postheroischen« Epoche

2008. Es ist nicht unbemerkt geblieben, dass der Bundesminister der Verteidigung, Dr. Franz Josef Jung, anlässlich einer Trauerfeier für im Einsatz getötete Bundeswehrsoldaten am 24. Oktober in Zweibrücken in seiner Ansprache gleich dreimal ein Wort verwendet hat, das bislang im Ministerium tunlichst vermieden worden ist: »gefallen«. Die beiden Fallschirmjäger seien »für unser Land im Einsatz für den Frieden gefallen«. Von »Gefallenen« ist in den offiziellen Verlautbarungen gewöhnlich nur die Rede gewesen, wenn es um Kriegsgräberfürsorge ging. Die Streitkräfte der Bundesrepublik Deutschland dagegen hatten bislang keine Gefallenen zu beklagen, obgleich seit Jahren Transall-Maschinen tote Soldaten aus den Einsatzgebieten »out of area« nach Hause fliegen. Denn diese sind eben, so Jung noch anlässlich einer Trauerfeier am 23. Mai 2007 in Köln, »Opfer eines grausamen Selbstmordanschlages« geworden, bei dem sie »ums Leben gekommen sind«. Dies ist eine Formulierung, die auch für Opfer von Verkehrsunfällen, Flugzeugabstürzen, Unwettern, Erdbeben, Schneebrettern oder Überdosierungen passende Verwendung findet. Keine Gefallenen – kein Krieg, keine Helden? Soldaten sind getötet worden, und Verteidigungsministerium und Bundeswehr benennen die Täter als »Mörder« (3. Juli 2007), was den unkriegerischen Status der Sache erneut betont. Denn Kombattanten im Krieg sind grundsätzlich keine Mörder, und das Töten von feindlichen Soldaten ist ihr gutes Recht. Gegen einen solchen rechtmäßigen Feind und nicht gegen Mörder erweisen Helden ihren Mut.

Kann man sich auch Opfer heimtückischer Anschläge als Helden vorstellen? Gehört zum Bild des Helden nicht vielmehr auch die Vorstellung von einem Feind, der mit Einsatz des Lebens bekämpft wird? Wenn der Verteidigungsminister in einer Zeit, in der die Einführung neuer Ehrenzeichen und die Errichtung eines Kriegerdenkmals für die Bundeswehr diskutiert werden, nunmehr von Gefallenen spricht statt von Opfern, könnte dies ein Indiz dafür sein, in ihnen, die ihr Leben »für unser Land« gelassen haben, Helden sehen zu wollen. Eine Voraussetzung eines neuen Heroismus läge allerdings darin, überhaupt anzuerkennen, dass die Bundeswehr sich im Krieg befindet, denn Helden »fallen« im Kampf gegen den Feind. Von Krieg zu sprechen scheut man sich aber im offiziellen Berlin.

Wenn die Bundeswehr Helden möchte, dann muss sie Kriege führen. Ein »Stabilisierungseinsatz« wie in Afghanistan ist aber kein Krieg, stellt Jung am 3. September 2008 in Berlin klar, sondern eine Art Polizeieinsatz zur Herstellung von »Ruhe, Sicherheit und Ordnung«, wie es in der entsprechenden Resolution 1510 des UN-Sicherheitsrates heißt. Die deutschen Soldaten als Teil einer internationalen Sicherheitsunterstützungstruppe, der International Security Assistance Force, führen beileibe keinen Krieg, dazu fehlte das völkerrechtliche Mandat. Und weil die ISAF per definitionem keinen Krieg führt, lassen sich ihre Angehörigen versichern. In der Versicherbarkeit findet sich ein handfestes Indiz für einen Nichtkriegseinsatz. Die DBV Winterthur beispielsweise hat seit dem Jahre 2004 Policen für Versicherte ausgezahlt, die dem ISAF-Kontingent zugeordnet waren, während dies Angehörigen der Operation Enduring Freedom verweigert worden ist. Die sogenannte Kriegsklausel des Versicherungsrechts gelte eben für Kriege, daher komme sie bei Einsätzen »humanitärer« Art, wie die ISAF es sei, nicht zur Anwendung.

Die ISAF-Mission mag riskant sein, doch ist sie versicherbar.[1] Dies stellt die Soldaten gleich mit anderen Berufsgruppen, die Risiken eingehen und entsprechende Versicherungen abschließen, etwa mit Feuerwehrleuten, Lehrern oder Schreinern. Der Versicherbarkeit von Soldaten entsprechen die unterstellten »unkriegerischen« Risiken ihres Einsatzes, in dem man folglich Opfer werden kann, aber nicht zum Helden. Es bleibt abzuwarten, ob die Versicherungswirtschaft aufhört, Policen auszuzahlen, wenn in den Verlautbarungen des Verteidigungsministeriums die Gefallenen der ISAF-Mission zu Helden werden, denn für diese Fälle gälte dann ja wohl die Kriegsklausel.

1938, in seinem zweiten Corollarium zur Neuauflage des *Begriffs des Politischen*, erzählt Carl Schmitt folgende Anekdote: »Als ihm der behandelnde Zahnarzt sagte: ›Sie sind kein Held‹, erwiderte W. Gueydan de Roussel: ›Sie sind ja auch nicht mein Feind.‹«[2] Die Schlagfertigkeit de Roussels veranschaulicht, auf welchem Gebiet die Frage des Heroischen überhaupt zu stellen ist. Denn ein Held ist man nicht auf dem Behandlungsstuhl, selbst wenn ein Indianer keinen Schmerz kennt, sondern nur in einer »feindlichen Auseinandersetzung«. Allein vor dem Feind zeige sich, ob jemand ein Held sei.

Die Anekdote führt geradewegs zu jener »ungeheuren Befugnis« des Staates, die für Schmitt darin liegt, »von Angehörigen des eigenen Volkes Todesbereitschaft und Tötungsbereitschaft zu verlangen«, nämlich dann, wenn er Krieg führt und Teilen seiner Bevölkerung nicht nur zumutet, das eigene Leben zu riskieren, sondern auch, »auf der Feindesseite stehende Menschen zu töten«. Mutige Sanitäter und Bergretter wären also im lebensgefährlichen Einsatz keine Helden, weil ihnen die Bereitschaft zu töten nicht zugemutet wird. Todesbereitschaft *und* Tötungsbereitschaft verlangen zu können: dies lässt im Staat die Bestie Leviathan erkennen, die von seiner Bevölkerung Ungeheuerliches verlangt – aber nur dann, wenn das »Wesen« der »politischen Existenz« auf dem Spiel steht. Aus dieser Bedingung folgert Schmitt, dass es »keinen rationalen Zweck, keine noch so richtige Norm, kein noch so vorbildliches Programm, kein noch so schönes soziales Ideal, keine Legitimität oder Legalität« gäbe, die »es rechtfertigen könnte, daß Menschen sich ge-

1 Vgl. Holger Kaschner, *Neues Risiko Terrorismus*. Wiesbaden: VS 2008.
2 Carl Schmitt, *Der Begriff des Politischen*. Berlin: Duncker & Humblot 1963.

genseitig dafür töten«. Dies klingt geradezu pazifistisch, aber Schmitt hat seine bellizistische Pointe gut vorbereitet. Der Krieg sei durchaus sinnvoll, doch finde er diesen »existentiellen Sinn« allein im Kampf »gegen einen wirklichen Feind«.

Einen solchen »wirklichen Feind« hat der deutsche Widerstand in Adolf Hitler gefunden, und man kann, mit und gegen Schmitt, im Attentäter Stauffenberg einen Helden sehen, der bei höchster Lebensgefahr versucht hat, diesen Feind Deutschlands zu töten. Dagegen wäre es überaus unehrenhaft, andere Gründe als politische zu vermuten. Für Geld oder Gott töten Killer oder Fanatiker. Helden sterben für das »heilige Deutschland«. Dieser Heroismus schließt alle anderen Zwecke als den des existentiellen Kampfes gegen den Feind grundsätzlich aus. Schmitt: »Von den Menschen im Ernst zu fordern, daß sie Menschen töten und bereit sind zu sterben, damit Handel und Industrie der Überlebenden blühe oder die Konsumkraft der Enkel gedeihe, ist grauenhaft und verrückt.« Die Formel »kein Blut für Öl« hätte Schmitt mithin unterschreiben müssen, denn sicher sind die Interessen amerikanischer Energiekonzerne und ihrer Lobbyisten in der Regierung nicht gleichbedeutend mit den im Wortsinne »vitalen« Interessen der Vereinigten Staaten. Ein postkolonialer, neoliberaler Krieg für Öl wäre »grauenhaft und verrückt«.

In einer »individualistisch-liberalen Gesellschaft« sähen die Dinge für Schmitt dagegen ganz anders aus: Wofür ein Mensch »freiwillig sterben« mag, sei nämlich »durchaus ›Privatsache‹«. Alltagssprachliche Bekundungen, dass man für ein neues Kleid, eine kühle Limonade, einen anderen DJ sterben oder töten wolle, belegen, dass mit der Möglichkeit des Staates, Todes- und Tötungsbereitschaft zu verlangen, in unserer Gesellschaft nicht mehr ernsthaft gerechnet wird. Sie verdeutlichen überdies, worum es laut Schmitt in einer »ökonomisierten« Welt gehe: um private Interessen, um private Vorteile, um das »Glück« des Einzelnen. Die »liberale« Gesellschaft verwandelt jede beliebige Sache in ein Objekt, über dessen Nutzung Einzelne miteinander Verträge zu gegenseitigem Vorteil schließen. Die für Schmitt ausschlaggebende Dimension des Existentiellen hat hier keinen Platz mehr. Ein Held zu sein, sein Leben zu riskieren und zu töten für etwas, was sich der ökonomischen Bewertung entzieht, heißt nun, unvorteilhaft, also unökonomisch zu handeln. Dass gutbezahlte Fußballspieler als Helden gefeiert werden, passt zu dieser Abrüstung des Begriffs. Wenn es denn eine Sehnsucht nach Helden gibt, dann findet sie heute Erfüllung in einem Torwart, der einen Elfmeter hält, oder einer Bundeswehr, die Deichkronen verteidigt.

Diese Entpolitisierung der Todes- und Tötungsbereitschaft führt nicht nur zu »privaten und psychologischen Redensarten«, in denen Zahnarztpatienten zu Helden werden, sondern in eine Sphäre der privatisierten und damit ökonomisierten Gewalt. Söldner, die im privatwirtschaftlichen Auftrag Abbaugebiete sichern, sind keine Helden, auch wenn sie ihr Leben riskieren oder Personen töten, die die Wirtschaftsinteressen ihrer Auftraggeber gefährden. Denn sie riskieren ihr Leben und sie töten – für Geld, und zwar nicht ihre Feinde, sondern jeden, der bei der Erfüllung des Kontraktes im

Weg steht. Diese »death dealer«, Kopfgeldjäger oder Söldner bezeichnen das genaue Gegenteil des Helden, wie Schmitt ihn versteht.

Ändert sich an diesem Gegensatz zwischen »Händlern« und »Helden« etwas, wenn der Staat selbst »death dealer« von Söldnerfirmen wie Blackwater worldwide anheuert? 48 000 schwerbewaffnete Angestellte von 181 privaten »Sicherheitsfirmen« sind zur Zeit allein im Irak tätig, viele im Regierungsauftrag. »Sie sind militärisch ausgebildet und bewaffnet, um entscheidende militärische Missionen auszuführen, und zwar mitten im Kriegsgeschehen«, beschreibt Peter Singer von der Brookings Institution (Foreign Policy Paper, Nr. 4, September 2007) ihre Aufgaben, an deren Erfüllung sie sich von keinen »rules of engagement« oder kriegsrechtlichen Hegungen gehindert sehen. Unbekümmert um die politischen Folgen für die USA und ihre Verbündeten werden Zivilisten, irakische Polizisten, zufällig anwesende Dritte bekämpft und getötet, privates und öffentliches Eigentum wird zerstört, um den zahlenden Klienten und seine Interessen zu schützen. Spektakulärster Fall bisher war das Massaker mit sechzehn toten Irakern, darunter Frauen und Kinder, das »Blackwater contractors« am 16. September 2007 in Bagdad angerichtet haben, ohne je dafür zur Rechenschaft gezogen worden zu sein. Dass dies allen Bemühungen um eine erfolgreiche »counter insurgency« der US-Streitkräfte zuwiderläuft, liegt auf der Hand. Dennoch werden immer weiter Aufgabenfelder, die einst Sache der Armee waren, an Privatfirmen vergeben. Der Personen- und Objektschutz, nicht nur im Irak eine heikle Angelegenheit, befindet sich fest in der Hand von Sicherheitsfirmen, deren Interessen und die ihrer Angestellten sich allein ökonomisch definieren, nicht politisch. Die Risiken, die übernommen werden, müssen sich finanziell auszahlen.

Zu den politischen Interessen der USA stehen diese Kalküle in einem nur zufälligen Verhältnis, im Falle Blackwater haben sie die Lage der US-Armee im »Krieg um die Köpfe und Herzen« sogar verschlechtert, denn im Irak sieht man in den rücksichtslosen Söldnern pauschal Amerikaner. Die Rede vom Imageschaden wäre ein Euphemismus. Anders als Staaten ihre Soldaten riskieren Sicherheitsfirmen die Haut ihrer Söldner nur, solange es sich auszahlt. Der nächste Auftraggeber wartet schon, und dies könnte sogar der Gegner aus dem Einsatz zuvor sein, wenn denn der Preis stimmt. Nicht die Feindschaft motiviert den Kampf, sondern der Profit aus einem riskanten Geschäft, an dem teilzunehmen den vertragschließenden Parteien freisteht. Dies alles ist, mit Schmitts Wort, »Privatsache«. Helden kann es hier keine geben, denn es gibt keinen Feind, der die eigene Existenz in Frage stellte, sondern nur Hindernisse auf dem Weg zum ausgehandelten Honorar.

1915 behauptet Werner Sombart in seinem Pamphlet *Händler und Helden*, für »England« sei der »Waffenkampf« gegen die deutschen Armeen völlig »nebensächlich«, denn sein »Hauptkrieg ist im engeren Sinne ein Handels- und Geldkrieg, wie ihn sonst wirkliche Händler – und zwar skrupellose – untereinander führen«. Mit »kommerzialistischen« Mitteln vom Boykott bis zum Patentdiebstahl, von der Kaperei bis zur Bestechung unternehme die »englische Geschäftsleitung« des Commonwealth alles, um die »britische Industrie« zu begünstigen und die deutsche Wirtschaft zu ruinieren. Der Krieg werde von den Briten als »Geschäft« betrieben, und ihre »teuren« Truppen, soweit es sich nicht ohnehin um Söldner aus den Kolonien handele, werden allein nach merkantilen Gesichtpunkten eingesetzt »mit möglichst hohem Nutzen und mit möglichst geringen Verlusten«. Die Handlungen der »England G.m.b.H.« seien getragen vom Geist einer »Warenhausethik«.

Selbstverständlich will Sombart in seinen »patriotischen Besinnungen«, deren grundlegende Unterscheidung übrigens im Gewand der Formel »Empire versus Imperium« von Michael Hardt und Antonio Negri zur Zeit kursiert, den deutschen Helden gegen den britischen Händler heimatfrontbegeisternd in Stellung bringen, doch ist die Position des Wirtschaftshistorikers selbst nicht frei von »kommerzialistischem Geiste«. Denn Sombart definiert den Helden durch seinen Bezug zum Risiko, also mit der Hilfe eines typisch ökonomisch und privatrechtlich bestimmten Begriffs. Er entkommt seiner Epoche nicht, der Epoche des Juristen und Versicherungsangestellten Franz Kafka. »Jedermann ist ja heute ›versichert‹ gegen jedwede Gefahr«, stellt Sombart fest. Dank der modernen Technik und dem »ungeheuren Apparat unserer sozialen Schutzvorrichtungen« seien »alle Gefährdungen« unwahrscheinlich geworden oder würden im Schadensfall von der Versicherungsgemeinschaft kompensiert. Die dazugehörige Mentalität der Risikoaversion führe in die »Verameisung« der Gesellschaft. Versichern heißt Rechnen heißt Quantifizieren heißt Nivellieren heißt Ameisengesellschaft. Eine solche Gesellschaft lebe von der kollektiven »Verteilung von Verantwortlichkeit«, aber nicht vom »Heldentum« des Einzelnen und entsprechender »grandioser Gesten«.

In einem Vademecum für Manager hat Dirk Baecker diesen Ersatz persönlicher »Risikobereitschaften« durch Netzwerke »postheroisch« genannt.[3] Der Sombart-Leser Thomas Mann hat in seiner Kriegsschrift *Betrachtungen eines Unpolitischen* von 1918 ausgemalt, wie die »versicherte« Ameisenwelt aussähe: eine »pazifizierte Esperanto-Erde«, in welcher »Luftomnibusse über einer weißgekleideten, vernunftfrommen, staatlos-geeinigten, einsprachigen, technisch zur letzten Souveränität gelangten, elektrisch fernsehenden ›Menschheit‹ brausen«. In dieser »Zivilisation« herrschten »Sicherheit und Schlaffheit«, also das Gegenteil des »Heroismus Deutschlands«, den Thomas Mann im Krieg sieht, und zwar in einem Krieg um die eigene »Existenz«.

Carl Schmitts existentielle Begründung der Feindschaft, des Krieges und des Heldentums findet sich bereits bei Thomas Mann: »Das Tiefste eines Volkes«, heißt es in den *Betrachtungen*, »wird aufgerührt durch einen geistigen und physischen Entscheidungskampf wie den heutigen«. Diese Überlegungen waren Schmitt bestens vertraut, denn er überwachte als Militär-

---

[3] Vgl. Dirk Baecker, *Postheroisches Management*. Berlin: Merve 1994.

zensor in München Manns Lektüre und Korrespondenz.[4] Mann wiederum schreibt wie Sombart über Händler und Helden und behauptet genialisch, er sei auf diesen Gegensatz völlig »ohne Lektüre, durch unmittelbare Einsicht« gekommen. Dies entspricht freilich genau Sombarts Annahme, dass derjenige, der nicht nivelliert sei, hinter dem »Ameis-Kribbel-Krabbel« das Heroische des Deutschtums erfühle, und zwar genau im Falle der »Bedrohung des Vaterlandes durch auswärtige Feinde«. Im Krieg entdecke der Deutsche in sich ein verschüttetes »primitiv-heroisches Element«, das ihn befähige, »sich für das höhere Leben zu opfern, wenn dieses bedroht ist«.

Im Krieg erweise sich also bei Sombart, bei Mann und bei Schmitt der Deutsche als Held – und der Engländer als Händler, der auch hier nüchtern seine Chancen kalkuliere und nur mit Bedacht und Aussicht auf Gewinn Risiken eingehe. Der Händler mache, behauptet Sombart, noch im Ernstfall »mit dem Leben ein gewinnbringendes Geschäft«, der Held dagegen trete »ins Leben mit der Frage: was kann ich dir geben? Er will schenken, sich verschwenden, will sich opfern«. Der englische Krämer riskiere seine Kapitalien, der deutsche Held jedoch setze sein Leben aufs Spiel. Sombart versucht zu zeigen, dass diesen überindividuellen, in den »Volksseelen« verwurzelten Haltungen auf der einen Seite der englische Kontraktionalismus und auf der anderen der deutsche »organische« Staat entspreche. Carl Schmitt hat diese Distinktionen aufgegriffen und in seiner existentiellen Klärung des Begriffs des Politischen »Todes- und Tötungsbereitschaft« genannt, die der Staat von seiner Bevölkerung verlangen könne – und eben nicht eine Firma von ihren Angestellten.

Bei der Zumutung von Tötungs- und Todesbereitschaft durch einen Souverän, der Freund und Feind unterscheidet, handele es sich, so verdeutlicht Schmitt, um das genaue Gegenteil dessen, was Personen auf eigene Gefahr unternehmen und daher versichert werden kann. »Das Wort *riskant*«, so erläutert er in seiner *Theorie des Partisanen*, »erhält dadurch einen prägnanteren Sinn, daß der riskant Handelnde auf eigene Gefahr handelt und die schlimmen Folgen seines Tuns oder Unterlassens bewußt in Kauf nimmt, so daß er sich nicht über Unrecht beklagen kann, wenn ihn die schlimmen Folgen treffen.«[5] Wer riskant handelt, etwa um hohe Profite zu machen, habe »die Möglichkeit, das Risiko dadurch auszugleichen, daß er einen Versicherungsvertrag schließt. Die juristische Heimat des Begriffs *Risiko*, sein rechtswissenschaftlicher *Topos*, bleibt das Versicherungsrecht. Der Mensch lebt unter vielerlei Gefahr und Unsicherheit, und einer Gefahr oder Unsicherheit mit juristischem Bewußtsein die Bezeichnung *Risiko* geben, bedeutet, den Betroffenen *versicherbar* zu machen.« Das Sein ist ein Wagnis, gewiss, aber die Versicherungen transformieren es in monatliche Ratenzahlungen und Leistungen im Schadensfall. Für Autofahrer, Extremsportler oder Fluggesellschaften gilt damit laut Schmitt: »sehr riskant, doch hochversichert«.

[4] Vgl. Carl Schmitt, *Die Militärzeit 1915 bis 1919*. Berlin: Akademie 2005.

[5] Carl Schmitt, *Theorie des Partisanen*. Berlin: Duncker & Humblot 1963.

Kriegshelden sind grundsätzlich nicht versicherbar, denn ihr Handeln entzieht sich einer versicherungsmathematischen Kalkulation. Der Held möchte eben kein »Geschäft mit dem Leben machen«, sondern sei bereit, sich der höheren Existenz der »Volksgemeinschaft« aufzuopfern.

Kriege werden nicht versichert. Im Zuge des Ersten Weltkriegs wird das Erkennen auf »Nichtzumutbarkeit der Leistung« im Kriegsfall zur gängigen Rechtspraxis deutscher Gerichte.[6] Dabei bleibt es. Noch im *Kommentar zum Versicherungsvertragsgesetz und zu den allgemeinen Versicherungsbedingungen* aus dem Jahre 1988 wird klargestellt, dass im Kriegsfall der Versicherungsfall nicht eintrete, insbesondere weil durch die moderne Kriegführung das »Kriegsrisiko ... unabsehbar« geworden sei, während die Policen dann gezahlt werden müssten, wenn die Schäden im Zuge von »Zwischenfällen« und »Auseinandersetzungen« verursacht worden und die Versicherten das Schadensrisiko als Mitglieder von »Polizeieinsätzen« eingegangen sind. Lebensversicherungen werden ausgezahlt, wenn der Versicherte im Polizeidienst ums Leben kommt, die Angehörigen von Soldaten im Krieg bekommen nur ihr bis dahin eingezahltes Kapital erstattet.[7]

Für die Soldaten wie die Truppensteller rechnet es sich, Nichtkriege zu führen. Anders als für »Blauhelme« oder Polizei auf humanitärer Mission gilt für Soldaten im Krieg, dass weder Lebens- und Kranken- noch Unfall-, Pflege- oder Berufsunfähigkeitsversicherungen ein »probates Mittel« darstellen, um sie gegen Risiken zu versichern. Der Staat springt hier mit verschiedenen Versorgungsleistungen in die Lücke, wenn er kann, aber offensichtlich ist, dass der Soldat sein Leben eben nicht »auf eigene Gefahr« riskiert, was laut Schmitt zu Versicherbarkeit führen würde, sondern »auf Befehl«. Wer sein Leben als Soldat aufgrund dieser »ungeheuerlichen« Zumutung des Staates opfert, kann nicht auf hohe Policen hoffen, sondern auf Ehrenzeichen. Dieser Gegensatz zwischen dem heroischen und dem Versicherungsparadigma führt mitten in eine militärstrategische Diskussion, die seit einem Dutzend Jahren unter dem Titel des Postheroischen geführt wird.

In seinem Aufsatz *A Post-Heroic Military Police* in *Foreign Affairs* (September/Oktober 1996) stellt Edward Luttwak die These auf, die amerikanische Militärstrategie nach dem Ende des Kalten Krieges sei nicht an »vitalen« Interessen des Landes ausgerichtet, sondern an Risikokalkülen. Ob die USA militä-

---

6 Vgl. Ralf Köbler, *Die »clausula rebus sic stantibus« als allgemeiner Rechtsgrundsatz*. Tübingen: Mohr Siebeck 1991; Jochen Emmert, *Auf der Suche nach den Grenzen vertraglicher Leistungspflichten*. Tübingen: Mohr Siebeck 2001.

7 »Keine Haftung besteht für Brände und Explosionen, die im Krieg oder nach Erklärung des Kriegszustandes adäquat kausal auf Maßregeln zurückzuführen sind, die von einem militärischen, nicht dagegen polizeilichen Befehlshaber angeordnet wurden. Ob ein Befehlshaber dem Militär angehört, entscheidet das Recht des Staates, in dessen Dienst er steht«: Heinrich Honsell/Horst Baumann (Hrsg.), *Berliner Kommentar zum Versicherungsvertragsgesetz*. Heidelberg: Springer 1996. Die Entscheidung, bewaffnete Polizei, Bundesgrenzschutz oder Bundeswehr in Krisenregionen zu senden, hat gravierende versicherungsrechtliche Folgen.

risch intervenierten wie in Somalia oder beiseite schauten wie in Ruanda habe letztlich weder von politischen Grundüberzeugungen oder hegemonialen Einflussnahmen noch von Plänen zur Sicherung des Zugangs zu Rohstoffen oder Märkten abgehangen, sondern entscheidend von der Frage, ob bei einem Engagement mit toten Soldaten zu rechnen gewesen sei oder nicht. Tote Helden wollte man nicht. Ausgerechnet die Zustimmung zu einer »humanitären Intervention« in Somalia, so behauptet Luttwak, sei deshalb so leicht zustande gekommen, weil der Generalstab, das Verteidigungsministerium, das Außenministerium, die Geheimdienste und der Präsident der Überzeugung waren, das Risiko für amerikanische Streitkräfte sei gering; und dieselben Akteure haben 1992 davon abgesehen, Truppen in das zerbrechende Jugoslawien zu senden, weil man nach Auskunft des damaligen Chefs des Vereinigten Generalstabs Colin Powell einen verlustreichen Kampf gegen eine gut trainierte und bewaffnete Armee nicht riskieren wollte. »Zentrale politische Entscheidungen« hingen ausschlaggebend von der Kalkulation des »Verlustrisikos« ab – alles andere, von den Menschenrechtsfragen bis zu den gern bemühten »vitalen« Interessen, sei »nur Teil des rhetorischen Schutzschildes für politische Entscheidungen, die von ganz anderen Motiven angetrieben werden«. Regierung und Militär nach 1989 handelten unter »*post-heroic* conditions«.

Ausschlaggebend für die Kriegsfrage sei die »Risikoaversion« eines Staates, fasst Christoph Schwarz die ihm insgesamt »fragwürdig« erscheinende These der postheroisch verfassten Gesellschaften in seinem Aufsatz *Krieg trotz Risikoaversion* zusammen, an der er allerdings zu schätzen weiß, dass sie endlich wieder gesellschaftliche Faktoren in der Außen- und Sicherheitspolitik berücksichtige.[8] Übersehen habe Luttwak aber, dass risikoaverse Gesellschaften eigens »heroische Gemeinschaften« pflegten, die nach wie vor bereit seien, Blutzoll zu tragen; hier wäre insbesondere an Eliteeinheiten der Berufsarmeen zu denken. Semper fidelis! Diese Hinweise ändern aber nichts an der »postheroischen« Grundkondition der Gesellschaft, deren Öffentlichkeit existentielle Bedrohungen des eigenen Staates für ausgeschlossen hält und Soldaten daher nicht in Kriege schicken möchte, sondern nur in Polizeieinsätze, humanitäre Interventionen, Stabilisierungsmissionen.

Die erfolgreiche Begriffsprägung »postheroisch« erhält auch bei Luttwak einen präzisen Sinn durch den Bezug zum Risiko. Die steigende Wahrscheinlichkeit eigener Verwundeter und Toter mache eine militärische Intervention unwahrscheinlich – gleichgültig, was sonst geopolitisch, humanitär, ökonomisch, diplomatisch auf dem Spiel stehe. Postheroisch meint ein »ranking system« von Einsatzrisiken, »die stets durch die geringe Bereitschaft der Amerikaner gekennzeichnet sind, bei militärischen Operationen Verluste in Kauf zu nehmen«. Postheroisch wird dieser Entscheidungsrahmen deshalb genannt, weil er mit hoher Wahrscheinlichkeit zum Einsatz militärischer Mittel dann führe, wenn keine Risiken für Leib und Leben der

---

8 In: Mandana Biegi u. a. (Hrsg.), *Demokratie, Recht und Legitimität im 21. Jahrhundert*. Wiesbaden: VS 2008.

Soldaten bestehen. Dies lasse sich am wachsenden Einsatz von neuen Waffensystemen ablesen, die eigene Verluste minimieren oder ganz ausschließen: strategische Bomber, Stealth Fighter, Cruise Missiles, Predator-Drohnen. Für den Angriff aus der Sicherheit der Kommandobunker braucht das Land keine Helden.

Aber, so muss man einwenden, altmodische Bodentruppen im Irak und in Afghanistan erleiden hohe Verluste. Gleichwohl scheint Luttwak recht zu behalten, denn erstens reagiert die amerikanische Öffentlichkeit auf die tagtäglich aktualisierte Casualties-Statistik ausgesprochen risikoavers, und zweitens wurde die Bush-Regierung bis zuletzt nicht müde zu behaupten, es gehe in diesen Einsätzen nicht um »social work« für »feel-good endeavours«, sondern in der Tat um »vitale« Interessen der USA und um den Kampf gegen eine andernfalls bedrohlich steigende »greater world disorder«. Nur die Bedrohung der Existenz könne nach Ansicht Luttwaks (Sombarts, Manns, Schmitts) hohe Verluste rechtfertigen, und eine solche existentielle Bedrohungslage wird seit 9/11 unablässig beschworen, um auch die Heimatfront im »war against terror« zumindest daran zu gewöhnen, dass heroische Gemeinschaften ihr Leben riskieren: Atomwaffen und Mittelstreckenraketen in den Händen von »rogue« oder »failed states«, Anthraxanschläge, schmutzige Bomben, Terrornetzwerke, Schläfer ... Die Liste ist so lang wie die Kette von Kausalitäten, die das Pentagon von gefallenen Soldaten in Afghanistan oder Irak zur erhöhten Sicherheit des Homeland zu spannen sucht. Schwarz nennt diese Konstruktion »securitization«. Wie erfolgreich die Vermittlung einer »existentiellen Bedrohung« gewesen ist, belegt der Wahlsieg von George W. Bush im Jahr 2005 trotz steigender amerikanischer Verluste im Irak. Eine solche »securitization« der Auslandseinsätze der Bundeswehr hat in Deutschland bislang keinen Erfolg gehabt. Sie können daher nur als humanitäre Missionen verkauft werden.

Dass Deutschland von den Taliban in Afghanistan oder den Aufständischen im Irak in seiner Existenz bedroht sei, scheint zur Zeit niemand anzunehmen, auch wenn der Ausspruch des Verteidigungsministers Struck vom 4. Dezember 2002 gelegentlich zitiert wird, Deutschland werde am Hindukusch verteidigt. Die Kette der Kausalitäten vom Soldaten in Kundus bis zu dem von ihm »verteidigten« Bundesbürger erscheint allerdings allzu lang. Der ISAF-Einsatz trage dazu bei, so Jung am 9. Juli 2007 in Stuttgart, »Flucht, Vertreibung, illegale Migration, organisierte Kriminalität, Drogenökonomie, Menschenhandel« einzudämmen, die »uns«, die Bundesbürger, »direkt oder indirekt« träfen. »Mädchen können wieder zur Schule gehen«, lobt der Minister den Erfolg der ISAF, und man möchte sich mit ihm darüber freuen, aber die strategische Frage, die mit Luttwak und Schmitt an ihn zu richten wäre, lautet, ob der Schulbesuch afghanischer Mädchen zu den »vitalen« oder »existentiellen« Interessen Deutschlands gehöre und der Staat von seinen Soldaten verlangen muss, zu töten und zu sterben, um ihnen weiterhin einen Schulbesuch zu ermöglichen. Wenn das aber so ist und Soldaten in Afghanistan »für Deutschland« fallen, dann befinden wir uns im Krieg – und sollten wir den nicht auch gewinnen wollen?

Aber von beidem ist keine Rede. Die deutsche Öffentlichkeit lässt sich weder Bilder von gefallenen Soldaten noch von durch deutsche Waffen getöteten Feinden zumuten. Die Missionsziele der deutschen ISAF-Kontingente entsprechen dieser postheroischen Mentalität; nicht das Führen, Gewinnen und Beenden eines Krieges sind die Aufgaben, sondern das Leisten von Hilfestellungen beim Aufbau und der Stabilisierung der afghanischen Zivilgesellschaft. Warum sollte man aber für die Errichtung von Schulen oder das Regeln des Verkehrs das Leben aufs Spiel setzen? Dieses Risiko wäre allein »existentiell« zu rechtfertigen, also durch den Kampf gegen einen wirklichen Feind. Doch gerade dies, dass deutsche Soldaten weit entfernt in Afghanistan einen Krieg führen, will niemand behaupten. Deshalb gibt es unter den deutschen Soldaten der ISAF Opfer und Versicherungspolicen, aber keine Helden. In den *Deutschen Pensions- & Investmentnachrichten* war am 4. September 2007 über den Versicherungsschutz von Soldaten mit Bezug auf »21 deutsche Opfer in Afghanistan« zu lesen: »Das Versicherungsunternehmen kann sich auf die Kriegsklausel dann nicht berufen, wenn der Versicherte bei einem Auslandseinsatz stirbt, an den kriegerischen Ereignissen aber nicht aktiv beteiligt war. Das war keiner der bei Auslandseinsätzen umgekommenen deutschen Soldaten.«

Brecht hatte seinem Galilei die Sentenz in den Mund gelegt: »Unglücklich das Land, das Helden nötig hat.« Heute wird man ein Land, das keine Helden mehr nötig hat, kaum für glücklich halten können, denn es verwendet jetzt Söldner statt Soldaten und führt Nichtkriege statt Kriege. Dass die postheroische Gesellschaft keine Helden mehr benötigt, schließt zahllose Opfer von verheerenden Kämpfen nicht aus. Dass ihren Angehörigen Prämien gezahlt werden, macht ihren Tod gewiss nicht sinnvoller.

Vom heroischen Menschen zum »Helden des Alltags«

Am 21. Dezember 2007, zur besten Sendezeit, wurden sie gekürt: die »Helden des Alltags«. Das hessische Fernsehen gab ihnen die Ehre und ließ sie, umrahmt von Stars und Sternchen, glanzvoll aufmarschieren: den Fußballer, der seinen Kameraden wiederbelebte; die Frauen, die ein Unfallopfer aus dem Auto zogen, bevor es Feuer fing; das kleine Mädchen, das sein Knochenmark für den leukämiekranken Bruder spendete; den Rentner, der sich für ein Kinderdorf in Afrika einsetzte; den Ehemann, der seine behinderte Frau pflegte; die ältere Dame, die Kinder ausländischer Herkunft bei den Hausaufgaben betreute; das Ehepaar, das zwei verlassene Kätzchen mit nach Hause nahm und großzog. Fünfundzwanzig »stille Helden« waren es, die das Publikum per Internet ausgewählt hatte und die nun in aller Öffentlichkeit für ihre selbstlose Tat ausgezeichnet wurden.[1]

Solche Aktionen sind kein Einzelfall. Immer wieder stößt man in den Medien auf Begriffe wie »Held des Tages«, »Held der Zeit«, »Held des Alltags«. *Ein ganz normaler Held*: So lautete auch der Titel eines Films, in dem Dustin Hoffman 1993 als Mann von der Straße geistesgegenwärtig eine Katastrophe verhinderte. Das Muster ist immer dasselbe: Menschen wie du und ich handeln in außergewöhnlich präsenter, zupackender Weise und tun damit Gutes oder verhindern Schlechtes. Längst nicht immer gehen sie dabei ein persönliches Risiko ein: Gefahr für Leib und Leben macht die Tat zweifellos bemerkenswerter, ist aber nicht zwingend, um Heldentum zu besiegeln. Was sich hingegen als kleinster gemeinsamer Nenner herausschält, ist der Einsatz für andere, seien es Menschen in Not oder unterkühlte Katzen.

Über die Angemessenheit eines solchen Heldenbegriffs mögen die Meinungen auseinandergehen. Nicht jeder wird Hausaufgabenhilfe oder die Speisung von Bedürftigen als heldische Taten goutieren. Aufschlussreich ist jedoch, dass viele Menschen anderer Auffassung sind und dass Zeitungen, Filme und TV ihre Auffassung nicht nur teilen, sondern aktiv propagieren. Spätere Historiker, die über die Bedeutung und das Verständnis des Heldischen zu Beginn des 21. Jahrhunderts forschen, werden hier reiches Quellenmaterial finden. Sie werden feststellen, dass es zu dieser Zeit offenbar ein großes Bedürfnis nach Helden gegeben hat und dass dieses Bedürfnis von den Medien eifrig geschürt wurde. Sie werden zugleich notieren, dass sich das, was Heldentum auszeichnet, breit aufgefächert und veralltäglicht hat. Sie werden dann vermutlich von der Demokratisierung des Helden sprechen: Je-

[1] hr-online.de/website/derhr/home/presse_meldung_einzel.jsp?rubrik=4826&key=presse_lang_33576248; solche Heldenkürungen gibt es auch in anderen Ländern: myhero.com; dailyrecordourheroes.co.uk

der und jede kann zum Helden werden. Es gibt sogar eine deutliche Tendenz zur Verweiblichung: Fast jeder zweite »Held des Alltags« aus dem hessischen Sample war eine Frau.

Bei genauerem Hinsehen würden die Historiker der Zukunft gleichwohl einen Geschlechter-Bias entdecken: Ein Verhalten, das bei Frauen selbstverständlich wäre wie die Pflege von Familienmitgliedern, macht Männer zu Helden. Last but not least ist zu vermerken, dass solches Heldentum, getreu medialer Logik, immer nur kurzzeitig Aufmerksamkeit findet. Niemand wird für seine heldische Tat auf ein Denkmal gestellt: Der Held von heute ist schon morgen der Held von gestern.

Wenn die Historiker von morgen ihren Job ordentlich machen, werden sie aber auch auf Widersprüche und Gegenrede stoßen. In der *Welt* vom 6. März 2008 schrieb ein Kommentator über den »kontaminierten Begriff des Heldentums« und warb dafür, »unsere Helden« – gemeint waren Bundeswehrsoldaten im Afghanistaneinsatz – wie »früher« mit dem Eisernen Kreuz zu ehren. Aber stimmt das Bild der Kontamination, wenn gleichzeitig allerorten »Helden des Alltags« ausgezeichnet werden? Ist es nicht vielmehr so, dass lediglich militärische und Kriegshelden außer Kurs geraten sind, dass sich Heldentum grundlegend und flächendeckend zivilisiert hat? Diese zivile Transformation macht eine gradlinige Rückkehr zu »früheren« Heldenbildern und Heldenehrungen unmöglich. Als die Bundeskanzlerin im Juli 2009 erstmals Soldaten mit dem »Ehrenkreuz der Bundeswehr für Tapferkeit« auszeichnete, setzte sie folglich keine Tradition fort, sondern schuf eine neue. Auch die Sprachregelungen wichen von dem ab, was vor 1945 üblich gewesen war: Weder redete Angela Merkel von Heldentum, noch beschwor sie nationale Wertideen. Die Soldaten bekamen die Tapferkeitsmedaille ausgehändigt, weil sie sich unter Lebensgefahr um verletzte Kameraden gekümmert hatten. Ihr Handeln entsprach damit dem, was auch im zivilen Kontext preiswürdig war: dem selbstlosen Einsatz für andere.

Diese Definition markiert einen deutlichen Bruch mit jenen Heldenbildern, die aus dem 19. und frühen 20. Jahrhundert überliefert sind. Hier ging es zwar auch um Tapferkeit und Entschlossenheit, um »ungemeine Kraftentwicklung« und die Entschiedenheit, Gefahren zu trotzen und Hindernisse zu überwinden. Die »großen und edlen Zwecke« aber, denen sich ein Held verpflichtet wusste, erschöpften sich nicht in allgemeiner oder konkreter Nächstenliebe. Sie richteten sich auf etwas Abstrakteres und, in zeitgenössischer Wahrnehmung, Höheres: auf die Nation. Waren die übermenschlichen Heroen der Antike noch ohne Rekurs auf nationale Pflicht und Ehre ausgekommen, band die Moderne den Heldenbegriff fest in das Projekt der Nationsbildung ein. Um ein Held zu sein, reichte es nun nicht mehr aus, »ungemeine Thaten voll Muth und Größe« zu verrichten. Vielmehr mussten diese Taten dem Wohl der Nation zugute kommen und deren Ruhm mehren.[2]

[2] Zitate aus deutschen Konversationslexika des frühen 19. Jahrhunderts, Artikel »Heroen«, »Heroisch«, »Held« etc.

Dieser Perspektivenwechsel spiegelt sich in der Rezeptionsgeschichte der »deutschen Heldensagen«. Gesammelt erschienen sie erstmals 1829, unter der kundigen Herausgeberschaft der Brüder Grimm. Für viele Generationen bargen sie die erste Begegnung mit den legendären Nibelungen. Ihr Lied, 1807 ins Neuhochdeutsche übertragen und dutzendfach wiederaufgelegt, entwickelte sich rasch zum Nationalepos. August Wilhelm Schlegel empfahl das »Heldengedicht« 1812 als »Hauptbuch bey der Erziehung der deutschen Jugend«.

Im Zeichen romantischer Mittelalterverklärung lieferten die ritterlichen Helden den Stoff, aus dem die jugendlichen Träume sein sollten. Sie wussten nicht nur heroisch zu leben, sondern auch so zu sterben. Gerade ihr Untergang offenbare, so der erste Übersetzer, »die herrlichsten männlichen Tugenden: Gastlichkeit, Biederkeit, Redlichkeit, Treue und Freundschaft bis in den Tod, Menschlichkeit, Milde und Großmuth in des Kampfes Noth, Heldensinn, unerschütterlichen Standmuth, übermenschliche Tapferkeit, Kühnheit, und willige Opferung für Ehre, Pflicht und Recht«. Ihr Beispiel sollte Schule machen und bei den Lesern »Stolz und Vertrauen auf Vaterland und Volk« wecken. Denn das Land brauchte dringend neue Helden und »Hoffnung auf dereinstige Wiederkehr Deutscher Glorie und Weltherrlichkeit«. Das Heilige Römische Reich Deutscher Nation war gerade ruhmlos untergegangen, viele Staaten standen unter Napoleons Herrschaft, Preußen schrumpfte auf die Hälfte seines Territoriums und seiner Bevölkerungszahl. In dieser Lage lechzte das »vaterländische Herz« nach Vorbildern – und fand sie in den Mythen ritterlicher Tugend und Hingabe.[3]

Die »Befreiungskriege« des frühen 19. Jahrhunderts brachten zahlreiche neue Helden hervor. Der preußische König höchstpersönlich beauftragte den Bildhauer Christian Daniel Rauch damit, Denkmäler der Generäle Blücher, Yorck von Wartenburg und Gneisenau anzufertigen. Sie wurden 1826 und 1855 in Berlins Via triumphalis Unter den Linden aufgestellt. Denkmalfähig waren auch Scharnhorst und Bülow, die Schinkels Neue Wache flankierten.[4] Aber nicht nur Generäle kamen auf den Sockel. Dem jungen »Sänger und Helden« Theodor Körner, der sich freiwillig zum Kriegsdienst gemeldet hatte und 1813 gefallen war, stifteten die Bewohner von Frankenberg in Sachsen 1864 ein Körnerkreuz, viele weitere Orte folgten.[5] Und selbst Frauen bekamen Heldenstatus zugewiesen. Sie waren nicht nur »Heldenmütter« oder »Heldenbräute«, die den »ruhmbekränzten Kriegern« zujubelten und ihnen das »Heldenschwert« abnahmen. Manche wurden selber zu »Heldinnen«, zu »Heldenmädchen« und »Heldenjungfrauen« – dann nämlich, wenn sie, oft in männlicher Verkleidung, an den Kampfhandlungen teilge-

---

[3] Zitate aus Joachim Heinzle / Anneliese Waldschmidt (Hrsg.), *Die Nibelungen*. Frankfurt: Suhrkamp 1991. Klaus von See betont in seinem Beitrag allerdings, dass die Rezeption keineswegs uniform und gleichbleibend verlief: Im Vormärz las man das Nibelungenlied vornehmlich als sentimentale Familiengeschichte (»Kriemhild-Phase«), nach 1870 als heroischen Männerkampf (»Siegfried-Phase«).

[4] Vgl. Helmut Engel / Wolfgang Ribbe (Hrsg.), *Via Triumphalis*. Berlin: Akademie 1997.

[5] Vgl. René Schilling, *Kriegshelden*. Paderborn: Schöningh 2002.

nommen hatten. Noch zu Beginn des 20. Jahrhunderts stifteten ihnen militärische Verbände Denkmäler.[6]

Nun war das deutsche Kaiserreich insgesamt eine denkmalwütige Zeit. Wilhelm I. und Bismarck wurden als Staatsgründer hundertfach auf das Podest gestellt; bis heute hat fast jede Stadt ein Bismarckdenkmal. Auch Kriegerdenkmäler kamen in Mode. Vorwiegend von Veteranenvereinen und Regimentern initiiert und bezahlt, erinnerten sie nicht mehr nur an berühmte Feldherren, sondern an jeden einzelnen Soldaten, der im Krieg gefallen war. Hier zeichnete sich eine durchgreifende Demokratisierung des Heldenbildes ab. Held war nicht mehr nur derjenige, der als »großer Mann« die Gefolgschaft der Zeitgenossen und die Verehrung späterer Generationen genoss. Held war auch und zunehmend der »kleine Mann«, der als Soldat sein Leben für das Vaterland einsetzte und verlor. Im Zeichen der allgemeinen Wehrpflicht, Anfang des 19. Jahrhunderts eingeführt, konnte jeder Mann zum Helden werden.

Mit dieser Demokratisierung des Heldentums gingen zwei weitere Neuerungen einher: die Orientierung an einer »Wertidee« (Max Weber) und die Privilegierung des Krieges als Heldenfabrik. Um ein Held zu sein, reichte es nicht mehr aus, Risiken einzugehen, übermenschliche Leistungen zu vollbringen und gefährliche Abenteuer zu bestehen. Es bedurfte eines ideellen Antriebs, der eigennützige Motive und Interessen hinter sich ließ. Diesen Antrieb fand man in der Idee der Nation. Wer sich in ihren Dienst stellte, wer sich für sie aufopferte, besaß Heldenrang. Dienst und Opfer konnten verschiedene Formen annehmen. Das Jugendbuch *Vorbilder der Vaterlandsliebe, des Hochsinns und der Thatkraft* aus den sechziger Jahren des 19. Jahrhunderts rühmte sowohl die »Helden des Kriegs« als auch die »des Friedens«, »die einen kämpfend mit dem Schwerte, die Anderen mit Feder, Griffel und Handwerkszeug«. Es ließ allerdings keinen Zweifel, dass es den militärischen Kampf sehr viel spannender fand als die »friedlichen Eroberungen auf den Gebieten der Geisteskultur«.

Darin war es keine Ausnahme. Die Kinder- und Jugendliteratur des Kaiserreichs favorisierte vor allem dann, wenn sie Jungen ansprach, den Typus des handfesten, sich in Lebensgefahr begebenden und bewährenden Helden. Das konnten die weißen Eroberer-Zivilisatoren in Afrika sein, die sich gegen dunkelhäutige Wilde (und arrogante Engländer) behaupteten, oder die wagemutigen Polarforscher. Aber auch Erfinder und Techniker wie Graf Zeppelin wurden heldenfähig, halfen sie doch dabei, neues Terrain – die Luft – zu erobern und die wissenschaftlich-technische Leistungsbilanz Deutschlands zu steigern.

Demgegenüber gerieten die »Geisteshelden« deutlich ins Hintertreffen. Eine Figur wie Friedrich Schiller, dessen Büste zahllose Bürgerwohnungen schmückte und den viele Denkmäler auch in »Vollgestalt« ehrten, büßte seine heroische Aura nach 1870 zunehmend ein. Hatte er zuvor für viele Zeitgenossen das Einheits- und Freiheitsversprechen der Nation verkörpert, galt

---

6 Vgl. Ute Frevert, *Die kasernierte Nation*. München: Beck 2001.

diese politische Funktion mit der Reichsgründung als erfüllt. Das kunstsinnige deutsche Bürgertum suchte sich andere Heroen: Goethe vor allem, aber auch Richard Wagner. In Wagner verehrte es den modernen Künstlerhelden, der in einem Gesamtkunstwerk all das zusammenfügte, was die prosaische Wirklichkeit teilte und trennte. Gerade das »entzweite« bürgerliche Individuum, hatte Hegel in seinen ästhetischen Vorlesungen analysiert, dürste nach heroischer »Totalität und lebendiger Selbständigkeit«. Wagners Siegfried im *Ring des Nibelungen* erfüllte dieses Bedürfnis: Er war der Künstlerheld par excellence, der freie Mann, der unbezähmte und unbezähmbare, gottähnliche Schöpfer.

Auch Wagner selber präsentierte sich als einen solchen Schöpfer, der das Maß aller Dinge in sich selbst fand. Sein Publikum liebte ihn dafür: Schon zu Lebzeiten genoss Wagner geradezu hymnische Verehrung. Fast in jeder Stadt bildete sich ein Wagnerverein, und dank königlicher Protektion konnte er sich seinen eigenen Helden- und Weihetempel in Bayreuth bauen. Als Künstlerheld hielt er seinen Fans den Spiegel vor und erfüllte ihre Sehnsucht nach dem heroisch-unentzweiten Leben durch Musik und Poesie. In seinen im Heroenzeitalter angesiedelten Bühnendramen ging es immer um das Ganze und Bedingungslose: um Macht und Hass, um Liebe und Tod. Des Meisters eigener Tod 1883 ließ seine Bewunderer »niedergeschmettert« zurück: »Nie«, schrieb Anna von Helmholtz an ihre Schwester, »hatte ich ihn und den Tod zusammengedacht. Er hatte etwas Unwandelbares an sich.«

So groß, wortmächtig und beständig die Wagnergemeinde auch war, bildete sie doch nur eine winzige Minderheit im Gesellschaftsgefüge des späten 19. und 20. Jahrhunderts. Für die breite Bevölkerung waren bürgerliche Künstlerhelden weniger anschlussfähig; hier erfreuten sich vor allem Kriegshelden eines exzellenten Rufs. Schließlich hatte der deutsche Nationalstaat, wie die offizielle Propaganda immerzu erinnerte, auf den Schlachtfeldern Frankreichs Gestalt angenommen. Nationales Heldentum war damit gleichbedeutend mit militärischem Einsatz geworden. Die »Wertidee« der Vaterlandsliebe ließ sich im Krieg, in der Opferbereitschaft jedes einzelnen Soldaten, am sinnfälligsten in Szene setzen.

Hatte das 19. Jahrhundert noch nicht übermäßig viele tote Kriegshelden hervorgebracht – in der Leipziger Völkerschlacht waren 1813 knapp 90 000 Soldaten gefallen, in der Schlacht bei Sedan 1870 24 000 –, verschaffte der Erste Weltkrieg Millionen von Männern die Gelegenheit, aktives Heldentum zu bezeugen. Allein vor Verdun ließen 1916 700 000 Deutsche und Franzosen ihr Leben, und bei Kriegsende hatte Deutschland 1,8 Millionen männliche Kriegstote zu beklagen – und zu verehren. Auch wenn sich längst nicht alle Männer danach gedrängt hatten, Helden zu werden und fürs Vaterland zu sterben, fiel vor allem bei den jugendlichen, oft aus bildungsbürgerlichen Familien stammenden Freiwilligen das hohe Maß an heroischer Begeisterung auf, mit der sie in den Krieg zogen. Hier hatte die patriotisch-militärische Erziehung durch Schule, Literatur und Jugendbewegung unmittelbare Früchte getragen.

Angeheizt wurde die heldenträchtige Atmosphäre durch eine Unzahl von

Reden und Schriften, mit denen männliche Intellektuelle »geistigen« Kriegsdienst leisteten. Von »englischem Händlertum« und »deutschem Heldentum« schrieb der zweiundfünfzigjährige Berliner Professor Werner Sombart 1915 in *Händler und Helden* und widmete seine *Patriotischen Besinnungen*, so der Untertitel, den »jungen Helden draußen vor dem Feinde«. Wie viele andere begrüßte Sombart den Krieg als Chance, den »alten deutschen Heldengeist« wiederzugewinnen und für alle Zeiten zu bewahren. Gelänge das nicht, würden die Deutschen bald Friedrich Nietzsches »letzten Menschen« ähneln, die, wie es 1883 in Zarathustras berühmter Vorrede geheißen hatte, als »eine Herde« ohne Hirt in geistloser Verflachung und emotionaler Dürre ein verachtungswürdiges Leben führten.

Nietzsches Vision neuer Menschen, die sich »freien Geistes und freien Herzens« über tradierte Werte hinwegsetzen würden, hatte seit den neunziger Jahren eine wachsende Faszination ausgeübt. Gerade junge Leute fühlten sich von ihr angesprochen, wenn auch in durchaus gegensätzlicher Weise. Der liberale Weltbürger Harry Graf Kessler etwa bekannte in *Gesichter und Zeiten*, er sei durch die Nietzschelektüre »vom Jüngling zum Mann« geworden und habe »eine Richtung fürs Leben« bekommen. Er wurde Diplomat und setzte sich für die europäische Verständigung ein. Andere lasen Nietzsche anders und lebten ihre »heroische Gesinnung« in nationalistischen Weltmachtträumen aus. Allein zwischen 1914 und 1919 wurden 165 000 Exemplare von *Also sprach Zarathustra* in einer besonders haltbaren Kriegsausgabe verkauft, und so mancher Soldat trug eine davon im Feldgepäck. Nietzsche selber, 1900 in geistiger Umnachtung gestorben, avancierte postum zum »Philosophen des Weltkriegs« und deutschen Helden; gleich zu Beginn des Krieges wurde ihm ein Band der »Illustrierten Helden-Bibliothek« gewidmet.[7]

Wie hemmungslos mit Helden und Heldentum Politik gemacht wurde, wie manipulativ man bestimmte Leistungen und Personen als Vorbilder aufwertete, war nicht nur vor und während des Ersten Weltkriegs zu beobachten. Es setzte sich nach Kriegsende unvermindert fort; gerade die nationalistische Rechte tat sich dabei hervor. Helden wurden und werden ja keineswegs von oben, von Staat und Regierung gekürt und installiert; in der Regel sind hier bestimmte soziale Gruppen und politische Lager am Werk, die ihre Medienmacht nutzen, um ihre Helden unters Volk zu bringen und Nachfolger zu finden. Für völkisch-konservative Kreise waren es die Toten des Krieges, die als Helden gefeiert und mit einer unmissverständlichen Botschaft versehen wurden: »Klagt nicht, kämpft«. Kämpft gegen Deutschlands innere und äußere Feinde, so interpretierte die Rechte das Vermächtnis derer, die im Krieg gefallen waren. Die Freikorps der frühen und die paramilitärischen Verbände der späten zwanziger Jahre nahmen diese Interpretation zum Nennwert, und auch sie produzierten wieder Helden, die alsbald zu Hoffnungsträgern der Überlebenden stilisiert wurden.

---

[7] Vgl. Steven E. Aschheim, *Nietzsche und die Deutschen*. Stuttgart: Metzler 1996.

Die rührigsten und einfallsreichsten Heldenproduzenten waren zweifellos die Nationalsozialisten. Sie stellten die »Gefallenen der Bewegung« – dazu gehörten die 1923 beim Münchner Putschversuch Getöteten ebenso wie die in Saalschlachten und Straßenkämpfen Umgekommenen – in eine direkte Kontinuitätslinie zu den Gefallenen des Weltkriegs. Alle hätten sich, hieß es, »für Deutschland« geopfert, und dieses Opfer habe sich 1933 mit dem Sieg der »nationalen Revolution« erfüllt. Beschränkte sich der nationalsozialistische Heldenkult bis dahin auf die Parteimitglieder, bezog er anschließend die ganze »Volksgemeinschaft« ein. Filme, Thingspiele und Theater wurden genutzt, um ihn unter den »Volksgenossen« zu verbreiten. Rituale (»Heldengedenktag« statt Volkstrauertag), Architektur, Symbole sollten seine Wirkung erhöhen.

Nach 1939 ergab sich dann das Problem, den neuen massenhaften Tod in den Heldenmythos integrieren zu müssen. Solange die Gefallenenziffern auf deutscher Seite klein blieben, war es noch ein Leichtes, den Tod der Soldaten als notwendiges Opfer für den Sieg auszugeben. Das änderte sich 1942/43: Hermann Görings propagandistische Gleichsetzung der Sechsten Armee mit den dem Untergang geweihten Nibelungen, die in Etzels Halle ihren letzten »Heroenkampf« fochten, löste die Faszination des Heldenmythos auf, indem sie Niederlage und völlige Vernichtung anstatt Sieg und Überleben in Aussicht stellte.[8]

Allerdings deutet manches darauf hin, dass der nationalsozialistische Heldenkult schon vor Stalingrad an die Grenzen seiner Überzeugungskraft gestoßen war. Indem er die bereits seit dem frühen 19. Jahrhundert wirksame Demokratisierung des Heroischen auf die Spitze trieb und das gesamte deutsche Volk – genauer: dessen männliche Hälfte – zu Helden kürte, überspannte er den Bogen. Heldentum wurde als Massenphänomen inflationiert und grenzenlos trivialisiert. Dagegen vermochten alle kultisch-religiösen Überhöhungen nichts auszurichten.

Dass Heldentum ein knappes Gut war, das sich nur um den Preis seiner Entwertung vervielfältigen ließ, erfuhr auch die deutsche Linke. Mehr noch als völkische oder national-bürgerliche Sozialmilieus verallgemeinerte die sozialistische Arbeiterbewegung den Status des Helden. Sämtliche Partei- und Gewerkschaftsmitglieder – 1925 immerhin 5,6 Millionen – waren, wie es damals in einer Hymne zum 1. Mai hieß, »Kämpfer gegen Enterbung und Knechtschaft«. Auch die SPD-nahe Kinder- und Jugendliteratur zeichnete ein egalitäres Bild proletarischen Heldentums. Heldisch war die Mutter, die sich für ihre Kinder aufopferte; heldisch der Vater, der sich von der täglichen Mühsal nicht unterkriegen ließ, sondern Aufrichtigkeit und Humanität bewahrte.[9]

Eine solche Inflationierung und Veralltäglichung des Heldentums mochte zwar den sozialen Gleichheits- und Solidaritätsvorstellungen der Arbeiter-

8 Vgl. Sabine Behrenbeck, *Der Kult um die toten Helden*. Vierow: SH-Verlag 1996.
9 Vgl. Wolfgang Ruppert (Hrsg.), *Die Arbeiter*. München: Beck 1986; Dietmar Petzina (Hrsg.), *Fahnen, Fäuste, Körper*. Essen: Klartext 1986.

bewegung entsprechen; die Aura des Heldischen aber ging dabei verloren. Das galt noch eindringlicher für jene »Helden der Arbeit«, die der »reale Sozialismus« 1950 aus der Taufe hob. Während die junge Bundesrepublik meinte, ohne Rekurs auf Helden auskommen zu können, schuf die DDR nach sowjetischem Modell einen einschlägigen Ehrentitel. Er sollte all jenen Werktätigen, Männern wie Frauen, verliehen werden, die sich beim Kampf um höhere Produktionsziffern verdient gemacht hatten.

Genau genommen feierte man hier die Apotheose des bürgerlichen Leistungsdenkens, das sich allerdings mit dem heldischen Ideal noch nie gut vertragen hatte. Prämierte der Heroismus die Handlung an sich, die potentiell tödliche Selbstüberwindung im Dienst einer übergeordneten Wertidee, ging es dem Leistungsethos um das Ergebnis gesteigerter individueller Fähigkeiten. Die mit hohen Geldgeschenken verbundene Auszeichnung »Held der Arbeit« suchte zwar den Leistungsgedanken moralisch-ideologisch zu überhöhen, indem sie ihn mit dem Aufbau des Sozialismus und »Verantwortungsbewusstsein gegenüber dem Fortschritt der Menschen« verknüpfte. Letztlich aber war allen Beteiligten klar, dass es sich um Produktivitätsanreize handelte, die Arbeitskollegen zu ähnlichen Glanzleistungen motivieren sollten. Mit Heldentum im klassischen Sinn hatte das nichts zu tun, und das war den Geehrten auch bewusst. Selbst wenn sie sich über den Titel und die Prämie freuten, fühlten sie sich nicht als Helden: »Hat keiner gemacht … Deswegen ist man ja kein Held!«[10]

Spätestens an dieser Stelle ist die Frage angebracht, ob es sinnvoll ist, an der Vorstellung eines heldischen Ideals festzuhalten und die »wirklichen Helden« – also diejenigen, die von ihren Zeitgenossen dazu gemacht wurden – daran zu messen. Sollten sich Historiker nicht damit begnügen, die synchrone und diachrone Vielfalt von Helden und Heldentum zu verzeichnen und jeweiligen Interessenten zuzuordnen? Reicht es nicht, darauf zu verweisen, dass sich jede Zeit, aber auch jede soziale Gruppe (nach Alter, Klasse, Geschlecht, Ethnie etc. differenziert) ihre eigenen Helden schafft und damit über ihre maßgeblichen »Wertideen« Auskunft gibt?

Die Antwort fällt, wie so häufig, ambivalent aus. Zweifellos ist die Geschichte des Helden ein Paradebeispiel für gelebten Konstruktivismus, zeigt sie doch, wie massiv sich die Wahrnehmung des Heldischen wandelt und welche Akteure daran mitarbeiten. Ein weiter Weg und eine tiefe Kluft liegen zwischen den Nibelungen- und Kriegshelden des frühen 19. und 20. Jahrhunderts und unseren »Helden des Alltags«, die sich rührend um ihre bedürftigen Mitmenschen kümmern. Spornte vor hundert oder zweihundert Jahren die Idee der Nation und nationalen Selbstbehauptung individuelles Heldentum an, stehen heute eher Werte wie Freiheit, Solidarität, Empathie im Vordergrund. Damit verändert sich auch der Blick auf vergangene Hel-

[10] Zitate aus Bettina P. Frevert, *Neue Helden braucht das Land.* Beitrag zum Geschichtswettbewerb des Bundespräsidenten 2008/2009; Christoph Kleßmann, *Arbeiter im »Arbeiterstaat« DDR*. Bonn: Dietz 2007.

den: Nicht Bismarck und Moltke, sondern Robert Blum und die Gefallenen der Märzrevolution gelten vielen heute als Helden. Besonders deutlich wird diese Umdeutung im Fall des Nationalsozialismus: Seine Helden fallen 1945 in Ungnade; umgekehrt gewinnen die von ihm als Verräter verleumdeten Hitler-Attentäter und Widerständler Heldenstatus, und zwar im östlichen ebenso wie, wenn auch verzögert, im westlichen Deutschland.

Auch die deutsch-deutsche Nachkriegsgeschichte bietet interessantes Anschauungsmaterial für unterschiedliche Heldenbilder: Galten die Aufständischen des 17. Juni 1953 im Westen als Helden, die sich für die Freiheit opferten, waren sie im Osten als Feinde sozialistischer Wertideen verfemt. Ein ähnliches Zuordnungsmuster wiederholte sich 1989 mit Blick auf die Aktivisten der friedlichen Revolution in der DDR.

Der Befund scheint klar: Mit den Wertideen wechseln auch die Helden. Was bleibt, ist der Begriff. Gerade hier aber liegt das Sperrige. Dass er nach wie vor in Gebrauch ist und nicht, was naheläge, durch den des Idols, des Stars, des Vorbilds ersetzt wurde, lässt auf eine besondere Strahlkraft schließen. Selbst in ironischen Wendungen ist sie noch präsent, in Buchtiteln à la *Helden wie wir* oder im Namen der populären Band »Wir sind Helden«. Auch in Christoph Heins Vorschlag von 1989, Leipzig den Namen »Heldenstadt« voranzustellen, schwingt ein Bild des Helden mit, das historische ebenso wie mythische Versatzstücke in sich aufgenommen hat: die Idee des Einzelnen, der Angst, Bequemlichkeit, Indifferenz überwindet und etwas Außergewöhnliches und Mutiges, der Gefahr Trotzendes tut (wie die Leipziger Demonstranten, die im Oktober 1989 auf die Strasse gingen, obwohl sie damit rechnen mussten, dass der Staat tödliche Gewalt gegen sie einsetzen würde), verbunden mit einer überindividuellen Mission, der Orientierung an einer allgemeinen Idee, die den Einzelnen mit einer Gruppe, einem Kollektiv verknüpft (die Demonstranten kämpften nicht nur für ihre je eigene Freiheit, sondern für die Freiheit aller Bürger in der DDR).

Aus diesem Heldenbild sind Gefahr, Risiko und Opfer nicht wegzudenken. All das aber ist in unserem »postheroischen« Zeitalter Mangelware. Die heroische Tat, die das eigene Leben aufs Spiel setzt, um andere oder anderes zu retten, ist in den sicherheitsbewehrten Ländern des Westens die Ausnahme, und man muss darüber nicht unglücklich sein. Trotzdem gibt es eine Erinnerung daran, die sichtbar nachwirkt. Selbst in der Bundesrepublik, die sich nach 1949 kompromisslos und radikal von den Heldenmythen der deutschen Geschichte verabschiedet hat, ist Heldisches nicht gänzlich tabu. Ironisch verfremdet oder in durch und durch ziviler Gestalt feiert der Held ein Comeback.

Die Prozesse der Demokratisierung, Zivilisierung und Trivialisierung des Heldentums haben seine elitäre Aura zwar in Mitleidenschaft gezogen, völlig zerstört aber haben sie sie nicht. Offenbar gibt es ein verbreitetes Bedürfnis danach, sich dieser Aura von Zeit zu Zeit zu vergewissern. Das scheint selbst dort auf, wo von Helden die Rede ist, die keinerlei Risiko eingehen: Weder die ostdeutschen »Helden der Arbeit« noch die gesamtdeutschen »Helden des Alltags« setzen sich bei ihren Heldentaten irgendeiner Gefahr für Leib und Leben aus. Allenfalls, wenn auch stark verdünnt, lässt sich das Element des Opfers darin entdecken: Sowohl die »stillen Helden« der Gegenwart als auch die Arbeitsaktivisten der DDR opferten Zeit, Bequemlichkeit und Muße, um anderen Menschen (und Tieren) zu helfen.

Zugleich lehnen es diejenigen, die deswegen geehrt und gefeiert werden, in der Regel ab, sich als Helden zu bezeichnen. Sie gehen auf Distanz – was nicht nur als Geste der Bescheidenheit gedeutet werden kann. Indem sie ihr Handeln als ganz normal und unauffällig charakterisieren, reservieren sie den Begriff des Helden für etwas anderes, Größeres, Phantastischeres. In dieser Kluft zwischen gesellschaftlicher Fremdzuschreibung und individueller Abwehr deutet sich eine Spannung an, die auf das Überschüssige und Unabgegoltene des Begriffs aufmerksam macht. Es ist eben dieser idealische Überschuss, dieses Freiheitsversprechen, das den eigentlichen Reiz des Begriffs darstellt und seine Langlebigkeit erklärt – auch wenn sich das, was Heldenhaftigkeit jeweils konkret ausmacht, zeitlich, räumlich und sozial stark unterscheidet.

Sven Tetzlaff

Wie Jugendliche heute Helden sehen
Über den Geschichtswettbewerb des Bundespräsidenten

»Seit das Thema ›Helden‹ für unser Projekt feststeht, scheint mir die Welt übersät von Heldenfiguren zu sein. Wenige gibt es scheinbar, die diesen Titel nicht verdient hätten. Plätze und Straßen sind nach ihnen benannt, ein jedes Denkmal bringt sie uns wieder frisch ins Gedächtnis. Auch eine Unterscheidung zu Stars und Idolen scheint in der heutigen Zeit kaum mehr möglich. Der Heldenbegriff ist eine Standardphrase. Der Heldentitel wird verliehen an Doktoren und Bademeister, an Leibwächter und Tierschützer.« Die Kategorie des Helden ist stumpf und beliebig, so zwei Zwölftklässlerinnen aus dem bayerischen Fürth in der Einleitung ihres Beitrags für den Geschichtswettbewerb des Bundespräsidenten. Sie fühlen sich geradezu umstellt von Personen, die als Stars, Idole oder eben auch als Helden permanent um Aufmerksamkeit buhlen.

Ganz andere Assoziationen hat eine Zwölftklässlerin aus Mühlheim in Nordrhein-Westfalen: »Helden? Das erste, an das ich beim Hören dieses Begriffs denken musste, waren Protagonisten aus Sagen, Märchen und Erzählungen, geheimnisumwobene Gestalten wie Achilles oder Herkules, die größer, kräftiger oder mächtiger waren als andere oder einfach nur übermächtige Gegner besiegten, so beispielsweise David in der Bibel beim Kampf gegen Goliath. Figuren, deren Geschichten teilweise auf der Wahrheit basieren mögen, für mich aber dennoch nicht in diese Welt passten, weit in der Vergangenheit lebten und dies vor allem in Büchern taten.«

Helden – hier zwischen inflationärer Alltagspräsenz und dort als fiktionale Existenz in weit entrückten, antiken Welten. Diese beiden Positionen markieren das Spannungsfeld, in dem über 6600 Kinder und Jugendliche beim Geschichtswettbewerb des Bundespräsidenten 2008/2009 ihren Zugang zum Thema »Helden« suchten. Eine Ausgangslage, die es ihnen nicht leicht machte, geeignete Protagonisten für ihre lokalgeschichtlichen Forschungen zu finden. War das Thema von den Organisatoren des Wettbewerbs falsch gewählt worden? Eine Aufforderung zur Spurensuche auf unklarer Arbeitsgrundlage?

Im Vorfeld der Ausschreibung hatte es in der Tat Debatten um die Themenstellung gegeben. Warum Schülerinnen und Schüler – teilnahmeberechtigt waren nach dem 1. September 1987 Geborene – auf die Suche nach Helden schicken, wo doch offenkundig nur Vorbilder gemeint sein konnten? Lehrer, Historiker, Archivare und andere bildungspolitische Akteure aus dem Umfeld des Wettbewerbs hatten Einwände gegen die Kategorie des Helden geltend gemacht: Hier werde ein Begriff gewählt, der nach den totalitären Erfahrungen des 20. Jahrhunderts zu Recht in Misskredit gekommen sei, der Lobgesang auf falsche Helden hätte es im Gegenteil verdient, im

Schutt zweier Weltkriege endgültig unterzugehen. Mit Helden würde ein elitäres Konzept propagiert, das nicht dazu tauge, Jugendliche in demokratischer Absicht für vorbildliche Handlungsweisen in einem Gemeinwesen zu sensibilisieren, in dem Werte wie Gleichheit und Solidarität gelten sollen.

Hinzu kam die Befürchtung, Kinder und Jugendliche würden sich historische Figuren suchen, um sie affirmativ und apologetisch als »ihre Helden« zu verklären – der mit dem Geschichtswettbewerb des Bundespräsidenten verknüpfte Anspruch eines kritischen Ansatzes hätte es bei diesem Thema besonders schwer. Ganz abgesehen von der Geschlechterproblematik, die mit der Verwendung und Perpetuierung des Helden in seiner männlichen Form verbunden sei. Das Schreckbild eines vormodernen und antidemokratischen Heldenbegriffs, der die gegenwärtigen Erziehungs- und Bildungsideale konterkariere, flackerte im Vorfeld der Ausschreibung immer wieder auf.

Trotz aller Mahnungen blieben die Wettbewerbsorganisatoren bei dem offenkundigen Reizwort, und die Ausschreibung startete im September 2008 unter dem Titel »Helden: verehrt – verkannt – vergessen«. Gerade die Ambivalenz des Begriffs Helden und die Fokussierung auf Menschen reizte dazu, ihn zum Leitthema eines Forschungswettbewerbs für Kinder und Jugendliche zu machen. Dafür sprach die in mehr als drei Jahrzehnten gewonnene Erfahrung, Themen für Jugendliche und Kinder gleichermaßen attraktiv wie herausfordernd so zu formulieren, dass sie sich über ein halbes Jahr hinweg auf einen selbstgesteuerten Forschungsprozess einließen und ihn auch durchhielten. So hat sich in der Vergangenheit gezeigt, dass die Erforschung von Geschichte dann reizvoll und aussichtsreich ist, wenn nicht abstrakte Strukturen, Prozesse oder Verläufe im Mittelpunkt stehen, sondern konkrete Entscheidungen und Handlungen von Menschen.

Themen sprechen Schüler an, wenn sie Geschichte als Gegenstand von Dilemmata, Komplexität und moralischer Herausforderung erleben. Fragen wie Gerechtigkeit, Gleichheit, Würde oder Ansehen bewegen Jugendliche, weil sie damit eigene Erfahrungen in ihren Familien oder in ihrem Lebensumfeld verbinden und so einen persönlichen Bezug entwickeln können. In Helden und Heldengeschichten kristallisieren sich diese Aspekte meist auf dramatische Weise, die historischen Akteure sind aus der Normalität des Alltags und der Anonymität ihres sozialen Milieus herausgehoben, und ihr Tun fordert dazu auf, sie nach Maßgabe der eigenen Wertvorstellungen zu beurteilen. Im Helden findet Geschichte eine Bedeutungsaufladung, die andere Begriffe nicht leisten.

»Wir haben uns in Deutschland Mühe gegeben, für die Begriffe ›Held‹ und ›Heldentum‹ einen Ersatz zu finden. Dabei hat der Begriff ›Zivilcourage‹ Karriere gemacht, ein Wort, das in deutschen Ohren großartig klingt – erstens, weil ›zivil‹ darin vorkommt, das Gegenteil von militärisch, zweitens, weil auch der ›Mut‹ durch seine französische Übersetzung ersetzt wurde. Zur Zivilcourage gibt es allerdings kein Subjekt. Für einen Menschen mit Zivilcourage haben wir kein Wort. Vielleicht muss man doch das Wort ›Held‹ benutzen«, so Harald Martenstein im *Tagesspiegel* (2. Oktober 2005), und er bringt damit das Dilemma auf den Punkt. Die Attraktivität für Jugendliche, sich mit Helden auseinanderzusetzen, bedarf kaum einer gesonderten Begründung. Helden – zumeist in medialer Form – sind für die Auseinandersetzung von Kindern und Jugendlichen mit ihrem Selbstbild und ihrer sozialen Umwelt essentiell. »Die Ambivalenz von Stärke und Schwäche, Größe und Kleinheit, von Allmacht und Ohnmacht, die sich in Heldenbildern widerspiegelt und von ihnen transportiert wird, gewinnt insbesondere in der Sozialisation von Kindern zentrale Bedeutung ... Sie benötigen in besonderer Weise Vorbilder und Orientierungshilfen und verlangen dabei vor allem nach nicht-angeleiteter Orientierung; diese bieten ihnen diejenigen mit Schönheit, Humor und Stärke ausgestatteten medialen Protagonisten, die ihnen für ihre Interessen und Belange attraktiv und funktional erscheinen«, so die Kommunikationswissenschaftlerin Ingrid Paus-Hasebrink im September 2008 auf der Tagung »Die Helden-Maschine« im Westfälischen Landesmuseum für Industriekultur.

Im Geschichtswettbewerb waren die Jugendlichen aufgefordert, nicht nach fiktionalen Helden, sondern ganz reale Personen aus ihrer direkten Lebensumwelt zu suchen, die in der Vergangenheit zu Helden gemacht wurden, denen der Heldenstatus aberkannt oder nie zuerkannt worden war. Der Heldenbegriff war in der Ausschreibung bewusst offen gehalten worden, um die Teilnehmer eigene Vorstellungen und Kriterien entwickeln zu lassen. Das Wettbewerbsmagazin *spurensuchen*, das die Körber-Stiftung zu jeder Runde erstellt, offerierte zwar Beispiele aus einem breiten Spektrum ganz unterschiedlicher Personen, die durch besondere Leistungen hervorgetreten waren, legte aber nicht fest, inwieweit es sich um Idole oder Stars, Helden und Antihelden oder andere mehr oder minder bedeutsame Personen handelte. Aufgabe der Teilnehmer war es, sich selbst ein Thema und eine Fragestellung zu suchen, Quellen zu erforschen und auszuwerten. Die Aufgabenstellung verlangte, den Prozess der Heldenwerdung kritisch nachzuzeichnen, politische Instrumentalisierungen offenzulegen, die zeitgenössischen Akteure zu Wort kommen zu lassen und Bezüge zur Gegenwart herzustellen. Die Herausforderung bestand nicht nur darin, historische und eigene Heldenbilder einer kritischen Revision zu unterziehen, sondern auch mit Uneindeutigkeiten und Widersprüchen umzugehen und daraus resultierende Ambivalenzen auszuhalten.

Wie näherten sich die Teilnehmer dem Thema? Nach Einsendeschluss des Wettbewerbs wurde deutlich, dass die Kinder und Jugendlichen keinerlei Berührungsängste mit dem Begriff Helden hatten. Die Attraktivität des Themas zeigte sich in einer deutlich höheren Beteiligung als in vorherigen Runden. Trotz schwieriger schulischer Rahmenbedingungen in fast allen Bundesländern (verkürzte Gymnasialzeit, Zentralabitur, Vergleichsarbeiten, starker Rückgang der Schülerzahlen in Ostdeutschland etc.) erlebte der Wettbewerb mit über 6600 Teilnehmern und 1831 Beiträgen sein viertbestes Ergebnis seit Bestehen 1973. Das Thema hatte offenkundig mobilisiert. Und wer geargwöhnt hatte, dass die Jugendlichen sich nicht lange mit einer Hinterfragung des Heldenbegriffs aufhalten, sondern gleich zur Denkmalssetzung der von ihnen präferierten Figuren schreiten würden, wurde eines Besseren belehrt.

Anders als in vorangegangenen Ausschreibungen stellten die Teilnehmer intensive Reflexionen zum Wettbewerbsthema ihren Untersuchungen voran, die von Beobachtungen der medialen Inszenierung von Helden über deren (mitunter ironische) Präsenz in der Sprache bis zu umfassenden lexikalischen Begriffsklärungen reichen. Einige Stimmen: »Das Heldenbild wird heute stark von den Medien geprägt, die Menschen zu Helden machen, die lediglich Aufsehen erregen und keine wahren Helden sind«, so ein Elftklässler aus Dresden. Eine Neuntklässlerin aus Ribnitz-Damgarten führte aus: »Ich finde, man muss sehr stark zwischen einem Idol und einem Helden unterscheiden. Denn in den Medien werden Menschen, die in der Öffentlichkeit stehen, als Helden bezeichnet. Zum Beispiel im Sport. Dort werden große ›Stars‹ wie Boris Becker als ›Held‹ gefeiert. Jedoch kann man sie höchstens als Sportlegende oder Koryphäe bezeichnen. Denn Boris Becker hat zwar viel für den Sport, aber nichts Größeres für die Allgemeinheit getan. Und ich denke, dieses muss ein Held. Oft werden auch Musiker oder Schauspieler als Helden gesehen. Und dieses sind sie nun wirklich nicht«. Eine Neuntklässlerin aus Mainz: »Meiner Meinung nach hat die Bedeutung des Begriffs ›Held‹ stark an Wert verloren, weil die Menschen egoistischer geworden sind und nicht mehr so sehr an das Wohl der anderen denken, weswegen das Wort ›Held‹ auch sehr inflationiert wurde.«

Neben der Frage, wer den Heldenstatus verdient hat, machten sich die Teilnehmer Gedanken über die medialen Mechanismen der Heldenstilisierung und wirtschaftliche Interessen der Heldenproduktion. »Wir sind in einer Zeit geboren, in der das Heldenbild für viele Menschen nicht nur von großen Taten abhängig ist, sondern auch von den Gesetzen des Marktes. Das Heldenbild ist nun eher von Filmhelden (siehe Amerikanische Kriegsfilme), Comic-Helden (siehe Dragonball Z) und virtuellen Helden in zum Beispiel PC Spielen (siehe The Witcher) begrenzt, die sich in der kapitalistischen Gesellschaft sehr gut verkaufen lassen«, konstatieren zwei Elftklässler aus dem sächsischen Grimma. Und zwei Schülerinnen aus Augsburg stellen fest: »Außerdem stehen wir einer oft in den Medien praktizierten ›Kurzzeit-Heroisierung‹ kritisch gegenüber. Entweder ist ein Mensch ein Held und verdient dann dauerhaften Respekt für sein Tun oder er ist es nicht und dann sollte man sich die Verehrung desselben nur um kommerzieller Zwecke willen sparen.«

Um unterscheiden zu können, ob es sich bei den selbstgewählten Beispielen um Helden handelte und ob ihr Tun als richtig oder falsch, wahr oder unwahr, gut oder schlecht einzustufen ist, galt es für die Teilnehmer, zunächst eine Folie dessen zu entwickeln, was aus ihrer Sicht einen Helden ausmacht. In ihren Beiträgen machten sie es sich nicht leicht: »Wir haben viele Definitionen gelesen«, schreibt eine Gruppe aus Plauen. »Aber alle beschreiben ›Supermenschen‹, die unserer Meinung nach im Alltag sehr selten vorkommen und denen vielfach ein Touch von Heldendichtung anhaftet. Der Held, den wir suchen, soll kein ›Übermensch‹ sein. Er muss natürlich sein, man muss ihn verstehen und achten können.« Ein Achtklässler aus dem niedersächsischen Isernhagen: »Helden, die sich nur durch Tapferkeit, Kampfgewandtheit und militärische Erfolge auszeichnen, sollten heutzutage keine Bedeutung mehr haben. Meiner Meinung nach sind deshalb nur Alltagshelden von sehr großer Bedeutung für uns alle. Nur sie bieten Orientierung und vermitteln positive Werte, unabhängig von der jeweiligen Zeit, von den aktuell herrschenden Wertvorstellungen oder politischen Systemen. Menschen, die sich selbstlos für diese überdauernden Werte einsetzen, sollten hierfür von der Gesellschaft gewürdigt und geehrt werden.«

Alltagshelden statt »Supermenschen« – dieses Credo zieht sich wie ein roter Faden durch das Gros der Wettbewerbsbeiträge. Eine Sechstklässlerin aus Münster begründet, warum Helden auf Augenhöhe notwendig sind: »Als Helden werden meist nur Menschen bezeichnet, die große Taten vollbracht haben, die, wie zum Beispiel Oscar Schindler, viele Menschen retteten oder für ihre Tat mit ihrem Leben bezahlt haben. Dies sind Taten, die für einen ›normalen‹ Bürger fast unerreichbar sind. Sie sind so weit von den eigenen Möglichkeiten zu handeln entfernt, dass man kein schlechtes Gewissen haben muss, wenn man selber nicht so gut handelt wie die Helden. Kleinere Heldentaten würden uns Menschen viel mehr zeigen, dass jeder mutiger handeln könnte.« Und bezogen auf die historischen Helden der Schulbücher resümieren drei Mittelstufenschüler aus dem thüringischen Mühlheim: »Wir denken, dass Alltagshelden für uns Menschen viel wichtiger sind, als die großen Helden im Geschichtsbuch, denn von ihnen können wir für unser Leben lernen.«

»Der Held an sich ist tot, er kann nur effektiv existieren, wenn er wiedergeboren wird, unter gleichem Begriff, doch mit neuem Inhalt. Glanz und Gloria, Faust und Eisen waren gestern, heute müssen Bescheidenheit und Uneigennutz, Arbeitseifer und Ehrgeiz zum Standardrepertoire eines neuen Helden gehören.« Wie diese beiden Oberstufenschülerinnen aus Kassel erarbeiteten die meisten Teilnehmer einen Tugendkatalog, der aus ihrer Sicht heroisches Handeln leiten muss. Weder Ruhm- oder Geltungssucht – die sie als die eigentlichen Triebkräfte medialer Heldenstilisierungen kritisierten – dürften Helden zu ihrem Tun antreiben, noch käme es auf körperliche Stärke oder Kühnheit an. »Ein Held ist jemand, der sich beispielhaft uneigennützig für moralisch wertvolle Ziele einsetzt. Er verkörpert Altruismus und Humanität. Er setzt sich ein für Gerechtigkeit und Schutz des Lebens und damit auch der Umwelt«, beschreibt ein Zehntklässler aus Dresden seine Vorstellungen. Eine Elftklässlerin aus Osterwieck: »Ein Held ist ein Mensch, der selbstlos und ohne Rücksicht auf die Wahrung der eigenen Existenz andere Menschen, die in Not sind, unterstützt und ihnen hilft. Es kann aber auch eine Person sein, die anderen Menschen ein besseres Leben und Glück ermöglicht.«

Auffallend häufig tauchen in den Arbeiten »Schutz« und »Unterstützung« als Zwecke von Heldentum auf – ein Indiz für die sozialen Bedürfnisse und Projektionen von Kindern und Jugendlichen in unsicheren und krisenanfälligen Zeiten? Als weiteres wichtiges Kriterium wird von vielen Autoren Opferbereitschaft genannt. »Einer der wichtigsten Bestandteile des Heldentums ist die Opferbereitschaft. Ein Held stellt sich selbst in den Hintergrund und nimmt Risiken und Nachteile zugunsten einer höheren Sache in Kauf ... Ein Held ist mehr als ein Vorbild, er opfert sich für seine Ideale auf«, so zwei Zwölftklässlerinnen aus Baden-Württemberg.

Wirft man ein begriffliches Netz aus, um die Werte herauszufischen, die in den Heldendefinitionen der Teilnehmer immer wieder auftauchen, so finden sich Humanität, Friedfertigkeit, Uneigennützigkeit, Hilfs- und Opferbereitschaft für andere Menschen wieder. Wenn ein kollektives Heldenbild der Teilnehmer zu beschreiben wäre, dann liefe es auf den sozialen, helfenden und unterstützenden Helden hinaus. Unabhängig von dem übersteigerten Idealismus, der bei der Heldenbestimmung von Kindern und Jugendlichen immer wieder durchschimmert, dokumentieren die Beiträge eine deutliche Gegenposition zum schnellen, medial inszenierten Heldenruhm, der in seiner Vergänglichkeit und Oberflächlichkeit als Ausdruck einer überindividualisierten Gesellschaft kritisiert wird.

Dass Helden durchaus Projektionsbilder menschlicher Bedürfnisse sind, ist den Jugendlichen vielfach bewusst. »Die Suche nach Helden ist sicherlich verbunden mit der Suche des Menschen nach Sinn und Glück, nach Halt in schwierigen Situationen. Ob als Hoffnungsträger, Erlöser, Motivator, Vorbild oder Wunschtraum ist der Held von überzeitlicher Geltung und das Bedürfnis nach ihm groß.« Das feite die Teilnehmer mitunter jedoch nicht, selbst dieser Suggestion zu erliegen. Manch einer wurde am Ende jedoch vom Veto der Quellen aufgerüttelt: »Während wir glaubten, Helden gefunden zu haben, teilten diese uns schlicht und einfach mit, dass sie – obwohl sie sich durchaus bewusst sind, etwas Außergewöhnliches geleistet zu haben – selbst keine Helden sein möchten«, so die ernüchterte Bilanz einer Gruppe von Zehntklässlern aus Dresden, die sie mit nicht wenigen Wettbewerbsteilnehmern teilten.

Unabhängig vom jeweiligen Rahmenthema wählen Schülerinnen und Schüler in größerer Zahl regelmäßig bei den Runden des Geschichtswettbewerbs lokalhistorische Beispiele aus der Phase des Nationalsozialismus aus. Die Ausschreibung »Helden« hat diesen Anteil unter den Teilnehmern noch einmal deutlich gesteigert. In dieser Runde haben sich mehr als 670 Beiträge (37 Prozent aller Arbeiten) von mehr als 2500 Jugendlichen mit Themen aus der NS-Zeit beschäftigt. Davon nahmen rund 400 Projekte Protagonisten aus dem Widerstand in den Blick, und hier wiederum bildeten zum einen kirchlicher Widerstand und zum anderen Hilfe für verfolgte Juden durch »stille Helden« deutliche Schwerpunkte. Dabei interessierten sich die jungen Forscher besonders für Personen, die bislang wenig wahrgenommen worden sind, etwa aus dem Umfeld der Weißen Rose, der Edelweißpiraten oder dem politischen Widerstand von KPD oder SPD und recherchierten viele bislang unveröffentlichten Dokumente aus Privatbesitz.

Die Gefahr, durch eine starke Identifikation mit den Protagonisten für Verklärungen anfällig zu sein, wurde dabei durchaus gesehen. Eine Zwölftklässlerin aus Berlin: »Auch ein ›Held des Widerstands‹, wenn wir Beimler so bezeichnen wollen, darf nicht der Kritik enthoben sein; der absolute Held ist eine Schöpfung totalitärer Systeme. Damit Beimler auch in der heutigen Demokratie Bestand hat, müssen seinen Vorzügen, aber auch seinen Makeln gebührende Aufmerksamkeit zukommen. Ein essenzieller Bestandteil demokratischer Kultur ist es, kritisch, aber nicht einseitig zu hinterfragen.«

Eine Reihe von Jugendlichen befasste sich mit der kampflosen Übergabe ihrer Wohnorte an die Alliierten am Ende des Zweiten Weltkrieges und untersuchte, inwieweit dieses durch Personen initiiert wurde, die mit persönlichem Risiko gegen die Anweisungen des Regimes handelten und dadurch weitere Opfer verhinderten. Andere Teilnehmer suchten nach Personen in ihrer eigenen Familie, die im Nationalsozialismus linientreu waren und zu Helden stilisiert wurden. Sie fragten etwa nach, warum der Großonkel, der im Zweiten Weltkrieg als Soldat starb, zum Kriegerhelden gemacht wurde oder warum der Urgroßvater als Gauleiter und »Held der Bewegung« nicht nur während der Nazizeit, sondern auch noch in der Nachkriegszeit im Familienkreis ungebrochen bewundert wurde.

Auffällig ist, dass im Vergleich zu der großen Anzahl an Beiträgen zum Nationalsozialismus nur sehr wenige Beiträge – kaum mehr als 50 (3 Prozent aller Arbeiten) – Themen der DDR-Geschichte wählten. Wenngleich sich unter diesen Studien eindrucksvolle Untersuchungen zum staatssozialistischen Heldenkult finden oder auch erhellende Interviews mit Günter Schabowski oder Egon Krenz, scheint die Frage der Erforschung der DDR unter der Heldenperspektive problematisch gewesen zu sein. Eine Zwölftklässlerin aus Berlin, die zu ›Helden der Arbeit‹ in der DDR forschte, über die Schwierigkeit, Zeitzeugen zu finden: »Endlich hatte ein ›Held‹ angerufen und längere Zeit mit meiner Mutter gesprochen. Ich war schon ganz begeistert – doch dann kam das ›aber‹. Er wolle nicht mit mir darüber sprechen, da ich ihn höchstwahrscheinlich verurteilen wolle. Dies schockierte mich. Es war mir bislang nicht in den Sinn gekommen, die ›Helden‹ negativ darzustellen oder schlecht über sie zu denken. Auf einmal sah ich das Thema aus einer ganz anderen Perspektive. Natürlich wäre es denkbar, alle ›Helden‹ als Mitläufer und Unterstützer des DDR-Regimes anzusehen, als Aushängeschild eines Staates, den man jetzt sehr kritisch betrachtet. Genau das erwartete der Anrufer von mir – eine Pauschalverurteilung. Er glaubte, ich würde ihn anklagen und nicht verstehen. Diese Doppelseitigkeit zu erkennen, war mein großes Aha-Erlebnis während dieser Arbeit.«

Es waren insbesondere die älteren Teilnehmer, die sich für die Rezeptionsgeschichte lokaler Helden, die Auseinandersetzung um Denkmäler oder die Vereinnahmung und Instrumentalisierung von Helden unter verschiedenen politischen Vorzeichen interessierten. Dass Helden ein Publikum brauchen und ›Heldenmacher‹, dass sie Ergebnisse von Mythenbildungen sind, können viele Jugendliche mit ihren Beispielen belegen. Eine zwölfte Klasse aus Geesthacht untersuchte beispielsweise den »Bismarckmythos im Spiegel privater Huldigungsbriefe« und resümierte: »Wenn wir vorher überhaupt ein Bild von Bismarck gehabt hatten, war es ähnlich unkritisch und bestand meist aus lückenhaften Erinnerungen an den Mittelstufen-Geschichtsunterricht. Heute sehen wir in Bismarck zunächst eine historische Persönlichkeit, die über sich selbst und ihr eigentliches Handeln hinaus eine enorme politische Wirkung entfaltet hat. Das lag teilweise an Bismarcks eigener Neigung zur Selbststilisierung, hauptsächlich aber daran, dass man ihn zu einer ›Marke‹ gemacht hat, weil er geeignet war, im politischen Interessenstreit für ein ganzes Bündel von Werten, Einstellungen und Emotionen zu stehen. Ein Held ist er für uns mit Sicherheit nicht, schon deshalb nicht, weil er als erklärter Antidemokrat die demokratische Entwicklung Deutschlands im 19. Jahrhundert behindert, wenn nicht zurückgeworfen hat.«

Jüngere Schüler etwa bis zur achten Klasse nahmen hingegen eher Helden in den Blick, die qua Amt für Rettung, Unterstützung oder Hilfe anderer Menschen zuständig sind wie zum Beispiel Feuerwehrleute, Polizisten, Ärzte, Sozialarbeiter, Entwicklungshelfer, Mitarbeiter des Kinderschutzbundes etc. Eine sechste Klasse aus Mainz begründete ihre Themenwahl so: »Berufshelden sind die, die einen Beruf haben, in dem sie anderen helfen und die ihr Leben für andere opfern würden wie z. B. Feuerwehrmänner, Soldaten oder gar Polizisten. Aber nicht jeder, der einen solchen Beruf hat, ist auch schon ein Held. Das hängt davon ab, wie er anderen Menschen hilft.«

Inwieweit Helden immer männlich waren, hat sich eine Reihe von Teilnehmern gefragt. Eine Zwölftklässlerin aus Cochem: »Helden – ein Begriff, der schon seit Menschengedenken mit Faszination und Bewunderung verbunden ist. Hierbei handelt es sich jedoch in der Regel um Helden und nicht um Heldinnen. Gibt es einfach weniger heldenhafte Frauen als Männer? Sicherlich nicht, viel eher ist es so, dass viele Heldinnen einfach deutlich unbekannter sind als ihre männlichen Pendants.« Über 150 Beiträge (8,5 Prozent aller Arbeiten) nahmen Heldinnen in den Blick. Deutlich mehr Mädchen als Jungen unter den Teilnehmern untersuchten dabei insbesondere solche Protagonistinnen, die sich für die Freiheitsrechte und die Gleichberechtigung von Frauen engagiert haben. Augenfällig ist, dass von den Mädchen im Wettbewerb (die mit 53 Prozent etwas stärker als Jungen vertreten sind) häufig Helden und Heldinnen in den Blick genommen wurden, die in sozialen Bezügen interagierten beziehungsweise Hilfe für andere organisierten (soziale Berufe, Hilfsleistungen, kirchliche Helden etc.).

Helden – für die Jugendlichen sicher kein einfaches Thema. Aber, und das zeigen die Beiträge eindrucksvoll, eines, das herausforderte und zu manch spannender Einsicht führte.

Ina Hartwig

Heldinnenkarussell

Mademoiselle. Sollte Madeleine Schickedanz, die Erbin des Quelle-Versandhauses und Arcandor-Großaktionärin, über seelisches Niveau verfügt haben, so hat sie es angesichts der bevorstehenden Zerschlagung des Handelskonzerns entschieden unterschritten. Wegen ihres dahinschwindenden Vermögens verfiel sie in ein durch keinerlei Empathie für ihre Beschäftigten getrübtes Jammern. »Wenn die Rettung von Arcandor scheitert und die Banken die Kredite fällig stellen, verliere ich alles, Häuser, Aktien, Beteiligungen an Versicherungen. Ich bekäme mit meinen 65 Jahren nicht einmal eine Rente.« Da Schickedanz in ihren diversen Villen in St. Moritz, an der Côte d'Azur und in Deutschland nach wie vor vollkommen abgeschottet lebt, war das Märchen, sie müsse schon jetzt mit 600 Euro im Monat auskommen, eine Geschmacklosigkeit sondergleichen. Die Öffentlichkeit gab sich pikiert, und jene Arcandor-Angestellten, die ihren Arbeitsplatz verlieren, dürften noch ganz andere Empfindungen haben.

Man fühlt sich ein wenig an Marie Antoinette erinnert, die im Park von Versailles einen Bauernhof errichten ließ als Kulisse ihrer Zerstreuung, als Dekoration ihrer Einbildungskraft. Die Königin spielt Milchmädchen, die Milliardenerbin spielt Hartz-IV-Empfängerin. Vermutlich ließe sich mit Aby Warburgs Pathosformel aus der Parallele noch einiges gewinnen, wenn man bedenkt, dass Marie Antoinette das Bonmot zugeschrieben wird, das Volk möge doch Kuchen essen, wenn ihm das Brot fehle. Im Moment ihres Todes muss die ungeliebte letzte Königin des Ancien Régime hingegen sehr tapfer gewesen sein. Bevor der Henker das Fallbeil auf ihren Hals sausen ließ, soll sie sich bei ihm entschuldigt haben: Sie war ihm versehentlich auf den Fuß getreten. So scheint am Ende doch noch ein Hauch von Würde auf Marie Antoinette gefallen zu sein. Diese Probe wird Madeleine Schickedanz erspart bleiben. Das bedeutet allerdings: Sie hat gute Chancen, als Antiheldin in die Wirtschaftsgeschichte dieses Jahres einzugehen.

Nehmen wir dagegen Coco Chanel. Alles andere als eine Erbin, zeigt sich die 1883 Geborene als disziplinierte und besessene Arbeiterin mit genialischer Witterung für die Mode ihrer Zeit. Dass Frauen um die Jahrhundertwende beginnen, aufs Fahrrad zu steigen, ist ein Zeichen, das nicht nur den Dichter Mallarmé beflügelt. Chanel selbst steigt lieber aufs Pferd und experimentiert mit geliehener Männerkleidung. Sie beschließt: Die Tage der üppigen Stoffgebirge über den wohlgenährten Hintern der Belle-Epoche-Damen sind gezählt. Dank ihres eisernen Willens und der generösen Anschubfinanzierung ihres steinreichen Geliebten kann sie ihre lieblose ländliche Herkunft hinter sich lassen und die Hauptstadt des 19. Jahrhunderts am Anfang des 20. im Sturm erobern. Der ersten Boutique folgen weitere, bald herrscht sie über ein Imperium über Frankreichs Grenzen hinaus. Der Luxus, in dem sie leben wird, ist selbstverdient.

Ihren so bissigen wie köstlichen Erinnerungen *Die Kunst, Chanel zu sein* ist zu entnehmen, dass sie russische Adelige, die vor der Revolution nach Paris geflohen waren, als Buchhalter, Türsteher und Verkäuferinnen beschäftigt. Ihren Näherinnen lässt sie ein Ferienlandheim einrichten, damit diese sich angemessen erholen können. Nach zwei, drei Sommern wird ihr »Sozialwerk«, wie sie es nennt, wieder geschlossen: Chanels Mädchen hatten zu vielen Männern im Dorf den Kopf verdreht. Als »Mademoiselle«, wie Coco Chanel sich nennen lässt, im Winter 1946 dem schriftstellernden Lebemann Paul Morand einiges aus ihrem Leben erzählt, befinden sie sich in einem Hotel in St. Moritz. Jeder hat seinen guten Grund, in jenen Tagen in der Schweiz auszuharren: Morand, weil er als Generalkonsul des kollaborierenden Vichy-Staates zu Hause in Frankreich die Verhaftung befürchten muss; sie, weil sie mit einem ehemaligen deutschen Besatzer liiert ist, Hans Günther von Dincklage, mit dem sie sich nach der Befreiung in Frankreich besser nicht sehen lässt. Über Dincklage und das Verhör, dem die Modezarin 1944 in Paris unterzogen worden war, wird sie nie sprechen. Ihre Selbsteinschätzung: »Ich bin keine Heldin. Ich habe eine Chefinnenseele.«

Frau Nilsson. Da Frauen selten, wenn überhaupt jemals, dazu erzogen werden, als Heldin zu leben und zu sterben, ist die Skepsis bei ihnen besonders ausgeprägt. Oft dürfte man deshalb auf Heldinnen stoßen, die sich selbst gar nicht als Heldinnen sehen. Was nicht bedeutet, dass kleine Mädchen keine Heldinnenphantasien entwickelten! Die bleibende Beliebtheit der unwiderstehlichen Pippi Langstrumpf spricht eine eigene Sprache. Welches Mädchen hat sich nicht nach der gewitzt-anarchisch-übermenschlichen Unbesiegbarkeit Pippi Langstrumpfs gesehnt? Als Kind ahnt man allerdings noch nicht, dass man es mit einer höchst raffinierten Variante des Typus Kriegerin-Rächerin zu tun hat, einer gar nicht so harmlosen Nachfahrin also der rasenden Amazone Penthesilea und einer Vorfahrin der melonenbusigen Pixelheldin Lara Croft.

Sowohl Erfindung als auch literarische Gestaltung Pippi Langstrumpfs sind das Werk einer Frau von Genie, die es verstand, Menschlichkeit und gezielte Aggression zusammenzuschmieden. Astrid Lindgren hätte jeden Lorbeerkranz verdient, auch den der Schwedischen Akademie. Als sie beginnt, die drei *Pippi*-Bücher für ihre Tochter zu schreiben, herrscht Krieg in Europa. 1945 erscheint in Stockholm der erste Band; die deutschen Leser werden die Übersetzung vier Jahre später in Händen halten. Die Halbwaise Pippilotta Viktualia Rollgardina Pfefferminz Efraimstochter Langstrumpf lebt in einem friedlichen, überschaubaren Ort, und in einem sehr ordentlichen dazu! Mit ihrem unbekümmerten Charme bringt die kleine Heldin diese Ordnung aufs amüsanteste durcheinander. Jegliche Autorität, von der Lehrerin bis zur Polizei, wird systematisch boykottiert.

Allerdings, und das ist entscheidend, beruht Pippis Unbekümmertheit auf ihrer physischen Stärke und ihrem enormen Reichtum. Sie ist keineswegs eine »realistische« Heldin, und es soll vorgekommen sein, dass besonders vernünftig erzogene Jungen sie deshalb ablehnten – Pech für die Jungen.

Mit Gesetzesbrechern geht Pippi übrigens prinzipiell genauso um wie mit den Vertretern von Recht und Ordnung. Denn sie vertritt, Kern eines jeden Heldinnentums, ihr eigenes Gesetz.

Das verhält sich dann beispielsweise wie folgt: Eines Abends zählt Pippi gerade ihre Goldstücke, als zwei Landstreicher des Wegs kommen und anklopfen. Sie waren den ganzen Tag auf der Straße, haben Hunger und wollen eigentlich nur um ein Butterbrot bitten. Aber als sie das viele Geld auf dem Küchenboden sehen, daneben das seltsame Mädchen mit den roten Zöpfen, ändern sie ihren Plan. Vor Freude reiben sie sich schon die Hände, denn sie glauben leichtes Spiel zu haben: »Das einzige, was wir zu tun haben, ist zu warten, bis das Mädchen und dieser Herr Nilsson schlafen. Dann schleichen wir uns rein und sacken alles ein.« Und als sie dann noch bemerken, dass Herr Nilsson keineswegs der Hausherr ist, sondern ein niedlicher, in einem Puppenbett schlummernder Affe, werden sie geradezu übermütig.

Leichtes Spiel hat dann Pippi. Oder besser gesagt, sie hat ihr Vergnügen, indem sie die beiden erst einmal auf den Schrank stemmt, dann fesselt und am Ende stundenlang mit ihnen »Schottisch tanzt« – einer der beiden muss dazu auf dem Kamm blasen. Um drei Uhr nachts überkommt die Tänzerin plötzlich Mitleid, sie seien sicher hungrig, und sie tischt Brot, Käse, Braten auf. Und als die beiden, sehr zu Pippis Bedauern, aufbrechen wollen, macht sie den erschöpften Dieben noch ein Geschenk. Sie sind schon an der Tür, als Pippi angestürzt kommt und jedem ein Goldstück in die Hand drückt. Denn sie findet: »Das habt ihr ehrlich verdient.« Gerechtigkeit für Kleinkriminelle! Wenn das keine bezaubernde Heldinnentat ist.

Trümmerfrauen. Zweimal hat Marcel Proust jenen nach ihm benannten Fragebogen ausgefüllt. Auf die Frage, wer seine Heldinnen »im echten Leben« seien, im Unterschied zu Heldinnen in der Geschichte oder in der Dichtung, nach denen ebenfalls gefragt wird, antwortet der vierzehnjährige Schüler altklug: »Eine Frau von Genie, die das Leben einer normalen Frau führt.« Als über Zwanzigjähriger wird er den Bogen nochmals ausfüllen und auf die Frage, was das größte Unglück für ihn wäre, antworten: »Weder meine Mutter noch meine Großmutter gekannt zu haben.« Man ahnt spätestens jetzt, wer die Frauen von Genie mit dem äußerlich normalen Leben sein könnten.

Mutter und Großmutter werden später zu Hauptfiguren – oder soll man sagen Heldinnen? – des Romans *Auf der Suche nach der verlorenen Zeit*. Dabei wird Proust die Heldin seiner Mutter im wirklichen Leben, die begnadete Briefschreiberin Madame de Sévigné, zur Heldin der Großmama im Roman machen: ein Heldinnenkarussell gewissermaßen. Die imposanten Frauenfiguren wie die Herzogin von Guermantes, die Aufsteigerin Madame Verdurin oder die Kokotte Odette de Crécy seien keineswegs verschwiegen; nur: Heldinnen im Sinne der Frauen von Genie mit dem Leben einer normalen Frau sind sie eben nicht. Bei ihnen wie den meisten Figuren der *Recherche* kommt vielmehr die proustsche Devise zum Einsatz, dass das Dekor von Reichtum, Exaltiertheit, Hochnäsigkeit, falscher Bildung, fragwürdigem Stil etc. den Menschen vor Entlarvung nicht schützt. Wohingegen Mama und Großmama mit ihrer nie nachlassenden Liebenswürdigkeit, ihren maßvollen Manieren, ihrer Intelligenz und Herzensbildung sozusagen die maternell geprägte seelische Substanz verkörpern – normale Frauen von Genie.

Die große Heldin in Prousts letztem Lebensabschnitt heißt allerdings Céleste Albaret, eine sogenannte einfache Frau vom Lande, die alles andere als einfach war. Von 1914 bis zu Prousts Tod 1922 in seinen Diensten, das heißt bei ihm wohnend, stellt sie sich komplett auf seine – vorsichtig gesagt – ungewöhnliche Lebensführung ein. Prousts Genie erfasst sie genauso wie seine Neurosen. Sie reicht ihm seine Drogen und hält zugleich die Ärzte von ihm fern, denn der Arztsohn misstraut ihnen. Céleste aber vertraut er. Es ist eine schlichte Wahrheit, dass die *Recherche*, wie wir sie kennen, ohne Célestes Selbstlosigkeit nicht hätte entstehen können. Ihre Memoiren *Monsieur Marcel* sind Zeugnis eines stillen weiblichen Heldentums.

Über viele Jahre ist im Magazin der *Frankfurter Allgemeinen Zeitung* der »Proustsche Fragebogen« von prominenten Deutschen ausgefüllt worden. Die Generation Helmut Kohls sticht dabei mit einer bemerkenswerten Neigung für einen bestimmten mütterlichen Heldinnentypus hervor: die »Trümmerfrau«, die geradezu ein westdeutscher konservativer Mythos genannt zu werden verdient. Die Trümmerfrauen eignen sich offenbar für eine Form unbewusster Wiedergutmachung. Spekulieren wir ein bisschen: Wer Trümmerfrau sagt, akzeptiert die Namenlosigkeit als Frauenschicksal. Für die Trümmerfrau muss sich der Sohn nicht schämen (für den Vater vielleicht schon). Die Trümmerfrau demonstriert, dass die Deutschen den Krieg nicht nur verursacht, sondern unter ihm auch gelitten haben. Die Trümmerfrau ist die Heldin des Bombenkriegs als Opfer. Sie jammert nicht, sondern packt an. Sie hat Mut und Kraft und wächst in der Ausnahmesituation über sich hinaus. Die Trümmerfrau ist mithin eine bequeme Heldin für den, der sie bewundert. Sie stellt keine Forderungen, sie hat keine eigene Sprache.

Zugespitzt: Wer Trümmerfrau sagt, sagt nicht Sophie Scholl. Diese nämlich demonstriert die Ausnahme, die Möglichkeit der heroischen Einzeltat. Sie steht für die Transzendierung der eigenen Existenz in etwas Übergeordnetes, für die Überwindung der Furcht, dafür, im eigenen Namen und im Namen eines höheren Rechts eine Lebensgefahr bewusst einzugehen. Die Trümmerfrau hingegen ist eine Kollektivheldin, und ihren Söhnen erscheint sie ohne Schuld. Die Trümmerfrauen ersetzen »in der Not« die abwesenden Männer, ohne deren Platz zu beanspruchen in der bald gegründeten Bundesrepublik. Das Wirken im Hintergrund prädestiniert die Trümmerfrauen zu Heldinnen des politischen Konservatismus. Auch wenn es keine rein konservative Eigenschaft sein mag, so ist doch eine gewisse Verklärung im Spiel, die sich um das Problem der Emanzipation drückt. Trümmerfrauen wurden Hausfrauen. Und in der Tat ist Emanzipation letztlich eine Frage der Statistik, nicht des Heldentums.

Russische Freundin. Hier sind die Heldinnen der Gegenwart: Anna Politkowskaja, die russische Journalistin, die sich nicht einschüchtern ließ und ermordet wurde; oder Neda, jene iranische Studentin, die während Protesten gegen die verschwundenen Stimmen bei der Präsidentenwahl angeschossen wurde und auf offener Straße in Teheran verblutete, so wurde sie zur Märtyrerin auf YouTube; oder Natalja Estemirowa, die russisch-tschetschenische Journalistin und Mitarbeiterin der Menschenrechtsorganisation Memorial, die in Grosny auf dem Weg zur Arbeit entführt und noch am selben Tag getötet wurde. Vermutlich war keine der Genannten darauf erpicht, eine Heldin zu sein, und doch sind sie es durch eine Kombination aus Umständen und Charakterstärke geworden. Man kann nicht ausschließen, dass Warlam Schalamow recht hatte, als er schrieb: »Es heißt, auf der Welt gebe es mehr gute Menschen als schlechte. Vielleicht. Aber auf der Welt leben 99 Prozent Feiglinge, und nach einer ausreichenden Dosis von Drohungen verwandelt sich jeder Feigling – in mehr als bloß einen Feigling.«

Die auf vielen Jahren stalinistischer Lagerhaft basierende Erkenntnis ist Schalamows Büchlein *Über Prosa* entnommen, das Briefe und Essays enthält, in dem der 1907 Geborene seine mittlerweile berühmten *Erzählungen aus Kolyma* kommentiert. Ein Brief jedoch, geschrieben 1965 in Moskau, handelt von Nadeschda Mandelstam. Von der Witwe des im Gulag umgekommenen Dichters Ossip Mandelstam kursiert im Samisdat ein autobiographisches Manuskript, das Schalamow soeben gelesen hat. Er ist beeindruckt. Ja, Nadeschda Mandelstam hält er für eine Heldin. Er ist sich seiner Sache ganz sicher, von Skepsis keine Spur.

Und weil wir diesen Ton kaum noch kennen, sei etwas ausführlicher aus dem Brief zitiert: »Das Wesentliche ist nicht, dass sie die Witwe Mandelstams ist, die das Vermächtnis des Dichters, seine verborgenen Gedanken wie ein Heiligtum gehütet und uns überliefert hat, die uns die bittere Wahrheit über sein schreckliches Schicksal erzählt hat. Nein, dies ist nicht das Wichtigste, ganz und gar nicht, obwohl natürlich auch diese Aufgaben erfüllt sind. Die Geschichte unserer Gesellschaft ist reicher geworden nicht um eine Freundin Mandelstams, sondern um einen strengen Richter der Zeit, eine Frau, die eine außerordentlich schwierige moralische Tat vollbracht hat und noch vollbringt. Und ich denke, dass die Autorin des Manuskripts ihre moralischen Kräfte nicht aus Ossip Emiljewitsch geschöpft hat, sondern aus sich selbst – Nadeschda Jakowlewna hat Ossip Mandelstam jahrzehntelang unterstützt und mit derselben heroischen Standhaftigkeit nach dem Tod des Dichters 27 Jahre gelebt, ohne die Erinnerung an ihn zu verraten. Ohne sich selbst zu verraten. Das ist sogar das Wesentliche, dass sie nicht die Erinnerung an Ossip Mandelstam verraten hätte, sondern sich selbst, ihre große Seele, die gestählt und auf die Probe gestellt wurde.«

Tochter Gottes. Auffällig ist, wie wenig die zeitgenössische Literatur sich den Heldinnen nähern möchte. Eine Ausnahme: Felicitas Hoppe und ihr Roman *Johanna*, der einer der kompliziertesten Heldinnen überhaupt gewidmet ist, Jeanne d'Arc, auch La Pucelle d'Orléans genannt; geboren in der Dreikönigsnacht 1412, neunzehn Jahre später verbrannt auf dem Scheiterhaufen in Rouen; historische Figur, Legende, Nationalmythos und Heilige zugleich. Für Felicitas Hoppe gerade richtig, um den klaren Verstand daran zu wetzen.

Denn sie ist überzeugt: »Nur klare Köpfe stiften Verwirrung.« Und Verwirrung darf bei *Johanna* nicht fehlen, auch wenn die Herren Doktoren und Professoren und sonstigen Prüfer – Hoppe siedelt ihren Roman im heutigen Universitätsmilieu an – alles tun, um die Verwirrung von sich fernzuhalten. Er glaube nur, was er sehe und höre, erklärt beispielsweise ein gewisser Doktor Peitsche, ein gelenkiger junger Akademiker, ein schöner Prahlhans, der alles im Griff hat, ob er Mützen faltet oder mit der linken Hand gelehrte Abhandlungen (über Johanna) verfasst, und dem die Rolle zufällt, Gegenspieler der Erzählerin zu sein und beratender Freund; Konkurrent und, vielleicht, zukünftiger Liebhaber. Spiegelungen, Sprachspiele, Prüfungen – Frauenprüfungen! – und eine von buchstäblich feuriger Vorstellungskraft angetriebene Feldforschung grundieren diese jüngste Suche nach der verlorenen Johanna.

Dabei schreckt die Erzählerin gelegentlich auf, je nachdem, welcher Abschnitt im Lehrbuch gerade dran ist: »Ich schlafe, und Johanna verliert ihre Schlacht!« Oder: »Johanna brennt, und ich sitze im Hörsaal. Kann aber auch sein, dass auch ich gar nicht anwesend bin, auch ich bin nicht da, sondern liege neben dem Kutscher im Bett und tauche nach Kronen. Johanna brennt, und ich schlafe. Wahrscheinlich schlafe ich tiefer denn je, fest in die braune Decke gewickelt. Wie immer geschieht das Schlimmste im Schlaf.«

Johanna, eine Heimsuchung. Wer über so eine Heldin schreibt, darf keine Angst haben. Felicitas Hoppe weiß das und hält sich, Magie oder Zufall, an Ossip Mandelstam: »Die Angst nimmt mich bei der Hand und führt mich. Wenn die Angst bei mir ist, habe ich keine Angst.« Der Angstüberwinderin Hoppe wäre auch eine Adaption der Penthesilea oder der Phädra zuzutrauen, diesen radikal gegen sich selbst in ihrem verbotenen Liebesrasen wütenden Frauen. Beide begehren bekanntlich sehr irdisch, Phädra ihren Stiefsohn Hippolytos, Penthesilea den Kriegsgegner Achill, und beide bezahlen ihre aristokratische Leidenschaft mit dem Tod.

Jeanne d'Arc aber, die Schäferin, die weder schreiben noch lesen kann, liebt nicht irdisch. Sie ist keusch und lässt sich von Gott in ihre empfindlichen Ohren flüstern, was ihre Bestimmung sei, nämlich Frankreich zu befreien von den Engländern. »Wohin mit ihrer Jungfräulichkeit, ihrer maßlosen Selbstüberschätzung, mit der sie sich zur Tochter Gottes erhöht?«, fragt Hoppe in ihren Augsburger Vorlesungen. Die Zwickmühle, in die ungewollt jeder moderne Autor gerate, der sich an Johanna versuche, fasst sie so zusammen: Es bleibe einem nichts anderes übrig, »als zwischen Schrumpfung und Überhöhung zu wählen, zwischen Parodie und Hymnus, zwischen kitschiger Legende und ebenso kitschverdächtiger Aktualisierung, zwischen Verachtung und Verehrung«. Doch habe sie der Versuchung nicht widerstehen können, »große Stoffe in kleine Säcke zu nähen«. Klein? Da ist sie wieder, die Skepsis der Frauen. Auch diese Schneiderin will keine Heldin sein.

Rainer Hank

Die Gefallenen oder Wirtschaftshelden sehen anders aus

Gustav und Grete Schickedanz sind ein Traumpaar der bundesrepublikanischen Gründerzeit. Qualitätsware zu kleinen Preisen feilzubieten und diese als Versender auch Menschen außerhalb der gut versorgten Ballungsräume zugänglich zu machen war ihre Idee: Der Quelle-Katalog ist Grundbuch des westdeutschen Wirtschaftswunders.

Die Idee der Eltern brachte auch der Erbin Madeleine Schickedanz Wohlstand. »Mein Karstadt-Quelle-Aktienpaket war in der Spitze drei Milliarden Euro wert«, sagt sie selbst. Doch dann kamen immer weniger Menschen in das Kaufhaus, die Leute in der Provinz bestellten nicht mehr bei Quelle, und während in der Finanzkrise das Aktienpaket der Erbin schrumpfte, wuchsen die Schulden, weshalb die Banken weitere Kredite verweigerten. Ein Desaster: Madeleine Schickedanz hat das Erbe der Familie erst gemehrt, dann vernichtet. Stolz wendet sich in Weinerlichkeit. Am liebsten soll der Staat das Unternehmen vor der Zerschlagung retten. »Wir leben von 500 bis 600 Euro im Monat und kaufen beim Discounter, Gemüse, Obst und Kräuter haben wir im Garten«, jammert Frau Schickedanz heute: »Ich spare, wo ich kann.«

Nicht nur Madeleine Schickedanz, eine ganze Reihe weiterer einstmals Milliarden schwerer Familien wurden in den vergangenen Jahren vom Reiz des Risikos verführt und in der Finanzkrise dafür bitter und teuer bestraft. Es waren altehrwürdige stille Familien, die plötzlich und mit ungeahnter Aggressivität neue Risiken eingegangen waren. Der Stuttgarter Sportwagenhersteller Porsche, mehr oder weniger in Besitz der Familien Porsche und Piëch, schickte sich an, den um ein Vielfaches größeren Allerweltsautokonzern Volkswagen zu übernehmen. Maria-Elisabeth Schaeffler, eine reiche Erbin in Franken und Inhaberin des Wälzlagerherstellers Ina, griff zusammen mit ihrem Sohn mit Milliardenkredit den Reifenhersteller Conti an. Und der uralte und weitverstreute Clan der Haniels in Düsseldorf sicherte sich für drei Milliarden Euro die Mehrheit beim Handelskonzern Metro. Selbst die diskrete Traditionsbank Sal. Oppenheim in Köln ließ sich vom übermütigen Zeitgeist des expansiven Geldverleihens und Investierens mitreißen.

Heute spricht man von der Zeit der kapitalistischen Exzesse zwischen 2002 und 2007, in denen die Banken mit billigen Krediten ihre Kunden umwarben und einander in den Konditionen unterboten haben. Aber es waren beileibe nicht nur die Banken und Börsen, die über die Stränge schlugen. Es waren erst recht nicht nur die viel gescholtenen Hedgefonds und Private-Equity-Gesellschaften, die den Hebel des fremden Kapitals aufs Äußerste bemühten. Es waren stattdessen (auch) traditionelle deutsche Unternehmerfamilien, die sich *wie* ein Hedgefonds verhielten und dem Reiz des billigen fremden Geldes verfallen waren. Sie sonnten sich im Mythos des David, der

Goliath das Fürchten lehrte. Der Trick dabei: Die unternehmerischen Allmachtsträume der reichen Familien sollten sich zum Teil selbst finanzieren. Die Gewinne der angegriffenen Konzerne waren einkalkuliert und sollten nach erfolgreicher Übernahme Schulden bedienen. So kalkulierten die Porsches, so kalkulierten die Schaefflers. Sie haben diese Masche tatsächlich den Hedgefonds abgeguckt, die mit wenig Eigenkapital und hoher Verschuldung in diesen Jahren in großem Stil Unternehmen aufgekauft haben. Das System hat Methode und seine eigene Rationalität: Übertrifft die Rendite des Unternehmens die Kosten des fremden Kapitals, machen die Eigentümer ihren Profit, ohne dass sie den Schuldendienst vernachlässigen müssten.

Die Finanzkrise hat die meisten dieser Träume platzen lassen. Nicht die industrielle Logik hatte sich geändert, aber die finanzielle Mechanik: Kredite wurden von den Banken drastisch gekürzt oder rüde fällig gestellt, während die Sicherheiten, mit denen sie ausgelöst werden sollten, plötzlich nicht mehr viel wert waren. In ihrer Not rief die stolze Porschefamilie den Scheich von Qatar zu Hilfe; Schickedanz und Schaeffler hofften auf Unterstützung vom deutschen Staat. Allemal schmolzen große Vermögen in kurzer Zeit. In der Absicht, getreu dem Auftrag der Familien, das Geld zu wahren und zu mehren, mussten sie mit ansehen, wie sie es verspielt hatten: Das unternehmerische Risiko zeigt sein schmutziges zweites Gesicht – und die Gefallenen offenbarten ihre Überraschung in nach Hilfe schreiender Jämmerlichkeit.

Es ist eine Tragik, dass mit der Wende niemand gerechnet, dass die Krise niemand vorhergesagt und dass die Unsicherheit niemand an die Wand gemalt hat. Im Nachhinein erst standen die Neunmalklugen da, die es immer schon gewusst haben wollten. Aber in den Zeiten der kapitalistischen Großzügigkeit war ihre Stimme nicht durchgedrungen. Damals wurde die Cleverness der Porsches gelobt, die List der Schaefflers gepriesen.

Auch Adolf Merckle war ein mächtiger, wenn auch wenig bekannter deutscher Unternehmer. Mit fast zehn Milliarden Dollar Vermögen hat das amerikanische Magazin *Forbes* ihn noch im Mai 2008 auf Platz neun der reichsten Männer der Welt gelistet. Anfang 2009 setzte Merckle seinem Leben auf gewaltsame Weise ein Ende: In seinem Heimatort Blaubeuren hat er sich vor einen Zug geworfen. Merckle ist die tragische Variante unternehmerischen Heroentums in den Zeiten der Finanzkrise. Merckle ist die Ausnahmeerscheinung unter den Gefallenen; die Jammernden sind die Regel.

Der Tod auf der Schiene ist ein lauter, ein aufdringlicher Tod, der so gar nicht zu Adolf Merckle passen will. Der Mann gab sich bescheiden und gottesfürchtig. Der Öffentlichkeit ist er stets aus dem Weg gegangen. Alles hat er darangesetzt, dass sein Geflecht von geschätzten 120 Firmen und einem Umsatz von 38 Milliarden Euro von niemandem durchschaut werden konnte. Seine Aktiendepots versteckte er lieber hinter einer fiktiven Leder- und Wachstuchfirma in Norderfriedrichskoog.

Viele sagen, Merckle habe am Ende selbst den Überblick verloren. Blind hatte der Mann sich in wilde Spekulationsgeschäfte gestürzt (»Bei Aktien bin ich ein Daytrader«). Bis über beide Ohren war er verschuldet, ohne für diese Geschäfte ausreichend Sicherheiten zu bieten, weshalb er dann abermals den Schuldendienst mit einer Wette an der Börse zu finanzieren suchte. Merckle engagierte sich in Pharma, Zement oder Pistenraupen, kaufte aus adligem oder gemeindlichem Besitz in großem Stil Wälder und leistete sich nebenbei ein geräumiges Schloss im Osten, das er luxuriös restaurierte, damit dort auch die Staatsgäste eines G-8-Treffens repräsentativ bewirtet werden konnten.

Merckle war nicht nur ein grandioser Unternehmer, sondern auch ein großer Spekulant. Auf der ganzen Klaviatur der Kapitalismus verstand er zu spielen. Statt die Erträge seiner Familienunternehmen zu reinvestieren, packte ihn immer mal wieder die Lust, mit dem Erfolg zu spekulieren. Wie ein Besessener? Wie ein Süchtiger? Die Gewinne aus den Börsengeschäften brachte er ein in den Ausbau des Imperiums.

Am Ende ist alles schiefgegangen. Die Finanzkrise zog Merckle den Boden unter den Füßen weg. Hilflos musste er zusehen, wie der Wert seiner Beteiligungen schrumpfte, der Berg der Schulden aber wuchs und Liquidität knapp wurde. Verbindlichkeiten von fünf Milliarden Euro sollen es am Schluss gewesen sein, die früher alle einmal gebraucht wurden zum Kauf von irgendwelchen neuen Firmenanteilen. Zuletzt wäre Adolf Merckle genötigt gewesen, die Kontrolle über seine Unternehmen abzugeben an die Banken oder an einen Treuhänder und der Zerschlagung des Unternehmens tatenlos zuzusehen. Die ihm abgenötigte Entscheidung hat er selbst noch ratifiziert. Dann hat er seinem Leben ein Ende gesetzt.

Merckle ist ein Held für unsere Zeit, einer Zeit, der die Helden suspekt sind (Ralf Konersmann). Von unbekannten Mächten getrieben, musste er sich schließlich entscheiden, entweder dem Heldentum zu entsagen oder aber zugrunde zu gehen. Merckle wählte den Untergang und inszenierte ihn heroisch: Schaut her, was hat man mir angetan, wenn ich mir dies antun muss! Sein gewaltsames und so unüberhörbar lautes Ende sollte zur Anklage werden, stattdessen aber wurde es zum Symbol: zum Zeichen für die riskante Existenz des Unternehmers.

»Grundsätzliche Fragen wurden bei uns viel zu wenig reflektiert«, hat Adolf Merckles Sohn Philipp Daniel wenige Monate nach dem Tod des Vaters in einem Interview gesagt: »Was wollten wir mit all den Firmen? Welches Ziel haben wir – außer Profit?« Der Sohn versteht nicht, dass der Vater über sein Tun nicht reflektiert hat und eine Theorie des unternehmerischen Endzwecks oder zumindest eine eigene Firmenphilosophie tugendhaften Wirtschaftshandelns entworfen hat. Sohn Merckle, zart und traurig, verübelt dem Vater, den er immer bewunderte, von dem er sich aber nie geliebt wusste, er sei kein Philosoph oder Wirtschaftsethiker gewesen, der den Profit in den Dienst der Menschheitsbeglückung zu stellen vermochte.

Was außer Profit hätte Merckle wollen sollen? Religion, Charity und Mäzenatentum hat er, der Spekulant und Firmenbauer, stets seiner Frau und den Kindern überlassen. Wie kaum ein zweiter in Deutschland beherzigte Merckle Milton Friedmans Diktum, wonach der gesellschaftliche Auftrag des Unternehmers in nichts anderem besteht, als Gewinne zu erwirtschaften: »The social responsibility of business is to increase its profits.«

Ohne den kapitalistischen Unternehmer wäre es um den Wohlstand der Nationen schlecht bestellt. Er ist es, der neue Ideen und Erfindungen danach absucht, ob sie nützlich sind und die Bedürfnisse der Menschen befriedigen könnten, ob sie also einen Markt hergeben. Meist sind es Bedürfnisse, von denen die künftigen Kunden vorher noch gar nichts geahnt haben: Andrew Carnegie brachte die Eisenbahn nach Amerika, Henry Ford konterte mit dem Automobil. Bill Gates beglückte die Welt mit dem Windows Explorer und Mark Zuckerberg fing damit an, im Internet virtuelle Kommunikationsecken (Facebook) einzurichten. »Die Zelle des kapitalistischen Wirtschaftssystems ist die kapitalistische Unternehmung«, schrieb Werner Sombart: »Treibende Kraft kapitalistischer Wirtschaft aber ist der kapitalistische Unternehmer.«

Umso überraschender ist es, dass der Unternehmer in der ökonomischen Theorie ein Nischendasein führt. Für Marx sind die Unternehmer nichts als »Personifikationen der ökonomischen Verhältnisse«, »Charaktermasken«. Selbst für Adam Smith, den Begründer der ökonomischen Theorie, taugt der Kapitalist allenfalls zur Marionette der »invisible hand« des Marktes: als eine Art ausführendes Organ eines wundersamen Prozesses, der das eigennützige Streben in einen die Menschheit beglückenden Segen verwandelt.

Kein Wunder, dass in der aktuellen Debatte über die Zukunft des Kapitalismus die Kapitalisten selbst allenfalls eine Nebenrolle spielen. Immer schon hat der intellektuelle Diskurs der Kapitalismuskritik sich lieber auf allgemeine Systemfragen kapriziert, moralische Verteilungsprobleme traktiert oder Allokationstheorien der wirtschaftlichen Effizienz kritisiert. Falls überhaupt die realen Akteure des Marktes, also die wirklichen Menschen, in den Blick kommen, dann sind dies mit Vorliebe die Verbraucher, die geschützt werden müssen, oder die Arbeiter, deren Rechte gestärkt werden. Wer den Unternehmer kennenlernen will, muss dagegen ein Jahrhundert zurückgehen und Werner Sombart oder Joseph Schumpeter lesen.

Sombart ist weit davon entfernt, den Unternehmer zu idealisieren oder zu romantisieren. »Das kapitalistische Wirtschaftssystem wird beherrscht von der Erwerbsidee«, schreibt er im Jahre 1909 in *Der kapitalistische Unternehmer*. Unternehmer sind weder Gutmenschen, die die Welt beglücken, noch Sozialtechniker, die die Gesellschaft verändern wollen. Sie sind vielmehr Macher, deren ungestümer Taten- und Eroberungsdrang ausschließlich dem Erwerbstrieb entspringt. Sombarts empathischer Begriff des Entrepreneurs sieht die Firmeneigentümer als herausragende Einzelne: »Es sind Männer (keine Weiber!) – ausgerüstet vor allem mit einer außergewöhnlichen Vitalität, aus der ein übernormaler Betätigungsdrang, eine leidenschaftliche Freude an der Arbeit, eine unbändige Lust zur Macht hervorquellen.« Dass diese lebensphilosophische Vitalität, geschult an Machiavelli und Nietzsche, Arbeitsplätze schafft, Kundenwünsche befriedigt und Wachstum generiert, ist somit eher unbeabsichtigtes Nebenprodukt als intendiertes Ziel. In Wirklichkeit treibt den Unternehmer immer nur das eine: »Prachtvoll tritt das Monomanische in Erscheinung. Sinnlos wird Kapital auf Kapital getürmt.«

Doch dieser ungestüme Schaffensdrang definiert den kapitalistischen Unternehmer nicht hinreichend. Sombart bemerkt zutreffend, dass der Kapitalist nicht nur Unternehmer, sondern immer auch Händler ist. Der waghalsige Eroberer, der stets und kraftvoll etwas schaffen muss, überlebt auf dem Markt nur, weil er zum Kaufmann wird: Kalkulieren und Spekulieren sind die Gaben, die der Händler dem Unternehmer schenkt. Der Händler ist ein ständiger Arbitrageur, der weiß, wo er billig einkaufen und teuer verkaufen kann. Dieses Wissen hat er den anderen voraus und macht es zu Geld: »Ein paar alte Hosen erwerben durch schlaues Ausbaldowern eines geldbedürftigen Kavaliers, zu dessen Wohnung man fünfmal gelaufen ist und sie unter Aufgebot aller Überredungskünste einem Bäuerlein aufschwatzen.« Während der Unternehmer Erfinder, Entdecker, Eroberer und Organisator sein muss, ist der Händler »spekulierender Kalkulator«. Der Unternehmer hat eine Aufgabe zu erfüllen und opfert dieser sein Leben; der Händler aber will lukrative Geschäfte machen: Stets sinnt er auf den nächsten für ihn vorteilhaften Abschluss. Beide Seelen zusammen in einer Brust machen den Kapitalisten unschlagbar.

Tatsächlich braucht ein guter Autohersteller nicht nur geniale Ingenieure, die ein technisch begeisterndes Fahrzeug entwerfen, sondern auch Leute, die wissen, wo man am besten die Zubehörteile einkauft und in welcher Stückzahl sich die Fahrzeuge absetzen lassen. Ständig spielt der Unternehmer die Zulieferer gegeneinander aus, drückt die Preise, zwingt zu Effizienzfortschritten. Ständig sinnen seine Marketingleute darauf, sein Auto mehr scheinen zu lassen, um höhere Preise am Markt durchzusetzen. Ein Unternehmer, der kein Händler ist, wird scheitern. »Basar-Ökonomie«, die Kunst der Arbitrage, ist nicht erst die Erfindung einer globalisierten Wirtschaft, sondern gehört zum Begriff des Unternehmers von Anfang an dazu.

Sombarts »Zweiseelentheorie« bleibt aktuell. Sie bietet die Erklärung für die offenkundig ambivalente Haltung der Gesellschaft zum Kapitalismus. Während der Unternehmer als Schöpfer des Neuen ein ordentliches Ansehen genießt, ringt der Händler noch heute um Legitimation. Der Händler schaffe keine Werte, so heißt es, und hänge nur dem eigenen Vorteil nach, um andere über den Tisch und daraus für sich seinen Profit zu ziehen. Der Unternehmer schaffe Werte, der Händler nicht: Deshalb sei der Händler dem Makler vergleichbar, der Geld nimmt ohne Gabe. Dass der Händler Informationen über Anbieter und Nachfrage hat, die nur er hat, dass er uns davon befreit, alles selbst herstellen zu müssen und dass er das Prinzip der Arbeitsteilung nutzt, wonach jeder das machen soll, was er relativ am besten kann, wird ignoriert. Ignoriert wird auch die Erfahrung, dass es eine der vornehmsten Aufgaben des Unternehmers ist, Absatz- und Beschaffungsmärkte zu organisieren. Ohne den Unternehmer, der Erfindungen zum Wohle aller wirtschaftlich verwertet, und ohne den Händler, der die Arbeitsteilung nutzt, hätte die Menschheit sich nie und nimmer aus der Armut befreien können.

Sombarts Kapitalist hat freilich einen entscheidenden Mangel: Sein Unternehmer hat kein Geld. Offenbar braucht er auch kein Geld. Als Eroberer, Entdecker und Erfinder schafft er Neues, als Händler nutzt er die günstigsten Beschaffungs- und die lukrativsten Absatzmärkte. Geld spielt in Sombarts Theorie keine Rolle, bestenfalls wird es stillschweigend vorausgesetzt. Dass ist fahrlässig, denn am Geld hängt bekanntlich alles, nicht zuletzt der Erfolg oder Misserfolg der kapitalistischen Unternehmung.

Gewiss, Entrepreneure sind Wohlstandsgenerateure. Das allein, meint die amerikanische Pädagogin Candace Allen in dem Essay *The Entrepreneur as Hero* mache sie schon zu Helden: »Sie sind mindestens so sehr Helden wie jene Wesen des Mythos, welche Drachen getötet und das Böse bekämpft haben.« Und doch bleibt das Heroische des Unternehmers naiv, solange man ihn nur als den Eroberer und Händler wahrnimmt. Dann ist er immer der einfältige Drachentöter, ein tumber Held, dem die Welt nichts anhaben kann, weil er wie durch ein Wunder unverwundbar geworden ist. Doch das Risiko, dem der Unternehmer sich aussetzt – dabei ganz und gar verwundbar und verletzlich –, bezieht sich längst nicht nur auf die Unsicherheit, ob der Markt seine Geschäftsidee auch annimmt. Es wird in noch viel stärkerem Maße beeinflusst von den flüchtigen Sicherheiten der Finanzierung seiner Geschäfte.

Joseph Schumpeter wusste das. »Sein erstes Bedürfnis ist das Kreditbedürfnis«, schreibt der österreichische Ökonom über den Unternehmer. Im Jahr 1911, vier Jahre nach Sombarts großem Essay, veröffentlicht Schumpeter sein Frühwerk *Theorie der wirtschaftlichen Entwicklung*. Darin beschreibt er die Rolle des Geldes und der Kreditwirtschaft im kapitalistischen System. Um nämlich überhaupt irgendetwas produzieren zu können und seine Ideen – für Schumpeter sind es »neue Kombinationen« – durchsetzen zu können, muss der Unternehmer investieren. Dafür braucht er als allererstes einen Kredit. Gäbe es den Kredit nicht, blieben alle schöpferischen Erfindungen idealistische Kopfgeburten, die nie ihre Märkte erreichen würden, es sei denn der Kapitalist wäre schon von Geburt aus vermögend und wollte es durch sein Geschäft nicht erst werden.

Was aber ist ein Kredit? Nehmen wir einen Unternehmer mit einem Eigenkapital von 50 000 Euro. Nehmen wir weiterhin an, er setze sich eine Rendite von 10 Prozent zum Ziel, weshalb er jährlich 5000 Euro verdienen muss. Dieses Ziel wird den Preis bestimmen, den unser Unternehmer am Markt durchsetzen muss. Nehmen wir nun einen ärmeren Unternehmerkollegen, der nur ein Eigenkapital von 10 000 Euro zur Verfügung hat. Weitere 40 000 Euro borgt er sich zu einem angenommenen Zins von 5 Prozent bei seiner Bank. Um seinen Kredit zu bedienen, muss er also 2000 Euro im Jahr bezahlen. Nehmen wir an, er erwirtschaftet auf seinen gesamten Einsatz ebenfalls eine Rendite von insgesamt 5000 Euro, so verbleiben ihm nach Zinsen 3000 Euro übrig, die aber, bezogen auf sein Eigenkapital von nur 10 000 Euro, eine Rendite von 30 Prozent ausmachen. Jetzt kann der Mann sich fragen, ob er nicht mit einer geringeren Eigenkapitalrendite zufrieden wäre, was ihm die Möglichkeit gäbe, seine Waren oder Dienstleistungen zu einem geringeren Preis als der Konkurrent am Markt anzubieten und dessen Marktmacht zu brechen: Kapitalisten sind alles andere als konservative Verteidiger ihrer Pfründe, sondern schnelle Angreifer, die das geliehene Geld listig zu nutzen wissen.

Der Kredit ist somit keine Schwäche, sondern die eigentliche Stärke des kapitalistischen Unternehmers. »Auf seinen Schulden reitet der Unternehmer zum Erfolg«, schreibt Schumpeter. Der Kredit ist die demokratische Waffe des Kapitalismus. Kein Wunder, dass der Unternehmer nach Schumpeter »egoistisch gefärbt« und damit Prototyp der Moderne ist. Erst sein Zugriff auf das Fremdkapital zur listigen Umsetzung seiner Größenphantasien begründet seine einzigartige soziale Stellung, die in keiner Soziologie der Schichtung vorgesehen ist: Der typische Unternehmer ist »ganz besonders traditions- und beziehungslos, der wahre Hebel der Durchbrechung aller Bindungen, und dem System der überindividuellen Werte sowohl der Schicht, aus der er kommt, als auch der Schicht, in die er steigt, ganz besonders fremd; ganz besonders auch Bahnbrecher des modernen Menschen und kapitalistischer, auf das Individuum gestellter Lebensform.«

Der Unternehmer verdankt seinen Erfolg einem Leben auf Pump: Das ist kein Fehler, sondern gewollt. Weil es den Kredit gibt, kann jedermann ein Kapitalist werden und sei er zuvor ein Habenichts gewesen. Der Kredit ist das Entmachtungsverfahren der Marktwirtschaft: Er macht den Unternehmer zum Innovator und gibt ihm die Chance, die Etablierten aus dem Markt zu drängen. Erst mit fremdem Geld kommt der Unternehmer nahe an seinen »Traum und Willen, ein privates Reich zu gründen« (Schumpeter). Denn der Kredit, so würde man heute sagen, verschafft dem Eigenkapital einen Hebel, mit dem sich die Rendite beträchtlich steigern lässt. Diesen Hebel – »leverage« – nutzt jeder Investor. Er verspricht hohe Rendite auf einen überschaubaren Kapitaleinsatz.

Das funktioniert freilich nur, wenn der Schuldner seinen Kredit bedienen kann. Dafür muss er den Wert seiner Investition derart steigern, dass er es später zu einem höheren Preis wieder verkaufen kann, um den Kredit zu tilgen und gleichwohl seine Renditeansprüche zu befriedigen. Da zeigt sich: Fremdkapital diszipliniert. Es erzwingt effizientes Wirtschaften. Denn dem Unternehmer sitzt ständig sein Gläubiger im Nacken, der für das überlassene Geld einen Preis verlangt: Der Zins zieht knappes Kapital immer dorthin, wo es den höchsten Ertrag erzielt. Mit anderen Worten: Der Unternehmer braucht den Bankier. Ohne den Financier könnte er seiner Bestimmung nicht gerecht werden.

Indessen ist der Kredit nicht nur Hebel zur Macht, sondern auch Hebel zur Zerstörung. Damit macht der Kredit aus der schöpferischen Existenz des Unternehmers die riskante Existenz par excellence. Denn wie groß der Leverage sein soll, dafür gibt es kein objektives Maß. Je höher der Leverage aber, desto höher und desto schneller die Aussicht auf Profit, aber auch die Gefahr der Niederlage, wenn der Kredit nicht mehr bedient werden kann.

Dass das Kreditgeschäft überhaupt funktioniert, liegt daran, dass als Korrelat für das Darlehen der Schuldner eine Sicherheit abgeben muss, die zu einem Teilwert beliehen wird. Sollte er seinen Kredit nicht bedienen können, bliebe dem Gläubiger das Pfand. Denn natürlich geht auch der Gläubiger ein Risiko ein, wenn er sein Geld dem Unternehmer leiht.

Das Pfand freilich ist trügerisch. Denn auch sein Wert hängt von allerlei

Zufällen ab, unterliegt mithin einem Marktpreis. Eine Immobilie als Gegenwert für einen Hypothekenkredit gewinnt an Wert, solange die Nachfrage nach Immobilien schneller wächst als das Angebot. Die exzessive Vergabe von Krediten selbst wird diese Nachfrage befeuern. Eine Aktie gewinnt an Wert, solange die Börsen boomen. Darin liegt eine große Gefahr, verführt doch ein positives konjunkturelles Umfeld dazu, die steigenden Kurse oder Vermögenswerte zur Grundlage ungebremster Kreditaufnahme zu machen. Und der Gläubiger wähnt sich in Sicherheit und hält das Kreditausfallrisiko für beherrschbar wegen des Pfandes. Anders gesprochen: Der Unternehmer und sein Banker neigen in guten Zeiten dazu, das Risiko zu unterschätzen und sich von der Aussicht auf Profit verführen zu lassen. Weil in diesem Geschäft aber nicht nur der Kredithebel auf das Eigenkapital, sondern auch die dafür gebotenen Sicherheiten den Marktpreisen – also den sich wandelnden Wertzuschreibungen der Menschen – unterliegen, ist die Finanzierung solch riskanter Geschäfte allemal eine Gleichung mit zwei Unbekannten.

Eine angemessene Theorie muss den kapitalistischen Unternehmer immer zugleich als Schöpfer, Händler und Schuldner beschreiben. Aus Sombarts Zweiseelentheorie muss eine »Dreiseelentheorie« werden. Der Kredit gehört ganz und gar zum emphatischen Begriff des Kapitalismus, wären wir doch ohne den Kredit ein für allemal und auf immer in den Fängen der Reichen, dabei kollektiv nicht sonderlich wohlhabend, denn es bliebe der etablierten Klasse kaum ein Anreiz zum Unternehmertum, weil keine Gefahr droht, aus der angestammten Position vertrieben zu werden.

Der Kredit ist die humane Waffe des kapitalistischen Unternehmers und zugleich immer gefährlich. Sein Hebel vervielfacht den unternehmerischen Erfolg. Geht es schief, zieht es den Unternehmer in den Abgrund. Diese Ambivalenz der Verschuldung beschreibt, warum das unternehmerische Risiko so prekär und das unternehmerische Abenteuer so ambivalent ist. Beides wurde lange Zeit vernachlässigt, vergessen, verdrängt. Erst die Finanzkrise – die im Kern eben eine Kreditkrise ist – hat wieder in Erinnerung gerufen, wie sehr der Kapitalismus ein »Pumpkapitalismus« (Ralf Dahrendorf) ist. Dieser Pumpkapitalismus freilich ist, anders als Dahrendorf und viele andere behaupten, keine sich im frühen 21. Jahrhundert offenbarende Verfallserscheinung, sondern Wesen des Kapitalismus seit Anbeginn.

Dass der Kredit nicht nur Hebel zur Macht, sondern auch Hebel zur Zerstörung ist, mussten die Unternehmer im Jahr der Krise 2008/2009 in Schmerzen und öffentlichen Tränen erfahren. Was vorher als Wagemut galt, wurde ihnen hinterher als Größenwahn angelastet. Aus den Mutigen von gestern waren Hasardeure geworden. Die Gefallenen selbst gingen mit der Niederlage nicht überzeugend um. Die Verantwortung für das Unglück schoben sie auf anonyme Mächte (»die Finanzkrise aus Amerika«), anstatt sie als Preis ihrer Risikoneigung zu diagnostizieren: als Preis des Unternehmertums. Weil sie sich selbst für unschuldig hielten, machten sie allesamt einen Eindruck erbärmlicher Hilflosigkeit. Helden sehen anders aus. Aber wahrscheinlich verblasst der heroische Gestus in der Niederlage immer.

Josef H. Reichholf

Zur Soziobiologie des Heroischen

Der Held braucht Zeugen. Robinson konnte auf seiner Insel keine Heldentaten vollbringen. Der Held braucht Anhänger, denen seine Tat nützt. Der bloße Kampf ums eigene Überleben ist keine Heldentat, sondern eine Notwendigkeit. Heldenhaftes kann somit nur in einem dazu passenden sozialen Umfeld entstehen. Es setzt zudem voraus, dass die Angehörigen der Sozietät in der Lage sind, das Geleistete zu beurteilen und den Helden als solchen, als Individuum, zu erkennen. Die heroische Leistung wird über solche Kriterien von natürlicher Kampf- oder Einsatzbereitschaft abgegrenzt. Der Held muss auf jeden Fall mehr für die Anderen handeln als für sich selbst. Uneigennütziger Einsatz bis zur Selbstaufgabe charakterisiert den »wahren Helden«. Je weniger eigene Vorteile damit verbunden sind, desto höher und ehrenvoller wird die Heldentat eingestuft. Das Heroische erfordert Selbstüberwindung. Helden gibt es folglich nur unter Menschen.

Diese Argumentation stellt zwar fest, was einen Menschen zum Helden macht, verrät aber nichts über den Ursprung des Heldentums. Wie konnte es entstehen? Taucht das Heldenhafte plötzlich auf? Wenn ja, warum? Oder gibt es Wurzeln im vormenschlichen Bereich? Wozu waren in diesem Fall die Anfänge gut?

Das Leben lebt seiner Natur nach egoistisch. Jedes Lebewesen ist sich selbst das Nächste. Nennen wir es Lebenswillen oder wie auch immer: Leben muss mehr von seiner Umwelt nehmen, als es letztlich wieder zurückgibt. Leben lebt fern vom Gleichgewicht mit seiner Umwelt. Stellt sich das Gleichgewicht ein, kommt der Tod. Die Selbstbezogenheit des Lebens bestimmt, was die Organismen tun oder was sie sich leisten können und was nicht. Das Bestmögliche für sich selbst anzustreben ist kein unsozialer Egoismus, sondern schiere Notwendigkeit für das Überleben und Weiterleben. Daher sollte es allemal besser sein, unnötige Gefährdungen zu vermeiden, als heldenhaft zu scheitern oder gar seine heroische Tat nicht zu überleben. Im Heldenhaften und in seiner Steigerungsform, dem Heroischen, äußert sich somit die Problematik des Uneigennützigen. Wie und warum ist der Altruismus in der Lage, den ganz natürlichen Egoismus zu unterdrücken? Warum kann er sogar seine reinste Form, den Überlebenswillen, überwinden?

Das sind keineswegs allein philosophische, sondern durchaus auch biologische Fragen. Sie stellen uns vor ein evolutionsbiologisches Problem: Überwindet der Mensch mit dem Heroischen seine Natur? Handelt es sich dabei um ein rein soziales Phänomen, das sich nur aus der menschlichen Gesellschaft heraus verstehen lässt und keinerlei biologische Wurzeln hat? Was treibt dabei den Menschen an, der Heroisches leistet? Ein neuartiges inneres Bedürfnis oder die Gesellschaft selbst, in der er lebt? Zu diesen Fragen gibt es unterschiedliche Betrachtungsweisen.

Die evolutionsbiologische Sicht ist eine davon; nicht die einzig Richtige, sondern ein naturwissenschaftlicher Ansatz, das Phänomen zu verstehen. »Cui bono?« pflegten die alten Römer nicht nur in Rechtsstreitsachen zu fragen. Die Evolutionsbiologie stellt ihre Kernfrage ganz entsprechend: Welche Vorteile bringt Heldenhaftigkeit für das Individuum, wenn es dafür Nachteile, eventuell mit Todesfolge, in Kauf zu nehmen hat? Kann dem Helden sein Tod unter Umständen sogar nützen? Aber als Toter bekommt er nicht einmal mehr mit, dass er als Held gepriesen wird. Oder lohnen vielleicht kleine Heldentaten schon so sehr, dass sie das mitunter unvermeidliche Scheitern bei der großen Leistung rechtfertigen? Das wäre ein Ansatz, der der Verlockung des Glücksspiels ähnelt: Kleine Gewinne machen süchtig nach dem Großen Preis. Gerät man womöglich bei dem riskanten, aber durchaus egoistischen Streben nach Vorteilen ganz von selbst in die »Heldenfalle«, weil des Guten zu viel riskiert worden war? Locken all die Anderen, die nur profitieren wollen, selbst aber wenig oder nichts leisten, die Helden zu ihrer Tat?

Solche und ähnliche Fragen drängen sich auf. Begründungen wie die, dass die Helden »für Volk und Vaterland« ihr Leben ließen, haben sich nach Kriegen, deren Sinnlosigkeit allzu offensichtlich geworden ist, in den modernen offenen Gesellschaften stark abgenutzt, wenngleich sie keineswegs völlig verschwunden sind. Inzwischen tun sich die Helden des Alltags mit besonderen Taten für die Gesellschaft hervor. Eine nähere Begründung ihrer Leistungen ist oft gar nicht nötig, weil man sich einig darüber ist, was eine Heldentat war und weshalb. Woraus sich schließen lässt, dass es ein allgemeines Empfinden gibt, mit dem wir das Gewöhnliche vom Heldenhaften unterscheiden. Gelernt werden muss dieses Empfinden offenbar nicht. Wir haben es. Und wir wenden es an, ohne dass uns das so recht bewusst wird. So werden immer noch Soldaten in Kriege geschickt – und diese gehen auch. Auf eine irgendwie merkwürdige und geheimnisvolle Weise wirkt das Heldentum selbst in unserer so aufgeklärten Zeit. »Stell dir vor, es ist Krieg, und keiner geht hin« ist eine Wunschvorstellung von Pazifisten. Die Natur des Menschen scheint jedoch anders zu sein.

Wenn etwas »von Natur aus« vorhanden ist, sollte es eine Entstehungsgeschichte haben. Handelt es sich um etwas offensichtlich Wichtiges oder sehr Ungewöhnliches, dann fragen wir nach den Gründen. Wie also konnte das Heroische in die (Menschen)Welt kommen. Und welche Funktionen hatten die Anfänge?

Heldenhaftes Tun wird von starken Emotionen begleitet. Diese sind jedoch nicht unser Privileg. Wir teilen sie mit anderen Lebewesen. Je näher uns diese verwandtschaftlich stehen, desto stärker ähneln sie uns in ihren Emotionen. Menschenaffenkinder wirken fast wie Menschenkinder. Den Affen und vielen anderen Säugetieren billigen wir ganz selbstverständlich mehr Leidensfähigkeit zu als Hühnern oder Fischen. Viele Menschen wenden sich mit höchst intensiven Emotionen ihren Hunden oder Katzen und anderen Haustieren zu. Diese erwidern die Zuneigung offensichtlich. Hunde gelten als der beste Freund des Menschen und drücken ihre Emotionen so verständlich für uns aus, dass sich der Mensch selten irrt. Hunde bieten aber mehr als nur den Spiegel unserer eigenen Emotionen. Ein guter Hund wird sich für uns ganz »heldenhaft« auf einen übermächtigen Gegner stürzen, selbst wenn er scheitern sollte. Die Äußerungen seiner Emotionen, die wir dabei erleben, bestärken uns in der Annahme, dass sie den unseren ganz ähnlich sein müssen.

Vor vielen Jahren hatte ich ein denkwürdiges Erlebnis auf einer kleinen Insel im Pazifik. See-Elefanten, riesige Robben, lebten am Strand. Als wir die Insel besuchten, wurde mein Kollege von einem offensichtlich dort ausgesetzten kleinen Hund regelrecht adoptiert. Der Hund wich nicht mehr von seiner Seite. Als wir die See-Elefanten erreichten, stellte er einen dieser Riesen, dessen Kopf schon größer war als der ganze Hund. Mit allen Kräften bellte er ihn an und schien sogar bereit zu sein, den See-Elefanten in die Nase zu beißen. Immer wieder schaute er zurück zu seinem Adoptivherrn, als ob der prüfen sollte, ob sich der Einsatz lohnt. Der angefeindete Koloss seufzte nur einmal tief und schlief dann weiter. Der kleine Hund war ihm wohl lästig, aber kein Gegner. Die Skurrilität der Szene ergab sich aus der extremen Ungleichheit. Dass sie ohne negative Folgen für den Hund blieb, war Nebensache. Denn Hunde greifen auch gefährliche und übermächtige Gegner bedingungslos an, wollen sie den Herrn verteidigen: Bären zum Beispiel, wenn sie vom Jäger mit Hunden gestellt worden waren. Die Chancen, den Angriff zu überleben, waren für die Hunde gering. Viele starben an einem Prankenhieb oder dessen Folgen. Dennoch griffen sie an – heldenhaft, wie die Jäger, die dieses erlebten, berichteten.

Von einem Vogel auf ähnlich heldenhafte Weise verteidigt zu werden erwartet kaum jemand. Doch es gibt solche Fälle, etwa wenn sich eine kleine, vom Menschen großgezogene Dohle wie ein Kamikazeflieger todesmutig auf fremde Menschen oder einen Hund stürzt. Dohlen, Krähen und die großen Raben machen das durchaus wirkungsvoll. Dagegen zeigen sich die mit spitzen Krallen und Hakenschnäbeln besser ausgestatteten Adler oder Falken weit weniger heroisch. Geht es aber um die Brut, um die eigenen Jungen, wird der Versuch, auch die stärksten Feinde abzuwehren, geradezu zur Norm. Der berühmte britische Tierfotograf Eric Hosking verlor ein Auge, als er von einem Kauz heftig angegriffen wurde, dessen Junge er fotografieren wollte. Eine in die Ecke gedrängte Ratte wird todesmutig jedem ins Gesicht springen.

Diese Beispiele sollen andeuten, dass es alle Übergänge vom unmittelbaren Kampf ums eigene Überleben und vom Einsatz für den Nachwuchs bis hin zum selbstlosen Kampf von Tieren für den Menschen gibt, obwohl dieser ein ganz und gar artfremder Partner ist. Je mehr unterschiedliche Arten man betrachtet, desto schwieriger wird die Abgrenzung, wo das unmittelbar Eigennützige endet und das Selbstlose anfängt, das die heroischen Taten so sehr auszeichnet.

Holen wir weiter aus, denn Säugetiere und Vögel stehen uns im Vergleich zu den anderen Tieren noch recht nahe. So haben Ameisen, Bienen und Termiten ein Sozialverhalten entwickelt, das in manchen ihrer Staaten weit über unser eigenes hinausgeht. Jedes Individuum ist jederzeit bereit, sich für das Wohl der Gemeinschaft zu opfern. Das geschieht in diesen Insektenstaaten so automatisch, dass wir geneigt sind, diese Tiere fast wie Maschinen zu betrachten. Trifft zum Beispiel eine Kolonne wandernder Ameisen auf einen kleinen Wasserlauf, so bewegt sich die vorderste Front ohne zu zögern aufs Wasser hinaus, um mit den eigenen Leibern eine Brücke zu bilden, auf der all die anderen, das ganze wandernde Volk, sicher und trocken laufen können. Keine Ameise zögert. Auch wenn mehrfach ganze Klumpen zusammengeballter Ameisen von der Strömung fortgerissen werden, geht das Bemühen um den Brückenbau weiter, bis sich der Erfolg einstellt. Die gefährdeten Ameisen versuchen nicht, sich zu retten. Soldaten solcher Ameisenstaaten greifen jeden Feind an, gleichgültig, wie übermächtig er auch erscheinen mag. Das tun auch Bienen, wenn ihnen Menschen zu nahe kommen; vor allem, wenn diese den Stock bedrohen. Die stechenden Bienen sterben: Ihr Stachel bleibt in der Haut stecken, der ganze Stachelapparat wird aus dem Körper der Biene herausgerissen. Als heldenhaft empfinden wir ihren Tod dennoch nicht. Bienen sind uns in ihrer Lebensweise zu fremd.

Ganz anders empfinden wir die Hundetreue, die bereit ist, sich für den Menschen als Herrn zu opfern. Mancher Hund tat sich bei der Rettung in Lebensgefahr geratener Menschen als Held hervor. Es sind also die Hunde, die uns auf die Fährte zum Heroischen beim Menschen bringen. Sie sind keineswegs bloß domestizierte Raubtiere. Ihre Vorfahren, die Wölfe, leben in Gruppen, die ein grundsätzlich ähnliches Sozialleben führen wie die Horden von Menschen im ursprünglichen Zustand des Jäger-und-Sammler-Daseins. Wolfsrudel sind in flexibler Weise sozial organisiert. Das Zentrum bildet der Leitwolf mit seiner Wölfin. Die Angehörigen des Rudels helfen einander. Sie jagen bei Bedarf zusammen, versorgen gemeinsam den Nachwuchs und schützen ihn vor Angriffen anderer Wölfe.

Jedes Rudelmitglied hat in der Rangordnung seinen Platz. Es kann in der Position aufsteigen oder zurückgedrängt werden. In größeren Rudeln herrschen komplexere Verhältnisse als in kleinen. Wird die Gruppe jedoch zu klein, überlebt sie nicht. Überleben und Erfolg des Rudels hängen von der Kooperation der Mitglieder untereinander ab. Es handelt sich bei der Wolfsgruppe eben nicht einfach um einen lockeren Zusammenschluss von Raubtieren, die gemeinsam größere Beute bewältigen können, sondern um ein auf gegenseitige Verlässlichkeit aufgebautes Sozialsystem. Gemeinsam werden die Jagdgebiete des Rudels ausgebaut und die Jungtiere verteidigt. Alle Mitglieder kennen einander individuell. Fremde Wölfe werden nur selten aufgenommen, und wenn, dann erst nach einer langen Gewöhnungszeit.

Damit entsprechen die Verhältnisse im Wolfsrudel in wesentlichen Eigenschaften dem Leben der als Jäger und Sammler herumstreifenden Menschengruppen. Beide leb(t)en in ähnlich strukturierten sozialen Gruppen. Deshalb konnten beide so ungleichen Arten zueinander finden und die älteste und engste Partnerschaft zwischen Mensch und Tier entwickeln. Der in die Menschengruppe eingewöhnte Wolf, der schließlich zum Hund domestiziert worden war, bewahrte dieses Sozialverhalten und passte es dem Zusammenleben der Menschen noch weiter an. Jeder gut gehaltene, ohne psychische Störungen aufgewachsene Hund bringt daher das Urvertrauen mit, dass ihm die (menschlichen) Partner unter allen Umständen helfen werden – wie auch er ihnen umgekehrt bedingungslos zu helfen bereit ist.

In diesem Urvertrauen steckt die Wurzel des Heroischen. Auf Hilfe der Gruppe bauen zu können macht es möglich, dass die Leistung eines Einzelnen über sich selbst und die unmittelbar eigenen Bedürfnisse hinauswächst. Das setzt, wie eingangs schon festgestellt wurde, die Existenz der Gruppe und ihre innere, auf Individuen bezogene Strukturierung voraus. Nur dann kann sich das Prinzip »Alle für einen und einer für alle« entwickeln. Doch reicht dies aus, um zu verstehen, warum einzelne Individuen bis zum Äußersten gehen und sich nicht rechtzeitig zurückziehen, bevor es zur akuten Selbstgefährdung kommt? Gemeinsam gegen den Feind vorzugehen gebiert nicht zwangsläufig Helden.

Dieses Problem lässt sich bei genauerer Betrachtung der Gegebenheiten lösen. Bleiben wir zuerst beim Wolfsrudel und beim Hund. Im Rudel sind die Wölfe recht eng miteinander verwandt. Die meisten Rudelangehörigen sind Nachkommen des Leitwolfs und seiner Wölfin. Sie sind also Geschwister aus verschiedenen Würfen und nur unterschiedlich alt. Fremde Wölfe werden erst nach einem langwierigen, oft kämpfereichen Verfahren ins Rudel aufgenommen. Das geschieht schneller, wenn das Rudel klein ist und Hilfe brauchen kann. Große Rudel weisen Fremde eher ab: Sie sind zwar stärker, brauchen aber auch umso größere Jagdgebiete. Das steigert den Aufwand, die Territorien zu halten und zu verteidigen. Nahrung kann knapp werden, wenn zu viele Mäuler von der erjagten Beute satt werden wollen. Folglich gibt es für die unterschiedlichen Lebensräume jeweils optimale Rudelgrößen. Wo Nahrung das ganze Jahr über hauptsächlich in Form von kleinem Getier vorhanden ist, löst sich das Rudel auf, die Wölfe jagen nun paarweise oder einzeln. Wo es aber darum geht, große Tiere wie Elche und andere Hirsche zu erbeuten, bilden sich entsprechend große Rudel.

Die Sozialstruktur des Wolfes ist flexibel. Das ermöglicht den Wölfen eine vergleichsweise rasche Einstellung auf die jeweiligen Lebensverhältnisse. Wer als Wolf von Mäusen lebt und damit auskommen kann, muss sich keinen Platz in einem Rudel erkämpfen. Diese wolfstypische Flexibilität kommt uns beim Hund zugute. Er kann mit einem einzelnen Menschen zusammenleben und mit einer Familie oder einer noch größeren Gruppe. Aber nur wenn diese klar genug gegen andere Menschen abgegrenzt ist, wird er die Seinen auch eindeutig und bereitwillig verteidigen.

In der Abgrenzung des Wolfsrudels finden wir das zweite wichtige soziobiologische Prinzip nach dem der engen Verwandtschaft: »Wir gegen die Anderen.« Die Identifikation mit der eigenen Gruppe übertragen die Haushunde, soweit sie nicht wesentliche Teile ihres natürlichen Verhaltens verloren haben, ganz direkt auf den Menschen. Sich im Rudel nicht fortpflanzen zu können, weil dieses mit Menschen gebildet ist, entspricht durchaus dem langjährigen Zustand des gewöhnlichen Wolfes im Rudel: Darin bekommt nur die Leitwölfin Nachwuchs, und dieser stammt meistens vom Leitwolf.

Da die Welpen schon kurze Zeit nach ihrer Geburt vom ganzen Rudel versorgt werden, vollzieht sich die Sozialisierung sehr früh. Auch das macht den Hund als Abkömmling des Wolfes so leicht handhabbar für den Menschen. Die Welpen nehmen gleichsam die Menschen als ihr Rudel an, so wie sie selbst von diesem angenommen und verteidigt werden.

Über interne Rangordnungskämpfe ist es möglich, in der Hierarchie des Rudels emporzurücken und irgendwann selbst Leitwolf oder Alphawölfin zu werden. Oder es wird ein eigenes Rudel gegründet. Bei den Rüden drückt sich das Streben nach höherer Position in der Rangordnung in einer entsprechenden Kampfbereitschaft aus. Der Leitwolf bleibt davon ausgespart, so lange er fit ist. Zu häufige und zu intensive Kämpfe im Rudel würden dieses schwächen. Beiß- und Tötungshemmungen bilden weitere Schutzmechanismen, die der vereinten Stärke des Rudels zugute kommen. Beschädigungskämpfe werden weitgehend vermieden. Umso mehr kann sich die Kampfbereitschaft gegen andere, insbesondere gegen fremde Wölfe richten. Da sich die Mitglieder eines Rudels allesamt leibhaftig kennen, bleiben die Kämpfe und ihre Ergebnisse nicht ohne Wirkung. Jungwölfe, die ihr Rudel besonders heftig und erfolgreich gegen Fremde verteidigen, werden eher Chancen haben, an die Spitze vorzurücken oder ein eigenes Rudel zu gründen: Das Heroische deutet sich an. Es hat also biologische Gründe und bietet durchaus auch Vorteile.

Enge Verwandtschaft begünstigt offenbar riskante Verhaltensweisen. Die Verwandtschaft wirkt sogar schon, wenn sie noch gar nicht vorhanden ist, weil der Fremde, der in die Gruppe aufgenommen wurde, erst zur Fortpflanzung kommen muss. Die Gruppe wird ihm das jedoch später ermöglichen, so er sich entsprechend bewährt hat. Die Gemeinschaft wird zudem das Überleben seiner Nachkommen weit besser absichern, als er das selbst könnte. Die Vorleistung zahlt sich also später aus über den Fortbestand des Rudels.

Womit wir nun vollends in der Soziobiologie angelangt sind: Verwandtschaft, wechselseitige Hilfe, reziproker Altruismus genannt, und hinreichende Dauerhaftigkeit im Bestand der Gruppe, die sich gegen andere abgrenzt, bilden die drei soliden biologischen Fundamente für eine nachhaltige Kooperation. Das Heldenhafte kann daraus hervorgehen. Die grundlegende Bedeutung der Verwandtschaft äußert sich in Schutz und Verteidigung des Nachwuchses. Dieser muss als solcher erkannt werden können, sonst funktioniert das Verhalten nicht. Wer die eigenen Kinder nicht kennt, wird sich kaum darum kümmern.

Dass es hierbei tatsächlich grundsätzliche Schwierigkeiten zu überwinden galt, zeigt die weit verbreitete Ansprechbarkeit von Säugetieren auf das sogenannte Kindchenschema: Wir Menschen reagieren ganz automatisch auf rundliche Köpfchen mit großen Augen und kleiner Nase. Aber nicht nur wir Menschen, sondern viele Säugetiere – und wiederum ganz besonders die Hunde. Sie unterscheiden recht genau, was ihnen ein Erwachsener oder ein Kind antut. Den Menschenbabys gegenüber entwickeln sie ein ganz ähnliches Verhalten wie gegenüber den eigenen Welpen. Selbst wenn das Kleinkind größer als der Hund ist, wird es nicht wie ein Erwachsener behandelt.

Wie nicht anders zu erwarten wirkt das Kindliche am ausgeprägtesten bei solchen Säugetieren, die in sozialen Verbänden leben.

Sich für die eigene Gruppe einzusetzen stellt daher die Erweiterung der Nachwuchsbetreuung dar. Es ist ein biologisch tief verwurzeltes, keinesfalls nur beim Menschen vorkommendes Verhalten. Dass beim Menschen ganz besondere Formen des Heroischen entstanden sind, ergibt sich aus der Weiterentwicklung des Sozialverhaltens. Den weitaus größten Teil unserer Existenzzeit als biologische Art zogen die Menschen in Familien oder Großfamilien umher. Diese Lebensweise war aller Wahrscheinlichkeit auch für die anderen Arten unserer Gattung, etwa für den Neandertaler, typisch. Verhaltensweisen, die zu diesem Gruppenleben gehören, gibt es in unserer Ahnenreihe wahrscheinlich schon seit Millionen von Jahren. Daher sind sie auch so fest in uns verwurzelt.

Doch mit dem Sesshaftwerden änderten sich vor rund zehntausend Jahren die Rahmenbedingungen nachhaltig. Die vordem unsteten Gruppen bildeten Clans, schlossen sich zu Verbänden und Stämmen zusammen und wuchsen zu Völkern heran. Dabei musste zwangsläufig der Anteil der Mitglieder, die sich untereinander persönlich kennen, immer kleiner werden. Die mehr oder minder streng hierarchischen Strukturen, die mit zunehmender Größe der Menschengruppen gebildet wurden, konnten die Ausweitung der Anonymität nicht verhindern, sondern lediglich viele soziale Interaktionen in bestimmte Bahnen lenken. Es entstanden Klassen oder Kasten, wie bei den staatenbildenden Insekten. Die funktionalen Sekundärstrukturen in den Gesellschaften der Menschen gleichen in so auffälliger Weise dem, was bei den staatenbildenden Insekten gefunden wurde, dass dieselben Bezeichnungen wie Arbeiter, Wächter, Krieger, Putzer, Königinnen etc. verwendet wurden. Es zeigte sich, dass diese Insektenstaaten tatsächlich sogar einander überfallen, Sklaven halten und Vorräte anderer plündern. Je mehr nach innen für die Gemeinschaft getan wird, desto stärker wird die Abgrenzung nach außen, die sich gegen die Anderen richtet. Wie beim Menschen auch.

Dieses »Wir« gegen »die Anderen« bietet nun die besonderen Voraussetzungen für die Entstehung des Heroischen. Der Held kann mit seiner Tat, die der Gemeinschaft zugute kommt, aus der Anonymität hervortreten. Er hebt sich aus der Masse hervor. Je größer die Gemeinschaft, desto größer auch der Held. Heldentaten wollen daher verbreitet werden. Auch darin sind wir Menschen nicht einzigartig. Die siegreiche Wolfs- oder Primatengruppe heult ihren Sieg weit über die Grenzen ihres Territoriums hinaus. Der Sieg gibt auch ihnen jenen Stoß von Hormonen, die besonders intensive Glücksgefühle hervorrufen. Im Nu ist damit die größte Erschöpfung überwunden. Es lohnt sich, bis zum Äußersten zu gehen, wenn die Heldentat in der eigenen Gesellschaft und darüber hinaus auch bei den Gegnern gewürdigt werden kann. Deshalb ist nicht verwunderlich, dass es fast immer »der Held« heißt: Die meistbeachteten Heldentaten vollbringen junge Männer.

Wiederum bietet die Soziobiologie hierfür eine Erklärung an: Junge Männer sind, zumal in einer hierarchischen Sozietät, am ehesten entbehrlich und oft im Verhältnis zu den anderen Gruppen in der Gesellschaft in der Überzahl. Nur über viele kleine, mühsam erkämpfte Schritte kommen sie in ihren Positionen voran. Mit einer Heldentat aber können sie in einem großen Sprung vorrücken, Ansehen und Einfluss gewinnen. Der Aufstieg der jungen Männer bedroht jedoch umgekehrt insbesondere die Etablierten und deren (hohe) Positionen. Die Jungen gegen den Feind zu schicken verursacht viele Verluste und schafft freie Positionen. Junge Männer sind die idealen Soldaten. Aus ihnen geht nur selten ein Held hervor, der überlebt und zum Überflieger wird. Denn die Mächtigen können zwar einzelne Helden brauchen, aber keine junge Armee, die von unten nach oben drückt. Günstiger sind die auf der Strecke gebliebenen Helden, deren man post mortem gedenkt. Sie haben sich für die Mächtigen mit ihrem Heldentod als doppelt hilfreich erwiesen: Sie dienten dem Ansehen der Führer und wurden diesen mit ihrem Tod keine Gefahr mehr.

Kriege wurden vornehmlich von jungen Männern geführt, die eigentliche Führung hatten aber die Alten und die Mächtigen inne. Neue Männer brauchte das Land sodann – um wieder aufrüsten zu können. Theorie? Nein, der Anteil der Knabengeburten stieg wie auf Wunsch nach Kriegen stets stark an. Die aus den Konzepten der Soziobiologie abgeleiteten Vorhersagen stimmen gut genug, um zu belegen, dass biologische Mechanismen im Hintergrund wirken. Beim Menschen wie bei vielen sozialen Tieren auch. »Amazonen« sind selten, und so es sie jemals gegeben haben sollte, waren sie ein unbedeutender Sonderfall in der menschlichen Geschichte.

Im Normalfall sind Frauen keine Amazonen. Denn von ihnen und nicht von den Männern hängen Wachstum und Bestand der Gruppe oder des Volkes ab – bis Männer wirklich (zu) knapp werden. Dann allerdings kann der Fortbestand der Gruppe gefährdet sein, weil sie nicht mehr wirkungsvoll genug geschützt ist. Der Held, der sich um den Schutz der Seinen verdient gemacht hat, wird die Auswahl haben und begehrt sein, falls er überlebt. In Zeiten geringer Aussichten junger Männer auf Frau und Kinder sollten Helden auftreten. Sie werden in der Sozietät willkommen sein. Das besagt die soziobiologische Theorie.

Solche Schlussfolgerungen finden vielfache gute Stützen. Beispielsweise gilt, je mehr überflüssige (junge) Männer es gibt, desto stärker und auffallender stellen sich diese zur Schau. Das ist bei vielen Vogelarten so und auch bei Säugetieren – ebenso wie bei uns Menschen. Mit Schmuck und auffälligem Gehabe werben die jungen Männer für sich und ihre Qualitäten. Amotz Zahavi, ein israelischer Biologe, meint sogar, dass nicht nur Schau gemacht wird, sondern dass Gefahren und Handicaps in Kauf genommen werden, um sich in dieser männlichen Leistungsschau zu qualifizieren. Es ist der Held, der aus dieser Konkurrenz ausbricht und sich mit seiner Heldentat über seinesgleichen erhebt. Heroen sind Männer. Normalerweise. In Zeiten aber, in denen es an Helden mangelt, stehen auch Heldinnen auf.

Egon Flaig

Symbolischer Tausch und heldischer Tod

Ohne Kampf und ohne Einsatz des Lebens kein Heldentum. Heldentum bedarf keiner Gemeinschaft; doch keine Gemeinschaft kommt ohne Heldentum aus. Gemeinschaften bewähren sich nur, wenn eine ausreichende Quote von opferbereiten Menschen für die Werte der Gemeinschaft eintritt und im Ernstfall das Äußerste gibt. Daher die außergewöhnliche Wichtigkeit, nach siegreichen politischen Umstürzen einzelne Gefallene mit politischer Totenehrung auszuzeichnen.

Jede neue Ordnung ist teuer erkauft; ihren hohen Preis gilt es regelmäßig bewusst zu machen in kommemorativen Ritualen, welche die Neugründung der Gemeinschaft oder ihre Bewahrung in höchster Not beschwören. Diese Gefallenen müssen keine Sieger sein; ihr Heldentum bemisst sich am Einsatz für die Gemeinschaft. Vorbehaltlose Hingabe ist ein kulturgeschichtliches Faktum ersten Ranges, wie Jacob Burckhardt uns klargemacht hat. Er hat die Quote der opferbereiten Menschen zum Maßstab erhoben, um die Größe einer Epoche zu messen. Nichts ist richtiger.

Ganz anders jene Helden, die nicht für eine Gemeinschaft kämpfen. Diese Einzelgänger – Theseus, Herakles, Achill, Siegfried, Parzival, Lancelot – leisten ihre Taten um ihres Ruhmes willen; nehmen sie an Kriegen teil, dann betrachten sie diese als Feld der individuellen Bewährung, ja sie lösen den Krieg in lauter Duelle auf. Freilich müssen sie siegen, andernfalls ist ihr Kampf wertlos. Solches Heldentum benötigt eigentlich keine Gemeinschaft, sondern ein Publikum, welches die Taten bezeugt, rühmt, besingt und die Kunde davon weitergibt, räumlich und zeitlich. Solche Helden benötigen die anderen Menschen als Resonanzkasten ihrer Taten. Sie müssen siegen, andernfalls sind sie keine Helden. Wir finden diese Unterscheidung in der homerischen *Ilias*, bevor Hektor fällt. Als Hektor unter der Mauer Achilleus erwartet, ruft ihm sein greiser Vater Priamos von den Zinnen aus zu: »Komm doch herein in die Mauer, mein Kind, auf daß du die Troer / Samt den troischen Weibern beschirmst und den Ruhm des Peliden / Nicht vermehrst, weil du selber dein teures Leben verlierest«.

Der alte König sorgt sich um die Verteidigung der Stadt und darum, dass sein Sohn als stärkster Held dieser gemeinschaftlichen Aufgabe nicht verloren gehe. Doch gleichzeitig will er nicht, dass der Ruhm des Achilleus weiter ansteigt. Diese Sorge entquillt einer Logik des einzelgängerischen Heldentums: Im Zweikampf drohen die Bande zur Gemeinschaft sich aufzulösen. Hektor wird einen einsamen Kampf kämpfen, vor den Mauern und vor den geschlossenen Toren der Stadt. Unterliegt er, zieht das Volk der Trojaner keinen symbolischen Gewinn aus dem Tod seines Helden. Diesem Tod entschwindet die Opferqualität; er ist daher schwerlich politisch anzueignen. Freilich bleibt er in hohem Grade ästhetisierbar; gerade weil er im Zweikampf geschieht, bietet er sich der poetischen Aneignung an. Denselben

Tod, den die Trojaner als politischen Sinnverlust erfahren, verbucht Achilleus auf seinem existentiellen Konto als größten Gewinn: Der Unterliegende verliert nicht nur das Leben, sondern steigert den Ruhm des Siegers. Ruhm und Opferbereitschaft divergieren und kollidieren.

In Kulturen, die sich immer wieder kriegerisch behaupten müssen, genießt diese Bereitschaft, das eigene Leben für die Gemeinschaft einzusetzen, eine spezifische politische Verehrung. Ein besonders prägnantes Beispiel liefert das klassische Athen, und zwar bei der jährlichen Feier der Großen Dionysien, anlässlich der Aufführung von Tragödien.

Zunächst brachten die zehn Strategen dem Dionysos ein Trankopfer dar – vor dem Theater, welches in der Überlieferung Plutarchs mit etwa 20000 athenischen Bürgern gefüllt war;[1] die Strategen waren die obersten Befehlshaber der athenischen Truppen zu Lande und zur See. Danach wurden die Beiträge der Bundesgenossen Athens hereingebracht und in der »Orchestra« des Theaters aufgestapelt, genau sortiert in Packen zu 26 Kilogramm Silber, das heißt zu je einem »Talent«; diese Beiträge benutzte Athen nicht nur, um die Flotte zu unterhalten, sondern auch, um auf der Akropolis Prachtbauten zu errichten; es waren faktisch keine Beiträge von Bündnern, sondern Tribute von Untertanen. Schließlich zogen die soeben erwachsenen Kriegswaisen feierlich ins Theater ein, in Waffen und voller Rüstung, welche ihnen von der Stadt übergeben wurden. Ein Herold stellte sie den versammelten Bürgern vor. In der Rede *Gegen Ktesiphon* des Aischines heißt es: »Diese jungen Männer, deren Väter als tapfere Kämpfer gefallen sind, sind auf Kosten des Volkes bis zur Volljährigkeit aufgezogen worden; nun hat das Volk sie mit der Rüstung ausgestattet und entläßt sie mit allen guten Wünschen aus seiner Obhut.« Dann wies er ihnen gesonderte Ehrensitze an.

Warum dieses »Theater« im Theater? Hier choreographierte sich die Siegesideologie der athenischen Demokratie. Alle drei zeremoniellen Elemente lenkten die Aufmerksamkeit auf die beiden Fluchtpunkte dieser politischen Semantik: Opfer und Herrschaft. Die Herrschaft der athenischen Bürger über so viele andere Städte brachte einen hohen Ertrag, abzählbar in Talenten; sie erforderte aber auch einen hohen Blutzoll; als dessen wandelnde Mahnmale traten die Kriegswaisen auf. Diese Choreographie lud die Waisen mit einer doppelten Semantik auf: Sie standen für biologische Wiederholung und politische Steigerung gleichermaßen; sie bezeugten den Kreislauf der Generationen und den Zuwachs an Macht. Sie ersetzten die gefallenen Väter und machten sinnfällig, dass für die Gemeinschaft »nichts verloren« war; und sie verwiesen auf den Ertrag – Ruhm für die Gefallenen und ihre Familien, Macht und Ansehen für die Polis –, einen Ertrag, der sich in Silber ausdrückte, als ein materieller Überschuss in einem Austausch mit dem Tode.

Dieser Tausch erbrachte einen Überschuss einzig und allein deswegen, weil die Polis – die politische Gemeinschaft aller athenischen Bürger – ihn organisierte. Sie nahm die vermittelnde Position zwischen Opfer und Ge-

---

1 Vgl. Simon Goldhill, *The Great Dionysia and Civic Ideology.* In: *Journal of Hellenic Studies*, 1987, S. 58-76.

winn ein: Für sie opferte man sich; und so gedieh sie. Ihr Gedeihen wiederum kam allen Bürgern zugute, machte das Opfer lohnend. Eindrucksvoller ließ sich kaum die politische Instrumentalisierung der Kriegstoten inszenieren; zwingender konnte man kaum den sozialen Druck choreographieren, der Polis zurückzugeben, was man ihr schuldete. Alle schuldeten ihr die Aufzucht – nicht nur die Kriegswaisen; denn die Kriegstoten waren für alle gefallen und hatten mit ihrem Tod alle anderen in die Pflicht genommen. Man hatte der Polis zu dienen, nötigenfalls mit der Aufopferung des Lebens.

Doch wie wörtlich ist der Tauschaspekt zu nehmen? Besieht man diesen jährlichen Vorgang im athenischen Dionysos-Theater, dann scheint es sich um einen Tausch zu handeln. Vor allem unter dem Aspekt der intergenerationellen Reproduktion eines Kollektivs scheinen die Elemente eines Tauschs offensichtlich. Indes, jene Väter, welche ihr Leben für die Polis gaben, opferten sich ohne Gegengabe. Das wird sofort deutlich, sobald man fragt, wie die Polis das Opfer ihrer Bürger vergütete. Es stellt sich ein Problem, das sich allen Armeen der Welt gestellt hat: Wollte man die Todesbereitschaft realiter bezahlen, dann stiegen die Kosten in astronomische Höhen. Denn die Todesbereiten bieten ein spezifisches Gut an, welches auf dem Markt sonst nicht zu haben ist. Was sie zu geben bereit sind, liegt schlicht außerhalb der Tauschzusammenhänge. Der Vorschuss auf den in Kauf genommenen Tod liegt immer unterhalb des Preises. Denn Preisbildung ist subjektiv; und das todesbereite Subjekt weiß, dass das Ende seines Lebens heißt: aus dem Tausch mit den Lebenden herausgerissen zu werden.

Wenn unterschiedlichste politische Systeme ihren Soldaten oder Kriegern de facto ein Gehalt bezahlen, dann weil jede Gesellschaft die spezifische Leistung ihrer todesbereiten Kämpfer sozial kommensurabel macht, um die Zuweisung an Ehre und Privilegien zu portionieren. Banal gesprochen: Man tut so, als leisteten todesbereite Kämpfer eine Arbeit wie andere auch. Die Todesbereiten rechnen auf jeden Fall mit einer Gegengabe, nämlich mit einem ehrenden Gedenken ihres Namens und der Übertragung dieser Ehre auf ihre Nachkommen. Diese Gegengabe ist ritueller und ideeller Natur; und sie erreicht den Todesbereiten nicht mehr, so lange er noch als Tauschsubjekt agiert. Insofern handelt es sich um einen symbolischen Tausch, welcher ein Nicht-Tausch ist. Wir gewinnen damit eine metasoziologische Differenz, die jene berühmte These von Claude Lévi-Strauss übersteigt, wonach Gesellschaften zusammengehalten werden durch den Tausch – der Worte, Symbole, Zeichen, der Gaben und der Frauen/Männer. Denn Gemeinschaften werden letztlich zusammengehalten durch Gaben ohne Gegengaben.

Im Jahre 963 kommt es zu einer denkwürdigen Auseinandersetzung zwischen dem byzantinischen Kaiser Nikephoros Phokas und dem Patriarchen von Konstantinopel. Der Kaiser hatte soeben die arabischen Besatzer aus Kreta vertrieben; nun plante er einen großen Krieg, um Ostanatolien und Nordsyrien von der muslimischen Herrschaft zu befreien. Er ließ ein kirchliches Konzil einberufen, damit die versammelten Bischöfe einen entscheidenden Beschluss fassten: Der Kaiser bat sie, das Konzil möge denjenigen

Soldaten, die im Kampf gegen die Muslime fielen, den Status von Märtyrern zuerkennen. Das hätte bedeutet, dass diese Soldaten unter Umgehung des göttlichen Gerichts direkt ins Paradies eingingen, eben wie die Märtyrer. Der Patriarch lehnte die Bitte des Kaisers ab; und er blieb hartnäckig: Kein kirchliches Konzil sei imstande, Gottes Ratschluss zu antizipieren; allein Gott entscheide über das Heil. Diese Szene ist eine Schlüsselszene von welthistorischer Tragweite.

Der Kaiser wusste sehr genau, was auf dem Spiele stand. Immer wieder hatten die Byzantiner miterleben müssen, wie die muslimischen Truppen mit einer Tapferkeit kämpften, zu der die Christen nicht imstande waren: Die Muslime scheuten nicht nur den Tod nicht, sondern sie suchten ihn geradezu. Sie hatten es leicht; denn sie galten als Märtyrer für den Glauben und marschierten als Gefallene geradewegs ins Paradies.

In den beiden Religionen unterscheidet sich der Begriff des Märtyrers fundamental. Christliche Märtyrer gehören religionssoziologisch einem völlig anderen Typus an: Zwar müssen auch sie für ihren Glauben kämpfen; und auch bei ihnen besteht der Kampf darin, ihr Selbst zu überwinden, um die Martern oder den Tod erleiden zu können. Allerdings imitieren Märtyrer das Leiden Jesu, ein rein passives Erleiden von Folter und Tod. Dieses Leiden erfordert einen radikalen Verzicht auf Gegenwehr. Wer Gewalt anwendet, um sich seines Lebens zu wehren oder die Folterer zu bekämpfen, verliert den Märtyrerstatus. Soziologisch gesehen sind christliche Märtyrer keine Helden, denn sie kämpfen gegen keinen menschlichen Feind. Innerhalb ihrer religiösen Semantik sind sie Helden, welche die größten Siege erringen.

Das christliche Heldentum bewies grundsätzlich denselben Grad an Todesbereitschaft wie diejenige muslimischer Krieger. Aber es konnte sich nur sehr viel seltener ereignen, weil es nur in einer Situation akuter Verfolgung aufzutreten vermochte. Eine solche Situation wurde üblicherweise nicht vom Verfolgten herbeigeführt; sie zu erzeugen, lag vielmehr in den Händen von Verfolgern. Ganz anders verhielt es sich hingegen mit der Situation, in welcher Muslime zu Märtyrern wurden. Der muslimische Märtyrer ist ein aktiv Kämpfender, der den ungläubigen Feind bewaffnet bekämpft und dabei umkommt. Die Situation des Kampfes ist in hohem Maße herstellbar durch politische Willensakte der Gemeinschaft der Gläubigen oder einzelner Teile dieser Gemeinschaft.

Entscheidend für die Todesbereitschaft der Krieger ist das unverbrüchliche Versprechen, dass wer für seinen Glauben stirbt, das ewige Heil erhalte. Mit diesem sakralen Mittel mobilisierten bereits die Makkabäer ihren heiligen Krieg gegen den seleukidischen König.[2] Dem entspricht im Koran die Sure 4, 74-76. Die entscheidende Ressource jedes Krieges ist der kämpfende Mensch und seine Opferbereitschaft. Auch wenn die Byzantiner technisch den Arabern und Seldschuken gleichwertig waren, langfristig mussten sie unterliegen, falls ihre Kampfmoral nicht die Höhe der muslimischen

---

2 Vgl. 2. Makkabäer, 7, Vers 9 und 36. Dieses Heilsversprechen ist zentral für die Konstitution eines heiligen Krieges unter monotheistischen Bedingungen.

Kampfmoral erreichte. Bei ähnlicher Kampfkraft klaffte der Gefechtswert zwischen christlichen Truppen und muslimischen erheblich auseinander. Die deutlich höhere Todesbereitschaft muslimischer Kämpfer führte zu enormen Vorteilen in der Gefechtssituation. Denn mit dieser Bereitschaft ließen sich Siege erzwingen, die technisch und materiell fast nicht möglich schienen, sogar bei numerischer Unterlegenheit.[3] Ferner ließen sich mit ihr noch Schlachten gewinnen, die unter üblichen Bedingungen verloren waren; denn wenn die Menschen mit großem Mut weiterkämpften, anstatt zu fliehen, ergaben sich unerwartete neue Chancen.

Nicht zuletzt gestattete die höhere Todesbereitschaft, dass die Befehlshaber für ganze Abteilungen entweder einen hochriskanten Rückzug vorsahen oder gar auf deren Rückzug völlig verzichteten. Damit ließen sich außerhalb von Schlachten Sonderkommandos bilden, die waghalsige Aufträge durchführten; und es ließen sich mitten in der Schlacht kühne Manöver veranstalten, die den Feind überraschten und verwirrten. Schließlich erlaubte die höhere Todesbereitschaft, dass sogar ein unterliegendes Heer die feindlichen Verluste unverhältnismäßig steigerte, weil selbst beim Zurückweichen die Truppen mit höherer Todesbereitschaft nicht aufgaben, sondern durchzuhalten suchten.

Nikephoros – wie viele andere vor ihm – erkannte die militärischen Konsequenzen von Sure 4, 74-76. Aber er war der erste, der diese prinzipielle militärische Unterlegenheit der christlichen Religion korrigieren wollte. In gewisser Weise suchte er die christliche Heilserwartung zu muslimisieren. Wollten die Byzantiner entscheidend moralisch aufrüsten und die Todesbereitschaft ihrer Truppen auf einen maximalen Pegel anheben – nämlich den muslimischen –, musste man auf der religiösen Ebene den symbolischen Tausch mit dem Tod verändern. Doch dafür mussten die byzantinischen Truppen dieselbe Gewissheit des Heils haben wie die muslimischen. Nikephoros Phokas wollte sozusagen Waffengleichheit im Duell mit dem religiösen Feind. Aber das konnte der Kaiser nicht verfügen; dazu bedurfte es eines Konzilsbeschlusses. Dabei sollte ihm der Patriarch helfen. Indes, die Bischöfe der Ostkirche sahen sich außerstande, ihre Theologie so zu manipulieren, dass ein kriegerisches Märtyrertum hätte entstehen können. Dazu hätten sie über das Heil verfügen müssen. Sie wagten nicht einmal, auf 2. Makkabäer 7, Vers 9 und 36, zurückzugreifen. Dabei blieb es. Die byzantinischen Kaiser mussten ihre schweren Abwehrkriege voller Niederlagen führen, ohne dass ihnen die Religion an dieser Stelle half.[4]

Erst die katholische Kirche veränderte die theologisch-politische Situation: Im Kreuzzugsaufruf 1095 versprach Papst Urban II. den christlichen

---

3 Der Koran (Sure 8, 66-67) verlangt, dass Muslime einer zehnfachen Übermacht standhalten. Spätere Rechtsgelehrte, so Shaybani, erlaubten den Rückzug, falls man einer mindestens doppelten Übermacht des Feindes gegenüberstand. Vgl. Majid Khadduri, *War and Peace in the Law of Islam*. Baltimore: Johns Hopkins University Press 1955.

4 Vgl. Nicholas Oikonomides, *The Concept of »Holy War«*. In: Timothy S. Miller/John Nesbitt (Hrsg.), *Peace and War in Byzantium*. Washington: Catholic University of America Press 1995.

Kriegern die »remissio peccatorum«; gefallene Kreuzritter umgingen demnach das göttliche Gericht; sie wurden insofern den Märtyrern gleichgestellt, obschon ihnen dieser Name verwehrt blieb.[5] Der Papst als Oberhaupt einer völlig monarchisch organisierten Religion tat genau das, wozu ein Konzil östlicher Bischöfe außerstande war: Er verfügte über das Heil. In den Kreuzzügen stellte die Papstkirche seit dem 11. Jahrhundert sozusagen die Waffengleichheit mit den Muslimen her. Allerdings um den hohen Preis eines erheblichen Eingriffes in die politische Theologie. Die Papstkirche verfügte nun über die Macht, ebensolche »heiligen Kriege« zu führen, wie der Islam es seit Jahrhunderten zu tun pflegte.[6] Gewiss, Kreuzzüge blieben an förmliche Ausrufungen allein des Papstes gebunden, daher sehr selten – verglichen mit den unzähligen, unaufhörlichen und ubiquitären Dschihads der islamischen Welt. Und die Ziele von Kreuzzügen blieben strikt begrenzt: Befreiung bestimmter heiliger Stätten, Unterwerfung bestimmter Häretiker oder Ungläubiger, Befreiung genau definierter christlicher Gebiete unter muslimischer Herrschaft. Während die muslimischen Rechtsgelehrten immer festhielten am Endziel, das »Haus des Krieges« zu erobern und alle Ungläubigen zu unterwerfen, war dies niemals das Ziel katholischer Kreuzzüge.

Nochmals zurück zur Motivierung der Todesbereitschaft. Was geben beide Märtyrertypen, wenn sie ihr Leben gaben? Der christliche Märtyrer gibt ein Beispiel, ein »exemplum«, damit seine Gemeinde stärker wird im Glauben. Fehlte dieser Aspekt, dann wäre es ein radikal egoistisches Verhalten: Der Märtyrer suchte für sich selber das Heil, die anderen gingen ihn nichts an. Der islamische Märtyrer bringt seiner Gemeinschaft einen politischen Vorteil: Man ist einen Schritt weiter in der Ausbreitung des Islam; der Gefallene hat sein Teil beigetragen, das Haus des Krieges zu schwächen, das Haus des Islam zu stärken, die Ungläubigen zu unterwerfen und die Herrschaft der Muslime auszudehnen.

Wenn die Todesbereitschaft aber erwartungsgemäß steigt, falls man die Soldaten in den Status von Märtyrern versetzt, was hat man ihnen dann gegeben? Irgendetwas Substantielles haben sie erhalten, damit sich ihr Verhalten dermaßen verändert. Mit dem Märtyrerstatus gewinnen sie eine Gewissheit, nämlich diejenige, direkt das ewige Heil zu erlangen. Diese Gewissheit ist keine Hoffnung, sondern ein absolut sicheres Wissen.

Indes, eine absolute Gewissheit hebt den symbolischen Tausch auf und verwandelt ihn in einen realen. Denn die Opfernden erhalten bereits zu Lebzeiten die Gegengabe, nämlich das unerschütterliche Wissen, dass ihr Gewinn das Opfer bei weitem übersteigt; und der Nutznießer dieses Gewinns ist das eigentliche Selbst – nicht der vergängliche Leib, sondern die unsterbliche Seele. Der Märtyrer ist somit ein neuer Typ des Helden: Er nährt sich nicht vom symbolischen Tausch, sondern vom faktischen.

---

5 Vgl. Alfons Becker, *Papst Urban II. (1088-1099)*. Stuttgart: Hiersemann 1988.

6 Vgl. James Turner Johnson, *The Holy War Idea in Western and Islamic Traditions*. Philadelphia: Pennsylvania State University Press 1997.

Susan Neiman

Wenn Odysseus ein Held sein soll, dann können wir es auch sein

Die Polemik gegen Odysseus hat eine noch längere Geschichte als die antiaufklärerische Polemik. Wenn die *Odyssee* den Auftritt des modernen Menschen markierte, dann ließ der Angriff auf die Moderne nicht lange auf sich warten. »Ich weiß nicht, wie es dazu kam«, schreibt Voltaire, »aber jeder Leser ist insgeheim dem klugen Odysseus feindlich gesinnt.« Voltaire übertreibt ein wenig, aber es fällt leicht, ihm das zu verzeihen, denn nur wenige Leser machten sich die Mühe, ihre Feindseligkeit zu verschweigen. Die meisten waren da ganz offen. »Möge ich nie einen solchen Charakter haben«, erklärte Pindar, »sondern stets den geraden Weg beschreiten.«

Pindar war Aristokrat und ein kompromissloser Verteidiger der Tradition. Er hielt Odysseus einfach für niederträchtig – für gänzlich verschieden von den edlen Helden früherer Zeiten, die ihre Kriege und ihren Ruhm einzig durch ihren Mut und ihre Stärke gewannen. Für Pindar verkörperte Odysseus moralischen Verfall. Eine Welt, wo ein listenreicher Emporkömmling von einer kleinen und fernen Insel über den ernsten und hochgeborenen Königssohn Ajax triumphieren konnte, war für ihn eine vom rechten Wege abgekommene Welt, eine Welt, wo einfache Taten von klugen Worten übertrumpft wurden, Stärke von Arglist, Löwen von Füchsen. Pindar war noch nicht endgültig bereit, die alte Welt für immer zu verabschieden, sondern wollte im Kampf gegen die neue erhobenen Hauptes untergehen.

Während Pindar Repräsentant der konservativen Tradition im Griechenland des 5. vorchristlichen Jahrhunderts war, wurde von der fortschrittlichen Tradition eine andere Art von Kritik an Odysseus vorgebracht. Euripides neigte nicht zur Verteidigung aristokratischer Werte, und doch stellen seine Tragödien Odysseus als den schlimmsten aller Bösewichter dar. Dass dessen Täuschungsversuche und Hinterlist einer höheren Sache dienen, beweist einzig seine Unmenschlichkeit: Viel besser wäre es, Verbrechen aus Leidenschaft zu begehen als aus Gründen der Staatsräson. Letztlich ist für Odysseus nur sein eigener Ehrgeiz wichtig, und bei dessen Verfolgung wird er vor nichts zurückschrecken. Er wird die Verwitweten und die Lahmen täuschen, die Gesetze der Ehre verletzen, ohne Scham und Mitleid den Tod von Kindern befehlen. Für Euripides' Odysseus lässt sich jedes Verbrechen rechtfertigen, und jedes scheint sich zu lohnen.

Sowohl die konservativen wie die fortschrittlichen Kritiker des 5. vorchristlichen Jahrhunderts glaubten, dass der Aufstieg Odysseus' das Ende des Heroismus ankündigte. Das heroische Zeitalter war an seinem Ende angelangt, wenn Menschen wie er die Oberhand gewannen. Pindar sagte es in aller Deutlichkeit, als er Homer heftig dafür tadelte, den vielschichtigen und vieldeutigen Odysseus am Leben zu lassen, während die redlichen Edlen der alten Zeit in die Unterwelt entschwanden. Ein wenig später beanstandeten die Stoiker Odysseus' wiederholte Klagen und hielten ihm seine Unmännlichkeit vor. (Er hätte sie seinerseits als unmenschlich bezeichnen können, denn die *Odyssee* erinnert uns daran, dass Helden sich selten selber heldisch fühlen.) Das Klagelied also, dass uns die Helden abhanden kommen, ist nicht erst neueren Datums.

Thomas Carlyle, der die Idee des Heroischen so entschieden vertrat, verfolgte die Entwicklung des Helden in der Geschichte. Ihm zufolge waren die ersten Helden Götter, und von diesem Gipfelpunkt aus erfolgte der Abstieg in trübseliger Prozession zu den Propheten, Priestern, Dichtern, Schriftstellern und Herrschern. Als Bürger des 19. Jahrhunderts war Carlyle der Ansicht, dass der Niedergang des Helden nur ein scheinbarer sei: Jedes Zeitalter hat die zu ihm passende Art von Helden, und was er die Gabe des Heroischen nannte, war in all seinen Formen der Bewunderung wert. Aber Carlyles Proklamationen klingen doch sehr nach Beteuerungen. Etwas an dem Überschwang, womit er die Idee des Heroischen gegen die andrängende Flut des Skeptizismus verteidigt, lässt eher an ein Nachhutgefecht denken.

Und doch wurde im 19. Jahrhundert mit Feuereifer über große Männer und Frauen in der Geschichte und Literatur geredet, obwohl jeder wusste, dass auch die größten Helden nicht ohne Fehler waren. Man wusste, wer seine Helden waren, und wusste auch genau, warum. Bevor der massenhafte Tod in den Schützengräben die traditionellen Vorstellungen von Tapferkeit auf dem Schlachtfeld zum Verschwinden brachte, waren die Männer bestrebt, Kriegshelden zu werden. Die Frontlinien für die Frauen waren zwar vielfältiger, aber deswegen nicht weniger deutlich vorgegeben: den Bedürftigen Nahrung zu bringen, den Verwundeten Trost, den Unwissenden Wissen – all das war begleitet von der gesamten Rhetorik des Kampfes. Die Veränderungen in der Art der Kriegführung schwächten das militärische Paradigma des Helden aufs gründlichste. Es fiel schwer, etwas Heroisches darin zu sehen, sich in einem kalten, stinkenden Schlammloch vor den Artilleriegeschossen zu ducken, und die Schriftsteller, die das überlebten, mochten es auch gar nicht erst versuchen.

Aber der Impuls, in der Armee nach Vorbildern für Heroismus zu suchen, überdauerte den Ersten Weltkrieg und existiert heute noch, wenn auch oft erheblich geschwächt. Außerhalb des Militärs wurde es nicht nur schwierig, die Frage »Wer sind unsere Helden?« zu beantworten, sondern fast unmöglich, sie zu stellen. Die meisten Leute, die ich zu dem Thema befragt habe, zögerten und antworteten nach einiger Zeit verlegen: »Vielleicht Nelson Mandela …« Helden zu nennen scheint einfacher zu sein, wenn sie einem fernstehen oder gar tot sind. Wie kam es dazu, dass Helden etwas Obsoletes zu sein scheinen?

In seinem Buch *After Virtue* vertritt der Philosoph Alasdair MacIntyre die These, dass die Helden in heroischen Gesellschaften nicht von diesen abgelöst werden können; da wir nun aber nur durch unsere Teilhabe an einer gesellschaftlichen Tradition tugendhaft sein können, stehen uns heroische Tugenden nicht mehr zur Verfügung. Denn in der Welt der Moderne, wo das

Leben eines Menschen nicht mehr durch das Leben seiner Eltern bestimmt wird, fühlt sich kein Ich authentisch, was die Identitätsfrage ebenso prekär wie primär werden lässt. Man kann das für einen Verlust halten, und man kann es für eine Chance halten – eine Chance nämlich, das Rückgrat zu beweisen, das nötig ist, außerhalb vorgegebener Rollen zu leben. Durch die entsprechend gefärbten Gläser betrachtet kann jeder Held bloßgestellt werden. Der Satz »Für einen Kammerdiener gibt es keinen Helden« war bereits im 17. Jahrhundert sprichwörtlich. Aber wir haben keine Kammerdiener mehr. In einer Welt, wo wir unsere Hosen selber ausziehen, ist jeder sein eigener Kammerdiener. Wissen wir zu viel, um noch an Helden glauben zu können?

Doch dieses Problem war bereits von Hegel angegangen worden. »Für einen Kammerdiener gibt es keinen Helden …, nicht aber darum, weil dieser kein Held, sondern weil jener der Kammerdiener ist.« Die Weltsicht des Kammerdieners ist primitiv und vulgär, und er wird alles versuchen, sie zu bestätigen. Nachdem er ein so reduziertes Bild des Helden entworfen hat, dass es nur mehr in ein Comic-Heft passte, beteuert er, dass es keine Helden (mehr) auf der Welt gebe. Sein Bild ist nicht nur eindimensional, sondern auch einfach schäbig. Kleinliche und engherzige Menschen suchen Kleinlichkeit und Engherzigkeit, großmütige Seelen suchen ihresgleichen. Unser Zeitalter, schrieb Hegel 1806, vermag seine Helden nicht wahrzunehmen, weil wir mit den Augen von Kammerdienern sehen. Kurzum, es bedarf eines Helden, um einen Helden zu erkennen. Ein Held weiß, dass seine Füße schmerzen und stinken können, und wird dennoch jeden Gipfel erklimmen, der erklommen werden muss, und die Festung halten. Ein Kammerdiener sieht nichts als Schmutz.

Zu wissen, dass Helden nicht vollkommen sind und zuweilen sogar töricht, veranlasste frühere Zeitalter nicht dazu, dem Helden den Abschied zu geben, das 20. Jahrhundert aber brachte etwas Neues. Andere Zeitalter mochten ihre Helden bloßgestellt haben, das unsere jedoch fand etwas, das sie ersetzt. Statt mit unseren Mitmenschen darum zu wetteifern, wer der größere Held ist, wetteiferten wir um die Position des beklagenswertesten Opfers. Diese Entwicklung zu verfolgen wäre eine eigene Untersuchung wert, aber bereits ein kurzer Blick dürfte genügen, um erkennen zu lassen, dass sie zu gemischten Ergebnissen führte.

Dem Wunsch, dass die Stimme der Opfer gehört werde, lag das Verlangen nach Gerechtigkeit zugrunde. Frühere Geschichtswerke ließen die Opfer einen zweifachen Tod sterben: zum einen real, zum anderen in der Erinnerung. Darauf zu bestehen, dass die Geschichten der Opfer Teil der geschichtlichen Darstellung sein und die Geschichten der Sieger ohne Scheinheiligkeit erzählt werden sollen, hieß nur, begangenes Unrecht wieder gutzumachen. Wenn die Geschichten der Opfer unsere Aufmerksamkeit in Anspruch nehmen dürfen, dann haben die Opfer auch Anspruch auf unser Mitgefühl, von rechtlichen und finanziellen Ansprüchen zu schweigen. Als Alternative zu Weltanschauungen, in denen die Überlebenden eines Massakers römischer Legionen oder mongolischer Horden nicht mehr erwarten durften als ein lapidares »So kann's gehen«, ist das sicher ein Fortschritt. Wir gehen mittlerweile von dem Postulat aus, dass die Welt als Ganze gerecht sein soll. Wo guten Menschen Böses widerfährt, ist die Welt aus den Fugen, und wir betrachten es als unsere Aufgabe, das zurechtzurücken.

Doch etwas ging schief, als wir die Stellung der Opfer überdachten, und der ursprünglich großmütige Impuls kann nun zu nachgerade perversen Resultaten führen. Das zeigt sich an den Bemühungen rivalisierender Gruppen, eine Position moralischer Überlegenheit zu gewinnen, indem ein Vergleich mit dem Holocaust in Anspruch genommen wird. Ein Hindernis für die Integration Europas sind wechselseitige ost-westliche Vorwürfe in dieser Hinsicht, da die Osteuropäer ihre Leiden unter Stalin den Leiden anderer unter Hitler gleichgestellt sehen wollen. Das führt gelegentlich zu Skandalen: Als eine Europakommissarin die Leipziger Buchmesse mit der Erklärung eröffnete, dass der Stalinismus ebenso verbrecherisch war wie der Nazismus, verließ der Vizepräsident des Zentralrats der Juden in Deutschland aus Protest demonstrativ die Feier, was monatelange Debatten auslöste. Ich bin der Meinung, dass die Kommissarin unrecht hatte, aber für eine in Sibirien geborene Lettin, wohin ihre Eltern deportiert worden waren, war ihre gleichsam instinktiv eingenommene Haltung verständlich. Hinweise auf den »Holocaust auf Ihrem Teller« von Tierrechtsorganisationen sind es nicht.

Den Grenzfall dieses Trends stellt die Geschichte von Benjamin Wilkomirski dar, des Schweizers, dessen Behauptung, seine Kindheit in einem Konzentrationslager verbracht zu haben, sich als frei erfunden herausstellte. Jan Philipp Reemtsma wies darauf hin, dass Waisenkinder, die in früheren Zeiten ihre Kindheit erdichteten, adlige Eltern fingierten. Jeder konnte der Sohn eines fahrenden Ritters oder eines auf Abwege geratenen Papstes sein, und die Geltendmachung aristokratischer Abstammung war der sicherste Weg für den sozialen Aufstieg. Heute ist dieses Prestige durch ein anderes ersetzt worden, die Geltendmachung einer elenderen Geburt als der wirklichen gewährleistet nun eine neue Form des Status: Was noch vor kurzem ein Makel war, ist in sein Gegenteil verkehrt worden. Schon eine Andeutung von Leiden verleiht nun eine Aura, der wenige zu widerstehen vermögen.

Vom Fall Wilkomirski ist es nicht weit zu einer Gerechtigkeit, die jedem sein eigenes Konzentrationslager verspricht. Wir haben eine Reihe von Tugenden aufgewertet, die ich in meiner Welt ungern sehen würde, solange sie nicht absolut notwendig sind. Genauer gesagt: Leiden zu erdulden stellt keineswegs eine Tugend dar und wird wahrscheinlich auch keine schaffen. Tugend ist nicht das, was uns zustößt, sondern was wir damit anstellen. Die Rolle des Opfers sollte die Legitimationsgrundlage für Entschädigungsansprüche sein und für nichts anderes – und das gilt selbst für die von einer übermäßigen Beachtung gewährte Legitimation. Wenn wir die Opferrolle selbst als Legitimationsgrundlage auffassen, sind wir im Begriff, Legitimität gänzlich von der Tugendhaftigkeit zu trennen.

Neben dem Verlangen nach Gerechtigkeit gibt es weitere Gründe für diese Akzentverschiebung. Es ist leichter, Opfer zu sein, als Held zu sein, und es ist leichter, festzustellen, ob jemand anderes Opfer ist. Wilkomirski und seinesgleichen kam man schließlich auf die Schliche. Alles in allem fällt es leichter, ein wirkliches Opfer von einem falschen zu unterscheiden, als zu entscheiden, ob das Heldentum eines Menschen nur ein prätendiertes ist. Was man erlitten hat, weiß man eher als das, was man getan hat, und es ist schwerer bloßzustellen. Es bedarf eines brutal ehrlichen Opfers, um den Status des Opfers selbst bloßzustellen. Jean Améry, der zwei Jahre in Auschwitz überlebte, betonte, dass das Leiden dort niemanden weiser, tiefsinniger oder menschlicher gemacht habe. Statt in die Zukunft zu wachsen, ist das Opfer »fest ans Kreuz seiner zerstörten Vergangenheit« genagelt. Amérys Metapher verweist darauf, dass Jesus das Vorbild für die Aufwertung des Opfers war, aber wer versuchte, es ihm gleichzutun, war kein Held, sondern ein Heiliger. An das Kreuz einer elenden Vergangenheit genagelt? Welche intakte Kultur würde diese Stellung für die ältere eintauschen?

Die Akzentverschiebung zum Opfer hin musste zu einer Gegenreaktion führen; unter sonst gleichen Bedingungen möchten die Menschen nicht an Kreuze genagelt werden oder ihr Augenmerk unverwandt auf vergangenes Leid richten. Andererseits fühlen sich viele von dem faden, aber gefahrlosen Utilitarismus abgestoßen, der in der eigennützigen Berechnung die sicherste Grundlage für eine wohlgeordnete Welt sieht. Ich würde vorschlagen, dass wir unsere Verbundenheit mit den Opfern reduzieren und zu einem älteren Vorbild zurückkehren, wo der Anspruch auf Legitimität auf das gerichtet ist, wie man in der Welt handelt, nicht wie man von der Welt behandelt wird. Das würde die Opfer nicht wieder dem Müllhaufen der Geschichte überantworten, aber es würde den Helden wieder in den Mittelpunkt stellen. Eine der wichtigsten heroischen Tugenden ist Großmut sowie eine gewisse Demut, die die Rolle des Zufalls in unserem Leben gebührend berücksichtigt. Diese beiden Tugenden müssten es uns eigentlich ermöglichen, auch die Hilfe für die Opfer als Tugend zu ehren – ohne damit zu behaupten, dass die Rolle des Opfers ebenfalls eine ist.

Dieser Vorschlag stieß vor einiger Zeit bei einem Treffen von Menschenrechtsaktivisten auf Proteste, als ich die These vertrat, dass rassistische Gewalt unter Jugendlichen sich vielleicht eher verringern ließe durch den Hinweis auf den Mut derjenigen, die sich dieser Gewalt entgegenstellten, als auf das Leid derjenigen, die darunter zu leiden hatten. Meine Kollegen reagierten gereizt auf das Wort »Held«; natürlich brauchen Jugendliche Vorbilder, aber müssen wir ihnen gleich Helden anbieten?

Ihre Abneigung ist verständlich. Die Amerikaner hören das Wort und denken an Rambo, die Deutschen hören das Wort und denken an Schlimmeres. Der Appell an Blut und Boden ließ die Erde zwischen Moskau und der Normandie blutgetränkt zurück. Mussolini war es ja, der schrieb, dass die Kultur des Helden die Antwort des Faschismus auf den bürgerlichen Egoismus sei. Dem Ansehen des Helden erging es auch in der entgegengesetzten Richtung nicht besser, als die edlen Motive, aus denen heraus der Faschismus bekämpft worden war, der Tyrannei und dem Terror des Stalinismus wichen. Sowohl Stalinismus wie Nazismus wandten sich strikt gegen die Uneindeutigkeiten der modernen Kunst und machten sich daran, Kunst zu schaffen, die den menschlichen Geist glorifizierte. Das Resultat dieser Anstrengungen waren weder eine Kunst noch ein Geist, die auch nur annähernd glorreich gewesen wären – und die Folge davon war, dass das Wort »Ruhm« selbst außer Gebrauch geraten ist. Die Idee des Helden war nicht nur entwürdigt, sondern auch vergiftet worden – sicher einer der Gründe dafür, sich auf der Suche nach Leitbildern der Idee des Opfers zuzuwenden.

Auch wenn die Rechte weniger kleinlaut ist beim Gebrauch der heroischen Sprache als die Linke, fällt sie ihr doch ebenfalls schwer. Die Attraktivität Ronald Reagans ist ja doch die Attraktivität eines Mannes, der Helden *spielte*. Wäre seiner politischen Karriere die eines Buchhalters vorausgegangen, hätte jene wohl kaum den Eindruck eines Aufbruchs zu Größerem erweckt. Kein Wunder, dass wir statt über Helden zu sprechen, heute von Ikonen sprechen. Ikonen wurden nicht perspektivisch gemalt – nicht weil die griechischen Christen diese Technik nicht beherrschten, sondern weil sie befürchteten, dass die von ihren Vorfahren vervollkommnete perspektivische Darstellung zu menschlich erschien und so gegen die monotheistischen Verbote der Bilderverehrung verstieß. Eine Kultur, die Ikonen gegen Helden eintauscht, hört auf, sich Gegenstände der Bewunderung vorzustellen, die mehr sein können als bloße Symbole.

Dass ehrgeizige Ziele auch ihre Risiken haben, ist nur allzu klar. Knurrende Mägen ließen sicher die Reihen der faschistischen Bewegungen im vorigen Jahrhundert anschwellen, aber ebenso wichtig war dabei der Ekel vor der prosaischen Version menschlichen Lebens, die die Mehrheitsgesellschaft zu bieten hatte. Die Parallelen zwischen dem faschistischen und islamischen Totalitarismus sind überbetont worden, aber sie haben doch eines gemeinsam: Beide ziehen sie Anhänger an, die angewidert sind von dem Konsumtrott und passiven Jammern, die das Standardverhalten der sie umgebenden Kulturen ausmachen. Überdrüssig einer Welt ohne Raum für Heldentaten, meinen einige Jungs, dass Terror zu verbreiten zumindest verhindern wird, dass sie die Opfer werden, die sie verachten. Vorbilder oder Rollenbilder werden sie ebenso wenig reizen wie Identifikationsobjekte, denn diese Wörter selbst sind schon staubtrocken. Sie und ihre eher passiven Pendants – diejenigen, die nichts mehr erstreben außer gelegentlich ein neues Spielzeug – brauchen Alternativen, die unmittelbar das Geheimnis des Helden aufweisen: dass jedes Leben weit genug sein könnte, um eine Welt zu umfassen.

Meine Rückkehr zu Odysseus ist ein ungeniertes Plädoyer für einen Helden, dessen Stärken und Schwächen der modernen Welt entsprechen. In vieler Hinsicht ist er keineswegs ein Vorbild. Ich bin ja durchaus bereit, die Restbestände von Feudalismus und Sexismus als für das 8. Jahrhundert wenig überraschend anzusehen, ich könnte ohne seine Seeräuberei und Prahlerei auskommen und auch ohne so manches Jammern von ihm. Andere werden vielleicht seine anderen Sünden beanstanden, und genau darum geht es. Odysseus' Heldentaten sind vorstellbar, weil er nicht vollkommen ist. Im Unterschied zu Vor- oder Rollenbildern haben Helden physische Präsenz und Leidenschaften. *Die Odyssee* ist nicht nur eine Geschichte vom Überleben, sondern auch vom Lebendigsein.

Was macht ihren Helden zu einem modernen Helden? Dass der edelste Mann in Ithaka ein Schweinehirt ist, stellt keinen Beleg für Republikanismus dar, so wie Penelopes Fähigkeit, hundert Männer auf der Schwelle ihres Hauses auszumanövrieren, kein Beleg für Gleichberechtigung ist. Und doch gibt es Anzeichen von Veränderung, die auf unsere Vorstellungen von Fortschritt vorausweisen: Klassen- und Geschlechtsunterschiede imponieren Odysseus weniger als anderen, und seine Fähigkeit, sich zu verwandeln, ist ein Indiz dafür, dass wir mit unseren sozialen Rollen nicht notwendig identisch sind. Aber für die Griechen verlief die Zeit nicht linear, unsere Vorstellung von Fortschritt fehlt also in diesem Epos – und das ist auch gut so, denn wenn man an Fortschritt glaubt, dann sollte man auch glauben, dass wir in den seitdem vergangenen Jahrtausenden einige Fortschritte gemacht haben.

Modern in der *Odyssee* sind jedoch nicht nur die Vorzeichen einer nicht fest verankerten Identität oder die Bevorzugung des Gehirns gegenüber den Muskeln, sondern die Erklärung Zeus' zu Beginn des Werks, dass die Götter nicht für das Schicksal der Menschen verantwortlich sind. In der *Ilias* waren sie es, und ohne dass wir darin auch nur einen Funken von Gerechtigkeit zu erkennen vermögen. Modern ist auch die Einsicht, dass es nicht zu einem Ende des Kreislaufs des Leidens führen wird, wenn wir das Schicksal in unsere eigenen Hände nehmen. Etwas von der Liebe und dem Tod und dem Neid und der Sehnsucht, womit Odysseus ringt, wird es immer geben. Er ist ein Beispiel dafür, wie Helden damit zurechtkommen. Anders als die Fanatiker, die nur das *Sollen* sehen, und die Pharisäer, die nur das *Sein* sehen, halten die Helden beide Augen offen. Bevor man Plädoyers für das Heroische verwirft, ist zu bedenken: Fürchten wir uns vor solchen Plädoyers, weil sie mit Mord und Totschlag enden oder weil sie mit Kitsch enden? Ich habe den Verdacht, dass wir oft weniger durch die Furcht vor dem Faschismus motiviert werden als durch die Furcht vor der Peinlichkeit – eine Furcht, die selbst höchst peinlich sein sollte.

Wer sind unsere Helden? Die Lektüre der *Odyssee* zeigt, dass die Schwierigkeiten bei der Beantwortung dieser Frage keine Frage des modernen – oder postmodernen – Lebens sind. Platon verzeichnet einen Streit darüber, ob Achill oder Odysseus der bessere Mann war, und die Frage war damals schon nicht neu. Beide Männer sind Helden, wenige könnten unterschiedlicher sein. Odysseus achtet auf das Gewöhnlich-Alltägliche, das Achill verachtet. (Er sorgt dafür, dass alle vor der Schlacht etwas essen, während Achill erklärt, er könne von seinem Zorn allein leben.) Odysseus ist so demokratisch wie ein griechischer Fürst nur sein kann. (Leser im 17. Jahrhundert fanden es abstoßend, dass er in einem Schweinestall schlief, und übersahen dabei, dass der Empfang durch den Schweinehirten so großartig ist, dass er vornehmere Behausungen beschämt.) Odysseus handelt umsichtig, wo Achill ungestüm ist. (Es wäre interessant sich vorzustellen, wie dieser den Sirenen entgegengetreten wäre, aber es ist unvorstellbar, dass Achill sich dazu herabgelassen hätte, seiner Mannschaft Bienenwachs in die Ohren zu stopfen oder sich selbst an den Mast binden zu lassen.)

Odysseus handelt gewöhnlich aus gemischten Motiven. (Gelten seine Reisen der Heimkehr zu seiner Familie, oder will er unterwegs die Welt sehen?) Achills Handlungen sind so unkompliziert, dass es zuweilen schwerfällt, überhaupt irgendein Motiv dahinter zu entdecken. (Als er schließlich wieder an der Schlacht teilnimmt, tut er das nicht aufgrund irgendwelcher Überlegungen.) Achill handelt mit absoluter Gewissheit. (Sein Schicksal ist ihm vorausgesagt worden: Er weiß, dass er vor Troja fallen wird.) Odysseus' Gewissheit betrifft nur ihn selbst und seine Kräfte. (Sein Wissen darüber, was ihn erwartet, ist prinzipiell lückenhaft; wo er sich einer Sache gewiss zu sein scheint, ist er allein seiner selbst gewiss.) Beider Begegnungen mit Frauen unterscheiden sich ebenso sehr in ihrer Zahl wie in ihrer Art. (Achill begehrt die eine oder andere Sklavin, Odysseus hat komplizierte erotische und andere Beziehungen zu einer Vielzahl von Frauen, bevor er sie zurücklässt zugunsten der nicht mehr jungen, klugen Liebe seines Lebens.)

Welche Gründe er auch für seine Irrfahrten haben mag, Odysseus ist der ewige Weltbürger; kein Wunder, dass James Joyce aus ihm einen wurzellosen Dubliner Juden machte. Das verleiht Odysseus Tiefe und fügt ihm zugleich Verluste zu. Er ist niemals ganz zu Hause, und er wird immer eher in der Fremde sein, wenn er zu Hause ist. Ebendies verleiht ihm jene Eigenschaft des Entfremdetseins, die seine Kritiker für Zwielichtigkeit halten. Man kann das Verhältnis zwischen dem Ich und der Welt nicht länger als selbstverständlich voraussetzen, wenn man viel von ihr gesehen hat.

Der Mut Achills ist wie seine anderen Tugenden vollkommen natürlich. Seine Tugenden sind die einer ungezwungenen Unschuld; es besteht keine Kluft zwischen seinen Wünschen und seinen Taten, die erklärt oder geschlossen werden müsste. Die meisten von Odysseus' Taten sind wohlüberlegt – so prosaisch-nüchtern wie das Wachs in den Ohren seiner Seeleute, so vorbedacht und brachial wie seine eigenen Fesseln. Für Adorno und Horkheimer wendet er gegen sich selbst Gewalt an und verfehlt obendrein das Leben. Was Ersteres betrifft, haben sie recht. Seine Begegnung mit den Sirenen ist ein Musterfall von Entzauberung: Wie die Furcht zu besiegen ist von denen, die nicht ohne Furcht geboren wurden.

Vielleicht mögen Sie Ihre Helden als von Natur aus tapfer, bereit, sich ohne Zögern und Zweifel ins Gefecht zu stürzen. Das ist eine Möglichkeit, um sich zu überzeugen, dass Sie kein Held zu sein brauchen. Wenn Helden zittern und weinen und zaudern können, dann könnten auch Sie einer werden – vor allem, wenn Sie die entsprechenden Anweisungen erhielten. Sie möchten die Begegnung mit einem Ungeheuer überleben? Hier sind all die Maßnahmen, die Sie dafür unternehmen müssen. Es ist eine Frage der Vorbereitung und der Planung, nicht der Verwegenheit und der Gewalt. Wie bei allen Aufklärungsprojekten ist auch hier Entmystifizierung das Ziel. Achill hätte die Lippen geschürzt und wäre mit dem Schwert in der Hand ins Meer gesprungen. Er hätte vielleicht sogar eine Sirene mit sich in den Tod reißen können.

Die *Ilias* und die *Odyssee* wurden »die griechische Bibel« genannt. Sie bildeten zusammen die wesentliche Quellensammlung für die spätere griechische Kultur und damit auch für einen erheblichen Teil der übrigen westlichen Kultur. Wir können diese beiden Werke dazu benutzen, unsere eigenen Geschicke zu skizzieren, denn die von ihnen repräsentierte Alternative ist weitgehend die gleiche geblieben, was auch immer sich sonst geändert haben mag. Achill ist ein romantischer Held, während Odysseus - obwohl er die romantischste Handlung in der Geschichte der Literatur ausführte - es nicht ist. Denn der vielleicht wichtigste Unterschied zwischen den beiden ist der Unterschied zwischen einem tragischen Tod und einer Geschichte, die gut ausgeht. Ein romantischer Held, der ein hohes Alter erreicht, wird zu einer Karikatur oder einem Fatzken. Und einen Mann, der seine Zeit überlebt, können wir uns nicht als einen wirklichen Helden vorstellen. Zu Ende gedacht heißt das: Die Figur des Achill und die des Odysseus verraten unsere ambivalente Haltung gegenüber der Idee des Helden selbst.

Helden bieten uns Alternativen zur Resignation. Sie beweisen, dass die unserem Leben auferlegten Begrenzungen in Frage gestellt werden können, dass wir nicht jedes Element der Systeme, in die wir hineingeboren wurden, hinnehmen müssen. Aber müssen wir nicht die Natur des Menschen akzeptieren, wie sie ist? »Wir wissen nicht, was unsere Natur uns zu sein erlaubt«, schrieb Rousseau. Aber auch wenn man ihm glaubte, ist doch Wissen nicht dasselbe wie Überzeugung. Man spürt vielleicht, dass die Grenzen seines Stammes oder seiner Stadt nicht die Grenzen des Möglichen sind. Aber solange man nicht erlebt, dass jemand sie tatsächlich überwindet, fällt es einem schwer zu glauben, dass dies einem selber möglich wäre. Deshalb gibt es alle möglichen Helden: Sportler, Bergsteiger und bestimmte Rockstars bieten alle die Verheißung eines erfüllteren und intensiver gelebten Lebens als desjenigen, mit dem wir uns angeblich abfinden sollen. Wahre Helden können ihre Taten nicht auf eine Arena beschränken. Sie kämpfen im Krieg, leben ihre Liebe und schaffen Gerechtigkeit mit dem gleichen Einsatz und Geschick. Wie Odysseus machen sie ihre Sache nicht immer gut. Helden unterscheiden zwischen theoretischen und realen Möglichkeiten und beweisen zweifelsfrei, dass es nicht nur Wunschdenken ist, was einen wünschen lässt, lebendiger zu sein.

Aber wenn Helden eine Inspiration darstellen, sind sie doch auch eine Herausforderung, und zwar eine, die wir oft lieber vergessen. Zu wissen, dass einige Menschen mehr aus ihrem Leben gemacht haben als wir, kann uns unerwünscht sein. Das gilt besonders dann, wenn der betreffende Held anders als der zwiespältige Odysseus ein moralischer Held ist. Sie haben vielleicht nie den Wunsch verspürt, den Mount Everest zu besteigen, aber Sie möchten sich doch für jemanden halten, der einem Tyrannen die Stirn bieten würde, wenn es denn sein müsste. Und da niemand von uns je wissen wird, ob wir in den extremsten der Extremfälle tun könnten, was wir tun sollten, kann die Vorstellung von denjenigen, die um ihrer Ideale willen ihr Leben aufs Spiel setzten, zuweilen so bedrohlich sein, dass wir sie lieber tot sehen.

Woher stammt der Gedanke, dass ein wahrer Held nur ein toter Held sein kann? Zunächst einmal gibt es dafür triviale Gründe wie etwa Pietät. Wir ziehen vielleicht jedem Lebenden in irgendeinem Boulevardblatt die Hosen aus, aber wir machen bei den Toten halt. Der junge Rousseau ging so weit zu behaupten, wir würden uns Sokrates' als eines geschickten Sophisten erinnern, wenn er im Bett gestorben wäre. Die Schwächen toter Helden können vergessen werden wie die Strafen toter Verbrecher – es hat in beiden Fällen wenig Sinn, darauf herumzureiten. Aber der wichtigere Grund, warum wir den Tod als für das Heldentum wesentlich betrachten, ist weniger positiv. Etwas in uns möchte resignieren. Je größer die Zahl der Menschen, die das vor uns getan haben, desto weniger lastet es auf unserem Gewissen. Und je höher der für den Widerstand zu entrichtende Preis, desto verständlicher wird die Resignation sein. Wenn es den sicheren Tod bedeutet, gegen Unrecht zu kämpfen, werden die meisten es einem verzeihen, wenn man zu Hause geblieben ist.

Hans und Sophie Scholl waren Studenten, die 1943 in München mit dem Fallbeil hingerichtet wurden, weil sie antinazistische Flugblätter geschrieben und verteilt hatten. Ihre Taten waren zweifellos tapfer, auch wenn deren einziges Ergebnis darin bestand, spätere Generationen von Deutschen wissen zu lassen, dass nicht *jeder* vor dem Naziterror kapituliert hatte. Heute tragen in vielen deutschen Städten Straßen oder Schulen den Namen der Geschwister Scholl oder ihrer kleinen Widerstandsgruppe, der Weißen Rose. Dagegen ist der erfolgreichste Akt des Widerstandes im Dritten Reich relativ wenig bekannt. Er fand ebenfalls im Jahre 1943 statt, als die Naziregierung unschlüssig war, ob sie die jüdischen Ehepartner von Nichtjuden deportieren und ermorden sollte. Sie versuchte, das Terrain zu sondieren, indem sie etwa vierhundert jüdische Männer zusammentreiben ließ, deren nichtjüdische Frauen bereits erheblichem Druck, sich von ihnen scheiden zu lassen, widerstanden hatten. Als diese Frauen erfuhren, dass ihre Männer in der Rosenstraße festgehalten wurden, um sie von dort aus ins KZ zu deportieren, veranstalteten sie eine spontane Demonstration vor dem Gebäude. Eine ganze Woche lang weigerten sich diese Frauen, die kleine Straße in der Mitte Berlins zu verlassen, der auf sie gerichteten Maschinengewehre ebenso wenig achtend wie des eisigen Februarwindes.

Es wird oft behauptet, dass gewaltloser Widerstand im Falle Gandhis und Martin Luther Kings erfolgreich war, weil ihre Unterdrücker zivilisierte Menschen waren. Die Regierungen Großbritanniens und Alabamas konnten durch die Zivilcourage ihrer Gegner unter Druck gesetzt werden, während totalitäre Regime diese einfach erschossen hätten. Aber in der Berliner Rosenstraße gab die Polizei nach. Die Männer wurden freigelassen. Sie und ihre Frauen überlebten. Und außer einem zweitklassigen Film ist ein kleines lehmfarbenes Denkmal in einem selbst den meisten Berlinern unbekannten Park an einer Nebenstraße das einzige, was an diese Tat erinnert. Sein Anblick rührt viele zu Tränen. Das Tragische an dem Rosenstraßen-Protest aber sind nicht seine Helden, sondern ist die Tatsache, dass niemand ihrem Beispiel folgte. Was sie davon abhielt, war weniger der Terror der Nazis selber als eine viel ältere Botschaft: Heldentaten sind zwecklos und enden ohnehin meist mit dem Tod.

Weder Pindar noch Adorno gingen so weit, es offen zu sagen, aber ihr Argwohn gegenüber Odysseus beruht darauf, dass er lebend aus allem herauskommt. Früher schien es, als wäre die Bereitschaft eines Menschen, sein Leben zu opfern, Beweis seiner Freiheit. Odysseus stellt eine Herausforderung dar, ohne solche Beweise zu leben. Unser Hang zur Bewunderung hat einen sehr hohen Preis: Wir sind bereit, keine Fragen zu stellen und angebliche Heldentaten unbesehen zu glauben, solange der Held nur tot ist. Damals wie heute mögen wir unsere Helden tragisch. Auch muss man ein Prinzip nicht achten, um den zu respektieren, der dafür zu sterben bereit ist. Man kann die Lebensart, für die Achill eintrat, verabscheuen, ihn aber dafür ehren, dass er für etwas eintrat (und fiel). Dagegen erregt Odysseus' verblüffendes (und kluges) Überleben den Verdacht, dass er für gar nichts eintrat.

Niemand anderes als der große romantische Held erklärt, dass das falsch ist. Wir wissen durch Achills eigene Worte, dass ein glorreicher Tod sinnlos ist: Das ist keine Botschaft, die jemandem zusagt, der sich um die Bewahrung traditioneller Werte bemüht: Die ersten Verse, die Platons *Staat* zu verbannen vorschlug, war Achills Rede in der Unterwelt. Platon hielt sie für so entmutigend, dass sie künftige Helden, die geneigt sein mochten, die Nachfolge Achills anzutreten, davon abhalten würde – was ja vermutlich auch Homers Absicht war.

Bei Figuren wie Odysseus werden wir es nie mit Bestimmtheit wissen, aber wir vermuten, dass seine Motive so gemischt sind wie die unseren. Er verunsichert, weil er uns so nahe ist und wir uns so leicht in ihm wiedererkennen können. Seine Stärke und Schönheit sind mythisch. Aber wir könnten prinzipiell seine Klugheit und seine Listigkeit teilen, seine Treue und seinen Mut, seine Bereitschaft, die Grenzen der bekannten Welt zu erproben. Wir haben gewiss seine Fehler. Wir gehen aus reinem Draufgängertum Risiken ein und lassen es zu, dass wir durch die Verzauberung unserer Sinne unsere Ziele für längere Zeiträume als beabsichtigt aus den Augen verlieren. Wir gehen Kompromisse ein und hoffen, dass das, was wir als das kleinere von zwei Übeln wählten, tatsächlich wirklich notwendig war. Unsere Urteile sind unsicher, und doch sollen sie gelten. Unsere Motive sind uns unklar, und wir sind oft zwischen unseren Begierden hin- und hergerissen. Zu entschlossenem Handeln herausgefordert neigen wir weniger dazu, aus dem Bett zu springen und unsere Stiefel zu schnüren, als an der Grenze zu verweilen und zu jammern. Wir sind ziemlich sicher, dass unsere Sorgen die schlimmsten sind, unser Geschick das glückloseste ist. Wir sehnen uns verzweifelt danach, zu Hause zu sein, und brauchen endlos viel Zeit, um dort anzulangen. Doch indem die Geschichte des Odysseus selbst seine Schwächen zeigt, zeigt sie auch den Unterschied zwischen Leben und Schlafwandeln. Kurzum: Wenn Odysseus ein Held sein kann, dann können wir es auch sein.

Aus dem Englischen von Siegfried Kohlhammer

Arbogast Schmitt

Achill – ein Held?

Homer hat mit Achill und Odysseus, den zentralen Figuren seiner beiden Epen, zwei Helden in die Literatur eingeführt, die einem gesunden Moralempfinden Schwierigkeiten bereiten. Achill und Odysseus sind strahlende Urbilder des Heldentums, der eine, weil er Taten durch außergewöhnliche körperliche Kräfte, der andere durch außergewöhnliche geistige Fähigkeiten vollbringt. Aber Homer hat zugleich beide mit charakteristischen Eigenschaften ausgestattet, denen nicht nur der gute Bürger, sondern auch führende Moraltheoretiker wenig Verständnis entgegenbringen. Odysseus lügt, er ist ein Meister der Lüge, der seine Ziele nicht mit offenem Visier, sondern mit List und Täuschung erreicht. Achill hasst die Lüge, aber er ist zu schnell entflammtem, heftigem Zorn mit den schrecklichsten Folgen fähig. Dieser Zorn ist das Thema der *Ilias*, er bestimmt Achills Handeln nicht beiläufig, sondern wesentlich.

Von der Lüge sagt Kant, durch sie vernichte der Mensch selbst seine eigene Würde. Den Zorn hat schon Seneca zur verhängnisvollsten aller menschlichen Leidenschaften erklärt. Der Grund für das strenge Urteil ist gegenüber beiden Fehlern ähnlich: Sie bringen (so scheint es) den Menschen dazu, außer sich zu sein. Die Unaufrichtigkeit, in der der Lügner lebt, macht, dass das, was er tut, nur scheinbar seine eigene Tat ist, er ist im Reden und Handeln nicht er selbst. Der Zorn hat dieselbe Wirkung. Wer zürnt, ist nicht bei sich selbst, er verliert sich an das, was ihn erregt, er ist nicht mehr Herr im eigenen Haus. Der moralische Unwille gegenüber dem Zorn und der Lüge ist daher in gewissem Sinn ein moderner Unwille. Denn der Zornige und der Lügner versündigen sich an einer Aufgabe des Menschen, deren Entdeckung die Moderne beansprucht oder jedenfalls lange beansprucht hat: an der Aufgabe und der Fähigkeit, selbstbestimmt »man selbst« zu sein.

So nimmt es nicht wunder, dass sich das Bild von Achill und Odysseus im Lauf der Geschichte immer wieder und in der Regel immer stärker verdunkelte. Diese Verdunkelung beginnt bei beiden schon in der Antike, findet ihren Höhe- oder Tiefpunkt aber in der Moderne.

Odysseus wird schon in Sophokles' *Philoktet* eine problematische Figur, in Heiner Müllers *Philoktet* ist er nur noch ein politischer Intrigant, bei dem neben dem bloßen Machtwillen kein Sinn für Menschlichkeit mehr existiert. Achill, auf den wir uns konzentrieren wollen, ist schon für Vergil grausam und wild, er macht seine ihm hoffnungslos unterlegenen Gegner gnadenlos und massenweise nieder. Wer einen Achill darstellen will, so formuliert es Horaz geradezu als literarisches Postulat, müsse einen zornwütigen Charakter darstellen, der unerbittlich, in jähem Affekt jeden Rechtsanspruch von sich weist und alles mit der Waffe ertrotzt. Christa Wolf lässt ihre Kassandra Achill nur noch »Achill, das Vieh« nennen. Für Christian Schneider ist

Achill zum »Berserker« geworden, ein »rasender Krieger«, der »in einer gottähnlichen ... Wut« in die Schlacht zieht, weil er seine Heldentaten in einem Zustand der Raserei begeht, aus dem er nach vollbrachter Tat nicht mehr herausfindet.

Erstaunlicherweise findet dieses finstere Heldenbild bei vielen, ja vielleicht bei den meisten Lesern keine Bestätigung durch die Lektüre des homerischen Epos selbst. Es ist Produkt einer Umformung, manchmal auch einer Verformung, und wenn es aus Homer abgeleitet wird, wie es Christian Schneider in *Mittelweg 36* (Februar/März 2009) tut, erscheint es als eine Vereinseitigung, als die Ausblendung einer Fülle weiterer Züge Achills, die Homer mit großer Sorgfalt in dieser Figur versammelt hat. Ein deutliches Merkmal dieser Leseerfahrung ist, dass man Achill trotz seiner erschreckenden Eigenschaften als einen Menschen in Erinnerung behält, der nicht nur bewunderungswürdig, sondern auch sympathisch ist.

Ein wichtiger Zeuge für diese Leseerfahrung ist Hegel, der mit dem homerischen Achill vertraut war und die Komplexität dieses Charakters beeindruckend beschrieben hat: »Die Vielseitigkeit der edlen menschlichen Natur entwickelt ihren ganzen Reichtum an diesem einen Individuum.«[1]

Trotz dieser differenzierten Lektüre ist Achill für Hegel kein individueller Mensch, sondern Verkörperung eines das individuell Menschliche übersteigenden Heldentums. Die Möglichkeit, ein Held zu sein wie Achill, gehört in einem radikalen Sinn der Vergangenheit an, in einem prosaisch-bürgerlichen Zeitalter existiert sie nicht mehr. Denn Achill ist eines jener »totalen Individuen«, welche »glänzend das in sich zusammenfassen, was sonst im Nationalcharakter zerstreut auseinanderliegt«: »Die Nation konzentriert sich in ihnen zum lebendigen einzelnen Subjekt«. »Sie tragen in ihrer Besonderheit zugleich das Allgemeine« und sind dadurch der »gewöhnlichen Moralität« enthoben. Der gute Bürger, der meint, er müsse eine »moralisch weise Be-

---

1 In den *Vorlesungen über die Ästhetik* heißt es: »Im Homer z. B. ist jeder Held ein ganzer lebendigvoller Umfang von Eigenschaften und Charakterzügen. Achill ist der jugendlichste Held, aber seiner jugendlichen Kraft fehlen die übrigen echt menschlichen Qualitäten nicht, und Homer enthüllt uns diese Mannigfaltigkeit in den verschiedensten Situationen. Achill liebt seine Mutter, die Thetis, er weint um die Briseïs, da sie ihm entrissen ist, und seine gekränkte Ehre treibt ihn zu dem Streite mit Agamemnon, der den Ausgangspunkt aller ferneren Begebenheiten in der *Ilias* ausmacht. Dabei ist er der treuste Freund des Patroklos und Antilochos, zugleich der blühendste, feurigste Jüngling, schnellfüßig, tapfer, aber voll Ehrfurcht vor dem Alter; der treue Phönix, der vertraute Diener, liegt zu seinen Füßen, und bei der Leichenfeier des Patroklos erweist er dem greisen Nestor die höchste Achtung und Ehre. Ebenso zeigt sich aber Achill auch als reizbar, aufbrausend, rachsüchtig und voll härtester Grausamkeit gegen den Feind, als er den erschlagenen Hektor an seinen Wagen bindet und so den Leichnam, dreimal um Trojas Mauern jagend, nachschleppt; und dennoch erweicht er sich, als der alte Priamos zu ihm ins Zelt kommt; er gedenkt daheim des eigenen alten Vaters und reicht dem weinenden König die Hand, welche den Sohn ihm getötet hat. Bei Achill kann man sagen: Das ist ein Mensch! - Die Vielseitigkeit der edlen menschlichen Natur entwickelt ihren ganzen Reichtum an diesem einen Individuum.« Eine differenzierte Darstellung der unterschiedlichen Züge, die Homer in Achill vereint, gibt Joachim Latacz, *Achilleus. Wandlungen eines europäischen Heldenbildes*. Stuttgart: Vieweg + Teubner 1995.

trachtung anstellen« und Achill Mangel an Selbstbeherrschung, Ehrgeiz, Ruhmsucht und dergleichen vorhalten, auch wenn man ihm diese Mängel seiner »übrigen großen Eigenschaften wegen nachsehen« könne, verkennt, dass »Achill als epischer Charakter nicht zu schulmeistern« ist: »Denn das Hauptrecht dieser großen Charaktere besteht in ihrer Energie, *sich* durchzusetzen«.

Es dürfte deutlich sein, dass die Erhebung Achills zum Träger eines Allgemeinen, einer Totalität, für Hegel einen apologetischen Charakter hat. Eine »moralisch weise Betrachtung« müsste an einem gewöhnlichen Individuum Jähzorn, Rachsucht, Ruhmgier verurteilen, bei einem Vollstrecker des Interesses einer Nation, des Welt- oder wenigstens des Zeitgeistes sind diese vermeintlichen Defekte notwendige Bedingung der Größe seines Auftrags. Achills Fehler bedürfen keiner Rechtfertigung, dass er die Grenzen der bürgerlichen Moralität sprengt, ist gerade das, was ihn zum Helden macht.

Vielleicht sollte man trotz der Tatsache, dass uns Vorstellungen dieser Art vertraut sind, nicht übergehen, dass die negativen Seiten in Achills Charakter durch diese Apologie nicht verständlich, sondern gerade in ihrer Negativität zum Wesen seines Heldentums gemacht werden. Hegel diskutiert nur zwei Möglichkeiten der Deutung: Entweder man sieht Achill die Fehler wegen seiner übrigen großen Eigenschaften nach (das ist die Sichtweise des Normalbürgers), oder man begreift ihre Notwendigkeit im Dienste des großen Ganzen (dann zeigt man Sinn für das Außergewöhnliche des Helden). In beiden Fällen aber ist das Urteil über Achills negative Züge das gleiche. Eben die Maßlosigkeit, die für den Durchschnittsmenschen verwerflich ist, ist für den kongenialen Blick auf den Helden dessen Größe. Dieser Blick ändert das Urteil *über* Achills Zorn, es ändert nicht unsere Einschätzung des Zorns des Achill selbst.

Genau das aber tut Homer: Er beeinflusst unsere Meinung über die vermeintlich verwerflichen Züge des Zorns, allerdings nicht des Zorns überhaupt, sondern des besonderen Zorns eines besonderen, einmaligen und außergewöhnlichen Individuums. »Singe vom Zorn des Achill«, so beginnt die *Ilias*. Und tatsächlich gibt Homer diesem Zorn Züge, die es unmöglich machen, an Achill die Elle einer kleinbürgerlichen Moral anzulegen. Man muss bei Homer Achills Zorn nicht zur Bedingung seiner Größe stilisieren oder im Blick auf seine anderen guten Eigenschaften relativieren – man muss ihn verstehen.

Homer tut viel, um dem Leser ein Verständnis des Zorns Achills zu ermöglichen. Anders als Seneca, der den Zorn verurteilt, einfach weil er ein Affekt ist, und für den daher die Gründe des Zorns, ob berechtigt oder unberechtigt, keine Rolle spielen, verwendet Homer gut zweihundert Verse allein darauf zu zeigen, dass Achills Zorn gute und gerechte Gründe hat: Er stellt den Vorgang, in dem sich Achills Zorn steigert, mit subtiler Einfühlung dar, so dass man nicht verwundert ist, sondern mitempfindet, weshalb Achill am Ende schon zum Schwert gegen Agamemnon greift.

Die Ausgangssituation ist ja, dass Agamemnon eine Geliebte, die ihm als

Beutemädchen zugeteilt worden war und die ihm, wie er sagt, lieber war als selbst seine Frau Klytämnestra, nicht hatte zurückgeben wollen, obwohl die Tochter eines Apollonpriesters. Apollon lässt deshalb eine schlimme Seuche über das Heer kommen. Als das Wüten der Pest, deren Ursache die Griechen nicht kennen, auch nach neun Tagen nicht aufhört, ist es Achill, der die Not des Heers nicht mehr mit ansehen kann und deshalb eine Versammlung einberuft. Der erste Zug, den man von Achill kennenlernt, ist der eines tätigen Mitleids.

Ergänzt wird diese Mitleidigkeit, die Achill auch später immer wieder beweist, durch eine furchtlose Zivilcourage. Denn der auf der Versammlung befragte Priesterseher Kalchas bittet erst um Schutz vor dem Mächtigen, dessen Schuld er aufdecken müsse, und erhält die Zusage von Achill: Niemals, solange er lebe, müsse Kalchas sich vor jemandem fürchten, selbst wenn er Agamemnon persönlich nenne. Tatsächlich braucht der Seher diesen Schutz, denn es ist Agamemnon, den er als Ursache der Pest benennt, und der auf die Beschuldigung voller Wut reagiert: »seine Augen waren wie loderndes Feuer«.

Für das Verständnis des Zorns des Achill ist also festzuhalten, dass Homer den Zorn nicht zuerst von Achill, sondern von Agamemnon ausgehen lässt. Dieser ist nicht nur Ursache des Unglücks des ganzen Heers, er lässt sich in seiner Wut über den Verlust der Geliebten gleich noch zu einer blinden Willkürhandlung hinreißen: Er will von einem der anderen Heerführer Ersatz für seinen »Verlust«. Auf diese Ungerechtigkeit reagiert Achill mit einem schweren Vorwurf: Agamemnon sei der »Allerhabgierigste«, bietet ihm aber dennoch drei- und vierfachen (späteren) Ersatz an, wenn er jetzt die gerecht getroffene Verteilung nicht verletze. Und wieder ist es Agamemnon, der noch weiter zur Empörung reizt, wenn er betont, dass er die Macht habe und sie auch gebrauchen werde, um sich einen Ersatz für seine Geliebte zu verschaffen, so sehr der Betroffene auch in Zorn geraten werde. Dass dies Achill gleich stellvertretend für alle anderen tut, zeigt noch einen weiteren wichtigen Aspekt seines Zorns, auf den Homer offenbar hinweisen wollte: Der Anlass von Achills Zorn ist nicht eine Beeinträchtigung persönlicher Interessen, Achill empört sich über eine alle betreffende Ungerechtigkeit, die das ganze Heer in schwere Not und seine Führer um ihren gerechten Anteil bringt.

Die Außergewöhnlichkeit des Zorns von Achill macht aber erst der Höhepunkt des Streits sichtbar. Denn Homer zeichnet einen Affektzustand, der im Sinn des gesunden Menschenverstands gar nicht möglich ist. Wenn es um das Verhältnis von Verstand und Affekt geht, scheint den antiken wie den modernen Stoikern eine vernünftige Lenkung des Affekts nur bei kleinen, mäßigen Gefühlen möglich, das große Gefühl des großen Menschen lässt sich nicht in die Grenzen verständiger Regeln zwängen.

Bei Homers Achill ist das anders. Dieser hat Agamemnon damit gedroht, dass er nach Hause fahren werde, da er ja nicht seiner selbst wegen, sondern nur Agamemnon und Menelaos zuliebe vor Troia sei. Nicht einmal diese Drohung rührt Agamemnon, statt dessen erniedrigt er Achill: Er brauche ihn überhaupt nicht und kümmere sich nicht um seinen Ärger. Er werde von vielen anderen und vor allem von Zeus geehrt. Und er kündigt Achill an, dass er sich jetzt dessen Geliebte holen werde, er persönlich, damit Achill sich nicht einbilde, sich mit ihm, Agamemnon, vergleichen zu können.

Das verletzt Achill so sehr, dass er meint, sich nicht mehr beherrschen zu können und Agamemnon sofort niederstechen zu müssen. Er greift schon mit der Hand zum Schwert – ist also, daran besteht kein Zweifel, außer sich vor Schmerz und Wut und ist dabei, einen ungeheuren Frevel, einen Königsmord, zu begehen.

Bekanntlich kommt es nicht dazu, denn Athene greift ein. Das ist für viele Grund zur Deutung, bis zu dieser Stelle habe Homer eine psychologisch konsequente Darstellung des Streits gegeben, die eigentlich zwingend auf den Mord an Agamemnon zulaufe. Vor der für den Autor einer *Ilias* unerfreulichen Konsequenz, dass seine Geschichte schon nach den ersten zweihundert Versen zu Ende wäre, habe sich Homer durch den Glauben seiner Zeit schützen können. Athene rettet quasi als poetische Dea ex machina den Dichter, indem sie wider alle Psychologie und Wahrscheinlichkeit Achill mit göttlicher Macht zur Räson ruft.

Von einer genauen Lektüre zeugt diese Interpretation nicht. Denn weder übt Athene Macht über Achill aus, noch empfindet Achill ihr Erscheinen so. Er wendet sich vielmehr mit noch vor Wut funkelnden Augen an Athene und fragt sie, ob sie wohl gekommen sei, um sich den Hochmut Agamemnons anzusehen, ja er fühlt sich so vertraut mit ihr, dass er ihr »frei heraus sagt«, Agamemnon werde gleich seine Unverschämtheit mit dem Leben büßen. Diese Wut will Athene tatsächlich »besänftigen«, aber auf eine Weise, die eigentlich gar nicht zu einer Göttin der Vernunft passt: Sie bittet Achill zwar, nicht zum Schwert zu greifen, fährt jedoch fort: »aber mit Worten beschimpf' ihn, wie du willst. Denn das sage ich dir frei heraus, und so wird es auch kommen, es werden dir noch dreimal so viele glänzende Geschenke geboten werden wegen dieses Hochmuts hier«.

Dieser Rat der Göttin der Vernunft ist für sie, die als Göttin alles weiß, nicht vorteilhaft. Denn Achill versteht ihren Fingerzeig sofort und zieht sich vom Kampf zurück, um abzuwarten, bis Agamemnon, durch Niederlagen gedemütigt, erkennt, wen er entehrt hat. Das liegt keineswegs im Interesse Athenes, die das berechtigte Anliegen der Griechen, Helena zurückzuerhalten, unterstützt und den Sieg der Griechen will. Der Rat dient aber auch nicht dem wahren Vorteil Achills. Denn der Tod seines geliebten Patroklos wie sein eigener Tod sind eine direkte Folge dieser Verweigerung, weiter mitzukämpfen.

Das, was Athene sagt, passt aber genau zu dem inneren Zustand, in dem Achill sich gerade in diesem Augenblick befindet. Sie wiederholt ja fast wortgleich, was dieser in wütender Entschlossenheit gesagt hatte: »das sage ich dir frei heraus«. Tatsächlich erreicht Athene auf diese Weise, dass Achill sich vom Schlimmsten zurückhält. Und sie erreicht das ohne Druck und Drohung. Es genügt ein erstaunlich höfliches »wenn du mir folgen, wenn du dich überreden lassen willst«. Achill ist schon überredet und sagt, dass man auch im höchsten Zorn auf sie hören müsse, denn das sei besser, weil vorteilhafter.

Man muss nicht an einen biblischen Gott denken, man kann zum Vergleich nehmen, wie in Vergils Epos Merkur Aeneas anfährt, weil dieser liebestrunken seinen göttlichen Auftrag vergessen hat, um die Besonderheit des Umgangs der homerischen Götter mit den Menschen zu erkennen. Aeneas ist auf der Stelle »außer sich, die Haare stehen ihm vor Entsetzen zu Berge, die Stimme versagt ihm«, »angedonnert von solcher Zurechtweisung und solchem Befehl der Götter«. Achill und Athene hingegen reden wie vertraute Bekannte, ja in emotionaler Übereinstimmung miteinander, obwohl es Achill an Frömmigkeit, Gehorsam und Achtung nicht fehlen lässt. Aus der Sicht eines vergilischen Götterregiments erscheint Athenes Verhalten wie ein Verzicht auf den größten Teil ihrer Macht.

Athene aber denkt sich in Achill hinein, in den seelischen Zustand, in dem er gerade ist, redet mit ihm, wie dieser mit sich selbst reden könnte, und bescheidet sich damit, ihn vom Königsmord abzuhalten, während sie ansonsten seiner Wut nicht nur freien Lauf lässt, sondern sie geradezu weiter anstachelt. Achill versteht das auch genau so. Er steckt das Schwert in die Scheide, fällt aber mit bösen Worten noch heftiger als zuvor über Agamemnon her, »denn er konnte von seiner Wut nicht lassen«.

Wer Homer kennt, weiß, dass es ein Kennzeichen göttlichen Verhaltens gegenüber den Menschen ist, dass sie sich ganz auf ihr jeweiliges Gegenüber einstellen. Mit Odysseus spricht Athene nicht weniger vertraut als mit Achill, aber viel rationaler und so, dass sie in gemeinsamer Beratung das wirklich Vorteilhafte für Odysseus herausfinden. Den Troianern, die nach Achills Rückkehr in den Kampf nicht in die Stadt zurückkehren wollen, obwohl ihnen der kluge Polydamas diesen rettenden Rat gab, hatte sie, wie Homer in einem seiner wenigen auktorialen Kommentare sagt, »den Verstand genommen«.

Dass Athene Achill mit so viel Vernunft beisteht, dass er sich von seinem ungeheuren Affekt nicht zu einer ungeheuren Tat verleiten lässt, ist also auch Achills Verdienst. Er ist in und trotz seiner Wut nicht so außer sich, dass man ihn auf diese Grenze nicht mehr aufmerksam machen könnte. Andererseits liegt es auch an ihm, dass Athene ihn nicht ganz zur Vernunft, zu wirklicher Selbstbeherrschung bringen kann – so vorteilhaft das für Athenes Pläne wie für Achills Lebensziele gewesen wäre. Athene bewegt ihn nur so weit, wie er sich in diesem augenblicklichen Zustand von sich aus bewegen lassen will und kann.

Der Erzähler Homer gibt keine oder nur ganz knappe Erklärungen über das charakterliche Innere seiner Personen, auch über den inneren Zustand Achills, so scheint es, schweigt er. Alles, was wir bisher über seinen Charakter festgestellt haben, musste erschlossen werden, aus seinem Handeln und daraus, wie und wovon er sich dabei beeinflussen lässt. Viele Interpreten waren deshalb überzeugt, bei Homer gebe es noch kein Wissen, kein Interesse am Inneren seiner Personen, die Beschreibung, wie ein Charakter sich bildet oder ändert und entwickelt, gebe es überhaupt nicht. Im Unterschied zu diesem Eindruck verfügt Homer nicht nur über die allgemeine Fähigkeit, sondern sogar über ausgeklügelte Verfahren, die Leser über seine Charaktere ins Bild zu setzen. Grundsätzlich gilt, dass Homer nicht selbst mit eigenen Erklärungen, allgemeinen Zustandsbeschreibungen des Inneren sagt, was seine Leser über das Handeln und die Gefühle seiner Personen denken sollen. Er verlangt immer den mitdenkenden Leser, der aus dem Handeln selbst auf die Motive zurückschließt. Dafür, dass dem Leser dies möglich ist, tut er allerdings viel, zum Beispiel dadurch, dass er genau und auch nur solche Taten und Worte auswählt, in denen sich ein bestimmter innerer Zustand äußert (Aristoteles hat ihn dafür sehr gerühmt: Homer allein wisse wirklich, was »ein Dichter zu tun habe«). Ein Verfahren, in dem Homer darüber hinaus zeigt, dass das Handeln einer Person von einer bestimmten Charaktertendenz nicht nur einmal, sondern wiederholt, ja grundsätzlich geprägt ist, besteht darin, dass er eine Person mehrfach und vor allem in ähnlichen Situationen das Gleiche tun lässt.

Das gilt auch von den beiden Seiten des Zorns von Achill, die Homer bisher vorgeführt hat, von der Gewalt, mit der ihn die Empörung über ein Unrecht packt und festhält, aber ebenso von der Fähigkeit, auch in heftigstem Affekt noch Recht und Unrecht unterscheiden zu können. Von dieser letzteren Fähigkeit bietet Achill gleich nach dem Streit mit Agamemnon eine zweite Probe. Natürlich ist Agamemnon zu feige, Briseïs selbst von Achill zu holen, sondern schickt seine beiden Herolde. »Unwillig« übernehmen die beiden den Auftrag. »Zitternd und voll Scheu standen sie vor dem König und wagten nicht einmal, ihn anzusprechen«. Achill aber erkannte, was in ihnen vorging, und begrüßte sie freundlich: »Nicht ihr seid mir die Schuldigen, sondern Agamemnon«.

Achill leidet nicht unter der typischen Wut des Tyrannen, der zwischen Boten und Botschaft nicht unterscheiden will, er ist auch nicht in einem solchen Wutrausch, dass er Freund und Feind nicht mehr auseinanderhalten kann – wie es Herakles ergeht, der im Rachewahnsinn nach dem verbrecherischen Gegner auch seine eigene Familie erschlägt. Dennoch hat sich die Kraft seiner Wut und seines Rachebedürfnisses keineswegs abgeschwächt. Er will »den schmählichen Untergang« vieler, damit Agamemnon mit seinen »unheilbringenden Gedanken« einsieht, wen er als Retter für das Heer braucht.

Auch die zweite Tendenz, die Achill schon im Streit mit Agamemnon selbst geoffenbart hatte, beherrscht ihn in dieser Situation noch: Der Maßlosigkeit seines Schmerzes über die erlittene Schmach entspricht die Maßlosigkeit seines Rache- und Vergeltungswunsches.

Ein Gleiches gilt von der Situation, als bereits am Abend des zweiten Kampftages die Griechen von den Troianern so schwer geschlagen sind, dass Agamemnon weinend vor seinem Heer steht und zur Heimfahrt aufruft. Er akzeptiert schließlich den vernünftigen Rat des alten, erfahrenen Nestor, Achill um Versöhnung zu bitten: Agamemnon bietet Achill unvorstellbar viele und große Geschenke an, fordert aber, dass Achill sich bezwingen und Agamemnons höhere königliche Stellung anerkennen solle. Odysseus, Phoinix und Aias werden beauftragt, Achill umzustimmen. Da Agamemnon das nicht anbietet, was Achill vor allem anderen erwartet: Abbuße für die Schmach, die er ihm angetan hat, ist von vornherein klar, dass Achill den Bittenden nicht entgegenkommen wird. Dennoch empfängt er die drei Abgesandten Agamemnons mit außergewöhnlich freundschaftlicher Höflichkeit. Homer hat für die Beschreibung des Essens zwei Formelverse, in denen der ganze Vorgang prägnant zusammengefasst ist. An dieser Stelle sind diese Verse um zwanzig weitere ergänzt, die nur dazu da sind, die ausgesucht respektvolle und fürsorgliche Weise zu beschreiben, in der Achill die Freunde bewirten lässt und selbst an der Bewirtung mitwirkt.

Auch hier also unterscheidet Achill zwischen den Freunden, denen er sein ganzes Wohlwollen und seinen Respekt (und damit auch den Willen, ihnen zu helfen) bietet, und der Respektlosigkeit Agamemnons, die ihn hindert, den Freunden entgegenzukommen. Deshalb ziehen die drei unverrichteter Dinge ab, Achill ist, so scheint es, hochmütig, mitleidslos und grausam. So urteilen auch heutzutage viele Interpreten, die meinen, eine innere Entwicklung von einem seelischen Zustand in einen anderen oder eine innere Zerrissenheit gebe es bei Achill nicht, Homer habe eine solche Entwicklung noch gar nicht erkennen und beschreiben können.

Aber Achill antwortet auf die drei Reden seiner Freunde keineswegs gleich ablehnend. Er wird vielmehr bei jeder Rede ein wenig milder. Auf die Rede des Aias, der ihn noch einmal unbarmherzig, unversöhnlich und böse genannt hatte, reagiert er sogar mit den Worten: »Alles scheinst du mir selbst aus der Seele gesprochen zu haben, aber mir schwillt das Herz vor Zorn, wenn ich daran denke, wie verächtlich mich jener behandelt hat«. Und ausgerechnet in der Rede, mit der er Odysseus, dem er am wenigsten entgegenkommt, antwortet, schildert er ausführlich, ja erkennt darin einen Grund seiner Ablehnung, wie er sich über die Jahre hin fürsorglich und mitleidsvoll um alle Kameraden »wie eine Vogelmutter um ihre Jungen« gekümmert habe, ohne auf die eigene Not zu achten, und das alles nicht seiner selbst, sondern nur der »vertrauten Lieben« der Heerführer wegen. Das Mitgefühl mit den anderen, das Ausgangspunkt des Streits mit Agamemnon war, ist Achill auch im Zustand verbitterter Wut nicht verlorengegangen, ja es gewinnt zunehmend wieder die Oberhand in ihm.

Dass Achill nach dem Weggang der Freunde nicht mehr derselbe ist wie zuvor, dass er sich tatsächlich in einem inneren Zwiespalt fühlt und schon so weit ist, dass er lieber den Freunden helfen als Agamemnon bestrafen möchte, macht Homer auf seine Weise deutlich. Während er nämlich bei der Ankunft der Freunde berichtet hatte, Achill sitze im Zelt und spiele auf der Laute, lässt er ihn nun auf dem Achterdeck seines Schiffes stehen und bekümmert Ausschau halten, wie groß die Not bei den Griechen ist. Schnell schickt er deshalb Patroklos, seinen geliebten Jugendfreund, hinüber zu den Kämpfenden und lässt sich schließlich von diesem (ziemlich leicht) überreden, ihn in seiner Rüstung an seiner Stelle in den Kampf eingreifen zu lassen.

Nun nimmt das Unheil seinen Lauf. Patroklos vertreibt als Scheinachill in Windeseile die Troianer von den Schiffen der Griechen, lässt sich im Siegesrausch aber verleiten, gegen Hektor zu kämpfen und fällt durch diesen. Das führt dazu, dass Achills Wut sich wendet – gegen sich selbst und gegen Hektor. Er verwünscht seinen wütenden, grollenden Zorn, »der auch einen Mann mit viel Verstand böse macht und der viel süßer als Honig hinuntergleitet«, versöhnt sich bedingungslos mit Agamemnon, um wieder gutzumachen, was er durch eigene Schuld allen anderen und besonders seinem Freund Patroklos Schlimmes zugefügt hat. In derselben Maßlosigkeit, mit der er zuvor gemeint hatte, das Unrecht, das Agamemnon allen anderen und besonders ihm angetan hatte, niederkämpfen zu müssen, versucht er nun, das ganze von ihm verschuldete Blutvergießen, das Hektor unter seinen Kameraden angerichtet hatte, wieder auszugleichen und Hektor für seine böse Tat an Patroklos zu bestrafen.

Das ist das Motiv, das Achill dazu treibt, nicht wie ein »Berserker«, sondern wie jemand, der in der Wiedergutmachung übers Ziel hinausschießt, gnadenlos die in den drei Kampftagen ohne Achill so siegreichen Troianer niederzukämpfen und schließlich Hektor zu töten. Dieser hatte sich der verblendeten Hoffnung überlassen, Achill sei auch nur ein Mensch und also besiegbar. Diese Verblendung, der er in kluger Vorsicht zehn Jahre lang widerstanden und dadurch Troia vor dem Untergang bewahrt hatte, büßt er nun, wie er selbst sagt, »durch eigene Unbesonnenheit« mit dem Tod.

Auch Hektor gegenüber ist Achills Verhalten nicht eindeutig. Er schleift ihn um die Mauern Troias, um zu demonstrieren, welche Strafe er verdient hat. Apollon nennt ihn deshalb erbarmungslos und spricht ihm Verstand und Moral ab. Zeus dagegen sagt von Achill, er sei nicht kopflos, verliere das Richtige nicht aus den Augen und sei pietätvoll gegen Götter und Menschen. Tatsächlich kann Priamos es wagen, zu Achill ins feindliche Lager zu gehen und ihn um den Leichnam seines Sohnes zu bitten. Achill staunt, als er den mutigen Alten in seinem Zelt sieht, lässt sich an den eigenen Vater erinnern, weint zusammen mit dem Vater seines größten Feindes und gibt ihm Hektor zurück.

Besonders bemerkenswert ist, dass Homer an dieser Stelle einen Achill zeigt, der sich selbst kennt. Er weiß, wie leicht ihn der Schmerz über ein Unrecht zu weit treibt, und schützt sich selbst vor einer exzessiven Reaktion. Deshalb lässt er Hektor erst gewaschen, gesalbt und in feines Tuch gehüllt Priamos zu Gesicht kommen, damit dieser ihn nicht durch zu heftiges Jammern um den entstellten Sohn reize. So endet Homers Erzählung »Vom Zorn des Achill« mit einer doppelten Versöhnung, mit dem inneren und dem äußeren Gegner, und mit der Darstellung einer raffinierten Weise Achills, mit seinem Zorn umzugehen und Herr im eigenen Haus zu bleiben.

Was soll man von einem solchen Helden halten? Einerseits scheint Achill gar kein Held zu sein, sondern eher bürgerliche, ja sentimentale Züge zu haben, wenn er sich wie ein Kind von seiner Mutter trösten lässt, wenn er sein Jammern um die verlorene Geliebte damit rechtfertigt, dass doch jeder anständige Mann seine Frau liebt, und so weiter. Andererseits gibt ihm Homer viele Züge, die die Moral des braven Bürgers irritieren und ihm den Anstrich eines

»Berserkers«, ja eines »Viehs« geben. Und Homer unterdrückt diese Züge nicht, im Gegenteil, er macht die vernichtenden Folgen des schnell aufwallenden und anhaltenden Zorns Achills zum zentralen Thema seiner Erzählung und malt das unglaubliche Ausmaß an Unglück, das Achill anderen und sich selbst zufügt, in vielen Einzelszenen in breiter Darstellung aus.

In einem nicht beiläufigen, sondern wesentlichen Sinn verfolgt Homer mit seiner Darstellung Achills eine Ästhetik des Schreckens (auch wenn ihm der Begriff nicht zur Verfügung stand). Aber es gibt bei Homer keine blinden Gefühle, auch keinen blinden, in bloßem Entsetzen sich äußernden Schrecken. Der Schrecken, den Homer erzielen will, ist ein intelligenter, die Größe seines Gegenstands begreifender Schrecken.

Das kann man bereits daran sehen, dass er Achills Handeln, das keine Scheu vor allem, »was sich gebührt«, zu haben scheint (so Apollon), nicht einfach als Bedingung heldischen Seins rechtfertigt. Es gibt keine Hinweise in der Erzählung, dass Achills Maßlosigkeit als notwendige Bedingung seiner heldischen Größe verstanden werden solle. Eine Rechtfertigung des Blutvergießens, wie sie zum Beispiel St. Just in Georg Büchners *Dantons Tod* für die Helden der Revolution vorbringt, ist bei Homer nicht denkbar. Diese Helden sind für St. Just die blutigen Arme, deren sich »der Weltgeist bedient«, ihr Handeln gleicht im Bereich der Moral der Natur, die »ruhig und unwiderstehlich ihren Gesetzen« folgt, wozu Seuchen, Vulkanausbrüche, Überschwemmungen notwendig gehören. Eine solche umfassende und dadurch beliebige und blinde Verteidigung verheerenden, ja verbrecherischen Tuns findet man bei Homer nicht, sie würde aus der Perspektive seiner Handlungsdarstellung als die bloße Rückseite einer (klein)bürgerlichen Moralkritik erscheinen.

Für die Blutströme, die Achill indirekt oder direkt verursacht, gibt es bei Homer keine Notwendigkeit. Es ist nicht Zeus' Wille, der sich hier durchsetzt. Achill selbst weiß, dass er sich in seinem Wunsch, Agamemnon spüren zu lassen, wie sehr er auf Achill angewiesen ist, einer süßen Verführung überlassen hat, sein unermessliches Wüten gegen die Troianer ist Ausdruck dieses Bewusstseins seiner Schuld, die er wiedergutmachen will.

Man muss sich, wenn man Homers Achill verstehen will, auf ein Bild einlassen, das außerhalb verbreiteter Klischees von einem Helden liegt. Wenn ein Held ist, wer den Normalmenschen weit überragt, dann ist Achill in ausgezeichneter Weise Held. Er ist allen anderen physisch, aber auch psychisch überlegen: durch seine Stärke, seinen – auch zivilen – Mut, seine Fürsorglichkeit für die anderen, sein Mitgefühl, seinen Gerechtigkeitssinn. Ihn auch deshalb für überlegen zu halten, weil er durch die Heftigkeit und Durchsetzungsgewalt seiner Wut den Rahmen jeder Normalmoral sprengt, ist bei Homer nicht möglich. Zu genau zeigt Homer die problematischen Gründe, die zu diesem Exzess führen, und zu anschaulich malt er das ganze Unheil, das aus ihm folgt, aus.

Aber Homer macht Achills Wut verstehbar. Über Agamemnons blinde Wut ist das ganze Heer empört, Achill findet bei allen Verständnis: »bis jetzt war dein Zorn nicht zu verargen«, sagt der alte Erzieher zu Achill am Abend des zweiten Kampftages. Erst Achills Unfähigkeit zu erkennen, dass der Augenblick nachzugeben gekommen ist, erregt das Missfallen der Kameraden, und es ist auch erst diese Unfähigkeit, die Achill selbst ins Unglück stürzt.

Aristoteles, der sein Bild eines tragischen Helden fast ganz aus Homer genommen hat, gibt einen guten Fingerzeig, weshalb man sich – und damit ist jeder Einzelne und die Gemeinschaft gemeint – mit solchen Helden beschäftigen soll. Nicht durch nachdenkende Reflexion, sondern durch mitdenkendes Erleben soll man aus dem Scheitern großer Menschen konkrete Gefühle für den großen Schrecken, die wirklich große Bedrohung bekommen. Vielleicht sollte man von Aristoteles auch übernehmen, dass man sich mit einem Helden nicht identifizieren kann oder soll. Literatur soll nicht zum Wahn anregen.

Das Gelingen und Scheitern menschlichen Handelns aber ist nicht nur eine Sache des Helden. Es gibt hier die Kategorie der Ähnlichkeit, die den Vergleich zwischen groß und klein zulässt. Für diesen Vergleich ist die Darstellung des Scheiterns durch rein verbrecherisches Handeln wenig hilfreich. Schon von Agamemnon würden sich die meisten distanzieren und sein Unglück für wohlverdient halten. Von Achill, jedenfalls vom Achill Homers, wenn man ihn nicht als Berserker missdeutet, kann man sich nicht distanzieren. Die Gefährdungen, denen er erlegen ist, sind keine Gefährdungen, von denen wir überheblich meinen könnten, wir seien ihnen nicht ausgesetzt. Sein Unglück erscheint deshalb, auch wenn er selbst den richtigen Augenblick, es zu vermeiden, übergangen hat, im Ausmaß unverdient.

Wer daher nicht in blinder Erregung, sondern mit intelligenten Gefühlen Achills Schicksal verfolgt, wird in Furcht vor einer großen Bedrohung versetzt, von der er zugleich fürchten muss, auch selbst, wenngleich in viel kleineren Dimensionen, betroffen zu sein, und er wird mit einem Unglück mitfühlen, das dieses Gefühl wirklich verdient. Es entstehen so einem großen Gegenstand angemessene große Gefühle, die, wie Aristoteles gesehen hat, nicht nur Sache eines privaten ästhetischen Vergnügens sind, sondern zugleich eine enorme staatspolitische Bedeutung haben. Denn nur eine Gemeinschaft, deren Mitglieder konkrete, erfahrungsgesättigte Gefühle für wirkliche Gefahren und wirkliches Unglück haben, die sich nicht in falsche Ängste und Sentimentalität treiben lassen, kann erfolgreich überleben. Dazu braucht sie Helden wie Achill.

Hans Ulrich Gumbrecht

Don Quijote oder der moderne Held als Terrorist

Miguel de Cervantes' Roman *Der geistvolle Hidalgo Don Quijote von der Mancha*,[1] in zwei Büchern 1605 und 1615 veröffentlicht, gehört zu jenen Texten des Gebildetenkanons, über die sich unenthusiastisch nur äußern sollte, wer bereit ist, Standardzurechnungen wie die vom »Belesensein« und vom »Guten-Geschmack-Haben« aufs Spiel zu setzen. Gäbe es einen *Quijote*-Eintrag in Flauberts *Wörterbuch der Gemeinplätze*, dann müsste er ungefähr lauten: »Immer wieder wortreich zum Ausdruck bringen, wie man angesichts der Tiefe dieses Werkes einfach verstummen muss.« Denn unter diskursiven Normalbedingungen scheint für den europäischen Klassiker *Quijote* kein Lob zu hoch zu sein und keine philosophische Deutung zu verstiegen, während die allgemeine *Quijote*-Begeisterung ihren Bezugsrahmen in einem handfesten Paradox hat, auf das erstaunlich selten Bezug genommen wird: Die Werte des Titelhelden und sein Verhalten, welches diese Werte zur Erscheinung bringt, sind vom Autor als historisch verspätet dargestellt, und gerade aus dieser historischen Verspätung soll sich, so unterstellt man seit der Romantik,[2] für den Roman die singuläre Möglichkeit ergeben haben, vielfältige Schwellen hin zu unserer Moderne ins Leserbewusstsein zu bringen und sogar ganz wörtlich »grundlegend« für die Moderne zu sein. Im Status des historisch Verspäteten könnte sogar die Bedingung für die Besonderheit all jener Varianten liegen, die Formen von Heldentum unter Vorzeichen der Moderne ausgebildet haben.

Es ist dann freilich überraschend zu sehen, dass Hegels berühmte Bemerkungen zum *Quijote* in den *Vorlesungen über die Ästhetik* das geschichtsphilosophische Potential dieses Paradoxes kaum entfalten. So deutlich Hegel dem Roman des Cervantes den Vorzug vor Ariosts *Orlando furioso* gibt, mit dem zusammen er immer wieder aufgerufen wird, so einseitig konzentrieren sich alle seine Kommentare auf den einen Aspekt der Spannung zwischen dem Helden und der historischen Welt des frühen 17. Jahrhunderts, in die Cervantes seinen Helden gestellt hat: »Hat sich nun aber die gesetzliche Ordnung in ihrer prosaischen Gestalt vollständiger ausgebildet und ist sie das Übermächtige geworden, so tritt die abenteuernde Selbständigkeit ritterlicher Individuen außer Verhältnis und wird, wenn sie sich noch als das allein Gültige festhalten und im Sinne des Rittertums das Unrecht steuern, den

[1] So gibt Susanne Lange den spanischen Originaltitel in ihrer neuen deutschen Übersetzung wieder, die 2008 bei Hanser in München in zwei Bänden erschienen ist und nach der ich den Text zitiere.

[2] Francisco Rico hat oft daran erinnert, dass die »philosophisch tiefen« Deutungen des Romans erst mit der deutschen Romantik einsetzten. Zuletzt in seinem Buch *Quijotismos*. Aldeamayor de San Martín 2005.

Unterdrückten Hilfe leisten will, zu der Lächerlichkeit, in welcher uns Cervantes seinen Don Quijote vor Augen führt.«

Aber warum genau hat Hegel den Helden Don Quijote besonders geschätzt? Was der Philosoph später das »Romanhafte« an ihm nennt, scheint nur erneut auf den Kontrast zwischen dem Ethos des Helden und seiner prosaischen Umwelt zu verweisen, welche als Hintergrund dieses Ethos als »Verrücktheit« erscheinen lässt. Gegen den einseitigen Eindruck der Verrücktheit kann Hegel die Tugenden des Protagonisten kehren: der »komischen Verirrung zum Trotz« sei »im *Don Quijote* ganz das erhalten«, was den »Helden zu einer ursprünglich edlen, mit vielseitigen Geistesgaben ausgestatteten Natur gemacht, die uns immer zugleich wahrhaft interessiert«. Nach Helmuth Plessners phänomenologischer Logik des Lachens wären solche Qualitäten Grund genug, den Ritter in die moderne Welt des alltäglich Akzeptablen hineinzulachen.

Neben dieser Beschreibung des »Romanhaften« an Don Quijote nennt Hegel ihn dann auch, dieselbe Deutungsperspektive fortführend, einen »echt romantischen« Helden wegen seiner »reflexionslosen Ruhe in Rücksicht auf den Inhalt und Erfolg seiner Handlungen«. Was ihm an dem »Reflexionslosen« imponierte, lässt sich nur erahnen aus Hegels Blick auf die typischen literarischen Protagonisten seiner eigenen Zeit, die er fast ausnahmslos für allzu reflektiert hielt. Schließlich preist Hegel noch ein letztes Mal Don Quijotes »isolierte Einbildung und phantastische Verrücktheit«, welche »in die reale Prosa und Gegenwart des Lebens hereintreten kann, doch ihren großen und edlen Seiten nach nun auch ebenso sehr wieder über das zum Teil Täppische, Alberne, zum Teil Gesinnungslose und Untergeordnete dieser prosaischen Wirklichkeit hinausragt und die Mängel derselben lebendig vor Augen führt«.

Beharrlich sein, »reflexionslos« und die Mängel der prosaischen eigenen Zeit »lebendig vor Augen führen«, das scheint am Ende enttäuschend wenig, um den Status von Don Quijote als einem Prototypen des modernen Helden zu erklären. Eben an der von Hegel letztlich im Vagen gelassenen Antwort auf die Frage, was das besonders und faszinierend Moderne an Don Quijote sei, soll hier textnah weitergedacht werden. Natürlich kann sich aus diesem Ansatz kein normativ gemeinter Vorschlag für einen unserer Zeit gemäßen Begriff des Helden ergeben und ebenso wenig ein Grund, um die Unterstellung zurückzuweisen, ein solcher Begriff müsse überhaupt existieren. Ob man Helden braucht, ist am Ende unvermeidlich eine Frage der individuellen Lebensauffassung, und innerhalb dieser Dimension wird ein Blick auf die je eigene Gegenwart allemal inspirierender sein als die Arbeit an einem Text aus ferner Vergangenheit. Wer sich dennoch von der geschichtsphilosophischen Aura des *Quijote*-Romans zu einer Deutungs- und Argumentationsübung verführen lässt, der wird bald bemerken, dass der Text keinesfalls für einen solchen Gebrauch geschrieben wurde. Denn der Protagonist ist auf fast sympathisch zu nennende Weise inkonsequent im Hinblick auf seine eigene Verrücktheit, und er steht damit teils innerhalb, teils im Kontrast zu einer historischen Umwelt, die weit widersprüchlicher und noch viel weniger im Sinne einer »modernen Welt« geformt war, als es Hegels Lieblingsprädikat vom »Prosaischen« zunächst suggeriert. Deshalb kann es keiner Interpretation gelingen, Don Quijote auf einen einzigen Begriff oder eine einzige These festzulegen. Will man eine Unterscheidung dieser Art überhaupt akzeptieren, dann habe ich mich zwischen einer strikt literaturhistorischen und einer geschichtsphilosophischen Lektüre des Buchs für die Letztere entschieden, mit einem im Vergleich zur deutschen Deutungstradition des *Quijote* durchaus bescheidenen Tiefenanspruch.

Ironisch, wie zahlreiche Interpreten ohne viel Widerspruch behauptet haben, ist der textimplizite Erzähler im *Quijote*-Roman eigentlich nur selten – und überhaupt nicht in den einleitenden Abschnitten. Die bekannte Formel des ersten Satzes vom Wohnort des Protagonisten, »an dessen Namen sich der Erzähler nicht erinnern will«, ist eher Fiktionssignal denn Ironie, und danach setzen Beschreibungen ein, die in ihrem geschmeidigen Prosarhythmus und der freundlich-ernsthaften Detailgenauigkeit kaum zu überbieten sind, wie zum Beispiel der Speiseplan des Titelhelden: »Mittags ein Eintopf mit mehr Rind als Hammel, am Abend meist saures Haschee, am Samstag fromme Eier mit Speck, Linsen am Freitag, am Sonntag als Dreingabe ein Täubchen, so waren drei Viertel seiner Einkünfte verzehrt.«

Für einen Leser ohne historische Spezialkenntnisse ist wohl nicht gleich deutlich, in welcher Hinsicht Passagen solcher Art konvergieren mögen: Letztlich geht es in ihnen allen darum, implizit klarzumachen, dass sich der Protagonist, obwohl »Edelmann«, in seinen Ausgaben durchaus einschränken muss. Dieser Kontrast zwischen gesellschaftlichem Status und individueller Existenz erklärt jene Sozio- und Psychopathologie des Helden, um die es dem Buch geht: »Besagter Hidalgo«, liest man zu Beginn des zweiten Absatzes, »widmete sich in den Mußestunden – die meisten im Jahr – dem Lesen von Ritterromanen, und dies mit solchem Eifer und Vergnügen, dass er darüber fast die Jagd, ja selbst die Verwaltung von Geld und Gut vergaß.« Aus der Vernachlässigung des Erwerbslebens scheint der Verlust des Urteils zu folgen: »Kurz, er versenkte sich so tief in die Bücher, dass er über ihnen die Nächte vom letzten bis zum ersten Licht und die Tage vom ersten bis zum letzten Dämmer verlas, und der knappe Schlaf und das reichliche Lesen trockneten ihm das Gehirn ein, so dass er den Verstand verlor.«

Nichts verlangt hier eine ironische Lektüre, außer vielleicht die Kapitelüberschriften (»Handelt von Stand und Wandel des trefflichen und tapferen Hidalgos«), welche die einzigen und in der Tat minimalen Erfüllungen der ihrerseits ironisch gemeinten Rahmenfiktion sind, nach der es sich beim Roman von Don Quijote um das Ritterbuch eines arabischen Autors handeln soll. Zwar lassen sich neben den Kapitelüberschriften auch die Monologe des Protagonisten ironisch auffassen, aber die einleitenden Absätze legen eher eine symptomatologische Lektüre nahe, eine Lektüre als Bestätigung und Illustration von Don Quijotes Pathologie.

Wie immer Don Quijotes Monologe von den Lesern aufgefasst werden, befremdlich – und komisch – wirkt an ihnen jedenfalls, dass sie dem Helden und Sprecher die Perspektive eines hochgestimmten textimmanenten Erzählers zur Darstellung seiner selbst vorgeben. »Man merkt wohl«, sagt Don Quijote zu seinem Knappen Sancho, bevor er auf die Windmühlen losprescht, »dass du in Abenteuern nicht bewandert bist: Riesen sind es, und wenn du Angst hast, geh mir aus dem Weg und bete, solange ich diesen erbitterten, ungleichen Kampf mit ihnen fechte.« »Erbittert« und »ungleich« würde ein Held in den höfischen Romanen des hohen und in den Ritterbüchern des späten Mittelalters einen Zweikampf nicht nennen, an dem er selbst teilnimmt, denn solche Prädikate setzen ja eine neutrale Außenperspektive voraus. Im Zitieren dieses neutralen Erzählerdiskurses durch den Protagonisten entsteht also eine perspektivische Asymmetrie (kein »normaler« Mensch redet so über sich selbst wie der den epischen Erzählerdiskurs zitierende Don Quijote), die zu einer Dimension narrativer Dysfunktionalität wird.

Entscheidend ist nun, dass ganz im Sinn solcher perspektivischen Asymmetrie der zitierte Erzählerdiskurs Don Quijote beständig Implikationen und Verhaltenslogiken vorgibt, die er auf seine Umwelt projiziert, obwohl diese Umwelt keine äquivalenten Implikationen und Verhaltenslogiken zu bieten hat. Anders gesagt: Die wirkliche Welt bleibt zunächst leer gegenüber den Suggestionen der Sprache. Don Quijote hält ja nicht nur Windmühlen für Riesen, sondern übernimmt aus dem Erzählerdiskurs der Ritterbücher auch die Unterstellung, dass die Riesen Schuld auf sich geladen hätten und deshalb bestraft werden müssten: »Entfleucht mir nicht, ihr feigen, schändlichen Kreaturen, ein einzelner Ritter greift euch an ... Lasst nur mehr Arme wirbeln als der Riese Briareos, eurer Strafe entgeht ihr nicht.«

Was ich perspektivische Asymmetrie genannt habe, war für Michel Foucault ein hinreichend starker Grund, in *Die Ordnung der Dinge* den *Quijote*-Roman als »das erste der modernen Werke« zu idealisieren, »weil hier die Sprache ihre traditionelle Verwandtschaft mit den Dingen bricht, um in jene einsame Unabhängigkeit einzutreten, aus der sie erst zur Literatur geworden plötzlich wieder auftauchen wird; es ist das erste der modernen Werke, weil hier das Zeitalter beginnt, in dem mit der Unterstellung einer Ähnlichkeit zwischen Sprache und Welt das Reich des Wahns und der Imagination einsetzt.« Bedingungslos an der Unterstellung festzuhalten, dass es für die durch Sprache konstituierten Welten Entsprechungen und Ähnlichkeiten in der Wirklichkeit geben muss, wird zu einer exzentrischen Haltung erst seit jenem Beginn der Moderne, den die Historiker unserer Gegenwart »frühe Neuzeit« nennen. Und zweifellos gehört diese Insistenz zu den Gründen, die aus Don Quijote einen Helden der Moderne gemacht haben, einen Helden der Literatur, der Imagination und des Wahns, wie Foucault kommentiert.

Zugleich, das hat José Ortega y Gasset in den *Meditationen über »Don Quijote«* hervorgehoben, kann sich der für Don Quijote typische »Wille zum Abenteuer« – wenigstens in der charakteristischen Intensität – nur unter der Voraussetzung entwickeln, dass die gewollte Welt gar nicht existiert: »Im Willen zum Abenteuer, in der ihm eigenen Energie und Einstellung, kommt eine eigentümliche Realitätsdoppelung auf den Weg. Ihre beiden Komponenten gehören zu entgegengesetzten Welten: der Wille ist wirklich, aber das, was der Wille will, ist unwirklich.« Nichts in der Tat ist wirklicher, nicht einmal die Windmühlen der Mancha, deren Flügel Don Quijotes Lanze zerbrechen, als jener Wille zum Abenteuer, der von Don Quijotes »Niederlagen« ganz unbeeinträchtigt bleibt: »ich klage nicht über den Schmerz, weil es fahrenden Rittern nicht gestattet ist, über eine Wunde zu klagen, kämen auch alle Eingeweide daraus hervor.«

In Don Quijotes Weltsicht untersteht der Wille zum Abenteuer gewiss nicht einem Prinzip des Vergnügens. Vielmehr ist er mit sehr verschiedenen, aber stets besonders hehren moralischen Werthorizonten verbunden. So kommt der Held in der bukolischen Szene des elften Kapitels bei seiner Rede an die Ziegenhirten auf das goldene Zeitalter als eine Welt sozialer Gerechtigkeit zu sprechen: »O glückliche Zeit, o Ära voll Glück, welche die Altvorderen die goldene genannt, und nicht, weil ihnen in solch seliger Zeit das Gold, so hoch geschätzt in unserer eigenen, ohne Müh und Arbeit in die Hände gefallen wäre, sondern weil jene, die damals lebten, die beiden Wörter noch nicht kannten, die da heißen *dein* und *mein*. In jener geheiligten Zeit gehörte jedwedes Ding allen gemeinsam.«

Kein Leser würde glauben, dass Don Quijote imstande sein könnte zu erklären, wie genau seine eigenen Taten einer Annäherung an jene auratische Welt der Gerechtigkeit dienen sollen – in diesem Sachverhalt bestätigen sich nur die perspektivische Asymmetrie und die Dysfunktionalität seiner Reden. Doch die moralischen Bezugshorizonte geben diesen verrückten Reden und Taten einen Ernst, den seine Umwelt allzu leicht unterschätzt. Im dreizehnten Kapitel vergleicht Vivaldo, ein vornehmer Reisender zu Pferd, die Strenge von Don Quijotes Ritterethos mit der Ordensregel der Kartäuser und provoziert damit eine Antwort, deren Anspruch kaum zu überbieten ist: »Damit will ich sagen, dass die Geistlichen in Ruhe und Frieden den Himmel bequem um das Wohl der Erde bitten, während wir Soldaten und Ritter ausführen, worum sie bitten.«

Die aus den Ritterbüchern assimilierten Diskurse und Werte machen Don Quijote nicht nur blind für die ihn umgebende Wirklichkeit, sondern auch störrisch im Festhalten an seinen Projektionen. Als er und Sancho auf zwölf Priester stoßen, die einen Leichnam überführen, geht er wie stets davon aus, dass die ihm Begegnenden Schuld auf sich geladen haben: »Haltet ein, Ritter oder wer auch immer, und steht mir Rede und Antwort, wer ihr seid, woher ihr kommt, wohin ihr zieht, und was ihr da auf dieser Bahre tragt, denn allem Anschein nach habt ihr einen Frevel verübt.« Da die Priester weder antworten noch Anstalten machen, sich zu verteidigen, greift Don Quijote sie »im Zornesrausch« an, »sprengt sie auseinander« und »zerklopft sie nach Herzenslust«, so dass die Priester »wohl oder übel das Weite suchen mussten, überzeugt, sie hätten keinen Menschen, sondern einen Teufel aus der Hölle vor sich«.

Wenn immer es die aktuellen Kräfteverhältnisse erlauben, ist Don Quijote also durchaus zu körperlicher Brutalität bereit, und man kann wohl phantasieren, dass es einzig seiner Ungeschicklichkeit zu verdanken ist, wenn er keinen der vermeintlichen Gegner vom Leben in den Tod befördert. Als der Held endlich realisiert – und so gesehen ist diese Episode eine die Regel bestätigende Ausnahme –, dass die Gestalten um ihn nicht Teil einer verwunschenen Feindeswelt sind, verfällt er in eine tiefe Melancholie, deren sichtbarer Ausdruck Sancho inspiriert, ihn den »Ritter von der traurigen Gestalt« zu nennen: »Euer Gesicht steht dafür. Ihr müsst es einem Betrachter nur zeigen, und er wird Euch anstandslos den von der traurigen Gestalt nennen«. Denn wenn es eine Bedingung gibt, die das Rittersein für Don Quijote unmöglich macht, dann ist das eine Umwelt, die sich ihm nicht widersetzen will.[3]

»Eines der bedeutendsten Abenteuer Don Quijotes, wenn nicht das größte überhaupt« ist laut Miguel de Unamuno die im zweiundzwanzigsten Kapitel des ersten Buches erzählte Befreiung einer Gruppe von Sträflingen, die auf dem Weg zu der Galeere des spanischen Königs sind. Denn dieses eine Mal gibt es eine Affinität zwischen der Weltsicht des Helden und der Situation, auf die er stößt. Es begegnet Don Quijote »etwa ein Dutzend Männer zu Fuß, deren Hälse an einer langen Eisenkette wie Perlen am Rosenkranz aufgereiht waren«. Wie immer ist Sanchos Blick nüchtern und sachgemäß: »Das ist eine Kette von Sträflingen, Leute, die man im Namen des Königs auf die Galeeren zwingt.« Doch selbst der unzweideutigen Szene drückt Sanchos Herr seine hochmoralisierende Deutung auf: »Wie ist es möglich, dass der König jemanden zwingt? ... Somit fällt das unter die Pflichten meines Amtes: den Zwang zu brechen und den Elenden Schutz und Schirm zu gewähren.«

Was folgen muss und von Cervantes mit besonderer Anmut erzählt wird, lässt sich in wenigen Worten zusammenfassen: Don Quijote überredet die Wächter, ihm für jeden Sträfling den Grund der Verurteilung zu nennen; danach fragt er die Gefangenen selbst und identifiziert sich mit ihrer Lage – nicht weil er sie für verwunschene Prinzen hält, sondern im Namen göttlicher Gerechtigkeit, welcher, wie er an die Wächter gerichtet empfiehlt, die Menschen nicht vorgreifen sollen: »Im Himmel sorgt der Herrgott schon dafür, den Bösen zu bestrafen und den Guten zu belohnen, und so sollen sich ehrenwerte Männer nicht zur Geißel über andere machen, wo es ihre Angelegenheit nicht ist.«

Hier also hat der Held die Wirklichkeit nicht tatsächlich verkannt, sondern deutet sie nach den rigorosesten – und großzügigsten – moralischen Normen seiner historischen Welt. Da die Wächter natürlich Don Quijotes Sicht der Dinge und der daraus gezogenen Forderung, die Sträflinge freizulassen, nicht folgen wollen, »fiel er blitzartig über sie her«, warf einen der Wächter »mit einer üblen Lanzenwunde zu Boden« und löste so ein Chaos aus, in dem sich die Sträflinge von ihren Ketten befreien und die Wächter in die Flucht schlagen können. Erst jetzt kehrt Don Quijote ganz zu seinem Ritterwahn zurück. Er befiehlt den befreiten Sträflingen, deren Sinn darauf stehen muss, sich aus dem Staub zu machen, seiner Dame Dulcinea de Toboso

---

3 Vgl. Hans-Jörg Neuschäfer, *Der Sinn der Parodie im Don Quijote*. Heidelberg: Winter 1963.

die Kunde von der glorreichen Tat zu überbringen, reagiert auf ihr erstes, noch geradezu höfliches Zögern mit Beleidigungen und wird so selbst zum Opfer einer Bande von Delinquenten, die ihn gesteinigt auf seiner Walstatt lässt: »Zurück blieben nur der Esel und Rocinante, Sancho und Don Quijote. Der Esel mit gesenktem Haupt und nachdenklich, wobei er ab und an mit den Ohren wackelte, als rauschte ihm darin noch immer der Steinregen, Rocinante am Boden neben seinem Herren, da auch ihn ein Steinwurf niedergestreckt hatte, Sancho im Hemd und voller Angst vor der Heiligen Bruderschaft, Don Quijote tief verdrossen, weil er sich von denen so böse zugerichtet sah, denen er soviel Gutes erwiesen hatte.« Unamunos hochgestimmte Deutung dieses Romankapitels in *Das Leben Don Quijotes und Sanchos* zieht die Lehre, dass eine gute Tat der Dankbarkeit oder Belohnung nicht bedarf, ja durch sie nur an Wert verliert. Diese Sicht macht Don Quijote zu einem Heiligen – natürlich zum Nachteil der von ihm gewaltsam suspendierten Rechtsordnung.

Auf den zweiten Teil von Miguel de Cervantes' Roman, der unter seinen Zeitgenossen viel weniger Begeisterung weckte als der erste, aber umso mehr von den philosophisch tiefen Interpreten geschätzt wird, werde ich nur kurz eingehen. Seine Eingangs- und modifizierte Rahmenfiktion unterstellt, dass eben das erste Buch den Helden bei vielen von denen berühmt gemacht habe, auf die er bei seinen Fahrten stößt, so dass die Mitwelt Quijotes Werten und Projektionen immer weniger Widerstand entgegensetzt, ja ihm manchmal mit einem Grad an Bewunderung begegnet, der Unamunos Begeisterung für den Helden von der traurigen Gestalt zu präfigurieren scheint. Sich selbst treu bleibend reagiert Don Quijote auf diese Wandlung seiner Welt mit permanent werdender Melancholie. Fast fragt man sich ja, ob angesichts dieser Fusion von »Sinnwelten«, die der Soziologe Alfred Schütz mit sensibler Akribie in *Don Quixote and the Problem of Reality* beschrieben hat, die Wendung am Ende des Romans überhaupt noch plausibel ist, in der ein Freund aus Don Quijotes Heimatdorf, verkleidet als Ritter vom weißen Mond, den Helden in Barcelona besiegt und von dem Besiegten nicht mehr fordert als seine Rückkehr in sein Dorf auf ein Jahr.

So wie Don Quijote seinen imaginierten Feinden nicht selten mit rücksichtslosem körperlichen Ungeschick zugesetzt hatte, vollzieht sich nun auch die gutgemeinte Überführung des vormals verrückten Helden in die Welt der alltäglichen Vernunft als ein Ritual physischer Unterwerfung und Erniedrigung. Don Quijote ist es gewiss todernst, wenn er sagt: »nimm mir das Leben, da du mir die Ehre schon genommen hast«. In seinem Dorf angekommen hat er gerade noch Zeit, das Ende des Wahns kundzutun. Dann überkommt ihn seine letzte Krankheit, und er stirbt unter dem Geburtsnamen Alonso Quijano, dem er wie manche Könige des Mittelalters das Prädikat »der Gute« hinzufügt: »Verrückt war ich und bin nun bei Verstand. Don Quijote von der Mancha war ich und bin nun, wie gesagt, Alonso Quijano der Gute. Mag ich in Euren Augen durch meine Reue und Aufrichtigkeit wieder die frühere Achtung erlangen.«

Nach der Deutung von Hans-Jörg Neuschäfer macht dieses Ende die Welt von Don Quijotes Wahn zu einer Episode, aus der er zu guter Letzt zum »Ideal« der »menschlichen Natur« zurückkehre. Dann bliebe freilich dieses Ideal der menschlichen Natur sehr unterdeterminiert, denn für Handlungen eines anderen – vernünftigen – Stils, die sein Profil verändern könnten, lässt der Autor dem runderneuerten Helden am Ende des Romans keine Zeit. Nur sehr pauschal erinnern sich die an seinem Totenbett versammelten Verwandten und Freunde daran, dass Don Quijote und Alonso Quijano »stets von sanftem Gemüt und freundlich im Umgang« gewesen sei. Miguel de Unamuno hingegen, der Don Quijote als Befreier der Galeerensträflinge so feierte, hielt seine Unterwerfung unter Alonso Quijano den Guten und die Prinzipien der Vernunft für einen verfehlten Abschluss des Buchs.

Was ist aber nun, hier komme ich endlich auf die eine Leitfrage zurück, spezifisch modern am Helden Don Quijote? Für einen Moment mag man versucht sein zu sagen, es sei seine Exzentrik, die ihn ja mehrfach in die Rolle des Opfers bringt. Aber dann wird schnell deutlich, dass dies nie anders war, dass Heldentum ohne das Potential von Opfertum notwendig ins Abseits der Welt von *Superman* führen müsste. Schon der Zorn des Achilles, zeigt uns Arbogast Schmitt, ging auf Gründe zurück – Agamemnon hatte ihn verletzt. Das Heldentum des Sokrates vollendet sich, als er – Opfer des Kleinmuts seiner Mitbürger – den Schierlingsbecher trinkt; und kein Held unserer Kultur war weniger angepasst und ist einen grausameren Opfertod gestorben als Jesus Christus. Auch das Heimholen des exzentrischen Helden in die Welt der zentralen Konventionen ist keine spezifische Geste der Moderne. Im Gegenteil: Genau um die Logik dieses Heimholens geht es in den klassischen höfischen Romanen des Chrétien de Troyes. Zwei seiner Helden, Erec und Yvain, verlieren ihren Status als Ritter von König Artus' Tafelrunde, weil sie ganz vom Zauber der Erotik und vom Glanz der ritterlichen Kämpfe in Bann geschlagen werden, aber sie finden – im narrativen Parcours der Selbstbestrafung und Reintegration – den Weg zurück zu ihrem Ort in der ständischen Welt; für zwei andere höfische Helden hingegen, für Lancelot und Perceval, wächst dieser Weg zurück zu einer Herausforderung von extremer Intensität an, was ein Grund dafür sein mag, dass Chrétien den Lancelot- und den Perceval-Roman nicht abgeschlossen hat.

Neu an Don Quijote und mithin modern im Vergleich zu den Helden der klassischen Antike und des Mittelalters ist zunächst sein Bewusstsein von einer Differenz, die zwar schon vor der frühen Neuzeit als Faktum gegeben war, aber ohne noch ins Bewusstsein der Autoren und ihrer Helden gelangt zu sein. Don Quijote weiß, dass die Weltsicht und die radikalen Werte, welche seine Exzentrik begründen, Werte und Perspektiven aus seiner Vergangenheit sind. Wahrscheinlich haben auch der Zorn des Achill, die Sozialethik von Sokrates und Jesus Christus und die Verhaltensexzentrik der Ritter im höfischen Roman »objektiv« einen solchen archaischen Status gehabt, doch davon sprechen die Protagonisten nicht. Zugleich mit dem Aufkommen des Bewusstseins historischer Differenz treten in der frühen Neuzeit, wie es Foucault beschrieben hat, die Sprache und ihre Begriffe auf der einen Seite und die Wirklichkeit mit ihrer Wahrnehmung auf der anderen Seite auseinander. Erst unter diesen Bedingungen können Helden zu Terroristen werden – und im Terrorismus liegt, behaupte ich, die spezifisch moderne Möglichkeit des Helden. Es ist daher ein historisch effizientes Gedankenexperiment, sich Don Quijote als Mitglied der Roten Armee Fraktion vorzustellen.

Wie die Terroristen des deutschen Herbstes projiziert er das Weltbild einer fernen Vergangenheit auf seine Gegenwart; wie die Terroristen identifiziert Don Quijote unter seinen Zeitgenossen andauernd Schuldige, die bestraft werden müssen, und zu befreiende Opfer, ohne dass Schuldigen und Opfern gemeinhin solche Rollenzuschreibungen einsichtig wären; wie die Terroristen interpretiert er die Welt und handelt im Namen einer radikalen, höheren Gerechtigkeit; wie die Terroristen deutet er jede Widerlegung seiner Projektion um in eine Bestätigung seiner These von der Ideologisierung – in Don Quijotes Fall: von der Verzauberung – der Welt; wie Terroristen schreckt er vor der Anwendung physischer Gewalt oder der Zerstörung der Rechtsordnung keinesfalls zurück, wobei ihn die Absolutheit der hochgehaltenen Werte und die Geringschätzung des eigenen Lebens zu legitimieren scheinen; wie Terroristen sieht er sich von den besten Absichten beseelt und nimmt den Undank der Mitwelt enttäuscht und perplex zur Kenntnis.

Nichts charakterisiert den modernen Helden als Terroristen so kompakt wie Ortega y Gassets dem *Quijote*-Roman abgewonnene Formel von der Wirklichkeit des Willens zum Abenteuer und von der Unwirklichkeit der Welt, auf die sich dieser Wille bezieht. Und selbst für Don Quijotes Rückkehr in sein Dorf als Alonso Quijano der Gute gibt es eine Terrorismusentsprechung: Das ist die Begnadigung jener Terroristen, deren revolutionärer Wille nach vielen Jahren Haft gebrochen scheint, und ihre Belohnung durch die Zuweisung von Stellen, zum Beispiel beim staatlich subventionierten Theater.

Brauchen wir solche Helden? »Brauchten« wir die Brigaden des spätmarxistischen Terrors und »brauchen« wir die fundamentalistischen Selbstmordattentäter von Al Qaida? Zunächst erscheint diese Frage so skandalös, dass sie wie eine Formel von extrem schlechtem Geschmack wirkt und der Entschärfung durch Anführungszeichen bedarf. Dennoch, keine Geringere als Susan Sontag reagierte in der *Frankfurter Allgemeinen Zeitung* (15. September 2001) auf die Terrorakte des 11. September mit den Worten: »Feiglinge waren sie nicht« – und fand einige Zustimmung. Aber auch wer Susan Sontag nicht beistimmt, kann zu verstehen versuchen, welche Intuition und welche Sympathie in ihren Worten zum Vorschein kam. Vielleicht war es der Wunsch, sich wenn schon nicht eine Alternative zu unserer massiv globalen Welt, dann wenigstens ihren Kollaps oder ihre Nichtexistenz vorstellen zu können? Doch unter den Bedingungen unserer Gegenwart, muss man wohl einwenden, ist solcher potentiell tödliche Nihilismus nur hinter dem Vorzeichen ästhetischer Autonomie und vielleicht noch im Elfenbeinturm philosophischer Diskussionen einigermaßen sicher aufgehoben. Schon in der Antike nahm es ja immer ein blutiges Ende, wenn Helden und ihre Wirklichkeit aufeinandertrafen.

Peter-André Alt

Der Teufel als Held

Schwarze Romantik und Heroisierung des Bösen

»Der Heros ist das wahre Subjekt der modernité.«
Walter Benjamin

In der literarischen Fiktion erscheinen Helden als Träger einer erzählerischen oder dramaturgischen Sichtweise, die sie zu Identifikationsfiguren werden lässt. Solche Identifizierung dürfte wirkungsästhetische Gründe haben – in der Tragödie, die uns zu Mitleidenden im Zeichen einer imaginären Schicksalsgemeinschaft macht, ebenso wie im Roman, der durch autobiographische Verifizierung seiner Geschichte Authentizität suggeriert. Der literarische Held ist das Produkt perspektivischer Verfahren, die uns eine bestimmte Blickrichtung aufnötigen. Je deutlicher sich die Literatur der Moderne von moralischen Parametern löst, desto ambivalenter werden solche Steuerungsmaßnahmen. Die Perspektive bezieht sich dann zuweilen auch auf etwas, das wir nicht mögen, weil es uns selbst entlarvt – das Böse, das Hässliche und Gemeine.

Seit der schwarzen Romantik suchen literarische Texte dem Leser Figuren des Bösen nahezubringen, indem sie ins Innere ihrer dunklen Gedankenwelten blicken. Die Sehnsucht des Betrügers, das Wissen des Mörders, die Angst des Vergewaltigers werden uns zu authentisch anmutenden, gleichwohl ästhetisch gebrochenen Erfahrungen, an denen wir im Akt der Lektüre teilhaben. Nicht der böse Held ist das Skandalon der Literatur – er existiert schließlich seit der Antike –, sondern die Technik der erzählerischen Introspektion, die uns mit ihm zusammenzwingt. Sehr prägnant lässt sich dieses tückische und zugleich effektive Verfahren an der Ästhetisierung des Teufels im Roman der schwarzen Romantik erkennen.

Der mittelalterliche Teufel ist hakennasig, seine Lippen sind wulstig, seine Haut zeigt ekligen Auswurf, seine Augen sind gerötet, die Stirn ist gewölbt, das Haar borstig, sein Leib schrundig, der Fuß ist verkrüppelt. Die unerfreuliche Gestalt, in der sich Satan präsentiert, bildet das äußere Zeichen für die Ungreifbarkeit und Inkommensurabilität, die dem Bösen anhaftet. In den *Vorlesungen über die Ästhetik* bemerkte Hegel im Hinblick darauf apodiktisch: »Der Teufel für sich ist deshalb eine schlechte, ästhetisch unbrauchbare Figur; denn er ist nichts als die Lüge in sich selbst und deshalb eine höchst prosaische Person.«

Hegels Kritik war allerdings nicht auf der Höhe der Zeit, galt sie doch der konventionellen Teufelsfigur, kaum ihren modernen, in sich gebrochenen Spielarten. Mario Praz beschrieb 1930 in *Liebe, Tod und Teufel*, seinem Standardwerk über die schwarze Romantik, die neuzeitlichen »Metamorphosen Satans«, die er durch das Gesetz einer zunehmenden Ästhetisierung bestimmt fand. Praz meinte eine eigentümliche Konvergenz konstatieren zu müssen, die den Teufel seit der Renaissance zum Vertreter eines ambivalenten Begriffs des Schönen avancieren ließ. In ihm verbanden sich die Kräfte des Abstoßenden, des Erhabenen und Aufbegehrenden mit der Lust, dem Trieb und der Grausamkeit.

Zum modernen Teufel avanciert der heimtückische Verführer der »gothic novel«, der Verstellungskünstler des englischen und französischen Intrigenromans. Äußerlich lässt er sich nicht mehr als Verkörperung eines schwarzen Prinzips identifizieren, denn er tritt mit perfekten Manieren auf, erscheint attraktiv, kultiviert und gebildet: ein aristokratischer Held der geheimen Sünde. Die Welt des Bösen hat sich hier ins Innere des Menschen zurückgezogen, wo sie verschlossen bleibt wie früher hinter den Pforten der Hölle. Die wahre Identität des neuen Teufels ist ebenso wie die seelischen Kräfte, die er regiert, verborgen und undurchschaubar; man kann sie nicht mehr wahrnehmen, sondern nur noch in ihren destruktiven Konsequenzen erfahren.

Die Ästhetisierung des Teufels und seine Transformation zum Helden erzählerischer Texte vollzieht sich um 1800 unter dem Eindruck der aufgeklärten Kritik am Aberglauben als Überführung des Mythos in Psychologie. Ein typisches Beispiel dafür bietet Matthew Lewis' Roman *The Monk* (1796), den man als Musterfall für die romantische Adaption der »gothic novel« bezeichnet hat. In seinem Zentrum stehen das Spiel mit sexuellen Tabus, die Symbolik von Blut und Gewalt, die Topographie geheimer Verliese, die Abgründigkeit menschlicher Phantasie, die Diffusion von Traum und Wirklichkeit, der Schrecken des Realitätsverlusts und die Mutationen der kranken Psyche – Sujets, die auch die Literatur des späteren 19. Jahrhunderts beherrschen, wie man an Texten von Stevenson, Maupassant, Wilde, Huysmans, Przybyszewski und Henry James sehen kann.

Der Teufel, den *The Monk* vorführt, bildet nicht mehr die Verkörperung des Bösen, sondern die verkappt heroische Manifestation seiner psychologischen Determinanten. Er hat die Kritik des Aberglaubens in sich aufgenommen, indem er eine neue Form der Repräsentation des Bösen zeigt; seine ästhetische Mitgift empfängt er aus der Tradition der Renaissance und Miltons (die Byron und Shelley fortsetzen werden), aber seine psychologische Subtilität verweist auf das Erbe der Aufklärung. In Lewis' Roman findet sich die Satansfigur ästhetisch verdoppelt, insofern sie nicht nur das Prinzip einer zum Bösen verführenden Gegenmacht verkörpert, sondern in dieser Verführung schön ist: In der Gestalt Matildas, die sich, als Novize verkleidet, ins Kloster einschleicht, um Ambrosio vom Weg der Tugend abzubringen, scheint der Teufel zur personifizierten erotischen Verheißung geworden.

Das Besondere der Konstellation besteht darin, dass Ambrosio zu Beginn des Romans als sittenstrenger, unerbittlicher Moralist auftritt, dessen Keuschheit sukzessive zur Fassade für ein ausschweifendes Sexualleben wird. Die dämonische Dimension dieses Prozesses ist dadurch begründet, dass die moralische Konsequenz des Mönchs nicht in Gegensatz zu seinen Lastern steht; vielmehr zeigt der Roman die Independenz beider Seiten, die Verbindung von Askese und Dekadenz. Der Teufel, der Ambrosio in der Person Matildas verführt, hat leichtes Spiel, denn die Sittsamkeit des Mönchs bildet a priori die Kehrseite seiner rasch entzündbaren Leidenschaften.

Bezeichnend für Lewis' Text ist die Tatsache, dass der Teufel auf dem Weg der direkten erotischen Verführung aktiv wird, was ihn mit den dunklen Helden des französischen Intrigenromans in der Nachfolge von Laclos' *Liaisons dangereuses* (1782) verbindet. Zwar scheint Matilda zunächst nur seine Beauftragte zu sein, die die Mission erfüllt, Ambrosio vom Pfad der Tugend zu entfernen. Doch lässt sich diese Konstellation als Modell einer Metamorphose lesen, die Satans Körper in die Gestalt des schönen jungen Mädchens überführt (und seinen Heldenstatus im Rahmen der Romanfiktion untermauert). Aus dem schrundig-schuppigen Leib, den schwarzes, drahtiges Fell bedeckt, wird ein leuchtend weißer Frauenkörper; aus der gebogenen Nase und dem stechenden Blick des Scheusals eine Physiognomie von makelloser Schönheit; aus dem hinkenden Gang des schleppfüßigen Höllenbewohners der Reiz anmutiger Bewegung; aus der rauen Stimme Satans der schmelzend-süße Gesang eines jungen Mädchens, das engelsgleich die Harfe, das Instrument des Psalmisten, spielt.

Grazie tritt an den Platz von Hässlichkeit, Verführung an die Stelle von Abstoßung; ein Kanon klassischer Schönheitsmerkmale supplementiert hier das Register des Bösen. Ambrosio wird gerade durch die natürlich anmutende Unschuld der schönen Matilda dazu veranlasst, sein strenges Keuschheitsgelübde aufzugeben. Die Gebärdensprache und der kunstvoll, wie zufällig, sich enthüllende Körper offenbaren eine Attraktivität, die es nicht absichtsvoll auf Verführung abgesehen hat und gerade dadurch die Begierde anstachelt. Indem er anziehende Züge gewinnt, avanciert der Teufel zum zweideutigen literarischen Helden, mit dem Effekt, dass die Grenze zwischen Gut und Böse fällt.

Die Verführung des Mönchs durch den Teufel ist eingebettet in eine Umwertungsgeschichte, die im Zeichen von Umformung und Umstellung steht – Wirkungen, die Hegels Polemik gegen Satan als literarischer Figur nicht auf der Rechnung hatte. Wenn sich Matilda Zug um Zug aus der Gestalt des Knaben in die einer anziehenden jungen Frau verwandelt, offenbart sich der Teufel im Körper der erotischen Verlockung. Das Böse nimmt in der Figur der Inversion Platz und wird damit für einen Moment unkenntlich. Diese Umstellung, die mit dem Wandel der Gestalt einhergeht, ist wiederum die Voraussetzung für die Verkehrung, von der Lewis' Roman erzählt. In der Metamorphose des Teufels, der zur verführerischen weiblichen Unschuld mutiert, organisiert sich die zerstörerische Macht der Hölle über die Stimulation der männlichen Begierde. Der psychologische Mechanismus, der hier wirksam wird, trägt der Tendenz zur Verinnerlichung des Bösen Rechnung, wie er sich im Ensemble romantischer Texte häufig zuträgt. Was der in Matildas Leib geschlüpfte Teufel anstößt, ist im Inneren des Mönchs Ambrosio längst angelegt. Zum dunklen Helden wird er durch die erotische Anziehungskraft, die ihm der Körpertausch verschafft; zum Triumphator aber durch die Triebe, die den Menschen a priori an ihn fesseln.

Die über einen Stellvertreter vollzogene Verwandlung des Höllenfürsten in den verlockenden Körper Matildas bedeutet eine Invisibilisierung des Bösen: Indem es schön wird, macht es sich zugleich als Prinzip unsichtbar. Zugleich bedeutet sie eine Umpolung heroischer Konzepte; wo der alte Satan bei Milton und Klopstock bestenfalls erhabene Züge tragen durfte (was ihm bereits eine gewisse Ambivalenz zueignete), ist der Teufel des romantischen Romans als ambivalenter Held eine anziehende Figur, die sich im weiblichen Leib verbirgt. Die Täuschung, die hinter der Verwandlung des Dämons zur verlockenden Jungfrau steckt, entlarvt der Roman am Ende, wenn er Ambrosio vor das Strafgericht der Hölle stellt. Gerade weil der Teufel am Anfang im Körper Matildas nicht zu erkennen war, muss er zum Schluss wieder in alter Gestalt als Höllenscheusal erscheinen, um seine Sanktionsgewalt ausüben zu dürfen. Im phantastischen Finale des Romans lässt er den Schuldigen, der ihm seine Seele verschrieben hat, aus der Höhe des Gebirges in die Tiefe eines Flusses stürzen, an dessen Ufer er, von Adlern zerhackt, einen qualvollen Tod stirbt.

Die psychologische Finesse, mit der Lewis die Geschichte der Verführung, die wachsende Lust des Mönchs und die sich steigernde Intensität seiner Verbrechen schildert, ist am Ende in einer nachgerade allegorischen Konstruktion aufgehoben, die an die grausame Bestrafung des Doktor Faustus erinnert, von der die *Historia* (1587) erzählt. Auf das Verschwinden des satanischen Körpers im jungfräulichen, das im ersten Teil beschrieben wird, antwortet der zweite Teil mit der Darstellung einer übermächtig anmutenden Teufelsfigur, die dem Mönch in einem einseitig gewordenen Seelenkampf entgegentritt. Am Ende steht bei Lewis nicht mehr die Psychologie, sondern eine mächtige Naturgeschichte, die das Geschick des verbrecherischen Helden besiegelt, indem sie ihn überspült. Wenn der Roman beschreibt, wie das Wasser des Flusses, an dessen Ufer Ambrosio liegt, den »Kadaver« mitschwemmt und die Erde von ihm reinigt, hat er seinen Protagonisten nicht nur bestraft, sondern komplett vernichtet. Die Auslöschungspraktiken, mit denen die Faust-*Historia* endete, finden hier nochmals eine prägnante Steigerung, die phantastische Dimensionen annimmt. André Breton hat das Finale des Romans im *Ersten Manifest des Surrealismus* explizit gelobt, weil es das Wunderbare als Spiegel jener »Leidenschaft für das Absolute« zeige, die seinen teuflischen Helden auszeichne.

In *The Monk* klingt über das Motiv der inneren Schuld des Bösewichts eine Psychologisierung des Teufels an, die jedoch im Finale aufgehoben wird, wenn der Höllenfürst für einen prägnanten Moment seine traditionelle Gestalt annehmen muss. Aus dem ästhetischen wird am Schluss wieder der mythische Held, aus dem schönen Verführer der Ausbund des Hässlichen. Die bei Lewis noch nicht konsequent verfolgte Auflösung der Satansfigur setzt sich in E. T. A. Hoffmanns *Elixieren des Teufels* (1815/16) mit der Konsequenz der psychologischen Zuspitzung fort. Hoffmanns Held Medardus, der im Rückblick aus der Ruhe des Klosters die Stationen seiner abenteuerlichen Jugend schildert, wird immer wieder von seinen Einbildungen und Phantasien kontrolliert, die es ihm verwehren, die ihn umgebende Realität klar zu erfassen. Hier deutet sich an, dass Hoffmanns verführbarer Mönch unter dem Diktat seelischer Mächte handelt, die ihm selbst unzugänglich bleiben. Der Kontrollverlust, den er beständig erleidet, steht auch für einen anderen

Komplex, der den Helden der *Elixiere* und die von ihm verkörperte Psychologie des Bösen wesentlich beherrscht: den Bereich des Triebes.

Der Trieb des Menschen, der den Ausgangspunkt des Bösen bildet, spiegelt sich bei Hoffmann in zwei Topoi: den im Zeichen der Blutschande stehenden Verwandtschaftsbeziehungen und dem Wahnsinn. Dass geheime Filiationen die Personen miteinander verbinden und Familienverhältnisse verschleiert erscheinen, gehört seit Horace Walpoles *The Castle of Otranto* (1764) zum Repertoire der »gothic novel«. Diverse Figuren besitzen bei Hoffmann eine zweite Identität, die als Palimpsest unter der ersten, prätendierten ruht. Immer wieder begegnen uns Anspielungen auf inzestuöse Verhältnisse und die Schuld der dunklen Herkunft, die Hoffmanns Gestalten wie ein Kainsmal prägt. Die Blutschande ist gleichsam das Symbol der bösen Lüste, die der Sektor des Sexuellen hier eröffnet.

Eine zweite Ausdrucksform naturhaft gegebener Schuld stellt der Irrsinn dar, der zahlreiche Figuren des Romans gewaltsam heimsucht. Neben Medardus selbst sind auch seine Halbbrüder Viktorin und Hermogen von Halluzinationen, Wahnideen und Verfolgungsängsten geplagt. Der Wahn steht für die Auflösung der Einheit der Person, wie sie sich in den Doppelgängersequenzen des Textes spiegelt. Der Held Medardus ist (ähnlich wie Christian in Ludwig Tiecks *Runenberg* oder die Titelfigur in Clemens Brentanos *Godwi*) eine gespaltene Persönlichkeit, deren Geschichte nicht mehr linear, sondern nur über die Verteilung verschiedene Ebenen beschrieben werden kann.

Die Konstruktion der Schuld, die sich über Inzest und Wahnsinn vermittelt, findet in der formalen Organisation des Romans ihre ästhetische Entsprechung. Sie macht den Helden des Bösen zum Mittelpunkt einer reflexiven Erzähllogik, die für die moderne Literatur Modellcharakter gewinnt: »Ich eilte ans Fenster! – Da stand eben vor dem Palast der vom Henkersknecht geführte Leiterwagen, auf dem der Mönch rückwärts saß, vor ihm ein Capuziner, laut und eifrig mit ihm betend. Er war entstellt von der Blässe der Todesangst und dem struppigen Bart – doch waren die Züge des gräßlichen Doppeltgängers mir nur zu kenntlich. – Sowie der Wagen, augenblicklich gehemmt durch die andrängende Volksmasse, wieder fortrollte, warf er den stieren entsetzlichen Blick der funkelnden Augen zu mir herauf, und lachte und heulte«.

Was in solchen Szenen des Wahns aufbricht, ist die Doppelung des Erzählens in der Aufspaltung des Ich. Diese Aufspaltung hat ihr formales Äquivalent in der Reversstruktur der Erzählebenen. Die Verdoppelung seines Selbst, die Medardus wahrnimmt, ist zugleich eine Art von Hinterseite oder Gegenbild. In der zitierten Passage wird dieses Muster durch sprachliche Signale herausgearbeitet: Der Doppelgänger sitzt »rückwärts« auf dem Wagen; der sich von unten nach oben richtende Blick des Delinquenten ist das Komplement zum Blick des Medardus, der von oben nach unten läuft. Carl Schmitt hat diesbezüglich in *Politische Romantik* bemerkt, dass es »zur romantischen Situation« gehöre, »sich zwischen mehreren Realitäten zu reservieren und sie gegeneinander spielen zu lassen«. Aus dem unteilbaren Helden mit klar identifizierbaren Eigenschaften wird in der »romantischen Situation« eine Figur, für deren Charakterisierung das Wort Ambivalenz nicht mehr ausreicht: Ihre Identität ist eine Zweiheit, ihr Grundzug eine Spaltung, in der das Böse seine psychologische Evidenz findet.

Der Doppelgänger-Held verkörpert das herrschende Prinzip des Bösen in der Entfesselung des Triebs. Er lässt sich so wenig abschütteln wie die Sünde, die sich seit der Vertreibung aus dem Paradies als Erbschuld von Generation zu Generation fortzeugt. Im Bild des auf den Schultern des Medardus reitenden Doppelgängers (»als, aus dem Gebüsch hervorrauschend, ein Mensch auf meinen Rücken sprang«) wird dieser Befund komplex veranschaulicht. Nimmt man das Verhältnis von Reiter und Pferd als Allegorie von Vernunft und Trieb – so wird es Freud in *Das Ich und das Es* im Anschluss an Platons *Phaidros* fassen –, dann liegt bei Hoffmann eine eigentümliche Verkehrung vor. Nicht das Ich, sondern sein gedoppelter Wiedergänger, der teuflische Mönch, sucht die Herrschaft über den Körper zu gewinnen. Er ist es, der als Reiter das Ich unter die Regie seiner Zügel zwingen möchte.

Hoffmanns Roman liefert damit eine Kontrafaktur des platonischen Wagenlenker-Gleichnisses, dessen Quintessenz darin besteht, dass der Vernunft die Aufgabe einer Steuerung der wilden Affekte zufällt. In den *Elixieren* ist es gerade der Trieb, der die Herrschaft an sich reißt und die Ratio besiegt, indem er sie zum bloßen Tier degradiert. Die Inversion der Elemente, die der platonischen (und zugleich präpsychoanalytischen) Allegorie von Vernunft und Leidenschaft das Fundament geben, bedeutet eine Erschütterung der klaren Aussage, die sie formuliert. Hoffmanns Roman weist dem Trieb und der Ratio neue Plätze im Arrangement des seelischen Haushalts zu, dessen ambivalente Struktur den Teufel zum Helden einer Psychologie macht, die keine eindeutigen Oppositionsverhältnisse mehr kennt. Diese Doppelgängerkonstellation wird fortan von der Literatur gern aufgegriffen; das berühmteste Beispiel bietet Robert Louis Stevensons Roman *The Strange Case of Dr. Jekyll and Mr. Hyde* (1886), der die exemplarische Spaltungsgeschichte der Moderne erzählt.

Hoffmanns Roman vermittelt seine schwarze Anthropologie als dezidiert antiklassisches Programm. Den Menschen beherrscht keine Balance der Kräfte, sondern ein verwirrendes Spiel der Übergänge, das unzuverlässig und unkontrollierbar zu sein scheint. Nichts hat in diesem System ohne System Bestand, nichts besitzt Dauer und feste Substanz. Identität, die auf Differenz gründet, bleibt hier eine Fiktion, weil das, was sich selbst gleicht, doch insgeheim ein Anderes, ein Doppelgänger-Ich ist. Wie sich die Markierungen zwischen den Figuren zersetzen, so diffundiert auch die Grenze, die Traum und Realität trennt. Die zentrale Botschaft des ersten und wichtigsten deutschsprachigen Schauerromans lautet, dass die seelische Welt des Menschen aus den Fugen geraten ist, weil ihn ein unbeherrschbarer Trieb bestimmt.

Im 379. *Athenäums*-Fragment schreibt Friedrich Schlegel: »Der Satan der italiänischen und engländischen Dichter mag poetischer sein: aber der deutsche Satan ist satanischer; und insofern könnte man sagen, der Satan sei eine deutsche Erfindung. Gewiß ist er ein Favorit deutscher Dichter und Philosophen.« Hoffmanns Medardus und sein Doppelgänger Viktorin figurieren deshalb als gesteigerte Teufel, weil sie ein psychisches Innenleben besitzen, das dem traditionellen Satan der frühneuzeitlichen Literatur noch fremd bleibt. Ihre Bosheit ist nicht die des Mythos, die man kennen und bannen kann; vielmehr entstammt sie dem schmutzigen Grund der menschlichen Seele, auf den Hoffmanns Roman sein Licht wirft. Damit markieren die *Elixiere des Teufels* auch eine eigene Station in der Geschichte des Bösen, die sie mit altem Personal im Sinne einer heroischen Psychologie der Sünde neu erzählen.

Als Held der Exilierung, der Revolte und Störung bündelt die mythologische Gestalt des Teufels nicht nur die Energien des Unglaubens, die ihm das Christentum zuschreibt. Seit der Antike hat ihm die Kulturgeschichte eine Vielzahl subversiver Kräfte zugedacht, an denen Schrecken und Faszination des Ungehorsams gegenüber Gott oder einem allgemeinen moralischen Gebot gleichermaßen sichtbar werden. In der Doppelrolle des Abtrünnigen und des Verführers ist der Teufel unersetzbar, weil er das Böse, das ohne Bild abstrakt bleibt, im Körper zur Anschauung bringt. Es spricht für seine besondere Hartnäckigkeit, dass er seine schwerste Krise – die aufgeklärte Kritik des Aberglaubens – relativ unbeschadet überlebt hat. In Literatur und Malerei der Moderne taucht er immer wieder auf, obgleich das Böse seit der europäischen Romantik in wachsendem Maße als Form dargestellt wird, die sich im Inneren des Menschen entfaltet – als Modus ohne greifbare Gestalt. In der Geschichte seiner gescheiterten Vertreibung, die mit der Aufklärung begann, spiegelt sich zugleich die Dialektik des Höllensturzes, welche Vernichtung und Wiedergeburt bedeutet. Wenn die Exilierung Luzifers die dunkle Sehnsucht nach dem Bösen im Menschen präsent hält, so bewährt sich der Teufel wiederum in der vernünftigen Kritik am Aberglauben als ästhetische Figur, die nicht substituiert werden kann.

Wie mächtig die Heroisierung des Teufels gerade in der phantastischen Unterhaltungsliteratur des 20. Jahrhunderts nachwirkt, demonstriert exemplarisch William Peter Blattys vor allem durch seine Verfilmung bekanntgewordener Roman *The Exorcist* (1971). Zu einem gefährlichen Widersacher von Kirche, Staat und Moral wird Satan hier vornehmlich durch die Fähigkeit, sämtliche Schachzüge seiner Gegner vorauszusehen. Das Böse entzieht sich dem Zugriff der Exorzisten, weil es über ein antizipierendes Wissen verfügt, das ihm unerhörte Vorteile im Kampf um die angemessene Strategie verschafft. An den Platz der proteischen Gestalt, die das Mittelalter der Satansfigur zuschrieb, tritt auch im modernen Horrorroman eine psychische Disposition, die es dem Teufel erlaubt, Gedanken und Absichten seiner Feinde zu erahnen. Dem jungen Jesuiten Karras, der das letzte Gefecht mit dem alten Feind führt, antwortet der Dämon im Verhör auf lateinische Fragen seinerseits in lateinischer Sprache, weil er das Unbewusste seines Gegenübers kennt: »›Ich kann überhaupt kein Latein. Ich habe deine Gedanken gelesen. Ich habe die Antworten aus deinem Kopf gezogen!‹«

Satan erscheint ähnlich wie Goethes Mephisto als Proteus des Unbewussten, der in der Seele seines gebildeten Gegners lesen kann wie in einem geöffneten Buch. Pater Karras wiederum bringt als Geistlicher und Psychiater jene Doppelausrüstung mit, die man offenbar benötigt, um das Böse im 20. Jahrhundert zu bekämpfen. Das Wissen der christlichen Lehre und die diagnostische Kunst der Psychoanalyse sollen den Feldzug gegen das Böse, das sich im Körper eines pubertierenden Mädchens eingenistet hat, erfolgreich unterstützen. Am Ende aber, als die Armaturen des Geistes versagen, hilft nur ein archaisches Opfer: Karras lockt den Dämon in seinen Körper und tötet sich durch einen Fenstersprung selbst, um die Besessene vom Teufel zu befreien.

Nicht das Wissen, sondern das Märtyrertum erlöst vom Bösen - freilich nur so provisorisch, dass zumindest eine Fortsetzung plausibel sein konnte: In Blattys Roman *Legion* (1983) ersteht der Teufel in der Gestalt des Paters wieder auf und bedroht die Welt aus den Tiefen eines Kellergefängnisses, in dem Alptraum und Einbildung zusammenspielen. Satan vermehrt sich, indem er stets neue Gestalten annimmt: »Nennen Sie mich *Legion*, denn wir sind viele.« Seine Ubiquität aber ist Schein, denn als Mittel der Suggestion gleicht sie den Taschenspielertricks der Fiktion, mit denen die phantastische Literatur arbeitet. Die Beharrlichkeit des Teufels spiegelt sich in der Struktur der Texte, deren Erzählmuster eine Serie formen, die kein Ende kennt. Seine ewige Wiedergeburt gewährt die Regeneration eines literarischen Genres, das sich in seinen Remakes unaufhörlich fortzeugt.

Was Friedrich Schlegel 1798 als »satanische« Poetik bezeichnet hatte, ist das Produkt einer Darstellung, die nicht originell, sondern erkennbar sein möchte. Das prädestiniert den Höllenfürsten zum idealen Helden des Films - man denke an Roman Polanskis *Rosemary's Baby*, Ken Russels *Gothic* oder Stephen Frears' *Mary Reilly*, aber auch an den Satan im Œuvre von David Lynch *(Lost Highway, Fire Walk with Me)*. Als Wiedergänger agiert der Teufel im Bann einer gleichförmigen Reproduktion seiner selbst, die ihn zum jederzeit identifizierbaren Protagonisten der neuzeitlichen Medien qualifiziert. Das wahre Subjekt der »modernité«, das Walter Benjamin für heroisch hielt, ist der traditionelle Held des Mythos vom Bösen.

Karin Westerwelle

Der Dandy als Held

Heroische Größe in der bürgerlichen Welt

»Die Enthüllung heroischer Zeiten« – mit dieser verheißungsvollen Formel kündigt die Satirezeitung *Le Charivari* eine neue Serie von Honoré Daumier an. Von 1841 bis 1843 erscheinen die amüsanten Blätter der *Histoire ancienne*. In brutaler Weise habe sich Daumier der Antike und Mythologie bemächtigt, urteilt Charles Baudelaire, und auf sie gespuckt. »Und der hitzige Achill, und der schlaue Odysseus, und die brave Penelope, und Telemach, dieser große Tolpatsch, und die schöne Helena, die Troja ins Verderben stürzte«, ziehen an uns vorüber, und »sie alle erscheinen uns in einer possenhaften Hässlichkeit, die an die abgewrackten Körper der klassischen Schauspieler erinnert, die in den Kulissen eine Prise Schnupftabak nehmen.«

Im Heldenkatalog verwandelt Baudelaire einst edle Beiwörter, die als Auszeichnung des Helden und seines Handelns für das Gemeinwohl galten, in alltägliche Eigenschaften. Der Abstand von antikem Vorbild und moderner Lebenswelt ist unüberbrückbar, die heroische Geste auf der klassischen Theaterbühne ist nur noch Pose, die mit einer alltäglich modernen Lebenswelt zusammenstößt. Die Heldenrolle vermag auch in der klassischen Imitation keine substantielle Einheit herzustellen. Im Medium der Karikatur ist zerstört, was noch in der zeitgenössischen Malerei, beispielsweise in den Darstellungen Napoleons, als heroisch intendiert ist.

Schon ein flüchtiger Blick auf die Karikaturen der *Antiken Geschichte* zeigt nichts eindrücklicher als den Verfall des heroischen Körpers. An den Körperbildern bemisst sich das heroische Leitbild, zeigt sich der Abstand von Antike und Moderne. Natürlich ist es der zeitgenössische Bourgeois, der in der angemaßten Rolle des antiken Heros von Daumier ridikülisiert wird. Gesten und Gesichtszüge, die der Lebenswelt des 19. Jahrhunderts zugehören, sind mit dem antiken Typus, wie er in Statuen oder klassizistischen Körperformen zum Beispiel bei Jacques-Louis David als Ideal ausgebildet ist, nicht in Einklang zu bringen. Das Nackte in den Körperbildern erscheint in überhängenden Bäuchen, stakig dünnen oder zu breiten Männerbeinen, in verdickten Gestalten. Es hebt die unproportionalen und unathletischen Figuren hervor, die darin den eklatantesten Abstand zum heroisch-kriegerischen Typus aufweisen. Noble oder elegante Haltung verunglückt als gestelzte Intention, wenn der »siegreiche Menelaos« vor dem Hintergrund des brennenden Troja das gestreckte Bein geziert auf der Fußspitze aufsetzt, die nicht im Kothurn, sondern im grazilen Ballettschuh steckt. Zwar fallen vom parallel zum Bein weit vorgestreckten Schwert einige Tropfen Blut, aber die lässig-possenhafte Hand am Schaft zeigt, dass das Schwert nur vorgeführt wird und das Blut nicht vom im erhabenen Zweikampf gefallenen Gegner stammt.

Daumier zeigt uns keine realen Verhaltensweisen des Bürgers, sondern

Projektionen idealer Größe, in die jener sich durch Bilderwelten aus Literatur und Kunst hineinzuversetzen wünscht. Es ist folglich dieser antiquarische Traum eigener Größe, den Daumier aufs Korn nimmt. Epische Erzählungen und enkomiastische Rede, Skulpturen und Gemälde haben den Traum vom Helden, von der Exaltierung des Ich in Pathosformen, Bildern und imaginären Vorstellungen gestaltet. Ihnen liegt der unaufhebbare Wunsch zugrunde, mittels des heroischen Vorbilds die banalen und alltäglichen Grenzen des Lebens zu transzendieren. Der Held ist derjenige, der Grenzen überschreitet. Bewundernswürdig ist seine Souveränität, die sich in besonderer Abkunft und in Wundererscheinungen bereits vor der Geburt ankündigt, die sich in körperlicher Kraft, in Schnelligkeit und Waffengewalt zeigt und Standfestigkeit gegenüber Natur, Schicksal oder auferlegtem Gesetz ist. Den Helden umgibt ein besonderer Glanz, sei es der strahlenden Augen, sei es der wunderbar leuchtenden Erscheinung seiner ganzen Person, er wirkt götterähnlich und erregt Bewunderung.

Epische Formen des Erzählens handeln im Besonderen von Heroen und ihren Taten; Seelengröße zeigt sich aber auch im Bösen oder Schlechten, wofür Dantes *Inferno* mit dem stoischen, im Feuergrab sich aufrichtenden Florentiner Politiker Farinata oder mit der Figur des Odysseus, der seiner frevlerischen Wissenslust Schiff, Mannschaft und das eigene Leben opfert, Beispiele geben. In der klassischen Tragödie im Frankreich des 17. Jahrhunderts sind es vor allem die Helden Corneilles, die Seelengröße im militärischen Handeln für die politische Ordnung verkörpern, dem die Liebespassion zumindest vorläufig geopfert wird. Ihre Größe wird auch in den Augen der anderen als ein Exzess gefeiert: So imaginiert in Corneilles *Cid* die Infantin das Blut der Opfer, das den Lorbeer des Helden Rodrigue begießen wird. Dagegen mokiert sich der Jansenist Blaise Pascal über den »ridicolosissimo eroe«. Der Held ist für ihn ein einziger Trug irdischer Größe, dem er als bescheidenen Anti-Heros den christlichen Heiligen gegenüberstellt.

Baudelaires Konzeption des Dandy bezieht sich dialektisch auf den aristokratischen Typus des 17. Jahrhunderts und dessen Ethos zurück und erfasst zugleich das Dandytum als besonderes Kulturphänomen des 19. Jahrhunderts. An der historischen Schwelle des Übergangs von der Aristokratie zur Demokratie, die Baudelaire zunehmend der Ökonomie des Geldes unterstellt sieht, definiert sich das Dandytum als heroische Leistung. Sie soll retten, was selbst dem Untergang geweiht ist. In einer berühmten Formel heißt es: »Das Dandytum ist der letzte Glanz des Heroismus in den Zeiten der Dekadenzen.«

Die Unmöglichkeit, die bürgerliche Welt im Spiegel der Heroen und klassischer Größe zu repräsentieren, illustriert besonders eindrücklich Gustave Flauberts Roman *Madame Bovary. Sitten der Provinz* aus dem Jahr 1857. Mit seinem sezierenden Blick der Nüchternheit schockierte Flaubert die Leser des 19. Jahrhunderts. Seine Kunst lag geradewegs in »realistischen« Details und Verfahren, die der hohen Literatur unwürdig zu sein schienen und ohne jedes gesellschaftliche Telos ein mediokres Spiegelbild der eigenen Zeit entwarfen. Die für Charles Bovary vorbereitete Mahlzeit, jenes »im

Ofen gegarte Stück Kalbfleisch«, das ihm seine Mutter fürsorglich nach Rouen schickt, gehört zu jenen unter »Realismusverdacht« monierten Details. Es erschien als zu wenig erbaulich und verwies auf eine banale Alltäglichkeit, die nicht idealisierend überschritten wurde.

In seinem Roman hat Flaubert auf poetologischer Ebene und in direkter Auseinandersetzung mit antiken Topoi die mangelnde Größe in der bürgerlichen Welt bespiegelt. Er hat den Heroismusverlust verdeutlicht, den ein verklärender Blick auf Kunst und Literatur nicht wahrhaben wollte. Das erste Porträt des männlichen Protagonisten bietet uns keine objektive oder realistische Beschreibung und Veranschaulichung von Charles Bovary. Der mediokre Held ist da noch ein Schüler und wird über eine Beschreibung der Kleidung eingeführt: Das Porträt von Charles Bovary ist eine Karikatur, die Karikatur ein Analysemodus von Wirklichkeit.

Dieser Modus setzt sich im Folgenden im stotternden Hervorbringen seines Namens fort. »Charbovary« erzeugt in der Verballhornung »carrus« (Wagen) und »bos« (Ochse) ein Namenskonzept des niedrigen Personals, überdies evoziert der Name den Titel der Karikaturzeitung *Charivari*. Die Konfrontation zwischen aktuellem Schulalltag und satirischem Antikebezug treibt der geistreiche Schulmeister weiter. Er verwandelt in seiner Anrede die »casquette«, die Mütze von Charles, in einen »casque«, einen Helm. Charles' grotesker Helm steht jenem heroisch furchteinflößenden entgegen, der bei Homer dem kleinen Astyanx beim Abschied Hektors von Andromache Angst macht. Flaubert ironisiert die Kopfbedeckung von Charles Bovary, indem er auf die antike Funktion des schreckeneinflößenden Helms anspielt. Das Heroische, die Größe der Erscheinung der Figur ist gänzlich zurückgenommen, der Schrecken geht nunmehr vom hässlich-banalen Gegenstand aus.

Der angebahnte Vergleich zwischen antik-epischer und moderner Kleidung und Welt wird im Folgenden durch den Erzähler weitergeführt: Die Beschreibung des Lachens der Schüler erscheint vor dem Hintergrund des virgilischen Sturmwindes des Meeres, die Mütze von Charles konturiert sich vor dem homerischen Objekt des Schilds des Achill. Doch die stärkste Form der Verzerrung des Heldenhaften und der schönen Ordnung von Welt liegt in der Beschreibung der »casquette« als Parodie der Homerischen Schildbeschreibung des Achill aus dem 18. Buch der *Ilias* vor: »der *Neue* hielt seine Mütze immer noch auf den Knien. Es war eine dieser vielgestaltigen Kopfbedeckungen, die etwas von einer Pelzmütze, einer Tschapka, einem Filzhut, einer Otterfellkappe und einer Baumwollmütze haben ... Eiförmig und über Stäbchen gespannt, fing sie mit drei kreisrunden Wülsten an, dann wechselten, durch einen roten Streifen getrennt, Rauten aus Samt und Kaninchenfell; schließlich folgte eine Art Sack, der in einem kartonierten Polygon endet, das mit verwickelter Litzenstickerei bedeckt war, und von dem an einer langen, zu dünnen Kordel, eine kleine Troddel aus Goldfäden wie eine Quaste herunterhing. Sie war neu; der Schirm glänzte.«

Bei Homer berichtet der Erzähler, wie der Schild für Achill in kostbaren Materialien gefertigt wird, und beschreibt, mit welchen zahlreichen Bildern

Hephaistos den Schild geschmückt hat. Neben den kosmischen Elementen Erde, Meer, Himmel mit Sonne, Mond und Sternbildern zeigt er vielfältige Bilder des menschlichen Lebens. Flaubert hat die kosmische Ordnung der Schildbeschreibung und die dargestellten Szenen gänzlich aufgelöst. Bei ihm hat die Mütze physiognomischen Charakter, sie wird mit dem Gesicht eines Dummen verglichen. Als besonderes Objekt der Veranschaulichung der »bêtise« übersteigt die Mütze aber die bereits ausgeführte Beschreibung der individuellen Kleidung und Charakteristik von Charles Bovary, sie führt ins abgrundtief Hässliche und Dumme, das selbst stumm und unattraktiv bleibt. Diese Tiefe ist ein uninteressantes Hässliches, in dem es nichts zu entdecken gibt und keine Erkenntnis zu vermuten ist.

Die grotesk-obszöne Beschreibung der Mütze, die auf den Knien von Charles liegt, ist Zeichen und obszöne Veranschaulichung männlicher Potenz. Sie verweist in ihren ekphrastischen Elementen zugleich auf die Gesetze und Grenzen der schöpferischen Kraft der Autorfigur, die ihren Blick auf die bürgerliche Welt in der Mütze zur Darstellung bringt. Die Mütze steht also nicht nur für den traurigen Helden mit der Narrenkappe Charles Bovary, sie steht auch für die Komposition eines Romans jenseits heroischer Größe: Nicht Ereignis und Geschichte, sondern Langeweile, Dummheit und das Stereotype stehen in seinem Zentrum.

Aristokratie und Heldentum

Die Französische Revolution hat das Ancien Régime und die politische Trägerschaft, den Feudaladel und seine Privilegien, abgeschafft. Nicht erst im 19. Jahrhundert ist damit ein ethisches und ästhetisches Leitbild des »héros« als militärisch-kriegerischer Typus, der Größe, Ruhm und Ehre verkörpert, obsolet geworden. Bereits vor dem demokratischen Zeitalter ist der durch Waffentaten hervortretende Held eine schwindende Kategorie. In Humanismus und Renaissance und im klassischen Zeitalter wird sie von anderen Typen wie dem »honnête homme« und dem »homme illustre« ersetzt. Nach dem Urteil des Chevalier de Méré, der in der Tradition der höfisch-aristokratischen Verhaltensregeln des *Hofmannes* von Baldassare Castiglione steht, fand bereits die Höflings- und Konversationsgesellschaft am Typus des waffengewandten Chevaliers weniger Vergnügen als an jenen »gentilhommes«, die durch Eleganz und Esprit am Hof oder im Salon hervortraten. Castiglione hatte dem angehenden Höfling nicht nur die Aneignung ritterlicher Fähigkeiten und Fertigkeiten, sondern auch die Unterweisung in den Künsten und Wissenschaften empfohlen.

Von Norbert Elias ist die Ausbildung der höfischen Gesellschaft mit ihrem Verhaltenskodex der »politesse« als gewaltdisziplinierend beschrieben worden; mit ihr prägt sich ein europäisch wirksam gewordenes Modell aus. Anders urteilt der Romancier Stendhal, der die Salon- und Hofgesellschaften des 19. Jahrhunderts vor Augen hat. In der Perspektive des ästhetischen Interesses sieht er die Ausbildung einer »extremen Höflichkeit« als ursächlich dafür verantwortlich, »die Energie in den reichen Klassen der Nation« zerstört zu haben. An ihre Stelle sei lediglich eine »extreme Eitelkeit« getreten, die, von der Höflichkeit immer weiter angestachelt, ständig im Herzen der Menschen zugenommen habe. Gegen diese Zivilisationsformen stellt Stendhal den »amour-passion«, der mit der Erscheinung des »großen Mannes« verbunden sei. Für seine eigene Zeit diagnostiziert er: »In Frankreich sind die großen Leidenschaften ebenso selten wie die großen Männer.«

Mit der Ausbildung einer bürgerlichen Öffentlichkeit im 18. Jahrhundert haben sich Bild und Modell des Helden entscheidend verschoben. Die Aufklärung hat eine neue Kultfigur, den »homme illustre« und den »grand homme«, geschaffen. Humanität, Milde und Patriotismus, die sich mit großen Talenten und großen Tugenden vereinen, gelten als Eigenschaften des großen Mannes. Ihm gegenüber tritt der Held, der sich durch Kühnheit, Mut und Kenntnis des Kriegshandwerks auszeichnet, zurück. Sein Ruhm scheint mehr von Zufall und Glück bedingt, während den großen Mann innere »virtus« auszeichnet. Die Feier des Vorbilds eigener Größe führt, wie Jean-Claude Bonnet aufgezeigt hat, zur Erfindung des Pantheon und zum Kult der »grands hommes«.

Die zentrale Position des Helden, wie sie im Epos, aber auch in Oden und Hymnen in schönen Taten und tugendhaften Handlungen besungen wird, ist mithin ein jeweils neu zu besetzender Ort, an dem sich neue Figuren präsentieren. Diese erlangen ihr Prestige oder aber ihre melancholische Größe, wenn man sich die Genealogie der alten Platzinhaber vergegenwärtigt. Die Malerei Antoine Watteaus ist auch im Blick auf das 19. Jahrhundert von besonderem Interesse. Watteau hat den dem König vorbehaltenen Platz des lebensgroßen Porträts neu gestaltet und ausgefüllt: Die Position des Helden nimmt ein Anti-Held der Commedia dell'arte ein, der ewig scheiternde Pierrot oder Gilles. Der Kunstkritiker W. Bürger hat 1860 Watteaus besondere Malweise und den symbolisch öffentlichen Repräsentationsverlust pointiert charakterisiert: »Man malte Heroen, und er malte Jahrmarktsgaukler.«

Anders als die mythologisierende und verklärende Repräsentation von Personen des Hofes, die seine Zeitgenossen betrieben, erfand Watteau eine neue Darstellungsart, die mit neuen Gegenständen, ihren besonderen Physiognomien, Gesten und ihren Landschaften zu entdecken war. Eine Figur der Peripherie gelangt ins Zentrum und besetzt die Leerstelle des Helden. Gaukler- und Jahrmarktsfiguren werden zu einer Reflexionsfigur für den Künstler des bürgerlichen Zeitalters. In seinem Prosagedicht *Der alte Jahrmarktsgaukler* lässt Baudelaire diese Figuren Revue passieren. Die »Hercules sans emploi« sind belustigende Jahrmarktsgestalten, denen der alte Kern heroischer Größe der mythologischen Figur noch eingeschrieben ist. Kraftvoll, aber handlungsuntätig, weder für das Gute noch das Böse auf dem Weg, wird Herkules eine Figur des Stillstands und der kostümierten Pose.

Das Regierungs- und Machtpathos von Königen und Fürsten wird in einem Katalog von repräsentativen Prädikaten sichtbar. Sie umgaben sich und ihre Umgebung mit jenen Begriffen, Worten und Zeichen, die ihre Majestas zur Anschauung brachten: Ehre, Exzellenz, Eminenz, Ruhm und Glanz. Zeremonielle Formen von öffentlicher Repräsentation durchdrangen im Ancien Régime weite gesellschaftliche Bereiche. Ein fein gestuftes System von repräsentativ-schmückenden Zeichen gab, wie Balzac im 1830 entstandenen *Traktat des eleganten Lebens* diagnostiziert, über gesellschaftliche Stellung und Privilegien Aufschluss: »Und so sind Wappen, Livrées, rote Kappen, langes Haar, Wetterhähne, rote Absätze, Mitren, Taubenhäuser, Chorgestühl und Weihrauch, Adelsprädikate, Bänder, Diademe, Schönheitspflästerchen, Rouge, Kronen, Schnabelschuhe, Mörser, lange Kleider, Fellpantöffelchen, Scharlachrot, Sporen etc., etc., nach und nach materielle Zeichen für die mehr oder weniger große Nichtbeschäftigung, die sich ein Mann leisten konnte, geworden.«

Nichtbeschäftigung gilt Balzac als ein Privileg des Aristokraten oder des Reichen, der anders als die arbeitstätigen Menschen über Zeit und Geld verfügt, um sich dem »eleganten Leben« zuzuwenden. Die Französische Revolution, so Balzac, habe die Garderobe, die im Laufe von vierzehn Jahrhunderten erfunden wurde, mit Gewalt abgeschafft und in Papiergeld verwandelt. Bloß nach ihrem Geldwert betrachtet, verlieren die symbolischen Zeichen ihren repräsentativen Wert. Aber auch die nachrevolutionäre Gesellschaft habe nicht darauf verzichtet, zwischen Arm und Reich, zwischen Herrschenden und Beherrschten zu unterscheiden. An die Stelle eines Systems der gesellschaftlichen Distinktion von Schichten sei nunmehr in einer Gesellschaft, die die Differenzen abgeschafft habe, ein System der Nuancen getreten. Der gesellschaftliche Mensch zeichne sich gerade dadurch aus, neue Distinktionen zu finden. Die öffentliche Meinung sei jene Kraft, die solche Differenzen durchsetze und damit auch die Mode als System unterhalte. Balzacs Sicht auf die »hommes de lettres« und die »artistes« und seine gesellschaftliche Aura ist optimistisch, zumindest versucht er für den Künstler eine Ausnahmestellung zu begründen und ihn in seiner Gedankenarbeit als Beherrscher und nicht als den von der Gesellschaft Beherrschten zu etablieren: »Der Artist ist immer groß. Er hat eine eigene Eleganz und ein ihm eigenes Leben, denn in ihm reflektiert alles seine Intelligenz und seinen Ruhm.«

Der Dandy als Held

Balzac hat in seinen Romanen das Scheitern des Dichters in seiner Ambition, auch gesellschaftlich zu reüssieren und im Glanz des aristokratischen Lebensstils zu erscheinen, vorgeführt. In *Die verlorenen Illusionen* ist es der Dichter und Schriftsteller Lucien de Rubempré, mit bürgerlichem Namen Lucien Chardon, der aus der Provinz nach Paris auszieht, um ein gesellschaftliches Ziel zu erreichen: »se mettre en vue«, sich glanzvoll ins Zentrum der Blicke und Wertschätzung zu stellen. In dem Maße, wie er gesellschaftliche Ambitionen verfolgt, sich in der Eleganz und dem Glanz der aristokratischen Gesellschaft schmücken und als Dandy erscheinen will, scheitert Lucien de Rubempré als Dichter, weil er dem Prinzip der geistigen Arbeit abschwört und sich vom Luxus korrumpieren lässt.

Mehr aber noch als an den Regeln des Ausschlusses der aristokratischen Gesellschaft scheitert er an den Verstrickungen der Macht der Presse, die er aufgrund seiner Eitelkeit nicht zu durchschauen in der Lage ist. Zeitungen und Journale erweisen sich als die eigentlichen Steuerungsinstrumente von öffentlichem Ansehen. Vergleicht man Balzacs Konzeption des Dandy als Figur gesellschaftlichen Aufstiegs mit der späteren von Baudelaire, beansprucht erst Letzterer den Dandy als Reflexionsfigur des Künstlers. Anders als bei Balzac – oder bei Barbey d'Aurevilly und dessen berühmter Schrift *Über das Dandytum und über George Brummell* von 1845 – steht bei ihm der Dandy in einem profunden Antagonismus zum gesellschaftlichen Feld.

Baudelaire ist von seinem Freund und ersten Biographen Charles Asselineau 1869 als »ultra-fashionable« charakterisiert worden. Das Porträt, das der Maler Émile Deroy 1844 von Baudelaire angefertigt hat, erinnert Asselineau an den jungen Dichter, der seinen Wohnsitz in Paris auf der Ile Saint-Louis hatte und in den schäbigen Vierteln durch einen »Luxus ungewöhnlicher Kleidung« auffiel: Bereits dem »schwarzen Anzug« zugetan, also jener Männerkleidung, die alte Farbenpracht der vorrevolutionären Männermode abgelöst hat, präsentierte sich Baudelaire mit glänzenden Stiefeln, hellen Handschuhen und dem »chapeau de dandy«. Im Medium der frühen Photographien, wie sie uns überliefert sind, zeigt sich Baudelaire nicht als mondäner Dandy. Félix Nadar, Étienne Carjat und Charles Neyt haben ihn in hieratischer Haltung, die nüchterne Züge klerikaler Strenge suggeriert, aufgenommen. Die Pose ist sicherlich nicht nur dem frühen Verfahren und dem Zwang der langen Belichtungsdauer geschuldet. Gehrock oder schwarze Kleidung, große Fliege, Spazierstock oder Zigarre charakterisieren eine Figur des öffentlich-städtischen Raumes, die Privat-Persönliches in keiner Weise preisgibt, aber auch keine Nonchalance, keine »sprezzatura«, vermittelt. Der Blick ist durchdringend, die Mimik abweisend, die zugeknöpfte Kleidung wirkt ernst, keinesfalls lässig oder modisch elegant.

Konzentration und Undurchdringlichkeit, die Baudelaire auf den Photographien zeigt, scheinen seiner neuen Konzeption des Dandy zu entsprechen. Von den Schriften zum Dandytum sind nur zwei besonders zu erwähnen: das Kapitel »Der Dandy« aus der Schrift *Der Maler des modernen Lebens* (1863) und die Tagebuchaufzeichnungen. Danach ist der Dandy die in ihrer Eleganz zugleich distinguierende und abweisende Maske, die der in der Gesellschaft verkehrende Künstler annimmt. Gegenüber seinen wichtigsten Vorläufern Balzac und Barbey d'Aurevilly zeigt sich Baudelaires deutende Kraft darin, ein im zeitgenössischen Leben bereits ausgeprägtes Muster modischen Verhaltens und der Selbstdarstellung auf die Künstlerfigur zu applizieren. Der Künstler als Dandy präsentiert sich im »vivre masqué« der Öffentlichkeit; die Formen der Eleganz werden zu undurchdringlichen Masken. Zwar sucht der Künstler in der Eleganz eine besondere Originalität, diese soll aber kein hervorstechendes Merkmal sein, sondern selbst im Rahmen des sich Ziemenden bleiben. Anders als in manifestartigen Selbstdarstellungen, die mit Provokation und Skandal arbeiten, sticht das elegante Detail nicht hervor. Anders als beim romantischen Künstler sind die offene Form der Revolte und die unkonventionelle Erscheinung des Bohemien nicht intendiert. Der dandyistische Künstler will sich von den Massen unterscheiden, aber das besondere Detail ist, wie Roland Barthes diagnostiziert, anders als das Exzentrische nicht oder nur schwer zu imitieren.

An der Oberfläche ist der Dandy eine glatte und abweisende Erscheinung. Er ist eine Figur der Kälte, die die anderen vielleicht berührt oder erstaunt, selbst aber – wie der aristotelische Gott – unbewegt und unberührt bleibt. Alle äußeren modischen und eleganten Zeichen der Kleidung gelten nicht für sich selbst, sie haben auch nicht die Funktion, Geld und Vermögen zur Darstellung zu bringen. Als Kennzeichen von Muße und Luxus, das heißt eines Freiraumes, der über bloße Naturnotwendigkeit hinausgeht, sind sie aber geeignet, eine geistig-spirituelle Dimension des künstlerischen Menschen anzuzeigen, die jenseits aller Zweck- und Nutzenrechnung liegt. Die äußeren Repräsentationszeichen sieht Baudelaire nunmehr als Zeichen einer inneren Größe, die größter Disziplin unterworfen sind. Besteht der disziplinarische Kult auf der einen Seite darin, das Geistige und damit unsichtbare Originalität im gesellschaftlichen Raum in zeremonieller Form zu repräsentieren, so untersteht er auf der anderen Seite dem Imperativ, jede affektunterworfene Bewegung des Körpers zu unterdrücken. Jede Art von Schockerfahrung, die aus dem äußeren Raum kommen könnte, ist damit ausgegrenzt.

In radikaler Weise ist der Dandy als derjenige gedacht, der weder stoische »admiratio« noch christliche »misericordia« kennt und sich somit jeder menschlichen Kommunikation entfremdet. Der Dichter liegt jenseits jeden Bildes, das die Gesellschaft von ihm hat. Als Figur absoluter Selbstkontrolle wird er als derjenige vorgestellt, der vor dem eigenen Spiegelbild isst und schläft und damit seine leiblichen Bedürfnisse der ständigen Beobachtung des Bewusstseins unterwirft.

Die Beobachtung des Selbst kulminiert in einer autarken Bestimmung des eigenen geistigen Geschicks und in dem Selbstbewusstsein, souverän über Auszeichnung und Rang und damit über Ruhm zu bestimmen. Weder das quantitative Maß menschlicher Wertschätzung, das Votum der Menge, noch die Unterwerfung unter die Nachzeit entscheiden über Ansehen und Ruhm: »Ein großer Mann und Heiliger *für sich selbst* sein, darin liegt die einzig wichtige Sache.« Profane und spirituell-religiöse Auszeichnung und Anerkennung des Einzelnen werden unabhängig von gesellschaftlichen Instanzen – obwohl auf ihnen noch in der Negation beruhend – aus der Souveränität des seiner selbst bewussten Ich gesetzt. Der Dandy ist folglich eine Figur allergrößter Einsamkeit. In diesem Punkt verbindet sich der Dandyismus auf besondere Weise dem Phänomen literarischer Produktivität und der Rezeption von Kunst. Die Möglichkeit eines Werkes blitzt auf, das sich an niemanden wendet und ohne Leser auskommt. In den *Künstlichen Paradiesen* erscheint der Gedanke größter Einsamkeit von Werk und Autor besonders eindrücklich: »Um endlich alles auszusprechen, ist es unverzichtbar, dass ein Buch für jemanden geschrieben worden ist? Ich habe, was mich angeht, so wenig Geschmack an der lebenden Welt, dass ich, ähnlich diesen empfindsamen und untätigen Frauen, die, so sagt man, ihre Vertraulichkeiten per Post an imaginäre Freunde schreiben, sehr gerne nur für die Toten schriebe.«

Die künstlerische Selbststilisierung im Habitus des Dandy ist eine Auszeichnung jenseits gesellschaftlicher Institutionen. Insofern erscheint der Dandyismus als »eine unklare Institution, genauso seltsam wie das Duell«. Baudelaire erläutert den Dandyismus über einen obsoleten, institutionell abgeschafften Ehrenkodex des Ancien Régime und erneuert auf der Ebene der künstlerischen Erfindung einen Wert und eine Distinktion, ohne dass in der modernen demokratischen Gesellschaft eine Institution bestehen würde, die den Rahmen des Dandytums definieren könnte. Mit Pierre Pachet gesprochen ist der Kampf von zwei Helden, die sich von der übrigen sozialen Welt im Ritus des Duells isolieren, durch die Vereinzelung des Dandy ersetzt. Der Dandy sucht Distinktion und Hervorhebung seiner selbst in einer Welt, wo es keine Verfahrensweisen gibt, die ihm dies gestatteten. Das Heroische des Dandyismus liegt in der Erfindung und Aufrechterhaltung eines artifiziellen Systems der Auszeichnung, die eine Differenz im Geistig-Spirituellen markiert, aber durch keine gesellschaftliche Instanz abgesichert wird. Der heroische Dandyismus verweist auf die Produktivität des Künstlers, die sich gegen die Kommunikationslosigkeit in der indifferenten Gesellschaft und auch gegen die eigene Diagnose, für die Toten zu schreiben, aufrechterhält. Heroisch ist der Dandyismus in dem Maße, wie er diesen agonalen Momenten standhält.

Und was ist mit Baudelaires Verdikt »Die Frau ist das Gegenteil des Dandy«? Wenn in der bürgerlichen Welt heldenhafte Größe und »passio« nicht möglich sind und diese Welt zudem von – wie Stendhal feststellt – einer alles eintünchenden Hypokrisie beschädigt wird, so scheint doch gerade im Roman des 19. Jahrhunderts der weiblichen Imagination eine besondere Funktion für die Schaffung von differenten Rollenentwürfen und die Genese des anderen, neuen Helden zuzukommen.

Die Überlegenheit von weiblichem Selbstbewusstsein und weiblicher Phantasie spielt Baudelaire in seiner frühen Novelle *La Fanfarlo* aus. Der Düpierte der Erzählung ist am Ende der dandyhafte Samuel Cramer, der sich gegenüber den weiblichen Figuren und ihren Strategien nicht behaupten kann. Überdies hat Baudelaire in seiner Besprechung von Flauberts Roman in Emma Bovary den leidenschaftlichen Gegenpol zur banalen und leidenschaftslosen Bürgerlichkeit gesehen. Im Widerspruch zu den weiblichen Rollenbegrenzungen der Zeit erscheint Emma Bovary als Trägerin eines Dandyismus, der dem Prinzip der Verführung gehorcht. Sie inkarniert das Herrschenwollen über die männliche Welt, auch wenn oder wahrscheinlich gerade weil sie sich dazu banaler Mittel, nämlich jener des eleganten Lebens, der Kleidung und Pomade, bedient. In ihrer Wut anlässlich der gescheiterten Operation ihres Mannes, der ihr keine »jouissance spirituelle« zu geben vermag, bezeichnet Baudelaire sie als »petite lady Macbeth«. Er stilisiert sie damit als eine Figur der Überschreitung – die Frauenfigur Shakespeares in dem Gedicht *Das Ideal* aus den *Blumen des Bösen* als jene Instanz, die gegenüber den banal-kitschigen Kunstformen für eine Größe der Imagination steht, die sich an Michelangelo und Aischylos misst.

Siegfried Kohlhammer

Der Hammer redet

Dichter und Denker als Helden

»Die Vorstellung, ein Schriftsteller sei ein Held, entbehrt nicht der Komik.« Heinz Schlaffer

Die meisten heutigen Leser von Thomas Carlyles *Helden und Heldenverehrung* (1841) werden wohl nicht wenig erstaunt sein, wenn ihnen die dort behandelten Dichter und Denker als Helden präsentiert werden. Nun ist »Held« eine der höchsten Formen der Anerkennung, die eine Gesellschaft zu vergeben hat – es sollte deshalb nicht verwundern, dass auch diejenigen, die ungeachtet aller sonstigen Verdienste darauf keinen Anspruch erheben können, die Kategorie für sich und ihre Kollegen in Anspruch zu nehmen versuchen: Dichter, Denker und bildende Künstler zum Beispiel. Wie ist es ihnen gelungen, zumindest zeitweilig diese Form der Anerkennung zu ergattern, die doch in so deutlichem Gegensatz zu ihrem Handeln zu stehen scheint?

Der Held ist, was er ist, durch sein Handeln. Heldisches Handeln ist dadurch charakterisiert, dass es um eines höheren Gutes willen ein für die individuelle Existenz des Helden Wesentliches aufs Spiel setzt: sein Leben, sein Wohlergehen, seine Liebe. Das künstlerische und gar denkerische Handeln aber ist wesentlich risikolos, innerlich, zerebral, allenfalls handwerklich in seiner Materialität. Entwürfe, Pläne, Skizzen künstlerischer oder philosophischer Werke können als Werke eigenen Rechts angesehen und anerkannt werden, Entwürfe und Pläne heldischen Handelns gelten zu Recht für wenig oder nichts, sind schlimmstenfalls Maulheldentum.

Das paradigmatische heldische Handeln ist der Kampf, unmetaphorisch: der gewaltsame Versuch, den Gegner zu töten, und dabei das Risiko eingehen, selber getötet zu werden. »Was ist ein Kampf, an dem der Körper nicht beteiligt ist?«[1] Dichten und Denken als Tätigkeiten sind in diesem Sinne risikofrei; die auf diesem Schlachtfeld davongetragenen Wunden sind allenfalls Hämorrhoiden, Rückenschmerzen und nervöse Schlafstörungen.

Es gilt also, die Arbeit des Künstlers und Denkers zu einem dem Helden vergleichbaren Handeln umzugestalten – und zwar generell, unabhängig von ihrem spezifischen Inhalt und ihrer besonderen Form. Rilke deutet Rodins muskelbepackten *Denker*: »Er sitzt versunken und stumm, schwer von Bildern und Gedanken, und alle seine Kraft (die die Kraft eines Handelnden ist) denkt.« Modell für den *Denker* saß übrigens ein Boxer, dem keinerlei denkerische Ambitionen nachgesagt wurden.

Bezeichnenderweise erfolgte diese Qualifizierung des künstlerischen Schaffens als heldisches Handeln erst mit der Abdankung des Monopols des Kriegers (im religiösen Bereich des Märtyrers) auf den Heldenstatus. Zu-

[1] Heinz Schlaffer, *Das entfesselte Wort. Nietzsches Stil und seine Folgen*. München: Hanser 2007.

nächst war es den Künstlern – solange sie noch um gesellschaftliche Anerkennung kämpfen mussten – gerade darum gegangen, das Geistige ihres Handelns herauszustellen, um der allen Formen der Handarbeit geltenden Verachtung zu entkommen. Im 19. und 20. Jahrhundert aber wurde »Ringen« zur beliebtesten Metapher, um dem künstlerischen und denkerischen Schaffen den Status heroischer Aktion zuzuschreiben.

Carlyle beruft sich bei seiner Darstellung der »Men of Letters« als Helden auf Fichtes Vorlesungen *Über die Bestimmung des Gelehrten*. Fichte unterscheidet zunächst zwei Arten von Wissen: Das eine ist nur Ab- oder Nachbild des außerhalb des Wissens befindlichen, und von dem Wissen ganz und gar unabhängigen Daseins, eine »bloße Wiederholung des kräftig Seienden im toten Bilde«. Das andere Wissen ist »Vorbild eines Seins und in sich den Grund eines Seins enthaltend« – ein solches Wissen »müsste praktisch sein und tätig, und ein Sein begründend«. Mit anderen Worten, »es wird durch dasselbe ein Handeln gefordert und vorgezeichnet«. Fichtes praktisches Wissen ist alles andere als ein bloß nützliches, es ist »tatbegründendes Wissen« und zwar »der übersinnlichen und geistigen Welt«, einer »zweiten übersinnlichen Welt in unserem Innern«. Und in diesem tatbegründenden Wissen soll der Gegensatz von Wissen und Handeln aufgehoben sein.

»Am Anfang war das Wort« oder »Das Wort ward Fleisch« – es ist wohl ein uraltes sprach- und wortmagisches Grundmuster, das diesem Gedanken zugrunde liegt. Der amerikanische Politwissenschaftler Alan I. Bailey schreibt in *Heroic Individualism* (2006), dass Rousseau, Carlyle und Nietzsche ungeachtet all ihrer Differenzen darin übereinstimmten, dass sie das Problem von Schreiben und Handeln ernst nähmen. »Sie versuchen außerdem so weit wie möglich, durch ihr Schreiben zu handeln.« Bei ihnen fungiere der Autor »als ein historischer Akteur, im Extremfall als Urheber der Geschichte«. Rousseau sei der Gründer »des Systems, durch Handeln zu schreiben«. Carlyle verwische die Unterscheidung von »Kontemplation und Aktion«, was in noch stärkerem Maße auch auf Nietzsche zutreffe.

Zurück zu Fichte: Einzig dieses praktische Wissen sei das des Gelehrten und es wert, »dass jemand demselben sein ganzes Leben hingebe und aufopfere«. Hier taucht ein weiterer Topos auf, der zur Heroisierung des Wissens oder Denkens führt: Es fordert Aufopferung – und nicht weniger als die des ganzen Lebens. Das apriorische Wissen des Gelehrten nun ist das Bild Gottes, »des innerlichen Seins und Wesens der Gottheit«. Es ist »das einzige wahre Wissen; und wer nicht in dieses hineingekommen ist, der weiß in der Tat gar nicht, sondern bringt all die Tage seines irdischen Lebens in tiefer Bewusstlosigkeit hin.« Hier zeichnet sich ein weiterer Topos dieses Denkens ab: die Verachtung der Menge, der Massen, des Pöbels im Namen der Geistesheroen – als ob man diese nicht anerkennen und ehren könnte, ohne die anderen zu verachten.

So wird der Gelehrte bei Fichte »durch sein tätig gewordenes Wissen zur eigentlichen Lebenskraft in der Welt, und zur Triebfeder der Fortsetzung der Schöpfung. Dies nun eben soll er sein, und das zu sein, ist seine eigentliche Bestimmung.« Sein von den Ideen der übersinnlichen Welt bestimmtes

Handeln ist demgemäß das einzig wahre Handeln, das der anderen entwertet. Diese anderen handelten »nach bloß sinnlichen Antrieben, und nach den Plänen einer bloß irdischen Klugheit«, was zu nichts anderem führe als »nach mancherlei Nichts ringender Geschäftigkeit und Vieltuerei«. Keine Grundlage für heldisches Handeln. Aus dem gelehrten Stubenhocker aber, einst krummbucklig über verstaubte Folianten gebeugt, ist der wahre Handelnde geworden, der Adler des Zeus. »Durch ihn allein rückt die Welt weiter«, ohne ihn würde die Zeit still stehen »und nichts wahrhaft Neues unter der Sonne geschehen«.

Bleibt noch, den Gelehrten vom religiösen Menschen und vom Künstler zu unterscheiden und über diese zu erheben. Der religiöse Mensch greift nicht schöpferisch ein in die Welt – er soll sie lassen, wie sie ist »und sie tragen um Gottes willen«; der Gelehrte aber »soll sie anders machen um Gottes willen und soll sie bilden nach Gottes Bilde«. In jenem will der göttliche Wille die Welt nur *erhalten*, in diesem will er sie weiter *schaffen*. Unfichtisch gesprochen: jener ist affirmativ, unkritisch und konservativ, jener revolutionär, kritisch und fortschrittlich. »Die Religion des Ungelehrten nämlich durchdringt bloß sein übrigens gewöhnliches, und äußerlich durch Nichts ausgezeichnetes Leben. Die Religion des Gelehrten bestimmt und gestaltet sein Leben über das Gewöhnliche hinaus, und macht es zu einem neuen und schöpferischen Lebenswandel.«

Hier deutet sich der Denker-Künstler-Held an. Der Künstler jedoch muss bei Fichte dem Denker gegenüber zurücktreten: Historisch waren zunächst Propheten und Wundertäter, dann Dichter und Künstler die Vermittler des göttlichen Willens in die Wirklichkeit; das ist vorbei, die neue Zeit fordert die »klare Einsicht« der Vermittler in jenen Willen. Klare Einsichten aber vermag nur der Gelehrte zu erlangen und zu lehren, Dichter und Künstler stellen heute nur mehr »die Begeisterung und das übersinnliche Sehen selbst, als solches, in seiner Form dar«, fungieren gleichsam als Stimmungskanonen für die Gelehrten und ihr klar und konkret formuliertes Programm.

Und der Gelehrte hat immer recht: »Du willst die Menschen dahin bringen, dass sie nach deinem Willen sich gestalten und handeln: mit deinem guten Rechte, denn du weißt, dass sie sich so gestalten und handeln sollen, indem dein Wille gar nichts Anderes ist, als deine unmittelbare Anschauung des absoluten Soll(ens) an die Menschheit, und du eigentlich ein Gottesgesandter bist, wie du unmittelbar weißt.« Was sich hier abzeichnet ist der herrische, auf Unterwerfung drängende Gestus und die Megalomanie des Künstler-Denker-Helden, wie sie von Nietzsche paradigmatisch und beispielgebend verkörpert wird.

Wie Fichte unterscheidet Marx in seinen *Thesen über Feuerbach* zwei Formen des Denkens, und analog zu Fichte besteht der Mangel der einen darin, die bestehende Wirklichkeit nur »anschauend« zu interpretieren, nicht sie zu verändern. Das wahre Wissen ist auch bei Marx praktisch; wie bei Fichte geht es um die Realisierung eines Sollens, wobei dieses sich bei Marx aus der objektiven – jedoch letztlich nicht weniger spekulativen – Widersprüchlichkeit der gesellschaftlichen Wirklichkeit ergibt, ein materialistisch konzipiertes welthistorisches Sollen ist. Nur ein Denken oder Wissen, das sich als von der Wirklichkeit unterschiedenes negiert und auf Praxis drängende Theorie wird, vermag das einzulösen. So findet dieses Denken denn auch seinen Beweis nicht in der logischen oder empirischen Überprüfung der Theorie, sondern in der Praxis: »In der Praxis muss der Mensch die Wahrheit, i.e. Wirklichkeit und Macht, Diesseitigkeit seines Denkens beweisen.«

1922 schrieb Karl Korsch über die Feuerbach-Thesen, so ist dem *Historisch-kritischen Wörterbuch des Marxismus* zu entnehmen: »Stück für Stück zerbröckeln unter diesen 11 zielbewusst geführten Hammerschlägen alle tragenden Stützbalken der bisherigen bürgerlichen Philosophie.« »Mit dem Hammer philosophieren« wollte Nietzsche, und über die Künstler-Denker-Werkleute in Rilkes *Stundenbuch* heißt es: »Wir steigen in die wiegenden Gerüste, / in unsern Händen hängt der Hammer schwer« – und soll nicht auch Marx selber gesagt haben: »Kunst ist nicht ein Spiegel, den man der Wirklichkeit vorhält, sondern ein Hammer, mit dem man sie gestaltet«? Der die Feder ersetzende Hammer sollte das handlungshafte, wirklichkeitsschaffende der dichterischen und denkerischen Tätigkeit betonen. Erst bei Robert Gernhardt und seinem »lyrischen Hammer der Saison« findet die Metapher ihre verdiente humoristische Ruhestätte.

Fichte und Marx denunzieren implizit das aufklärerische Wissen und Denken, das auf der Unterscheidung von Denken und Handeln beruhte – von Denken und Wirklichkeit: also »dass der Gegenstand, die Wirklichkeit ... nur unter der Form des *Objekts* oder der *Anschauung* gefasst wird«, wie es in der ersten Feuerbach-These heißt. Denken ist gewiss eine bestimmte Tätigkeit, aber es ist kein wirklichkeitsveränderndes Handeln; das gilt ebenso für das künstlerische Schaffen. Philosophie, Wissenschaft und Literatur zerstörten nach Ansicht der Aufklärer alte Irrtümer und stellten so die Grundlagen für eine bessere Wirklichkeit her, sind aber kein Handeln, das diese bessere Wirklichkeit selbst schon herstellt.

Das Neue seit Geniekult und Romantik in den Künsten und dem Idealismus in der Philosophie ist die Tendenz zur Aufhebung der Unterschiede von Denken und Handeln, von ästhetischer und nichtästhetischer Produktion. Einem Denken, dem das Ens realissimum der Geist (die Idee oder ein anders benanntes Transzendentes) war, nicht aber, auf gar keinen Fall, die Materie (die nur als Setzung, Selbstentäußerung des Geistes galt), mochte es naheliegen, auch den individuellen Geist, das individuelle Denken sowie sein Medium und seine Manifestation, das Wort, als eigentliche Realität, eigentliches Handeln, als wirklichkeitssetzend aufzufassen. Denken und Dichten schafften nicht mehr nur dichterische und denkerische Werke, sondern Wirklichkeit. Die entsprechenden Tätigkeiten wurden zum Handeln erklärt und damit der Weg bereitet zum Denker und Dichter als Helden.

Zwar kennt auch die Aufklärung Denker und Künstler als Heroen, aber nicht per se, aus ihrer Tätigkeit selbst heraus, sondern aufgrund der Verfolgung durch Staat und Kirche – ein diesen Tätigkeiten Äußeres. Die Aufklärer bemühten sich um gesellschaftliche Zustände, in denen freies Dichten und Denken keine Heldentat mehr sein musste, nicht darum, jene zur Heldentat umzudeuten. Fiel diese Verfolgung fort, blieb nichts Heroisches an Denken und Dichten – eben das aber wird nun das Motiv etwa ab der zweiten Hälfte des 19. Jahrhunderts auf der Grundlage von Vorstellungen, wie sie bei Fichte und Marx zum Ausdruck kamen.[2]

Wenn bei diesen das Heroische des Gelehrten, Poeten, Philosophen nur erst vage anklang im emphatischen Lob ihrer wirklichkeitssetzenden Taten, werden diese nun von Carlyle explizit und nachdrücklich zu Helden erklärt. Carlyle unterscheidet sechs Klassen von Helden, von denen uns hier die dritte, »Der Held als Dichter. Dante, Shakespeare«, und vor allem die fünfte interessieren: »Der Held als Schriftsteller. Johnson, Rousseau, Burns«. Dass die Genannten Helden sind, ist nicht unmittelbar einsichtig – große Dichter, Denker gewiss, aber Helden? Carlyle geht im Fall der »Men of Letters« auf das Problem ein: Diese Klasse von Helden sei neu, Produkt des Schreibens und des Buchdrucks, kaum ein Jahrhundert alt, jedoch »eine der Hauptformen des Heroismus in allen künftigen Zeitaltern«.

Im historischen Vergleich eine Anomalie: »Es ist noch nicht lange her, dass ein Mensch sich vom Leben des Tages zurückzog, um durch Bücher, in denen er die Begeisterung seiner Seele aussprach, seinen Lebensunterhalt zu verdienen. Es waren bis dahin viele Dinge gegen Geld eingetauscht worden; dass aber ein bedeutender Mensch verkaufte, was ihm sein Geist in schöpferischen Stunden eingab, das war neu. Er schloss mit Verlegern Verträge ab, er schrieb in einer Dachstube, er trug einen schäbigen Rock; aber er herrschte nach seinem Tode über diejenigen, die ihn vielleicht zu seinen Lebzeiten hatten verhungern lassen. Das war ein besonderes Schauspiel. Schwerlich war die Welt auf ein solches Heldentum vorbereitet.«

Unerwartet, in der Tat: Offenbar führen die »Men of Letters« eine gänzlich unheroische, ja schäbige Existenz, und wir wüssten immer noch nicht, was sie zu diesem Titel und der Weltherrschaft berechtigt, hätte Carlyle die Frage nicht gleich zu Beginn mit der Gleichsetzung von »Großen Menschen« und »Heroen« zu lösen versucht. Freilich brachte er nur zu Ende, was bei Herder und dem frühen Goethe, im Geniekult sowie bei Hegel und vielen anderen vorgezeichnet war.

Wer also sind die »Großen Menschen«? Diejenigen, die Geschichte machen; alles, was wertvoll ist auf dieser Welt, ist von ihnen geschaffen worden. Es sind in einem ebenso umfassenden wie vagen Sinne welthistorische Individuen. Wie bei Fichte rührt ihre privilegierte Stellung und Funktion her von ihrer Nähe zum Göttlichen; sie sind Gottes Geschenk an die Welt (wobei – wie bei Fichte – nicht an einen Gott im Sinne traditioneller Religionen zu denken ist).

Zugleich sind die historischen großen Menschen individuelle Inkarnationen der einen und ewigen Substanz dessen, was große Menschen ausmacht, des Heroischen, und insofern ist ihre Sonderung in Klassen nur oberflächlich, zeitlich bedingt. Im Grunde ist ein großer Mann stammzellartig jeweils

2 Siehe dazu auch *A Defence of Poetry* von Percy Bysshe Shelley mit der bekannten letzten Zeile: »Poets are the unacknowledged legislators of the World.«

alles: Dichter wie König, »Heroischer Krieger« wie »Denker«. So wird eine seiner Erscheinungsformen, der Held, zum übergreifenden Allgemeinbegriff, eben weil sie alle daran partizipieren, auch der Dachstubenpoet im abgetragenen Rock. Und jede ihrer Taten wird so per definitionem zur Heldentat, sei es nun eine siegreiche Schlacht, ein Gedicht oder ein Wörterbuch.

Die großen Menschen sind die legitimen Herrscher der Welt; so wie es immer Helden gab, wird es immer Heldenverehrung geben, so wie der Held den Staat, die Gesellschaft schafft und bildet, so hält die Heldenverehrung die Gesellschaft zusammen: Die von Carlyle postulierte »Herokratie« ist zugleich »Theokratie«, da der carlylesche Held ja durch seine Nähe zur Gottheit nur deren Pläne verwirklichen hilft. Der Held als König ist die ultimative Form des Helden. Das begründet unter anderem den Herrschaftsanspruch auch des Denkers und Dichters, der prinzipiell auch Held und Staatsmann und Gesetzgeber ist. Daraus wird dann in Deutschland der Dichter, Denker oder Künstler als heroischer Führer: Man denke an Max Kommerells *Der Dichter als Führer in der deutschen Klassik. Dürer als Führer* ist der Titel eines postum herausgegebenen Werks des »Rembrandtdeutschen« Julius Langbehn.

Wie bei den bislang behandelten Autoren macht die Ablehnung, ja Verachtung der Aufklärung und ihrer Skepsis auch eine der grundlegenden Positionen Carlyles aus. »Echtes Gefühl«, »Überzeugung«, »Genie« sind wesentliche Merkmale des Helden, die mit Persiflage oder Ironie, mit Skepsis und professionell-säkularer Berufsauffassung kontrastieren. Generell gilt ja, dass es bei diesen Heldenfiguren wie ihren Propagandisten nichts zu Lachen gibt: dieselbe Humorlosigkeit von Fichte bis Kommerell, auch der Sarkasmus eines Marx oder Nietzsche ist primär Form der Aggression: Hammerschlag. Die Dichter und Denker in Carlyles Zeit leben in dürftiger Zeit – sie erleiden ein tragisch-heroisches Schicksal in der von der Aufklärung verderbten Gegenwart.

Voll entfaltet findet sich das Motiv der Denker und Dichter als heldischer Tatmenschen bei Stefan Zweig, vor allem in seinem Essayband *Baumeister der Welt*. Der erste Schritt auf dem Weg zur Heroisierung der Künstler, Denker und Dichter besteht bei Zweig darin, deren Schaffen als tragisches Schicksal zu sehen, als Leiden und Opfertat. Dies zu akzeptieren und aktiv dem Gebot des Schicksals zu folgen, ist heldische Tat.[3]

Der »wirkliche Künstler« trägt eine »unsagbare Verantwortung« für das Gelingen seines Werkes, und die »unsichtbare« und »unbelohnte«, oft erst nach seinem Tode anerkannte »Werkarbeit des Dichters« fordere durchwachte Nächte, tagsüber Sklavenarbeit am Wort, »Verzicht auf Wärme und Weite des Daseins«, kurzum: Opfer (die Kategorie »Mönch« drängt sich hier auf: der Verzicht auf die Freuden des irdischen Lebens um eines Höheren wil-

---

3 Zur heroischen Opfertat des Dichters und Denkers im deutschen Idealismus wie im Marxismus vgl. Michael Naumann, *Strukturwandel des Heroismus. Vom sakralen zum revolutionären Heldentum*. Königstein: Athenäum 1984.

len – Mönchs- und Ritterorden waren sehr beliebt in jener Zeit als Modell der Künstlerbünde und Ordensburgen). So will Hölderlin laut Zweig »sein Leben nicht als ein braves Geborgensein, sondern als ein dichterisches Schicksal: … entbehrungsvoll den Leib im ärmlichen Gewand tritt er vor den unsichtbaren Altar, dem er Priester wird und Opfer zugleich.« Denn »wer das Göttliche verkünden will, muss sich ihm weihen, muss sich ihm opfern«. Dem Schicksal gegenüber ist nicht Widerstand zu leisten, »sondern die wehrlose Hingabe an die übermächtige und als heilig erkannte Notwendigkeit«. Hölderlin erhebt die Stimme, »um all die Brüder und Märtyrer der Dichtungen an den heiligen Glauben zu mahnen, an das Heldentum der höchsten Verantwortung, an das Heldentum ihrer Mission: … *Und tieferschüttert, eines Gottes Leiden / Mitleidend, bleibt das ewige Herz doch fest.*«

Nietzsche habe sich, wie Stefan Zweig weiß, nicht nur nicht gegen die Schläge des ihm auferlegten Schicksals gewehrt: »er hebt niemals die Hände, das Schicksal möchte endlich von ihm lassen. Nur um noch mehr bittet er, um stärkere Not, um tiefere Einsamkeit, um volleres Leiden … ›Du Schickung meiner Seele, die ich Schicksal nenne, Du In-mir! Über-mir! bewahre mich und spare mich einem großen Schicksal.‹« Nietzsche wird zu einem »neuen Märtyrer der Menschheit« – die »tödliche Krise« Europas, »er hat sie tödlich vorgedacht, tödlich vorgelebt: das ist seine Größe, sein Heldentum.«

Dostojewski – das Kapitel ist das unsäglichste in diesem an verschmockten Metaphern und peinlichen Exaltationen überreichen Buch – erleidet die »sinnvolle Grausamkeit« seines Lebens und erhebt es so zum Rang einer »Tragödie«, bis »das Schicksal seiner nicht mehr bedarf, der grausame weise Wille hat alles erreicht, aus seiner Existenz das Höchste gewonnen an geistiger Frucht: achtlos wirft es nun die leere Hülse des Körpers hin.« Dostojewskis Schicksal sei »heroisch und in nichts neuzeitlich und bürgerlich« gewesen, nie lasse es ihn in Frieden, »immer muss er den Gott spüren, der ihn straft, weil er ihn liebt … Manchmal scheint der Dämon seines Schicksals schon innezuhalten … aber immer wieder reckt sich die gewaltige Hand und stößt ihn ins Dickicht zurück, in die brennenden Dornen.« Wie bei Nietzsche wird auch für Dostojewski ein jesusmäßiges »Leiden für die ganze Welt« angedeutet: Ein sadistisches Schicksal trifft auf willige masochistische Dichter und Denker.

Der zweite Schritt besteht in der Deutung dieses Schicksals als eines Kampfs gegen die äußere Welt, die Gegenwart, die Bürger – und gegen den Dämon im eigenen Innern. Von Fichte über Carlyle, von Marx bis Nietzsche sind alle überzeugt, dass ihre Gegenwart nicht nur mangelhaft und verbesserungswürdig ist, sondern ganz und gar verkommen. »Auch schon in der bloßen Betrachtung der Welt, wie sie ist, … äußert sich in meinem Innern … die absolute Forderung einer besseren Welt … Es ertönt unwiderstehlich in meinem Innern: So kann es unmöglich bleiben sollen; *es muss alles anders und besser werden*«, erklärt Fichte.

Wer diesem Muster nicht folgt, kann bei Zweig bestenfalls auf ein nachsichtiges Lächeln hoffen, Dickens etwa: »Eine tiefinnerliche Zufriedenheit belastet seinen künstlerischen Auftrieb. Dickens war zufrieden, zufrieden mit der Welt, mit England, mit seinen Zeitgenossen und sie mit ihm ... In ihm war nicht die zornige Liebe, die züchtigen will, aufrütteln, anstacheln und erheben, der Urwille des großen Künstlers mit Gott zu rechten, seine Welt zu verwerfen und sie neu, nach seinem eigenen Dünken zu erschaffen.« Engländer eben: Händler, kein Held. Zwar will er »die zeitgenössische Lebensordnung« an einigen Punkten verbessern, aber er »verwarf sie nicht, er bäumte sich nicht auf gegen die Normen des Staates, er droht nicht, reckt nicht die zornige Faust gegen das ganze Geschlecht, gegen die Gesetzgeber, die Bürger, gegen die Verlogenheit aller Konventionen, sondern deutet nur hier und dort mit vorsichtigem Finger auf eine offene Wunde.« Hinter seinem Werk stehe als Schöpfer nicht »ein zorniger Gott, gigantisch und übermenschlich, sondern ein zufriedener Betrachter, ein loyaler Bürger. Das Bürgerliche ist die Atmosphäre aller Romane von Dickens.«

Die Helden Balzacs und Dostojewskis »sind feurig und ekstatisch, ihr Wille verwirft die Welt und greift in herrlichster Ungenügsamkeit über das wirkliche Leben nach dem wahren Leben; sie wollen nicht Bürger und Menschen sein« – das *wahre* Leben gegen und über das *wirkliche* zu stellen, ist eine Grundformel religiöser und idealistischer Transzendenz. Die Menschen bei Dickens dagegen: »Mein Gott, was wollen sie? Hundert Pfund im Jahr, eine nette Frau ... Ihr Ideal ist ein spießerisches, ein kleinbürgerliches: damit muss man sich bei Dickens zurechtfinden.« Man vergleiche ihn mit unserem Hölderlin, der »die ewig reine Welt« sucht, »wo nicht Kompromisse nötig sind und Vermengungen mit dem Niedrigen ... In dieser fanatischen Unerschütterlichkeit, in dieser großartigen Inkonzilianz gegenüber der realen Existenz offenbart sich ... Hölderlins herrlicher Heroismus«, der weiß, dass er auf Haus und Heim, auf alle Bürgerlichkeit zu verzichten hat, obwohl es leicht wäre, »glücklich zu sein mit seichtem Herzen«.

Die Zeitgenossen sind aller Verachtung wert »in dieser Zeit lauer Menschen«, wo »draußen an der Oberfläche der Zeit das bunte Jahrmarktstreiben der Künste und Wissenschaften sich heiser schreit«. Keiner habe so stark wie Nietzsche gefühlt, »dass eine Zeit abgelebt und abgestorben war und in tödlichen Krisen ein neues und gewaltsames beginnt«. (Nietzsche selber hatte erklärt: »mein Verhältnis zur Gegenwart ist nunmehr Krieg bis aufs Messer.«) Mit dessen Verachtung der »Friedensmenschen« geht bei Zweig einher ein Lob der Zerstörung um ihrer selbst willen als »Fanal der Kühnheit und Kraft«. Es bedürfe immer wieder einmal eines »dämonischen Menschen, dessen Übergewalt sich auflehnt gegen die Gemeinschaft des Denkens und die Monotonie der Moral. Einen Menschen, der zerstört und der sich selber zerstört; aber diese heroischen Empörer sind nicht minder Bildner und Bilder des Weltalls als die stillen Gestalter.«

Der wahnsinnig gewordene Nietzsche wird gefeiert: »Nie hat apokalyptischere Wut wilder ins Leere gewütet, nie so herrliche Hybris einen Geist über alles Irdische hinausgetrieben. Wie Hammerschläge fallen seine Worte gegen das ganze Weltgebäude«. Es dauerte nicht lange, bis der Schwadroneur Zweig die politische Tatversion des heroischen Empörers inklusive fanatische Unerschütterlichkeit erleben durfte. In seinem Abschiedsbrief 1942 beklagte Zweig, dass seine »geistige Heimat Europa sich selber vernichtet«. Er hatte, ohne es zu wollen und ohne es zu wissen, seinen bescheidenen Beitrag dazu geleistet, dass aus Worten Taten und aus Taten Untaten werden konnten, wie Heinz Schlaffer es im Fall Nietzsches formuliert.

Der Heldenkampf, den die Dichter und Denker kämpfen, ist der mit dem Dämon in der eigenen Brust. 2007 brachte Knut Beck drei der biographischen Essays Zweigs unter dem Titel *Der Kampf mit dem Dämon* heraus. Was »Dämon« genauer bedeutet, ist nicht auszumachen, der durch Goethe beglaubigte Begriff indiziert zumindest Tiefe und Übermenschliches. Es kann sich einfach nur um ein anderes Wort für Schicksal handeln oder eine Art Weltwille gemeint sein. Als Kleist den Entschluss zum Selbstmord fasst, schreibt Zweig, er berausche sich an der Idee, sein Leben »durch eine einmalige Explosion, durch eine heroische Selbstzerstörung großartig zu enden ...: herrlich reckt sich der Dämon in ihm auf, denn er will endlich zurück in seine Unendlichkeit.«

Dämon ist Schicksal, ist Tragödie – »die Tragödie eines Schicksals«, das die Dämonen verhängen. »Nie aber verwehrt sich Nietzsche dem ungeheuren Verlangen, von dem er sich übermächtig erfaßt und fortgeschleudert fühlt: je härter ihn der Hammer trifft, um so heller klingt der eherne Block seines Willens.« Während fast alle anderen Philosophen »Rast« suchten, suche er »als Knecht und Höriger des Dämons den Superlativ aller Erregung und Bewegung«, Kampf und Krieg. »Jeder Kampf aber um das Unerreichbare steigert sich zum Heldischen und alles Heroische wiederum notwendig empor in seine heiligste Konsequenz, in den Untergang.« Die exaltierte Hyperbolik von Zweigs Sprache beabsichtigt ein Ungeheures, Unsagbares zu sagen und produziert doch nur Götterdämmerungsgetöse.

Max Kommerells *Der Dichter als Führer in der deutschen Klassik* ist ein eindrückliches Beispiel für die Heroisierung des Dichters durch das Tatwerden der Sprache im Gefolge Nietzsches. Einleitend erklärt Kommerell, der »Gefahr« entgegentreten zu wollen, »im Dichter nichts als den bloßen Poeten zu sehen«, das heißt jemanden, bei dem Dichten nicht zugleich Handeln und geschichtliche Heilstat ist. (So fragte sich ja auch Nietzsche besorgt, ob er gar »nur Narr, nur Dichter« sei.) Der wahre Dichter ist »Verkörperung« oder »Werkzeug« des Weltwillens – auch gegen seinen Willen; Dichtung ist »Tatumsetzung der Idee« wie bei Schiller (keiner sei »so Täter vom Geist aus« gewesen wie dieser), das Dichterische eine »welterneuernde Macht«.

Der Dichter-Heros par excellence ist für Kommerell Hölderlin: Sein Name, »des scheinbar tatfernsten«, heißt es in der Vorbemerkung, könnte in diesem Zusammenhang »befremden« – ein Irrtum, wie Kommerell vor allem in dem Abschnitt »Der Heros« nachzuweisen bemüht ist. Dabei wird all das, was anti- oder unheroisch zu sein scheint an Hölderlin zum Beweis seines besonderen Heldentums umgedeutet. Generell gilt für Kommerell, dass neuzeitliches Heldentum ein im Dichterischen wurzelndes Heldentum ist. »Zum Heroen neuerer Zeit gehört untrennbar das Geistige, und in der Jugend das Zarte und der Traum«. Nur durch seine Zartheit vermochte er für die von den anderen nicht wahrgenommene »welthafte Kräfte-Strömung« empfänglich zu sein, »sie in seinem Leib sammeln und darstellen im Wort.«

Hölderlins Unfähigkeit, mit der Welt und den Menschen zurechtzukommen, seine zahlreichen Fluchten, all das gilt Kommerell als »sich nicht mischen zu können«; sein »innerstes Beleidigtsein«, wie Kommerell das treffend nennt, sei »stolzes Beleidigtsein«, nicht Ausdruck von »mimosenhafter Verwundbarkeit« und ähnele dem »Groll des Achill«. Seine innere geistige Ferne zu allen anderen »erfordert die höchste innere Tapferkeit«, stellt ihn als Held neben die anderen Helden. Der »grenzenlose innere Abstand« zu seiner Zeit und Welt ist heroische Grundlage, »die Weltenlast seiner Aufgabe« zu tragen, das Kommende anzukündigen und vorzubereiten. »Wesen und Wandel des Heros kehrt sich um in unheldischer Zeit.« In der Tat.

Entscheidende Grundlage von Hölderlins Heroentum ist seine Sprache, zu der er nach dem Diotima-Erlebnis fand: »das Wirklichsein in Sprache«. »In der Sprache wird Hölderlins heldenhafte Anlage Tat: er tritt aus dem Jahrhundert.« Er lernt, »in der Sprache den Werkstoff seiner heldischen Erfüllung begreifen«. »Sprache wird ihm nun Werkzeug und Stoff seines Heldentums«. »Das Deutenmüssen ist heldische Aufgabe, das deutende Wort heldische Tat«. Etwa ab 1800 sind Sprache und Versbau Hölderlins »Spiegelungen eines immer kühnern immer todesfroheren Heldentums«. In seinem Nachwort weist Eckhard Heftrich darauf hin, dass der deutschen Geschichte das von Kommerell beschworene »Wunder« versagt geblieben sei, »der Weltaugenblick ..., in dem das Wort nicht eine andere Tat sein müsste, sondern Wort und Tat eins wären«. Wirklich? Wenn dem aber so war, kann man nur hoffen, dass es ihr auch in Zukunft erspart bleibt.

Es ruht offenbar kein Segen auf den Versuchen (von allen Seiten, rechts wie links, Ästhetizismus wie politisierender Avantgarde), die Sphären von Denken und Handeln, von Kunst und Wirklichkeit zu verwischen oder aufheben zu wollen. Nur so aber lässt sich der Denker und Künstler in einen Helden verwandeln. Und das geht immer einher mit quasireligiösen auf idealistischer, mit geschichtsphilosophischen Heilserwartungen von Rettung und Erlösung auf materialistischer Seite, was entweder in folgenlosem Sektierertum endet oder in sehr folgenreichen historischen Katastrophen. Um auch einmal selber Gott zu bemühen: Was Gott geschieden hat, das soll der Mensch nicht zusammenfügen.

Heinrich Detering

Das Entwetzen des Hofnarren

Brechts Helden

Das Blödeste waren die offenen Schlüsse. Dass wir, das »verehrte Publikum«, uns selber den Schluss machen sollten, den *Der gute Mensch von Sezuan* uns vorenthielt, erschien uns im Deutsch-Leistungskurs als der Tiefpunkt der didaktischen Banalitäten, die uns der Stückeschreiber unter dem Vorwand einer aufwendig inszenierten Dialektik zumutete und die doch immer wieder nur auf die Einsicht hinauszulaufen schienen, dass erst im real existierenden Sozialismus auch die individuelle Moral zu ihrem Recht kommen könne, weshalb unsere einzige Aufgabe darin bestehe, für diesen zu kämpfen. Angesichts des »Jungen Genossen« in der *Maßnahme* sollten wir diskutieren, was doch unübersehbar vor unseren Augen zu stehen schien: dass wahres Heldentum sich in der Bereitschaft erweise, notfalls auch der eigenen Liquidierung noch revolutionär zuzustimmen.

Auch *Die Verurteilung des Lukullus* stand uns von Beginn des Verfahrens an so sicher fest wie ebendieser Titel der Überarbeitung eines Stücks, das in seiner ersten Fassung noch *Das Verhör des Lukullus* geheißen hatte, mit einem schon da bloß scheinbar offenen Ausgang. »Los, such dir selbst den Schluss«? Was bitte sollte offen sein an diesen Schlüssen? Held war, wer für das Ganze kämpfte, und das konnte nach Lage der Dinge nur der kommende Kommunismus sein: »Wer für den Kommunismus kämpft, hat von allen Tugenden nur eine: Dass er für den Kommunismus kämpft!« Solange der aber noch nicht angebrochen war und sofern irgendwelche anderen Maßstäbe geltend gemacht wurden, war der Verzicht aufs Heldentum die wahre Großtat. Das war's, das war Brecht, der Lehrer, von dessen Stücken aus wir Lernenden gern so bald wie möglich das Weite suchten, damals, als das Wort »Postmoderne« von unbeschreiblichem Neuigkeitsreiz war. Er hatte Vorschläge gemacht, wir hatten sie ausgeschlagen, so waren wir beide bedient.

Was für schlechte Leser wir waren! Die tiefgreifenden, vielleicht unaufhebbaren Ambivalenzen, die mit wachsendem Abstand an Brechts Gedichten, Stücken und Prosatexten immer schärfer hervortreten, diese Offenheit der Weltanschauungsfragen wie der daraus jeweils abgeleiteten moralischen Maximen zeigt sich vielleicht nirgends so deutlich wie in der Frage nach seinen Heldenfiguren, nach seinen Figurationen des Heldentums. Ist die mutige Mutter Courage eine Heldin? Nein, natürlich nicht, schließlich will sie ihren Lebensunterhalt verdienen an einem Krieg, der ihre Familie, ja ihr Leben zerstört; unfreiwillig demonstriert sie so, dass es kein richtiges Leben im Falschen gibt. Oder sollte sie, auf ihre amoralische und sperrige Weise, gleichwohl eine Heldin wenn nicht des Widerstands, so doch des Weiterlebens sein, unter Bedingungen, denen sie ausgeliefert ist und die sie nicht zu ändern vermag, eine Schwester des Schweyk – der ja auch der Maxime folgt, dass man, solange das übermächtige Falsche regiert, wenigstens das eigene Durchkommen verbessern könne, als, wie Brecht im *Arbeitsjournal* notierte, »der opportunist der winzigen opportunitäten, die ihm geblieben sind«? Und demonstriert Brecht nicht obendrein, dass der vermeintlich kurzsichtige Eigennutz womöglich auch eine Schwächung des Bösen zur Folge haben könnte? »Unglücklich das Land, das Helden nötig hat«, sagt Brechts Galilei, dessen Land doch wahrhaftig unglücklich ist, beherrscht von Tyrannei und gefangen in selbstverschuldeter Unvernunft. Ist Galilei selbst der Held, der in diesem Unglück nötig ist? Und sollte er einer sein? Sein so lässig pointierter Satz wird schwierig, sobald man ihn auf den Kontext des Stücks bezieht, in dem er steht.

So geht es dem Leser oft mit Brechts Helden, öfter als wir Gymnasiasten dachten. Und so ist es auch ihm selbst mit ihnen gegangen. Die immer neuen Fassungen mancher Stücke, teils den veränderten Zeitumständen, teils den Forderungen der Partei folgend, zeigen das eindrucksvoll, zum Beispiel in den drei Versionen des *Galilei*. Wer aus Rücksicht auf politische Mächte, die seine Existenz vernichten können, einmal entdeckte Wahrheiten geheimhält oder widerruft, der macht sich schuldig; er hätte mutig widerstehen und notfalls sein Leben opfern müssen. Oder er gibt ein Beispiel für kluges Abwarten, das mittels diverser Listen der Vernunft die Wahrheit ihren Lauf nehmen lässt, das eigene Leben aber rettet.

Auch Brechts wechselnde Selbstkommentare zeigen diese unruhige Bewegung. So wenig sie ihrerseits unabhängig sind von den Voten jener Partei, die er in der *Maßnahme* in Gestalt des »Kontrollchors« auftreten ließ und die ein unbestechliches Urteil zu verkünden scheint, so widerspenstig blieben seine Äußerungen doch, so zweideutig und zwielichtig. »Kontrollchor« – was für ein Wort im Text eines so mit den Chören der Klassiker vertrauten und so kontrollfeindlichen Stückeschreibers! Noch seine »Lehrstücke«, die ja nicht das Publikum einer ohnehin nicht vorgesehenen öffentlichen Aufführung belehren sollten, sondern nur die Mitspieler selbst in Proben und Gegenproben, erweisen sich immer wieder als weit offenere Übungen in praktizierter Dialektik, als das Bild vom marxistischen Dogmatiker es wahrhaben will: Experimente in einem Selberdenken, das auch ihm selbst noch in jenen Zeiten unumgänglich wurde, in denen er es gern suspendiert und der höheren Weisheit der Mächtigen überlassen hätte.

Denn so autoritär Brechts lehrhafter Gestus sich manchmal gibt, so entschieden bleibt doch das Unbehagen an jeder Autorität ein Grundzug seines Schreibens. Das beginnt früh: mit jener Tapferkeit, die der Schüler Brecht bewies, als er die Feigheit vor dem Feind rühmte. Es war seine erste Äußerung zur Frage nach richtigem und falschem Heldentum, und im Rückblick erscheint sie als grundlegend. In derselben Zeit, in der die ersten seiner später in die *Hauspostille* aufgenommenen Dichtungen entstehen, soll der Unterprimaner einen Aufsatz schreiben über das horazische »Dulce et decorum est pro patria mori«. Es ist das Jahr 1916. Und es ist das erste Mal, dass einer der Texte Brechts einen Skandal auslöst; nur das Eingreifen eines ihm wohlgesinnten Paters kann verhindern, dass man ihn aus dem Gymnasium wirft.

Der Text ist verlorengegangen. Einige Mitschüler aber haben sich an Formulierungen erinnern können, darunter das scharfe Wort von der »Zweckpropaganda« und die Bemerkung, bloß »Hohlköpfe« könnten solche törichten Behauptungen aufstellen, »solange sie sich weitab von der letzten Stunde glaubten. Tritt der Knochenmann aber an sie selbst heran, dann nehmen sie den Schild auf den Rücken und entwetzen« – wie denn Horaz selbst ja im Ernstfall bei Philippi auch entwetzt sei, ungeachtet seines eigenen feierlichen Spruches. Der Aufsatzschreiber rühmt ihn darum nicht wie vorgeschrieben als den großen Dichter des augusteischen Zeitalters, sondern verspottet ihn als »des Imperators feisten Hofnarren«.

Wer die Musteraufsätze liest, die der Themenwahl von Brechts Lehrern vorausgingen (der Germanist Otto Ludwig hat sie 1985 in einer Untersuchung zu Brechts Schulzeit dokumentiert), der bekommt eine plastische Vorstellung von der dummdreisten Heldentumsrhetorik, gegen die Brechts Aufsatz sich wendete. Als »recht befriedigend« bewerten die wilhelminischen Schulmänner Sätze wie: »Es jauchzt der Krieger und freut sich, wenn es zur Schlacht geht. Wenn er fällt, ist noch der letzte Hauch ein Hoch aufs Vaterland.« Von den Unterprimanern, die folgsam den Tod auf dem Schlachtfeld rühmen sollten, hat allein Brecht das Heldentum bewiesen, um das es im Klassikerzitat ging. Im Rückblick erscheint der Vorfall wie eine brechtsche Urszene in doppelter Hinsicht: Indem er das »Entwetzen« billigt, widersteht er der Autorität. Indem er die Flucht empfiehlt, hält er die Stellung.

Von diesen Anfängen an läuft darum ein wesentlicher Teil seiner literarischen Arbeit auf die Befragung der Helden hinaus. Und die gilt nicht allein den großen Namen der Weltgeschichte, nach denen die *Fragen eines lesenden Arbeiters* sich erkundigen werden, Alexander und Cäsar und Friedrich II., nicht nur den »Namen der großen Feldherren« wie im *Lukullus*, sondern zunehmend auch den eigenen Helden, den aufklärerischen Protagonisten des Fortschritts. Sie gilt Galilei und Laotse, Empedokles (der zum Helden wird, weil er der falschen Heldenverehrung selbst schon vorbeugt) und Sokrates. Dabei bleiben die Denkfiguren sich bemerkenswert gleich.

Jahrzehnte nach der Ironisierung des Horaz, unter gänzlich veränderten Umständen, geht es wieder um das Entwetzen auf dem Schlachtfeld. Es ist das Jahr 1949; die beiden Weltkriege sind vorbei, der Kalte Krieg ist angebrochen, und die Autorität, die nun das Lob des süßen und ehrenvollen Heldentodes erwartet, ist die Partei- und Staatsführung der sich konstituierenden DDR. In Rede steht diesmal das Verhalten des Sokrates, dieses Urbildes eines Aufklärers und Wahrheitsfreundes, der von den Herrschenden als Aufrührer zum Tode verurteilt wird. »Der Ruf der Tapferkeit«, schreibt Brecht, »scheint uns ganz gerechtfertigt, wenn wir beim Platon lesen, wie frisch und unverdrossen er den Schierlingsbecher leerte, den ihm die Obrigkeit für die seinen Mitbürgern geleisteten Dienste am Ende reichen ließ«. Und dann behandelt er überraschenderweise doch nicht dieses, sondern ein weit weniger populäres Beispiel sokratischer Tapferkeit. In der Schlacht bei Delion nämlich habe der mutige Philosoph, sagt die Fama, auch noch vorbildliche »Tapferkeit im Felde« gezeigt – allerdings »war, wie man sich denken kann, seine Tapferkeit von besonderer Art«. Von dieser besonderen Art handelt die Geschichte *Der verwundete Sokrates*, die Brecht bereits 1938 geschrieben und 1949 in seine *Kalendergeschichten* aufgenommen hat und aus der, wer will, Rückschlüsse ziehen darf auch auf die unverdrossene Bereitschaft zum Leeren obrigkeitlich verabreichter Schierlingsbecher.

Die Pointe, die der Leser schon von Beginn an kennt, verrät Sokrates dem Alkibiades erst am Schluss: Auf der Flucht an einem Dornbusch verletzt, habe er aus Verzweiflung Kommandos an gar nicht vorhandene Truppen gebrüllt und die nahenden Perser damit geblufft. Die ironische Denunziation des Sokrates und seine Erhebung zum wirklichen Helden sind zwei Seiten desselben Textes. Der Philosoph als Deserteur – er lehrt lapidar und unmissverständlich, welche Bewegungsrichtung an der Front die richtige sei.

Es ist eine vergnügliche Geschichte geworden, ein schönes Beispiel für das horazische »prodesse et delectare«. Aber was genau lehrt sie? Dass der einzig richtige Weg, den der Weise an der Front einschlagen könne, der Rückweg sei? So steht es, beim Wort genommen, da. Oder dass man zunächst nach Sinn und Beschaffenheit des Krieges zu fragen habe, in dem man sich vorfindet, damit man gegebenenfalls »einen andern Krieg« beginnen könne, denjenigen der Klassen eben, der 1938 im *Lied gegen den Krieg* als »der richtige« proklamiert worden ist? So legt es eine beiläufig eingeschobene Beobachtung nahe, wonach im Kampf der Griechen gegen die Perser lediglich konkurrierende Gruppen der »Reeder, Weinbergbesitzer und Sklavenhändler« gegeneinander stehen, so dass dem Sokrates nur zu konstatieren bleibt: »Mich interessierte die Schlacht nicht.« Wäre es um andere Fragen gegangen, dann hätte er also tapfer mitgefochten? Oder demonstriert seine Flucht am Ende doch den Überlebenswillen, das Überlebensrecht des Einzelnen, dessen Opfer um keines übergeordneten Ziels willen verlangt werden kann? Tatsächlich fügt Sokrates seiner auf diesen Kampf bezogenen Skepsis eine grundsätzliche Bemerkung hinzu: »Ich wüsste nicht, für was ich Schlachten schlagen sollte.« Im Übrigen sei dies »eine schlechte Zeit für Pazifismus«.

Brechts zwischen 1940 und 1955 entstandene *Kriegsfibel*, dieses emblematische Bilderbuch, das Zeitungsfotos aus dem Krieg mit epigrammatisch-didaktischen Texten verbindet, schien mit einer für die Partei- und Staatsführung beunruhigenden Konsequenz auf eben die pazifistischen Konsequenzen hinauszulaufen, die Brecht auf Befragen doch stets verlässlich abstritt. Aber der Satz, dass die Niederlage schon begonnen habe, als »wir« die Stahlhelme »folgsam aufgesetzt«, lässt sich als Wendung gegen eine bestimmte wie gegen jede Armee lesen, und es *wurde* auf beide Weisen gelesen. Doch darf man unter allen Umständen am eigenen Überleben mehr interessiert sein als an übergeordneten Zielen? Aber nein, sagt Brechts »Junger Genosse«: Er habe dem Fortgang der Revolution geschadet, die fortan ohne ihn besser vorankomme als mit ihm. Aber ja, sagt der von Xanthippe zur Rede gestellte Sokrates – der sich, während er seinen richtigen Weg einschlägt, ausdrücklich

J.B.METZLER
Willkommen zur vielseitigsten Bildungsreise Ihres Lebens.
bilekjaeger.de

darauf verlässt, dass ihm »die braven Jungen« schon den Weg freihalten, die törichten, die weiterhin ganz vorn gegen die Perser kämpfen.

Indem Brecht so die Mehrdeutigkeit zum Prinzip erhob, entwickelte er eine moralische und ästhetische Tugend aus einer Not, deren Tiefe wir als Schüler nicht einmal schattenhaft sahen. Es war die Angst vor den Eigenen, auf deren Seite man sich doch eben erst geschlagen hatte, im Bewusstsein der Notwendigkeit, sich jetzt für eine Seite entscheiden zu müssen. Es war die schockierende Einsicht, dass die Verfolgung von Kommunisten in dem Land, das ihre Zuflucht, ihre Heimat und Kampfbasis sein sollte, mit derjenigen in ihrem Feindesland gleichzuziehen begann. Es war die Angst vor den stalinschen Schauprozessen, den Morden, den Lagern. Wer sich so zwischen den Fronten fand, dem musste die Frage, was eigentlich Heldentum sei, unausweichlich werden – und einstweilen unbeantwortbar. »Es ist leicht, das Richtige zu wissen / Fern vom Schuss / Wenn man Monate Zeit hat«, hatte Brecht in der *Maßnahme* gedichtet. »Aber wir / Hatten fünf Minuten Zeit / Und dachten vor Gewehrläufen.« Das war 1930 gewesen und hatte sich auf die Verfolgungen der Kommunisten in aller Welt bezogen. Acht Jahre später, im dänischen Exil, beschrieben dieselben Sätze die Situation, vor der es Brecht selbst graute beim Gedanken, in die Sowjetunion zu gehen: die Verfolgung der Kommunisten durch Kommunisten. Jetzt dachte und schrieb Brecht tatsächlich vor Gewehrläufen, auf allen Seiten. Jetzt war sokratischer Rat teuer.

Nicht dass diese Einsicht neu wäre. Aber erst seit dem Ende des Kalten Krieges hat sie sich in ihrer ganzen Tragweite durchzusetzen begonnen. Es war ja längst bekannt, nur als Schüler wussten wir es nicht: Der Partei, deren Lob er seinen »Kontrollchor« singen ließ, gehörte Brecht nicht an. Das »Lob der UdSSR« schrieb er in Deutschland; und als er es verlassen musste, ging er nach Dänemark, Schweden, Finnland, reiste schließlich eilig durch das ganze Sowjetreich, bis nach Wladiwostok, um sich nach Amerika einzuschiffen und in Hollywood nach Arbeit zu suchen, *of all places*. Er hätte reichlich Gelegenheit gehabt, unterwegs auszusteigen und dem Lob der Sowjetunion tatkräftige Aufbauhilfe folgen zu lassen. Er wusste, warum er es nicht tat, und er sah, was denen widerfuhr, die es getan hatten. Und nahm dafür in Kauf, dass sein Spott über die Traumverkäufer der Filmfabriken, unter die er sich nun selbst eingereiht habe, etwas schal wirkte. Die russische Hirse, deren Erziehung er pries, gehörte nicht zu seinen Grundnahrungsmitteln, und er pries sie zaudernd und heuchelnd.

Diese beiden Grundimpulse werden in Brechts Schreiben und Denken bemerkbar, sobald es um die Frage nach wahrem und falschem Heldentum geht: einerseits ein desillusionierter Individualismus, der sich von nichts und niemandem etwas vorschreiben lassen will und seinen Ursprung im anarchisch-amoralischen Draufgängertum der frühen Dichtungen noch erkennen lässt; seine gesellschaftlichen Reflexionen reichen nicht weiter – und sollen nicht weiter reichen – als seine gesellschaftlichen Rücksichten. Und andererseits ein reflektierender Blick aus der Gegenperspektive. Nicht aufs Einzelne und den Einzelnen ist er gerichtet, sondern aufs Ganze, das erst grundlegend geändert werden muss, ehe das Handeln des Einzelnen sich wieder frei entfalten kann. Einerseits sind Helden, die sich selber opfern wollen, diesem Stückeschreiber verdächtig. Anderseits lehren ihn Gerechtigkeitssinn und wohlverstandenes Eigeninteresse die Grenzen der Selbsthilfe: Wer nur die eigene Haut retten will, rettet am Ende nicht mal diese.

Wie aber, wenn gerade der Verzicht auf das Handeln substantiell mehr wäre als bloße Passivität, wenn das Ausweichen vor der Tat die eigentlich wirksame Tat wäre? Als Prinzip des »Nichtwiderstrebens« hatte der vormarxistische Brecht diese Idee 1921 zuerst kennengelernt, fast gleichzeitig in der Lektüre von Döblins »taoistischem« Roman *Die drei Sprünge des Wang-lun* und kurz darauf in der Lektüre des Büchleins Taoteking selbst. »Wu-wei« lautete der chinesische Begriff; das strömende Wasser gab von alters her, von Laotse an, seine anschaulichste Illustration, und in beidem glaubte Brecht damals wiederzuerkennen, was ihn selbst spätestens seit dem *Baal* beschäftigt hatte. Der Freund Frank Warschauer, so notiert er im Tagebuch 1921, habe ihm soeben den Laotse gezeigt – »und der stimmt mit mir so sehr überein, dass er immerfort staunt«. In der 1938 kurz vor der Sokrates-Geschichte im Svendborger Exil geschriebenen *Legende von der Entstehung des Buches Taoteking auf dem Weg des Laotse in die Emigration* lässt er den auswandernden »Alten Weisen« bekanntlich auf Drängen des Grenzwächters, der wissen will, »wer wen besiegt«, seine Lehre von der Beschaffenheit des »Tao« und der daran ausgerichteten rechten Verhaltensweise zusammenfassen: »Dass das weiche Wasser in Bewegung / Mit der Zeit den mächtigen Stein besiegt. / Du verstehst: Das Harte unterliegt.« Gerichtet ist diese Erklärung an einen, dessen Armut auf den ersten Blick zu erkennen ist.

In den 81 Sprüchen, die er daraufhin niederschreibt, lehrt Laotse den Unterlegenen, wie er aus dem Unterliegen eine Waffe machen könnte. Man hat diese Wendung im Hinblick auf die Macht der Volksmassen über die erstarrten Verhältnisse zu interpretieren versucht oder, handfester, auf die geschmeidige Guerillataktik, die um dieselbe Zeit in der chinesischen Revolution triumphierte; die Frage des Zöllners hat Leser an Lenins Formel »wer – wen« erinnert, so wie sich im zeitweisen Bündnis von Philosoph und Zöllner die Solidarisierung des antifaschistischen Intellektuellen mit dem Proletariat erkennen ließ. Ermöglicht wird diese Lektüre erst durch Selbstkorrekturen Brechts, der den bereits sorgsam durchnumerierten zwölf Strophen nachträglich eine weitere einfügte, aus dem wohlhabenden »Zollverwalter« der chinesischen Legende (und des brechtschen Gedichts selbst) den proletarischen Zöllner machte und dessen »Personal« in »Schmuggler« verwandelte.

Ohne diese Korrekturen las das Gedicht sich anders und anstößiger. Nicht als Kassiber im Klassenkampf wurde dort das Buch Taoteking eingeführt, sondern als Anweisung zum Nicht-Handeln, zum »Wu-wei«. Ausdrücklich in die »Emigration« geht Laotse, und dieses Wort hat Brecht bis zuletzt beibehalten – obwohl es doch in den *Svendborger Gedichten* sonst energisch verboten ist. Sein taoistischer Held hingegen geht »in die Emigration«. Denn wenn »die Güte wieder einmal schwächlich« wird und »die Bosheit an Kräften wieder einmal« zunimmt, dann will dieser Held keineswegs fürs Vaterland sterben, sondern entwetzen. Nicht nach dem Guten sehnt er sich, sondern ausdrücklich »nach Ruh'«, das ist alles. Anhänglichkeit ist ihm so fremd wie der Wille zur Rückkehr; beim Aufbruch freut er »sich des Tals noch einmal und vergaß es / Als er ins Gebirg den Weg einschlug«. Alles lässt er so gleichmütig seinen Gang gehen wie seinen Ochsen; und dem nach philosophischer Weisheit fragenden Zollverwalter (mitsamt seinem Personal) leistet er nur deshalb keinen Widerstand, weil er das eben überhaupt nie tut.

So also lehrt der emigrierende Laotse hier den Verlierer der Klassenkämpfe, was auch den zwischen die Fronten von Hitlerfaschismus und Stalinterror geratenen Brecht allenfalls noch ermutigen konnte (und auch in der korrigierten Fassung nur besser verdeckt, aber nicht getilgt ist): die Aussicht, dass das Große nicht groß bleibt und klein nicht das Kleine – wie er wenig später, am Ende des *Schweyk*-Dramas, beim Anblick des fließenden Moldau-Wassers dichten wird –, dass also, wie er bei Laotse lesen konnte, »das Allerweichste auf Erden / das Allerhärteste auf Erden« überholt, weil das Tao »ewig ohne Handeln ist, / und nichts bleibt ungewirkt«, weil es »auf der ganzen Welt nichts Weicheres gibt als das Wasser / Und doch in der Art, wie es dem Harten zusetzt, kommt nichts ihm gleich.«

Wäre es bei der ersten Fassung von Brechts Ballade geblieben, der Philosoph hätte mit der Niederschrift des Buches Taoteking den Zöllner lediglich mit derselben Haltung angesteckt, die ihn selbst – willentlich kampflos und lautlos – ins Ausweichen getrieben hat, in die »Emigration«. Und er selbst wäre das personifizierte Wu-wei gewesen, der Held eines weltverändernden Nicht-Widerstrebens. Indem er zu weichem Wasser wird, bricht er den harten Stein. Und indem er den harten Stein bricht, löst er sich auf ins weiche Wasser. Der Name dessen freilich, der im Taoteking ausdrücklich »ohne Namen bleiben« und im Gedicht spurlos verschwinden will, wird dafür im Gedicht gerühmt. Erst wer kein Held sein will, wird einer.

Aber sollte das ernsthaft ein Gegenbild zu den falschen Helden sein? Im selben Jahr, in dem die Laotse-Legende entstand, hat er in Svendborg an der ersten Fassung seines *Galilei* gearbeitet. Stellt man beide Protagonisten nebeneinander, so fallen frappierende Übereinstimmungen ins Auge. Wenn der Held des Fortschritts hier gerühmt wird, dann nicht für seinen Widerstand gegen Reaktion und Repression, sondern für die Geschmeidigkeit seines Nachgebens. Es sind dieselben Verhaltensweisen, die für den Autor selbst im amerikanischen Exil sechs Jahre später eine grundlegende Selbstkorrektur erforderlich machten, auch hier. Befragt nach den Gründen für sein unbegreifliches Handeln – oder vielmehr: für sein unbegreifliches Nichthandeln –, erzählt Galilei im Stück eine Geschichte, die fast wörtlich einer früheren Geschichte vom Herrn Keuner folgt. *Maßnahmen gegen die Gewalt* hatte sie geheißen, und seinen Galilei lässt Brecht nun gewissermaßen die Probe auf deren Exempel machen.

Vom kretischen Philosophen Keunos also berichtet der in die Enge Getriebene nun, in dessen Wohnung eines Tages ein tyrannischer Agent eingedrungen sei, geschickt und mit allen Vollmachten ausgestattet von den nicht näher bezeichneten Machthabern. Auf dessen Frage »wirst du mir dienen?« befolgt Keunos stumm alle Befehle und gehorcht dem Eindringling »sieben Jahre lang. Aber was immer er für ihn tat: vor einem hütete er sich wohl, das war: auch nur ein Wort zu sagen. Als nun die sieben Jahre um waren und der Agent dick geworden war vom vielen Essen, Schlafen und Befehlen, starb der Agent. Da wickelte ihn Keunos in die verdorbene Decke, schleppte ihn aus dem Haus, wusch das Lager, tünchte die Wände, atmete auf und antwortete: nein.«

So das Gleichnis des brechtschen Galilei vom Nicht-Widerstreben im Jahr 1938. Es ist jene Zeit, in der Brechts Selbstkommentar zufolge »die Lehren der sozialistischen Klassiker ... einer abgelebten Zeit anzugehören« schienen, eine Zeit, die im Text nun formelhaft verallgemeinernd die »Zeit der Gewaltherrschaft« heißt. Wo auch immer die Güte im Lande schwächlich wird und die Bosheit an Kräften zunimmt, da empfiehlt sich für den Brecht des Jahres 1938 die Tugend des Taoteking.

Aber ist das nicht empörend rückgratlos? In der Tat hat Brecht selbst seinen Keuner in der ersten Fassung dieser Geschichte auf den Vorwurf antworten lassen: »Ich habe kein Rückgrat zum Zerschlagen.« – »Was da aber Holz war / bog sich und blieb«, lautet dieselbe Einsicht in den *Buckower Elegien* 1953, diesmal bezogen auf das Baugerüst, das vom Sturm eingerissen wird wie »der Eiserne«, bei dem man sich mancherlei denken konnte. Einem seiner letzten Helden, einem Baum in einem 1956 geschriebenen Gedicht, hat Brecht schließlich bestätigt: »einzig durch Ihre unerbittliche / Nachgiebigkeit stehen Sie heute morgen noch gerade«.

Nachgiebig zu sein, das aber unerbittlich – die sieben Jahre des Märchens muss der Keunos des Galilei warten, ehe der von der Macht ermattete Agent stirbt, länger nicht. Sollte das im Ernst als Ermutigung in den politischen Kämpfen taugen? Und was, wenn der schweigsam Dienende mitschuldig wird, wenn gar sein Dienst Schlimmeres einschließt als Wäsche und Pflege? Dass das Weiche das Harte besiegen müsse (und dabei selber weich bleibe), dass infolge des Nichthandelns nichts ungetan bleibe und dass also die wirklichen Helden die Tatenlosen seien: das ist in jedem dieser Texte zuerst eine metaphysische Hoffnung und erst dann, allenfalls, eine Erfahrung.

Die Liquidierung des Jungen Genossen, die sich ja ebenfalls in China ereignet, ist so ein Fall. Gelesen aus der Perspektive des »Kontrollchors«, zeigt sie sich als die Legimitierung des Terrors, als die sie seither immer wieder gelesen worden ist. Aus der entgegengesetzten Perspektive aber, derjenigen des Opfers, zeigt die stalinistische Szene ihren taoistischen Untergrund. Indem er seine Henker noch um seine Hinrichtung bittet, gibt der Junge Genosse ein lediglich auf die Spitze getriebenes Beispiel des Nicht-Widerstrebens. Das kann als Kadavergehorsam gelesen werden oder als List eines passiven Widerstands bis zuletzt, noch in der tödlichen, der selbstmörderischen Konsequenz eine List des strömenden Tao – eine freilich wenig verlockende Variante. Läge also das wahre Heldentum weder im heroischen und notfalls todesbereiten Kampfesmut noch im schlauen Ausweichen vor dem Konflikt, sondern einfach im Durchhalten eines passiven Widerstands, eines Handelns, das, mit dem taoistischen Grundparadoxon, im »Nicht-Handeln« liegt? Ja, wenn man das wüsste.

Denn so schlau Brechts Helden sich, unter wechselnden Bewertungen ihres Autors, immer von neuem durchschlagen im Bemühen, wenn schon nicht die Welt, dann wenigstens ihr Leben zu retten, so selbstschädigend ist ihr Handeln schließlich doch, wenn es eben jenen nützt, vor denen sie fliehen – wenn es nur das eigene Leben zu retten trachtet und nicht die Welt. Aber was tun, solange das Ganze noch in Unordnung ist? Dafür kämpfen, dass es in Ordnung kommt, lehrt der andere Brecht, der Verkünder des notwendigen, die Not wendenden Kampfes. Aber was, wenn dieser Kampf keine Erfolgsaussichten hat, weil er nicht in einer starken Kampfgemeinschaft stattfindet? Wenn man nicht Teil einer *Commune* ist, einer großen Familie wie *Die Mutter* oder Frau Carrar, sondern so allein wie die Mutter Courage, wie Schweyk, Galilei, Laotse? Und was, wenn das Ganze in dieser Welt sich überhaupt nicht in Ordnung bringen ließe? Das Verhör des Lukullus etwa – nicht am Ende des Feldzugs findet es statt, sondern in einem Hades, in dem man sich für alte Kriegsgeschichten kaum noch interessiert.

Erstaunlich oft bleiben Brechts Helden Dissidenten, Einzelgänger, Außenseiter, entwetzende Hofnarren. Manche von ihnen werden dafür getadelt, gestraft, ermordet. Anzunehmen, dass dies jedesmal die einfache Meinung des Gedicht- und Stückeschreibers sei, könnte so voreilig sein wie ihr Gegenteil. Vielleicht muss man sich wirklich einreihen in die Arbeiter-Einheitsfront, wenn man selbst ein Arbeiter ist; vielleicht tut man auch klug daran, sich in die Büsche zu schlagen wie Sokrates, das Weite zu suchen wie Horaz, allein ins Offene zu gehen wie Laotse ins Gebirge. Die Ambivalenzen werden von Brechts marxistischer Wendung an bis in die späten Texte hinein in unendlichen Schattierungen und Variationen wiederholt, zuweilen dialektisch durchgespielt, häufiger aber unaufgelöst stehengelassen. Die Theodizeefrage, die der sterbenskranke Heine im *Lazarus* formulierte, läuft auf einen knappen und harten Vers hinaus, der sich in seinem Gedicht auf nichts mehr reimt: »Aber ist das eine Antwort?« Brechts weltliche Version dieser Frage richtet sich an die eigenen geschichtsphilosophischen Prämissen, und sie bleibt so reimlos und antwortlos wie Heines Vers. Erst wenn ihm die Antworten ausgegangen sind, lässt Brecht den Vorhang fallen, und da sind dann die Fragen wieder, was sie uns als Schülern nie zu sein schienen: offen.

Eine Art von Heldentum allerdings bleibt bei Brecht außerhalb dieser Ambivalenzen. Sie zeigt sich beispielhaft im Verhalten derjenigen, die den Nachbarn nicht denunzieren, obwohl es in *Furcht und Elend des Dritten Reiches* ganz leicht wäre, oder im Handeln der »Käuferin« im gleichnamigen Gedicht, die ihre unverschuldete Armut täglich im Laden demonstriert, denn »wenn wir kommen und nichts kaufen können / Weiß man Bescheid«. Dieses alltägliche Heldentum, das von den geschichtsphilosophischen Letztbegründungen, ja oft genug von sich selbst kaum weiß: das geht fast immer.

Albrecht Betz

Musikhelden und Heldenmusik

In der Sixtina des Vatikans hat Michelangelo den Endpunkt der christlichen Heilsgeschichte in einem gigantischen Wandfresko inszeniert. Das *Jüngste Gericht* füllt die gesamte Stirnseite der Kapelle. Unmittelbar über dem Altar – und damit unübersehbar – rufen die Posaunen zum Gericht, geblasen von einer Gruppe von Engeln, die auf einer Wolke herabschweben. Auch wenn der gewaltige Klang nur visuell suggeriert wird: der Schall ist fast physisch präsent. In alle Himmelsrichtungen posaunen die Engel das Ende der Zeiten. Sie erwecken die Toten, stiften die exzeptionelle akustische Dimension, die die endzeitliche Atmosphäre des Tribunals überhöht; in ihm geht es um die Auferstehung des Fleisches oder die Höllenfahrt der Verdammten.

Doch so alternativ und eindeutig liegen die Dinge nicht, zumindest nicht für Michelangelo. Eine Stimmung von banger Erwartung, von Skepsis und Zweifel teilt sich über den Ausdruck fast aller Figuren mit, auch vieler Geretteter; das Bedrohliche, Unsichere, die Furcht vor seelischer Vernichtung scheint allgegenwärtig. Das Zeitenende am Ende des Neuen Testaments mündet hier nicht in ein verbürgtes Heilsversprechen. Gesteigert wird die finale Ungewissheit durch die Posaunen, ihren imaginären Schall.

Im Alten Testament gewinnt die Macht der Musik Gestalt vor allem in der Legende der Posaunen vor Jericho, die die gewaltigen Mauern zum Einsturz bringen; und in David, der mit seinem Harfenspiel den von schweren Depressionen geplagten König Saul von dessen Phasen schwarzer Melancholie befreit. Der von Jahwe inspirierte Psalmendichter und Sänger – er gilt als Symbolfigur für die göttliche Heilkraft der Musik. Noch Luther nimmt seine Autorität in Anspruch, wenn er auf der sublimierenden Wirkung und der Bedeutung der Musik, nicht nur für die Gestaltung des Gottesdienstes, insistiert. Sie ist göttliche Gabe, die entfaltet werden soll, da sie den Menschen über seine Natur erhebt. David ist in der jüdisch-christlichen Tradition Archetyp des Musikhelden, der Patron vieler Generationen von Musikern und Dichtern; Patron auch der Meistersinger, deren Sieger in Richard Wagners Oper mit einer goldenen Kette geehrt wird, »geschmückt mit Davids Bild«.

Der frühe David des Bildhauers Michelangelo ist indes nicht der musikalische, sondern der furchtlose jugendliche Held, der dem Kämpfer in einem antiken Drama gleicht: Selbstbewusst, entschlossen bereitet er sich darauf vor, Goliath zu besiegen, den ungläubigen Riesen der Philister. Erinnert man sich daran, wie häufig Jesus im Neuen Testament »Sohn Davids« genannt wird , was später bis zur Gleichsetzung von David und Christus führen kann, überrascht es wenig, wie nahe verwandt der Christus in Michelangelos *Jüngstem Gericht* mit dessen Davidstatue erscheint. Der Weltenrichter ist in der Höhe sichtbar als dominierender Held mit muskelgeschwelltem Körper, apollinisch und herkulisch zugleich, mit entschlossenem, aber gefasstem und besonnenem Ausdruck. Die Stigmata, die an sein früheres Leiden erinnern könnten, sind zum kaum mehr Sichtbaren minimiert. Der Gesichtsausdruck ist der einer gespannten Aufmerksamkeit, einer leicht nach innen gewandten Konzentration, Zustand der Reflexion, eher des subtilen Hörens als des Sehens. Er ist das Gegengewicht zum Element der auffahrenden Geste, des erhobenen rechten Arms, der ein Signal zu geben und worin Christus mit den herrischen Akten der Antike zu wetteifern scheint. Diesem höchsten Richter geht es indes nicht um zornige Aburteilung, sondern um sorgfältiges individuelles Abwägen.

Im Kontrast zum katastrophisch erregten, aufgewühlten Gesamtszenario, das deutlich von Dantes *Inferno* inspiriert ist, hat Michelangelo Christus die konzentrierte Kraft des großen Dirigenten (avant la lettre) verliehen, der allen - und damit auch den unter ihm schwebenden Posaunenengeln - soeben den wuchtigen Einsatz zum Finale gegeben hat, mit dem linken Arm aber zugleich einige Stimmen dämpft und nuanciert, als sei er dem Klang als Ganzem verpflichtet.

Für die Musik als eine Kunst, die von Beginn an mit einer sakralen Aura umgeben ist, hält die griechische Antike ihren eigenen Archetypus als Helden bereit: den Thraker Orpheus. Als Sohn der Muse Kalliope und des (ihm angedichteten) Vaters Apoll inkarniert er die Macht der Musik, gilt als ihr mythischer Erfinder. Wie David steht er als frühester begnadeter Sänger, der sich mit der Leier begleitet, für die beinahe magische Einheit von Wort und Ton. Orpheus eignet wie David die Dimension des Prophetischen. In einem Mosaik der Synagoge in Gaza (509 nach Christus) sind beide in einer Figur vereint. Sie sind Stifter und Künder: Der eine ist Vater des Lieds, der andere der der Psalmen, die kultische Funktionen haben. Dennoch ist beider Bild vorab das von jugendlichen Heroen: Als Künstler-Helden leisten sie, dank ihres Muts und ihrer Fähigkeiten und geschützt von einem Gott, Übermenschliches für ihre Gemeinschaft; die lohnt es ihnen, indem sie sie ins Zeitlose überhöht. Auch dies ist ein Triumph des Gesangs über den Tod.

Orpheus begleitet die Argonauten auf ihrer Fahrt über das Meer und bewahrt sie vor dem sicheren Untergang, indem er schöner singt als die Sirenen. Eine zaubergleiche, ungeheure Wirkung geht aus von seiner Musik. Ihre besänftigende Kraft beschwichtigt wilde Menschen ebenso wie wilde Tiere, die Natur verneigt sich vor ihm, befreit sich von ihren Konflikten. Selbst die Monstren der Unterwelt vermag sie sanft zu überwältigen, und so gelingt es ihm, seine Gattin Eurydike aus dem Hades zu befreien.

Adornos Satz »Alle Oper ist Orpheus« (ausgenommen das Wagnersche Musikdrama) weist darauf hin, dass Monteverdi mit seinem *Orfeo* aus dem Jahr 1607 den Archetypus einer neuen Form schuf, der Oper. Erstmals in der Geschichte der Mythologie wurde die Macht der Musik auch mit den Mitteln der Musik dargestellt; die über Gluck laufende Reihe, die selbst durch den parodistischen Seitensprung Jacques Offenbachs nicht unterbrochen wurde, ist lang. Weg und Gestalt des Sängers - als sich selbst singender Held - können, je nach Konstellation, ein gutes oder schlimmes Ende finden.

Im griechischen Mythos ist Orpheus' Ende ein schlimmes. Nach dem endgültigen Verlust Eurydikes hatte er sich vom weiblichen Geschlecht ab- und dem männlichen zugewandt. Die thrakischen Frauen rissen ihn dafür in Stücke. Seine Lyra trieb hinaus aufs Meer. Die Musen versetzten sie als Sternbild an den Himmel. Der gewaltsame Tod, dessen Opfer Orpheus wurde, steht in krassem Widerspruch zur Versöhnung spendenden Macht seiner Tonkunst. Zu deren zivilisierender, humanisierender Kraft sagte Herder: »Mit Recht ist Orpheus' Leyer unter die Sterne versetzt, sie hat mehr getan als Hercules' Keule; sie machte den Unmenschen menschlich.«

Rilkes *Sonette an Orpheus* setzen ein mit einem phallischen Bild, das – Dialektik von Singen und Hören – über das Ohr ins rezeptiv-weibliche hinübergespielt wird. »Da stieg ein Baum. O reine Übersteigung! / O Orpheus singt! O hoher Baum im Ohr! / Und alles schwieg ... Und wo eben / kaum eine Hütte war, dies zu empfangen, / ein Unterschlupf aus dunkelstem Verlangen / mit einem Zugang, dessen Pfosten beben, –/ da schufst du ihnen Tempel im Gehör.« Erst Orpheus verleiht auch die Gabe neuen Hörens, ermöglicht die neue Beziehung. »Gesang ist Dasein«, heißt es wenig später, er ist der Odem, der für Leben steht, Pneuma. »In Wahrheit singen, ist ein andrer Hauch. / Ein Hauch um nichts. Ein Wehn in Gott. Ein Wind.«

Die Erschaffung einer neuen Klangwelt, die Öffnung eines bis dahin unentdeckten Hörraums, werden zu den eigentlichen Heldentaten des Orpheus. Musik ist Medium der Selbstbegegnung; zugleich stimuliert sie die Sehnsucht nach Neuem. Zwar wird der *Orfeo* des innovatorischen Monteverdi zuletzt von Apoll hinauf in den Himmel geholt, doch wirkt dies wie eine Konzession an die christliche Vorstellungswelt. Es sind gerade der Gedanke zweckfreier Kunst, ihr Potential an Verzauberung und ihre Offenheit in unendlich viele Richtungen, die sich mit Orpheus verbinden. Im musikalisch erfüllten Augenblick kumuliert die menschliche Sehnsucht nach Identität als höchstem Wunschinhalt. Im kulturellen Gedächtnis ist Orpheus' Spektrum breiter als das seines Pendants David, der auf die monotheistische jüdisch-christliche Tradition festgelegt scheint. Die Versuche, beide Archetypen zur Kongruenz zu bringen, blieben vereinzelt. Wie weit die »mosaische Unterscheidung« (Jan Assmann) auch die Musikgeschichte des Abendlandes einfärbt, wäre eine Untersuchung wert.

Oder setzt sich seit der Musik der Renaissance vielmehr durch, was man bezeichnen könnte als Gleichberechtigung jüdisch-christlicher und antikheidnischer Sujets beim Anspruch darauf, komponiert zu werden? Der Verlauf zeigt außerdem, dass jene, die über die Kraft der Überhöhung der archaischen Helden durch die göttlichen Mittel der Musik verfügen, die Komponisten, selbst zu Helden der Kulturgeschichte aufsteigen können – erst der nationalen, dann der universellen. Konkretisiert sei dies an der Trias Händel-Beethoven-Wagner. Sie teilen ein unbeirrbares Sendungsbewusstsein.

Händel, auf den der Ehrentitel des »Orpheus Britannicus« von Henry Purcell überging, war auch insofern Kosmopolit, als er verschiedene Nationalstile in einer Synthese zu vereinen vermochte. Als Hallenser wuchs er auf in der mitteleuropäischen Tradition, verbrachte seine künstlerische Sturm-

und-Drang-Zeit in Italien und ging dann in das frühkapitalistische England, wo er sich sowohl als führender Komponist wie als musikalischer Entrepreneur durchsetzte. Vielsprachig, weit herumgekommen, robust agierend im konfliktträchtigen London der ersten Hälfte des 18. Jahrhunderts, ging eine breite Lebenserfahrung in sein Werk ein, schlug sich nieder in der kontrastreichen Charakterisierung der Figuren seiner vierzig Opern und zwanzig Oratorien.

Als Held der europäischen Musikszene verbinden sich mit seinem Namen viele Superlative: Er ist der meistporträtierte Künstler seiner Zeit, er ist der erste Musiker, der einer eigenen Biographie für wert befunden wird, er ist der erste Komponist, den man mit einer Werkausgabe ehrt, der erste auch, dem seine Verehrer schon zu Lebzeiten ein marmornes Denkmal errichten – 1738 in den Londoner Vauxhall Gardens.

Händel wirkt wie eine weltfreudige, extrovertierte Gegenfigur zum gleichaltrigen Bach, dem frommen, sündenbewussten Lutheraner, dessen Musik tiefschichtiger und komplexer ist und dessen Bedeutung erst sehr viel später vom Ruhm eingeholt wurde. Beim auf unmittelbare Wirkung bedachten Theatermann Händel, der sich auf dem umkämpften freien Markt einer Metropole zu behaupten hatte, ging es um erfolgversprechende Sujets und um Verführung des Publikums – dessen Gunst war schwankend. Unvorstellbar, dass Bach, um den im Barock wuchernden Starkult zu bedienen, einen Großteil seiner Energie darauf verwandt hätte, teure und kapriziöse Diven und Kastraten aus Italien abzuwerben für heimische Produktionen. Unvorstellbar auch, dass bei ihm Christliches und Heidnisches, Sakrales und Säkulares so nahe beieinander hätten liegen können wie bei Händel, der mythologische Themen, Heldensagen, historische und biblische Stoffe gleichermaßen als Vorlagen für Opern, Oratorien oder Kantaten verwandte.

Dass Händel vom Königshaus mit der Komposition repräsentativer Musiken für Staatsanlässe beauftragt wurde, bei denen Zeremoniell und Prachtentfaltung im Vordergrund standen, hängt nicht nur mit seinem aus Italien mitgebrachten Prestige als Innovator der Tonsprache zusammen, sondern auch mit seiner Sicherheit bei der Leitung großer Ensembles: stark besetzten Orchestern und großen Chören von massiver Klangwirkung. Der imperatorische Gestus früher Unternehmer, die allein entscheiden und dirigieren, tritt vor Augen.

Die zweiteilige Ode auf einen Text von John Dryden *Alexander-Fest oder die Macht der Musik* (1736) trägt den Untertitel *An Ode in honour of Cecilia's day.* Souverän (oder ungeniert) kombiniert Händel die bacchantische Feier eines antiken Helden mit dem Lob auf die christliche Heilige der Tonkunst. Er umgibt die Schutzpatronin der Musik mit Orpheus, Pan, Mars und weiteren Instrumente spielenden Figuren aus dem antiken Arsenal. Ein hoher evangelischer Geistlicher wie Herder reagierte pikiert auf solch synkretistische Form der Verehrung. Da die Heiligen im Katholizismus die Rolle der Helden übernommen haben, gebührt ihnen eine besondere Art von Respekt. Schließlich war Cäcilia eine christliche Märtyrerin im antiken Rom.

Dass es sich bei den beiden Stücken, die sich gleich Markenzeichen mit dem Namen Händel verbinden – dem leider zur Sakralschnulze vernutzten »Largo« aus *Xerxes* und dem »Halleluja« aus dem *Messias* – offenbar um Übernahmen von anderen Komponisten handelt, hat ihrer Popularität bis heute nichts anhaben können. Es ließe sich von einer grundsätzlichen Laxheit in Fragen des geistigen Eigentums als einem Spezifikum der Epoche sprechen. Der immense Erfolg des *Messias* hat Beckmessereien solcher Art hinweggewischt. Übrigens bestimmte Händel nicht London, sondern Dublin zum Ort der Uraufführung.

Der letzten Probe, die ihr vorausging, hat eineinhalb Jahrhunderte später Stefan Zweig in seinen *Sternstunden der Menschheit* eine romantisierende, den frommen Kitsch streifende Passage gewidmet. Der pseudoreligiöse Titel des Ganzen: *Händels Auferstehung*. Sie ist darum lesenswert, weil hier die spätbürgerliche, konventionell gewordene Kunstreligion sich in der Darstellung gleichsam überschlägt und ein Doppeltes bewirkt. Händels Glorifizierung des Messias als eines Helden, in dem Altes und Neues Testament zusammenfinden, wird überhöht durch Zweig, der dem Komponisten seinerseits die Apotheose durch die Chorsänger angedeihen lässt: »Schwach fühlte sich jeder vor dieser urhaften Stärke und doch selig von ihr gefasst und getragen, und ein Schauer von Lust ging durch sie alle wie durch einen einzigen Leib. Als das ›Halleluja‹ zum ersten Mal dröhnte, riss es einen empor, und alle wie mit einem Ruck erhoben sich mit ihm; sie fühlten, man konnte nicht an der Erde kleben, angepackt von solcher Gewalt, sie standen auf, um mit ihren Stimmen Gott um einen Zoll näher zu sein und ihm dienend ihre Ehrfurcht zu bieten. Und dann gingen sie und erzählten von Tür zu Tür, ein Werk der Tonkunst sei geschaffen wie noch nie eines auf Erden.«

Die ersten englischsprachigen Oratorien Händels – das Interesse an italienischen Opern war in London zurückgegangen – beruhten auf alttestamentlichen Vorlagen. Auf die Bibelkenntnis der englischen Zuhörerschaft konnte man sich verlassen, zudem identifizierten sich die Briten gern mit dem auserwählten Volk als einem, das eine wechselvolle und konfliktreiche Geschichte zu bestehen hatte, mit Gottes Hilfe.

Für die Aufführung seines *Saul* (1738) setzte Händel erstmals Posaunen ein – sie waren traditionell Hoheitszeichen – und lieh sich die größten Kesselpauken aus dem Tower aus; sie kamen sonst bei Umzügen der Artillerie zum Einsatz. Saul und David: Das war im 18. Jahrhundert ein gängiges Sujet für Musiker und Dramatiker, schon wegen der Erfahrungen mit den Problemen der dynastischen Nachfolge. Händels *Saul* setzt ein mit einem Triumphgesang auf David nach dessen Sieg über Goliath. David ist der »hero«, der Sauls Eifersucht erregt, erst am Schluss der allseits gepriesene »man of might«.

Überraschend widmet Händel einem Sujet großen Raum, das auch bei Lektüre des biblischen Originals (Samuel) oft überlesen wird: Davids homoerotischer Beziehung zu Sauls eher sanftem Sohn Jonathan. Der findet den Tod, an der Seite seines Vaters, durch die Philister. David beweint ihn, unterstützt vom Chor, mit den Worten: »Great was the pleasure I enjoy'd in thee! / And more than woman's love thy wondrous love to me!« David wird heroisch zurückgewinnen, was Saul als Heerführer zuvor verlor.

Generell sind Händels Oratorien für den Konzertsaal, nicht für die Kirche geschrieben, auch wenn biblische Gestalten im Zentrum stehen. Die Klangsinnlichkeit seiner Arien, die auskomponierte Pracht und Majestät sind für die säkulare Bühne geschrieben. So ist *Judas Maccabäus* ein Siegesoratorium, Huldigung für den nach England heimgekehrten Herzog von Cumberland: den Sieger, der mit starker Hand den Feind bezwungen und den Frieden zurückerobert hat. In Deutschland war *Judas Maccabäus* sehr geschätzt wegen seiner unverhüllten Glorifizierung des Heldischen, der hymnischen Stillage, der jubelnden Akklamation. Beethoven, zeitlebens ein Verehrer Händels, entnahm dem Oratorium ein Thema, auf das er Variationen für Cello schrieb.

Händel hat über die Weise, wie er die Affekte der singenden dramatis personae musikalisch inszeniert, bereits Teil an der Aufklärung: Indem das persönliche Glücksverlangen seiner an Individualität stetig gewinnenden, psychologisch scharf gezeichneten Figuren die Staatsaktionen immer mehr überlagert.

Auch wenn neuere englische Interpreten, auf eine Assoziation von Franz Liszt gestützt, das *Vierte Klavierkonzert* Beethovens als sein »Orpheus«-Konzert bezeichnen und aus dem langsamen Satz (Andante con moto) herauszuhören glauben, wie Orpheus am Eingang zum Hades die Furien der Unterwelt besänftigt: Der Mythos, der sich mit Beethovens Namen frei von Spekulationen verknüpft, ist der des Prometheus. Der Titan, der aus Ton Menschen formte und für sie das Feuer vom Himmel stahl, wurde gesehen als ein »zweiter Schöpfer« (Shaftesbury) von aufrührerischem Stolz und aufklärerischer Intelligenz; er war für den mit kreativem Drang geladenen, enthusiastischen, in manchem utopischen Idealisten Beethoven eine Lichtgestalt.

Vermutlich hatte er schon in seiner Bonner Zeit Kenntnis erlangt von Goethes Sturm-und-Drang-*Prometheus*; jener Hymne eines neuen, rebellischen Ich- und Weltgefühls, die als lyrische Inkarnation antiautoritären Protests unter der Hand zirkulierte. Über das Revoltieren gegen die versteinerten religiösen und sozialen Verhältnisse, das Abstreifen traditioneller Bevormundung hinaus ging es um die Forderung freier geistiger Produktion, künstlerischer Autonomie. Das heroische Ich, auf das das Gedicht zuläuft, weist jeden Paternalismus zurück: »Hier sitz' ich, forme Menschen / Nach meinem Bilde, / Ein Geschlecht, das mir gleich sei, / Zu leiden, zu weinen, / Zu genießen und zu freuen sich, / Und dein nicht zu achten, / Wie ich!«

Für den 1770 geborenen Beethoven, der von der Französischen Revolution als knapp Zwanzigjähriger erfährt (wie die Gleichaltrigen Hegel und Hölderlin), liegt eine Revolutionierung auch der Gefühlswelt nahe, zu unterstützen und voranzutreiben von einer neuen Tonkunst. Eine konventionelle Tonsprache transportiert unvermeidlich konventionelle Emotionen. Der Prozess der Beschleunigung, als der die Gegenwart nach 1789 empfunden wird, die Dynamisierung der Widersprüche, die emphatische Auffassung von Freiheit als einer, der auch Elemente des Anarchischen und Exzessiven nicht fremd sein können, dringen ein in die kompositorische Struktur von Beethovens Instrumentalmusik, ihre thematische Verarbeitung, sogar in seine Spielweise als Klaviervirtuose: ihre viel beschriebene »Rasanz«. Die *Sonate pathétique* oder die *Appassionata* deuten dies im Titel schon an. Das nervös Vorwärtstreibende, gleichwohl Zielgerichtete ist ein Grundgestus seiner Musik.

Die bürgerliche Revolution hat eine neue musikalische Öffentlichkeit entstehen lassen mit politischen Hymnen und Liedern, Märschen und Volksopern. Beethoven schreibt seine Symphonien, auch wenn sie zunächst in feudalem Rahmen aufgeführt werden, »für die citoyens der großen Städte« (Hanns Eisler). Das bürgerliche Subjekt wird sich selbst zum Helden. Die Oper *Fidelio*, die *Egmont*- und die *Coriolan*-Ouvertüre atmen diesen Geist. Beethoven stellt neue Anforderungen an Ausführende wie Publikum, an Spieler wie Hörer, getragen vom Bewusstsein, in einer heroischen Epoche zu leben. Das heißt: vor dem Wiener Kongress. Danach, nach dem historischen Rückfall in die Heilige Allianz und das von Metternich überwachte System, sind andere, allgemeinere Formen des ästhetischen Widerstands zu entwickeln.

Zuvor wird vom Ballett *Die Geschöpfe des Prometheus* (1801) bis zur *Dritten Symphonie*, der *Eroica* (1804), und darüber hinaus der normensprengenden Kraft, der mutigen Selbstbestimmung, dem Kämpferischen und Mitreißenden in bis dahin nicht gehörten musikalischen Charakteren Ausdruck gegeben. Freilich erfährt Beethovens Identifizierung des Prometheus mit Napoleon – nicht die mit sich selbst – einen Bruch: Die Verwandlung des Generals, an dem die Hoffnungen einer Durchsetzung der Revolution in Europa hingen, zum Imperator bedeuten einen Schock. Zwar sind die Ideen einer universellen Emanzipation in der Welt; ihre Umsetzung scheint ad calendas graecas vertagt. Die große Konzeption des Durch-Nacht-zum-Licht war gleichsam auf ein höheres Abstraktionsniveau zu heben.

Das Pathos der späten *Neunten Symphonie* ist vom Universalismus der Ode Schillers, in die sie im vierten Satz mündet, kaum zu trennen. Dass sich Beethovens Monumentalität des Erhabenen – wie auch bei der *Missa solemnis* – entfernt an Händel orientiert, liegt nahe. Große Besetzung in Chor und Orchester und die Bereitschaft der Ausführenden zum abrupten Wechsel von höchstem Lyrismus und geballter Ekstase sind hier Voraussetzung, um dem frenetischen Jubel, der »Millionen umschlingenden« Euphorie, finalen Ausdruck zu geben. Die Befreiung der Menschheit – um Höheres kann es nicht gehen. Sie ist der kollektive Held.

»Alle Menschen werden Brüder«, das ist Aufklärung pur mit freimaurerischem Akzent. Seit eineinhalb Jahrhunderten taucht sporadisch die Behauptung auf, dass die *Ode an die Freude* als Ode an die Freiheit verstanden werden müsse. Es war aber nicht diese Differenz, die den Europarat auf den Text verzichten ließ, als er vor Jahrzehnten die Freudenhymne zur Europahymne wählte. Vielmehr machte er dem Text gerade sein universelles, zu wenig europäisches Bekenntnis zum Vorwurf. Was hätte Schiller dazu gesagt?

Dass Beethovens »Heldentum« bereits im 19. Jahrhundert Gegenstand der Verkultung durch das Bildungsbürgertum wurde, ist hinlänglich bekannt. Er selbst wurde zum Mythos. Die spätere Taubheit, der er trotzte, ergänzte das Heroenbild um das des Märtyrers, das er mit Prometheus teilte. Max Klingers *Beethoven* (1902) im Leipziger Gewandhaus zeigt den einsamen Titan auf dem Thron, fast nackt, über Äonen blickend. Das war die ultimative Steigerung, der gegenüber sich das Beethovenbild der Romantiker, mit denen seine Apotheose einsetzt, fast bescheiden ausnimmt. E. T. A. Hoffmann verehrte ihn, immerhin schon zu Lebzeiten, als »genialisches Naturkind, als Revolutionär, als Zauberer und als Priester«.

Richard Wagner erhob in seinen Zürcher Schriften Beethovens *Neunte* zum »menschlichen Evangelium des Kunstwerks der Zukunft«, derart sich einen direkten Ahnen schaffend, und dirigierte sie bei der Grundsteinlegung des Bayreuther Festspielhauses.

Als »Große Heldenoper« war *Siegfrieds Tod* (1848) geplant, ehe der Stoff sich unter Wagners Hand zur *Ring*-Tetralogie entfaltete. Deren Vorspiel, *Rheingold*, entwickelt sich, wie bekannt, aus einem Akkord in der »Helden-Tonart« Es-Dur; sie ist auch die der *Eroica*. Doch die über Widerstände triumphierende optimistische Perspektive Beethovens, die durch Dunkel das Licht erreicht, scheint im *Ring*, der mehr als ein halbes Jahrhundert später entsteht, ins Gegenteil verkehrt: durch Licht zur Nacht. Der erhoffte »Völkerfrühling« ist gescheitert, Wagner flüchtet erneut ins Exil; mit der »Wiedergeburt der Künste« geht es nicht voran, ihrer früheren Knechtschaft durch Kirchen und Höfe ist die durch die Industrie gefolgt; die neue Gegenwart ist die einer Geldgesellschaft im status corruptionis. Der Mensch der Zukunft und das Evangelium der Liebe können sich unter solchen Bedingungen nicht verwirklichen. Die Tetralogie muss düster enden. Der modernen Gesellschaft insgesamt wohnt die Tendenz zur Selbstvernichtung inne; sie ist nicht zu retten. Nur aus ihrem Untergang kann das Neue entstehen.

Aber nicht die aktuelle Welt stellt Wagner dar. Denn der Urgrund für diese Verhältnisse liegt weit in der Vorzeit. Ihn sichtbar zu machen versucht er durch die Transformation in mythisches Geschehen. Die Musik vermag die Sphäre des Verhängnisses, aber auch das utopische Potential des Mythos zu entbinden.

Die Naturidylle am Ursprung von *Rheingold* vermag nur für kurze Zeit einen Kontrast von Harmonie und unschuldigem Glück zu suggerieren zum treibenden Motiv der Handlung: der Verfluchung der Liebe um der Macht und des Besitzes willen. Sie symbolisiert der Ring. Nicht nur auf ihm lastet seinerseits ein Fluch, sondern auf fast allen Handelnden, deren Beziehungen vielfach inzestuös eingefärbt sind.

Im dritten Akt der *Walküre* verkündet Brünnhilde Sieglinde, den »hehrsten Helden der Welt« von Siegmund, ihrem Bruder, empfangen zu haben. Dies könnte die Voraussetzung für einen Erwählten sein (dem Thomas Mann einen späten Roman widmen wird). Aber der verheißene Retter, Siegfried, der der »furchtlos freieste Held« ist und den Drachen tötet, scheitert, wird, ganz tumber Tor, zur Marionette einer Intrige. Die Frucht der freien Liebe – Wagner hat seinen jugendlichen Helden mit einem sanguinischen Hornmotiv ausgestattet – wird am Ende der *Götterdämmerung* musikalisch verklärt, aber sie endet: tot. Das reinigende Feuer, in dem die mythische Welt untergeht, bereitet (vielleicht?) einer besseren Zukunft das Fundament.

Möglicherweise ist der Weg dahin lang. Die Helden in Wagners Opern bedürfen fast alle der Erlösung – vieles scheint heute ideologisch fragwürdig und wird von seiner wichtigeren Qualität überdeckt: als Revolutionär des Klangbilds dem Ohr neue Dimensionen eröffnet zu haben. Die von Wagner postulierte Erlösungsfunktion der Kunst, zumal der Musik, kann freilich zum Palliativ verkommen; dann wird das schlechte Bestehende lediglich erträglicher gemacht. Dafür, wie leicht Heldentum und Erhabenes in der Musik zu missbrauchen sind, hat das 20. Jahrhundert viele Beispiele geliefert. Der Komponist Adrian Leverkühn in Thomas Manns *Doktor Faustus* will Beethovens *Neunte* »zurücknehmen«, da ihr Humanitätspathos der Pervertierung nicht standgehalten habe.

Dass die Nazis schamlos jenes prestigiöse »Kulturgut« in Regie nahmen, das nach bildungsbürgerlichem Verständnis den Stempel des Hehren, Edlen, Heroischen trug, hing auch damit zusammen, dass sie Opfer der eigenen Propaganda waren, in einer »großen Zeit« zu leben; sie glaubten, im besetzten Europa für deutsche Kultur den Führungsanspruch durchsetzen zu müssen. Beethoven und Wagner wurden zu »Spitzenreitern« gemacht.

Auch dafür, wie jene Komponisten, die zuvor die Heroen mit Gesang verklärt hatten, selbst zu Helden wurden, nämlich solchen der Kulturindustrie, liefert das 20. Jahrhundert viele Exempel. Die erwähnten Händel-Beethoven-Wagner gehören dazu. Dass der Film sich der Musikheroen annahm, war ihrer Popularität wegen naheliegend; dass sie Titelgestalt in einem Musical werden, steht noch aus.

Reinhard Steiner

Heldenposen

»Homers Helden sind von einer natürlichen Überlebensgröße. Ihre unwahrscheinliche Körperkraft und Schnellfüßigkeit macht sie nicht zu Fabelwesen, und ihr monströser Appetit nach Ruhm und Rache, Blut und Braten verleiht ihnen nichts Pathologisches.« Man mag darüber streiten, ob Egon Friedell in seiner *Kulturgeschichte Griechenlands* die Motive der Helden Homers angemessen beurteilt hat und ob nicht gerade Erscheinung und Eigenschaften des Helden buchstäblich fabelhaft sind. Jedenfalls erinnert seine Charakteristik der homerischen Helden frappant an den Helden im Actionfilm. Allerdings haftet dem im Gegensatz zum antiken Helden etwas unrettbar Pathologisches an, weil die Gründe seines wüsten Aktionismus meist nur schwer zu akzeptieren sind, obwohl sie moralisch daherkommen.

Und dennoch, so fern der Actionheld dem antiken Helden auch sein mag, im Auftritt haben sie einiges gemein: Nach Friedell schreien die homerischen Helden geradezu nach dem Vergleich mit Hähnen, und das tun die filmischen Actionhelden mindestens ebenso laut. Überhaupt scheint man es bei diesem tierischen Vergleich mit einem Stereotyp zu tun zu haben, das sich quer durch die Kunst- und Kulturgeschichte verfolgen lässt, auch wenn jede Zeit eigene Rahmenbedingungen hat und dementsprechend ihre eigenen, nicht zuletzt ästhetischen Heldenmuster entwickelt. Ein Held ist jedenfalls ohne seinen Auftritt undenkbar – was wäre ein Held, wenn man ihm sein Heldentum nicht ansähe?

Der »Held in Aktion«, sofern das nicht ohnehin eine Tautologie ist, benennt einen Fall, der nur in der Literatur und im Film Sinn macht. Die Faustregel für diesen Fall hat schon Lessing in seinem *Laokoon* geliefert: »Es bleibt dabei: die Zeitfolge ist das Gebiet des Dichters, so wie der Raum das Gebiet des Malers« – und im Prinzip das des Bildhauers. Bewegung und Zeit darzustellen kann in einem Historienbild dadurch suggeriert werden, dass verschiedene Figuren unterschiedliche Momente einer Handlung vorführen. Eine einzelne Figur als Helden sichtbar und erkennbar zu machen, ist dem Bild dagegen nur durch besondere visuelle Strategien möglich. Weder Attribute noch starke Gesten oder besonders ausdrucksvolle Körperhaltungen reichen hin, um einen Typus zu charakterisieren, der wie der Held durch die große Tat ausgezeichnet ist. Solche Taten vermag die Literatur tatsächlich besser darzustellen als die bildende Kunst, nicht nur von Homer wurden sie in epischer Breite besungen.

Dagegen finden sich in der antiken bildenden Kunst, sei es in der Vasenmalerei oder in der Skulptur, verhältnismäßig wenig Beispiele, die die Tat selbst in einem fruchtbaren Augenblick dramatisieren und den Helden unzweideutig als Helden kenntlich machten. Man erkennt ihn, weil er einen Namen hat, weil man sich an die Eigenschaften erinnert, die aus den großen Heldengesängen bekannt sind, nicht unbedingt aber, weil sich sein Auftritt und seine Präsenz im Nu als solche offenbarten. Die »natürliche Überlebensgröße« ist im heroischen Zeitalter in erster Linie eine literarische Metapher. Bei sublimeren Helden wie Odysseus, deren Heldentum sich nicht in Körperkraft erschöpft, sondern durch List enthüllt, hat es das Bild noch schwerer. Wie soll es List, das heißt eine intellektuelle Operation, die meist auf Täuschung beruht, überhaupt zeigen? Fraglos ist es für die Sprache entschieden leichter, einen solchen Prozess, in dem Sichtbares und Unsichtbares sich mischen, nachvollziehbar zu machen. Nichtsdestoweniger fehlt der Sprache zwar nicht die Evidenz, aber die sinnliche Präsenz der Bilder, im Idealfall die Anzeichen der Tat in einem komplexen Bild zu verdichten. Eine Methode solcher Verdichtung war und ist die Pose als bildkünstlerische Fiktion. Anders gesagt: Die Pose ist die ästhetische Form der Heroisierung des Helden.

Schon früh gibt es in der griechischen Kunst das Bedürfnis, den Helden zu heroisieren, ihn eben nicht nur in actu beziehungsweise in einem Historienbild nachzubilden, sondern ihm als Einzelnem ein Denkmal zu setzen, so etwa dem Herkules. Im Christentum bis in die Zeiten des Heiligen Franz von Assisi wird der Wert heroischer Tat durch den der Passion, bei den Heiligen durch den heroischen Duldens ersetzt. Das heißt nicht, dass es nicht auch den heldenhaften »miles christianus« gegeben hätte oder andere heroische Motive wie den Christus triumphans als Überwinder des Todes. In dieser Hinsicht ist es nicht ohne Hintersinn der Geschichte, dass gerade der prototypische christliche Ritter und Drachentöter Georg weniger eine historische als legendarische Figur ist, dessen Kult als Streiter gegen die Feinde des Christentums vor allem zu Zeiten der Kreuzzüge und dann nach dem Fall von Konstantinopel 1453 virulent war. Ein Ritter mithin, der den idealen höfischen Werten perfekt entsprach.

Und so ist es auch kein Zufall, dass mit dem 14. Jahrhundert erstmals nach der Antike wieder eine literarische Gattung des Heldenlobs auftaucht, in dem ein kanonisch festgelegter Zyklus von neun berühmten Männern besungen wurde, die dem höfischen Publikum am bekanntesten waren: nach dem christlichen Schema der drei Weltzeitalter die Heiden Hektor, Alexander der Große und Caesar, die Juden Josua, David und Judas Makkabäus und die Christen König Artus, Karl der Große und Gottfried von Bouillon. Nur wenig später sollte ein Zyklus von neun Heldinnen nach dem selben Muster folgen. Kriterien ihrer Wahl waren ritterliche Tugenden, bei den christlichen Helden im Besonderen ihr Kampf um die Eroberung Jerusalems.

Dementsprechend zeigt einer der ersten bekannten bildkünstlerischen Zyklen, in dem um 1400 das Motiv der neun Helden und Heldinnen aufgenommen wird, im Castello della Manta bei Saluzzo, nebeneinander aufgereihte und nur durch Bäume mit den jeweiligen Wappen voneinander getrennte Figuren, deren Habitus man auf den ersten Blick kaum als heroisch charakterisieren würde. Es sind vielmehr höfische Ritter, in Prunkrüstung und Zeremonialgewand, bewaffnet mit Schwert oder Speer, mal leicht tänzelnd, mal eher steif, alt und würdig wie Karl der Große – berühmte Männer, deren historische Größe nur durch die Attribute und beigefügten Texte als heroische erkennbar gemacht wird.

Erst La Bruyère wird übrigens zwischen »héros« und »grand homme« einen wesentlichen Unterschied markieren. Auch die unmittelbarer in antiker Tradition stehende, durch Petrarca neubegründete Textgattung »De viris illustribus« zeigt sich bildkünstlerisch zunächst kaum anders. Die römischen Helden von Taddeo di Bartolo im Palazzo Pubblico von Siena sind zwar noch deutlicher militärisch ausstaffiert, präsentieren aber ebenso teilnahmslos und beherrscht ihre Waffen wie die neun Helden im Castello della Manta. Wie bei diesen erfüllt sich ihre Funktion völlig in der malerischen Monumentalisierung von Tugendvorbildern der Vergangenheit, von einer eindeutigen Heldenpose kann nicht die Rede sein.

Erste Merkmale weniger typisierend allegorischer Art verraten in der Mitte des Jahrhunderts die *Uomini famosi* von Andrea del Castagno. Für eine Villa der Familie Carducci in der Nähe von Florenz gemalt, sind sie Dokument humanistischer Gelehrsamkeit, insofern sie die drei großen Dichter Dante, Petrarca, Boccaccio neben drei Kriegern und weiblichen Königinnen und Sibyllen des Altertums vorführen. Darüber hinaus verkörpern sie den prototypischen Versuch eines Künstlers, seinem Sujet eine bildhafte Erscheinung zu geben, die über die bloße zeichenhafte Semantisierung hinausgeht.

Dem bis dahin unbekannten Phänomen der Heroisierung von Zeitgenossen beziehungsweise Condottieri der jüngeren Zeit entspricht zunächst eine Aktualisierung des Auftritts der Einzelfiguren, im Besonderen von Pippo Spano, dem »vincitore dei Turchi«, und Farinata degli Uberti, dem ghibellinischen Sieger in der historischen Schlacht 1260 bei Montaperti. Pippo dreht mit selbstsicherer Ruhe den Kopf in Gegenwendung zum geharnischten Körper, hält seinen Krummsäbel aufreizend lässig zwischen den beiden ausgestreckten Armen, als würde er wie ein unendlich überlegener Boxer den Gegner herausfordern, seinen schutzlosen Oberkörper zu attackieren, und steht dabei so breitbeinig auf der Erde, dass jeder derartige Versuch sinnlos erscheint. Farinata dagegen, dem Dante in der *Göttlichen Komödie* nachsagt, dass er »mit Brust und Stirne hoch sich reckte, als kümmert' ihn die weite Hölle nichts«, wird zwar diesem eindringlichen Bild nicht völlig gerecht, posiert indes mit lockerem Spielbein in unerhörter Eleganz, die durchaus noch höfischen Konventionen entspricht; die rechte Hand balanciert ebenso unangestrengt das schräg auf den Boden gestellte Schwert wie der linke Arm in die Hüfte gestemmt ist.

Beides Posen, die den drei ebenfalls dargestellten Dichtern gänzlich abgehen und in denen sich wie beim jungenhaften David von Donatello ambigue Aspekte anschaulich mitteilen. Nichtsdestoweniger sind es dominante Posen der Überlegenheit, in denen sich keine Spannung von Mut und Tollkühnheit, Tapferkeit und unbesonnener Angriffslust spiegelt, erst recht keine Spur von Leidenswille oder Heldentum bis zum Tod. Verglichen mit den etwas älteren Beispielen in Saluzzo oder in Siena hat das Bild des Helden gegenüber der textlichen Tradition an Eigenständigkeit gewonnen und beginnt gemäß der epochalen kunsttheoretischen Gleichung etwa eines Leon Battista Alberti, derzufolge sich die Bewegung der Seele in der Bewegung des Körpers auszudrücken hat, ein eigenes Gestaltprofil anzunehmen.

Die zunehmende Antikenrezeption vor allem im Italien des 15. Jahrhunderts hat auch einen massiven Ausdrucksschub zur Folge. Die Nacktheit antiker Fundstücke wird nun dezidiert als heroisch empfunden und nicht als postparadiesisches Sündenkleid abgetan. Herkules wird zum Ahnen von Fürsten- und Königshäusern auserkoren, seine Taten bilden ein Standardreservoir an »exempla virtutis«, sein Name wird zum Lieblingsvornamen in allen Schichten der Gesellschaft. (Wenig später passiert Ähnliches mit Achille und Ulisse, bezeichnenderweise in Gelehrtenkreisen.) Die Verehrung antiker Bildung und Geschichte erklärt schließlich auch den Aufwand und die Häufigkeit, mit der Episoden aus Vergils *Aeneis* oder beispielsweise der heldenhafte Selbstmord der Lucretia aus Livius' *Ab urbe condita* in der Malerei der Renaissance dargestellt werden.

Was die Heldenpose anlangt, sind es zwei epochale Ausnahmefälle um 1500, die dem Anspruch der Aufgabe gewachsen sind und die Erscheinung des Helden vielschichtiger machen: Formung und Aufstellung von Michelangelos *David* und die Auffindung der antiken *Laokoongruppe*, durch die erstmals der leidende Held eine für viele Künstler der frühen Neuzeit beispielhafte Kontur erhielt. Der *David* wird 1508 als Sinnbild »bürgerlicher« Tugenden vor dem Palazzo Vecchio in Florenz aufgestellt. Allein wegen seiner Größe als Gigant tituliert, verkörpert er ein Modell der Heldenpose, das an subtiler Mehrdeutigkeit nicht nur die Versuche der zeitgenössischen Künstlerkollegen auf diesem Feld überbietet, sondern auch das hohle Pathos der Nachahmungen im Nationalsozialismus bloßstellt.

Diesseits aller ikonographischen und stilgeschichtlichen Fragen ist er eine Inkunabel »heroischer Nacktheit« und folgt darin gemäß der Definition Nikolaus Himmelmanns »einer seit der Renaissance geläufigen künstlerischen Konvention, einen Menschen gegen die Realität nackt darzustellen, um ihn der Alltagssphäre zu entrücken«. Zugleich ist er die idealtypische Veranschaulichung der paradoxen Formel Egon Friedells von der »natürlichen Überlebensgröße« des Helden. Seine eigentliche Originalität aber besteht in der Erfindung der Pose. Eher allgemein und anmutungshaft könnte man sie als die vollkommene Verschmelzung von Désinvolture und Gefährlichkeit beschreiben. In der Asymmetrie der Körperhaltung und der trotz aller scheinbaren Mühelosigkeit des kontrapostischen Stehens sichtbar werdenden Schwere kommt eine latente Spannung zum Ausdruck, die kein reales Handeln nachbildet, sondern den Widerstreit, der im Begriff des Kontrapostischen selbst liegt, konkretisiert. So locker der Stand auf der einen, so angespannt der Oberkörper auf der anderen Seite; so entlastet der rechte herabhängende Arm, so willentlich geknickt die übergroß wirkende Hand; so zielgerichtet der Blick, so jäh die Kopfwendung; und schließlich so jünglinghaft glatt modelliert die Gesichtszüge, so entschieden die pathognomische Schärfung des Zorns in Brauen und Stirn.

Der *David* Michelangelos erfüllt seine heldische Rolle gerade nicht in der Tat, in actu, es ist vielmehr seine beinahe unheimliche, kalte Bereitschaft, die sein tödliches Handeln ahnen lässt. Er ist alles andere als nur der von seiner Mission durchdrungene Tugendheld, alles andere auch als ein hellwacher, frühreifer Knabe, der sich der intelligenteren Mittel bedient, um einen körperlich überlegenen Gegner zu erledigen. Seine Pose ist die der »terribilità«, einer Wildheit, die unter der oberflächlichen Ruhe lauert, sein Heroismus der einer Contenance der gesamten Muskulatur, deren Beherrschung jederzeit in Angriff münden kann.

Dieser Doppelsinn unterscheidet Michelangelos *David* von vielen anderen Beispielen, bei denen die Verehrung der Antike nur zur kruden Überzeichnung von massiver Physis und tumber Kraft führte. Die Buchstäblichkeit, mit der manche Figuren wie etwa Baccio Bandinellis *Herkules und Cacus* – aufgestellt in unmittelbarer Nachbarschaft zum *David* Michelangelos – die Pose des übermenschlich starken Helden annehmen, wirkt nicht nur oft eindimensional, sondern gekünstelt oder gar geschwollen, sprachgeschichtlich im Übrigen völlig zutreffend, da eine Wurzel des Wortes Pose aus dem Indogermanischen stammt und »schwellen« meint.

Allgemein betrachtet hat der Begriff der Pose keine sehr lange Geschichte. Als ein Terminus technicus der Ateliersprache ist er erst im 19. Jahrhundert belegt und meint damit jenen Akt, mit dem Künstler die Haltung des Modells festlegen. Darüber, seit wann die Pose den negativen Beigeschmack des Gekünstelten, der Ziererei erhielt, lässt sich nur spekulieren. Ein Grund dürfte in einer geradezu inflationären Wiederholung von ewig motorisch hyperaktiven Herkuliern im 16. Jahrhundert liegen, eine im historischen Sinn zutiefst anachronistische und gerade deshalb primär ästhetische Erscheinung. Diese Herkulier nämlich propagieren eine virile Zweikampfmentalität, als diese wegen der neuen Kriegstechniken mit Distanzwaffen längst sinnlos geworden war. Das wurde schon von Ariost im *Orlando furioso* wortreich beklagt, doch nur um das Verlorene umso höher zu rühmen. Ein weiterer Grund ist in der Praxis der höfischen Turniere und Feste zu suchen, deren Dramaturgie dem verlorenen beziehungsweise letztlich immer nur fiktionalen Bild des Helden neues Leben einhauchte.

Tänze, Seeschlachten, Schaukämpfe mit Schwert und Lanze entwickeln sich im 15. und 16. Jahrhundert zu Kavaliersdisziplinen, deren Ablauf streng nach Programm geregelt war und immer aufwendigere Inszenierungen, Kostüme und Prunkrüstungen hervorbrachte. Die Herrschaft trat bei diesen Spielen in zeitgenössischer, aber auch mythologischer Verkleidung auf, der Habsburger Ferdinand II. etwa als Aeneas. Es ist nicht schwer vorstellbar, dass derartige Auftritte effektvoll geplant und präsentiert wurden. So heißt es etwa in der Beschreibung eines Intermezzos von 1589, bei dem die Götter und Helden des Olymp in all ihrem Glanz aufmarschierten, dass die Heroen, goldglänzend und in leuchtenden Kostümen, sich in die Brust warfen wie die Pfaue: »paongeggiavano in esso Cielo«. Der glänzende Auftritt ist schon bei Homer ein Signum des Helden. Im 14. Jahrhundert wird er durch Jacques de Longuyons Dichtung *Les voeux du paon* zur Formel des heldischen Ritters, in den höfischen Festen endlich wird das Sich-Brüsten zur Standardpose im Rahmen eines »trionfo all'antica«. Eine Pose, die sich in der Turnierrüstung schon lange und ganz buchstäblich Ausdruck verschafft hatte. Der Reiterharnisch oder Küriss leitet sich etymologisch vom italienischen

Wort »corazza« ab und damit vom Bruststück, das in auffälliger Weise wie die Brust eines Hahns vorgewölbt ist und deren Mittellinie durch einen zugespitzten Grat besonders betont wird.

Was an Kürissen in den tatsächlich so genannten Heldenrüstkammern wie der von Erzherzog Ferdinand II. auf Schloss Ambras bei Innsbruck auf Hochglanz poliert glänzte und was bei höfischen Festen in mimetischer Lautmalerei von Adeligen und Laienschauspielern in Szene gesetzt wurde, erfährt durch eine Folge von zehn Kupferstichen mit *Römischen Helden* von Hendrik Goltzius erstmals eine ausgesprochen ironische Überzeichnung, die möglicherweise nur durch den exquisiten Kunstsinn des Adressaten gerechtfertigt war. Die großen Blätter von 1586 nämlich sind Kaiser Rudolf II. gewidmet und zeigen als zentrales Sujet formatsprengende und extrem outriert agierende Krieger. In hautengen, dünnsten Trikots, mit albernen Knötchen notdürftig festgehalten, Helmen mit üppiger Federzier und wallender Draperie stolzieren und tänzeln Männer mit überdimensionalen Muskelpaketen und Schnurrbärten, wie sie nur Kirmesringer trugen. Obwohl den Helden als Kommentar jeweils narrative Kampfszenen en miniature und lateinische Bildunterschriften beigefügt sind, die ihre Taten ohne jeden Vorbehalt rühmen, spricht die Pose eine andere Sprache. Sie gehört ins Genre der Parodie, weniger um den Helden als die Ziererei der Heldenpose zu verspotten.

So wird im Bild des Marcus Valerius Corvus zwar auch die Pose des *Herkules Farnese* zitiert, aber nur, um auf virtuose Weise die Attitüde des Schauspielers im Intermezzo, der eine Heldentat in eine gestische Handlung übersetzt, als geziertes Imponiergehabe erscheinen zu lassen. Die Ambiguität, die einen *David* Michelangelos, aber auch den ruhenden *Herkules Farnese* in der Latenz hält, ist hier aufgelöst in den paradoxalen Versuch, das Heldische bildnerisch in eine Attitüde zu bannen. So gesehen ist die kürzlich von Himmelmann geäußerte Auffassung, der Meister des *Herkules Farnese* hätte bei der Konzeption des Ausruhens an die Möglichkeit der griechischen Kunst anknüpfen können, »große Taten und Gedanken nicht im aktuellen Vollzug, sondern anhand ihrer Wirkungen darzustellen«, möglicherweise ein Missverständnis der Pose des Herkules. Gerade weil es richtig ist, dass der Held nach seinen Taten nie als strahlender Sieger, sondern immer als erschöpfter Mensch zurückbleibt, ist die Pose eine heroische und nicht nur Wirkung heldischen Tuns. Dass Herkules ruht, ist seiner Haltung unschwer zu entnehmen, dass diese Ruhe keine völlige Entspannung nach der Tat ist, lassen seine im höchsten Maße artikulierte und alles andere als schlaffe Muskulatur erkennen, aber auch die Attribute wie die Äpfel der Hesperiden in seiner auf dem Rücken ruhenden Hand. Sie sind Zeichen der Mühe so gut wie des Lohns, den die Heldentat einbringt.

Der Held ist maßgeblich bestimmt durch die Größe des Gegners sowie die Hartnäckigkeit seines Engagements, die er gegen den Widerstand aufbietet. Er ist nicht zwingend definiert durch Sieg oder glücklichen Ausgang eines Konflikts, allenfalls durch seinen Willen und die Leidenschaft zur Tat. Er kann verlustreich gewinnen, wie er ungebeugt unterliegen kann, er ist Held, weil er handelt – auch dann, wenn jede vermeintlich rationale Zielkalkulation ihm Unrecht gibt. Das sichtbar zu machen liegt durchaus im Darstellungshorizont der Pose. Es scheint, als hätte sich spätestens seit der Auffindung der antiken *Laokoongruppe* eine erhöhte Sensibilität für den Triumph des Unterliegens entwickelt, nicht zuletzt bei Michelangelo, der maßgeblich bei der Bewertung und Beratung über die Aufstellung und Wiederherstellung der Gruppe beteiligt war.

Was immer die Motive für diese neue Wertschätzung waren, die Aufgabe bot die Gelegenheit, einen Körper in heftigster Aktion zu zeigen, ohne dabei die pfauenhaften Effekte der Überlegenheit zu riskieren. Nicht nur Michelangelos Werk, vor allem das *Jüngste Gericht* in der Sixtinischen Kapelle, ist reich an Figuren, die, geschult am *Laokoon* und am *Torso von Belvedere*, die bildkünstlerischen Ausdrucksmöglichkeiten physischen Leidens ausloten, ohne die Unterlegenen in den Staub würdelosen Scheiterns zu treten.

Noch weiter geht Peter Paul Rubens, der den Laokoon und seine Söhne in einigen Zeichnungen als Musterfall einer Extrempose begreift, die mit der epochalen Formel eines »exemplum doloris« nicht einmal halbwegs ausgeschöpft ist. Die Variationsbreite der Darstellung von mythischen Helden und Göttern in seinem malerischen Œuvre macht deutlich, dass es ihm bei seinen leidenden Helden um mehr als Tugendschmerz ging und dass sie ihn zu weit größerer Originalität herausforderten als die in Konvention erstarrten Posen der triumphierenden Helden. Seine *Krönung des Tugendhelden* in der Alten Pinakothek in München etwa ist ein typisches Produkt barocker Allegorie und dokumentiert noch einmal, wie sehr das Pfauenhafte des »héros guerrier« als Formel genutzt wird und zum Klischee verkommt. Dieser Tugendheld paradiert in glänzendem Brustpanzer, seinen rechten Fuß triumphierend auf einen trunkenen Satyr gesetzt und sich demonstrativ von der nackten Venus zur Rechten abwendend. Für seinen glorreichen Sieg über die irdischen Verlockungen Wein und Weib lässt er sich von einer blonden und so nackten wie venerischen Victoria mit dem Lorbeer krönen. Der innere Kampf, den der Held zu bestehen hat, indem er die Laster in sich selbst besiegt, wird dadurch sichtbar gemacht, dass er zwar in kriegerischer Staffage, aber stoischer Gelassenheit über die Laster triumphiert.

Die Pose selbst indes verrät kaum etwas von einer Situation der Entscheidung, sie ist siegessicher und kennt kein Zögern. Nur der Umstand, dass sich das Gemälde immer in Rubens' Privatbesitz befand und als Gegenstück einen *Trunkenen Herakles* hatte, weist darauf hin, dass sich Rubens trotz aller Eindeutigkeit im Bild des Tugendhelden und dem des trunkenen Herakles auch in diesem Fall von seiner eigenen ethischen Maxime »Eher dem Laster fern als der Tugend nahe« leiten ließ. Aber er zeugt auch für den Befund, dass der positive Held in seiner flachen Pfauenpose kaum noch imstande war, dieselbe visuelle Vielschichtigkeit zu erzeugen, die sich in jenen Bildern nachvollziehen lässt, die den gedemütigten oder gestraften Helden beziehungsweise Titanen thematisieren.

In seinen Gemälden *Der Tod des Hippolytos* oder im *Prometheus* etwa wählte Rubens Themen, in denen nicht der Sieg, sondern der Triumph des Unterliegens gefeiert wird. Gleichgültig, ob die jeweiligen mythischen Erzählungen den Tod des Hippolytos als grausame Erfüllung eines Fluchs beziehungsweise die Bestrafung des Prometheus als Folge seiner Erhebung gegen den Göttervater Zeus motivieren, der Heroismus liegt in diesen Gemälden nicht beim Sieger, sondern in der Rolle und Pose des Unterlegenen, die gegenüber dem Vorbild des *Laokoon* durch die Position der Liegefigur – mit dem Kopf nach unten – dramatisch gesteigert ist. Das Pathos von Schmerz und Leiden wird überlagert von Kampf und Widerstand gegen Verhängnis und Strafe, die Wahrnehmung von vorbildhafter Leidensfähigkeit überformt durch den Reiz des ungleichen Kampfes.

Denis Diderots Auslegung eines Satzes von La Rochefoucauld scheint deshalb direkt den Nerv der heroischen Pose des Unterliegens zu treffen. Den Satz »Auch im größten Unglück der Menschen, die uns am teuersten sind, gibt es immer noch etwas, das uns nicht missfällt«, kommentiert er nämlich so: »Die Tugend, die schweren Prüfungen unterworfen ist: was ist das für ein schönes Schauspiel! Wenn sich auch die schrecklichsten Mächte gegen sie verschwören, so kann uns das doch nicht missfallen. In Gedanken verbünden wir uns gern mit dem unterdrückten Helden.«

Auch wenn man die Metaphorik des schönen Schauspiels noch nicht für die bildlichen Inszenierungen von Rubens gelten lassen will, ist es doch das entschlossene Aufbegehren des Helden gegen die schrecklichsten Mächte, das seine Pose und Passion zur heroischen erhebt und die Anteilnahme des Betrachters evoziert. Und es ist auch in diesem Fall die Ambiguität, die der Pose des Unterliegens das Banale eines schlichten ikonographischen Typus nimmt. Posen dieser Art sind als ein visuelles Amalgam zu begreifen, in dem Handlung und Haltung untrennbar in einem Bild verschmolzen werden beziehungsweise bei dem nur aus der Ambiguität der Haltung erraten werden kann, was die Figur im Innersten bewegt.

Eine detaillierte Synopse der Posen des 17. und 18. Jahrhunderts ergäbe wohl, dass in den Bildprogrammen häufiger als das Heroische der Triumph der Pose selbst und der Triumph des Helden in der Apotheose zu finden ist. Das gilt nicht zuletzt für Herkules, der weiterhin für alle Herrscherhäuser eine unverzichtbare Identifikationsfigur im Palast wie im Schlossgarten bleibt. Ebenso selbstverständlich schreiben unter anderem die Wettbewerbe, die die französische Akademie alljährlich veranstaltet, unvermindert als Preisaufgabe Heldenszenen jeder Couleur aus, mythologische und biblische, massenhaft pathetische Figurengruppen, die ein Spektakel liefern, das nicht nur Diderot goutierte, wobei der effektvoll und affektiert leidende oder unterlegene Held, mit höchstem artistischen Raffinement gemalt und in Stein gehauen, dem Sieger zumeist vorgezogen wird, weil er erregend gemischte Gefühle auslöst. Davon abgesehen aber ist das galante Zeitalter des Rokoko Heldenposen gegenüber eher reserviert, die Malerei sowohl in der kostümlichen Ausstattung wie in der Delikatesse der Posen mehr an einer theatralischen Wirkung der Inszenierung interessiert.

In den siebziger Jahren des 18. Jahrhunderts vollzieht sich auch in der bildenden Kunst ein spektakulärer Wandel. Ob Jean-Baptiste Greuze, Jacques Louis David, Johann Heinrich Füssli, John Flaxman oder Johan Tobias Sergel: bei allen Künstlern geht ein mehr oder weniger scharfer Riss durch ihr Werk, der, Hand in Hand mit der Proklamation einer Rückkehr zu römischen Tugenden, die Wiederkehr der großen Pose des Helden, dem Schwäche und Passion fremd sind, beschwört. Diese passen nicht zur männlichen Stärke, die die Vorbilder liefern soll, durch die den Mitbürgern nach David die »erhabenen Züge des Heldentums und der Tugend vor Augen« geführt werden sollen. In Füsslis *Rütli-Schwur* wie in Davids *Schwur der Horatier* stört kein schwankendes oder doppeldeutiges Moment die Unnachgiebigkeit des Ideals. Der Formelhaftigkeit des Eides entsprechen die athletisch stilisierten Körper und die Stereotypie ihrer Haltung, deren Sich-Brüsten zumindest bei Füssli unverkennbar in manieristischer Tradition steht, so sehr auch klassische Vorbilder akklamiert sein mögen.

Das Ziel des Schwurs und damit das Heroische der Pose bei David wird dagegen erst durch den Kontrast zur Gruppe der in ihren Kummer versunkenen Frauen deutlich. David soll gesagt haben, man sehe den »Moment, der dem Kampf vorangehen musste, und in dem der alte Horatius, nachdem er seine Söhne in der Halle des Hauses versammelt hat, sie schwören lässt, zu siegen oder zu sterben«. Die Pose des Horatius und seiner Söhne selbst kennt diese tödliche Alternative nicht, sie ist so eindeutig und streng, wie sie formelhaft und eindimensional ist, weil sie nur auf die eine Geste des Schwörens reduziert wird. Sie ist Propaganda, deren Rhetorik den idealen antiken Krieger und nur dessen unbedingten Willen zur hohen Tat erinnert.

Diese Monomanie unterscheidet die in einem durchaus erhabenen Sinn schlichten Revolutionshelden Davids von der Pose seines toten Helden Marat. Von einer Pose darf man auch beim *Marat* sprechen, weil es sich um nichts weniger als um ein realistisches Totenbildnis beziehungsweise ein Ereignisbild handelt. Schon Baudelaire sprach vom eigentümlichen Doppelcharakter, der sich aus der bezwingenden Wahrheit der letalen Haltung des Kopfes und der Idealität einer verklärenden Beleuchtung ergibt, die die Erbärmlichkeit des Todes von Marat aufhebt. Von Pose muss man sprechen, weil dieser Marat in einer Bildformel präsentiert wird, deren Assoziationsprägnanz nicht nur aus einer, sondern aus verschiedenen synkretistischen Motivtraditionen stammt. Sie reicht von einer antiken *Heimtragung des toten Meleager* über Raffaels *Grabtragung Christi* bis zu Caravaggios *Grablegung Christi*. Allein dadurch wird die Ambiguität des Heldentodes thematisch: Marat ist tot und lebt doch in seinem Opfer für die Revolution weiter, irritierend deutlich gemacht an der lebensvollen Geste der linken Hand, die noch den Brief zu halten scheint. *Der Tod des Marat*, sei er Volksfreund oder Schlächter, ist als Bild so unabschließbar, weil die Betrachtung des Toten in eine Reflexion über die Unsterblichkeit des Helden mündet.

Bernhard Schulz

Helden des Todes, Helden des Lebens

Zur Ikonographie des Gedenkens im 20. Jahrhundert

Frühere Zeiten kannten Denkmäler für Könige, Feldherren, für Sieger allemal; auch Dichter und Philosophen mochten sich auf den Sockel gehoben finden. Brechts *Fragen eines lesenden Arbeiters* jedoch, wären sie denn gestellt worden, hätten unbeantwortet bleiben müssen. Cäsar hatte, jedenfalls was die steinerne Überlieferung anbetrifft, eben doch keinen Koch dabei, allenfalls kämpfende Truppen. Sie dienten jahrtausendelang als Staffage, beispielsweise auf der Trajanssäule, wo der namensgebende Kaiser gut sechzig Mal dargestellt ist und alle zusammen in der spiralförmig in die Höhe geschraubten Erzählung immer undeutlicher auszumachen sind. Besiegte jedoch blieben stets dem Sieger zugeordnet, ikonographisch zumeist als gefesselte Sklaven, die gerade in ihrem Elend dessen Größe bezeugen, indem sie zu ihm aufblicken oder um Gnade flehen. An solchen Attributen wird der Held kenntlich.

Die Gefallenen indes blieben auf dem Schlachtfeld zurück, wo sie günstigenfalls von den geschlagenen Mitkämpfern bestattet wurden. Thukydides berichtet vom Krieg der Athener gegen Sparta, dass den Angehörigen ein leerer Sarg gebracht wurde, wenn die Leichen nicht geborgen werden konnten. So blieb das Zeremoniell gewahrt.

Nach dem Ersten Weltkrieg konnte es weder die Staffage der gefangenen Gegner geben noch das Zeremoniell für ungeborgene Gefallene. Es gab Hunderttausende von Vermissten, ohne Hoffnung, sie jemals bestatten zu können. Der neuartige, technisch bestimmte Krieg hatte das bis dahin seit den Anfängen der menschlichen Geschichte bekannte Schlachtfeld ebenso aufgelöst wie die umgebende Natur, in die es zuvor eingebettet lag. Ganze Landschaften waren zu einem einzigen Schlachtfeld geworden, zerbombt zu einem formlosen Urzustand. Nichts außer der Formlosigkeit blieb als Erinnerung, nichts außer der sinnlosen Gewöhnlichkeit des Todes.

Das nicht zu vergessen bildet den Impetus der neuartigen Erinnerung an den einfachen, namenlosen, den unbekannten Soldaten.[1] Er wurde zum eigentlichen Helden des Ersten Weltkriegs, hinter dem Marschälle und Generäle zurücktraten. Das »Feldgrau«, das aufgrund der neuartigen Kriegführung die unterscheidbaren farbigen Uniformen abgelöst hatte, machte ohnehin alle gleich, Ranghöhere und Rangniedere, Sieger und Besiegte. Sogar diejenigen, die als Individuen bestattet worden waren, verloren sich in der gleichmachenden Weite der Soldatenfriedhöfe, wie sie bis heute an den Schauplätzen der Westfront würdevoll gehegt werden.

1 Vgl. George L. Mosse, *Gefallen für das Vaterland. Nationales Heldentum und namenloses Sterben*. Stuttgart: Klett-Cotta 1993.

Zu viele Soldaten waren gefallen, und für zu wenig. Nicht einmal den Siegern gelang es, ihren Völkern einen überzeugenden Sinn des Leidens einzureden. Das rechtfertigende »Le boche payera tout« klang selbst in französischen Ohren verdächtig hohl, von denen des britischen Empire mit seinem weit verstreuten Völkergemisch ganz zu schweigen. Dass der Deutsche die Rechnung zahlen sollte, um nichts als den Status quo ante wiederherzustellen, genügte niemandem mehr.

So war es denn London, die Hauptstadt dieses im Ersten Weltkrieg zumindest nach Quadratkilometern nochmals gewachsenen Empire, in der erstmals ein ganz anderer Gedanke keimte: Die Erinnerung an den »einfachen Soldaten« sollte bewahrt werden, und da es ihrer so viele waren, die unerkannt blieben, konnte es nur der »Unbekannte Soldat« sein. Seine Namenlosigkeit, die ihn in früheren Kriegen zwangsläufig dem Vergessen preisgegeben hätte, wurde zur gemeinschaftsstiftenden Eigenschaft.[2]

1920 war das Bedürfnis nach Ritualisierung der Erinnerung so weit gewachsen, dass der Vorschlag, in Westminster Abbey, der Grablege englischer Könige und Helden, einen nicht identifizierten Soldaten beizusetzen, allgemeine Zustimmung fand. Der Trauerzug, der am Jahrestag des Waffenstillstands am Regierungssitz des Premierministers vorbeiführte, passierte einen in der Straßenmitte von Whitehall aufgestellten Kenotaph, durchaus als Mahnung an die »ruling classes«, wer den Blutzoll in diesem Krieg hatte entrichten müssen. Jedenfalls muss dies die unmittelbare Botschaft des weißen, aus Gips geformten Pylonen mit der Inschrift »The Glorious Dead« gewesen sein, denn The Cenotaph wurde von Stund an das Ziel der Trauernden, die ihn mit rotem Mohn, der zum Symbol des Überlebens gewordenen Blume der Schützengräben, dekorierten. So blieb der Kenotaph von Whitehall fortan der Mittelpunkt des Gedenkzeremoniells am 11. November.

Edwin Lutyens, der Architekt dieses jeder kirchlichen Symbolik entratenden Grabmals, stand damals im Zenit seines Ruhms als bekennender Architekt des Empire, frei von jedem Verdacht auf Kritik an der britischen Politik. Für die von ihm entworfene, gerade erst im Bau befindliche indische Hauptstadt New Delhi musste er daraufhin 1921 ein eigenes Grabmal des Unbekannten Soldaten gestalten, um den indischen Truppen angemessene Würdigung zu verschaffen. Der All India War Memorial Arch ziert die Kreuzung der beiden Magistralen des imperialen Delhi, den optisch prominentesten Ort der Neustadt überhaupt. Absichtslos gab so das nationalstaatliche Gedenken im fernen Europa den nationalen Bestrebungen in Indien Auftrieb. Wie lange der Londoner Anstoß wirksam blieb, zeigt sich am Beispiel Australiens, wo ein eigenes Grabmal des Unbekannten Soldaten erst im Jahr 1993 im Australian War Memorial in Canberra eingeweiht wurde.

In Paris war zum gleichen 11. November 1920 wie in London »La tombe du soldat inconnu« unter der Mitte des Arc de Triomphe eingerichtet wor-

---

2 Vgl. Ken S. Inglis, *Grabmäler für Unbekannte Soldaten*. In: Christoph Stölzl (Hrsg.), *Die Neue Wache Unter den Linden. Ein deutsches Denkmal im Wandel der Geschichte*. Berlin: Koehler & Amelang 1993.

den. Der Unbekannte Soldat fügt sich so in die Tradition der glorreichen Siege, als namenloser Held unter all den Helden der am Triumphbogen aufgeführten Schlachtfelder Napoleons, die damals bereits jenseits des Streits zwischen Monarchisten und Republikanern Gemeingut der französischen Nation geworden waren. Nicht die bloße, von Nationalität, Religion oder sozialem Rang freie Erinnerung wie in Lutyens' Kenotaph, sondern die Sinnstiftung als Nationalheld steht beim Pariser Inconnu im Vordergrund.

Zahlreiche Länder folgten dem Beispiel der Entente cordiale. Die Idee des Nationalstaates erfuhr mit dem Ausgang des Ersten Weltkriegs und den darauf fußenden internationalen Vertragswerken ihren krönenden Abschluss. Das gesamteuropäische Entsetzen über die »Urkatastrophe des 20. Jahrhunderts« wich der nationalen Besonderung. Nicht für den Frieden, die Menschheit oder welche Ideale auch immer waren die Soldaten gestorben, sondern für Ruhm und Ehre ihres jeweiligen Landes.

Es versteht sich, dass im geschlagenen Deutschen Reich eine solche Sinngebung kaum möglich war. Der tote Held blieb eine umstrittene Figur, so zerrissen wie die Republik selbst. Das Reichsehrenmal in der Neuen Wache in Berlin kam nach immerhin siebenjähriger Diskussion erst 1931 zustande, und statt auf die Niederlage von 1918 nahm der Entwurf Heinrich Tessenows auf die preußischen Siege Bezug. So konnten die Kriegstoten ebenfalls als Helden im herkömmlichen Sinne des militärischen Sieges verstanden werden, geehrt mit silbernem Eichenkranz als Anspielung auf die Befreiungskriege von 1813/15.

Ein einziges der kriegführenden Länder gab es, das kein Denkmal für den Unbekannten Soldaten und erst recht keines für deren Generäle errichtete: Sowjetrussland, wie es bis zur Gründung der Sowjetunion Ende 1922 hieß. Das lag nahe, war es doch gerade die radikale Gegnerschaft gegen den vom Zaren geführten Krieg, die den Bolschewiki die Unterstützung der erschöpften Arbeiter und Soldaten verschaffte. Die Revolution – die sich dazu allerdings erst nach dem glorifizierten Staatsstreich des 26. Oktober auswuchs – beklagte ihre eigenen Toten. Auf dem an bevorzugter Stelle gelegenen Marsfeld von Petrograd wurde am ersten Jahrestag des »Roten Oktober« das »Gedenken an die Opfer der Revolution« gefeiert, wie das Generalthema der temporären Installationen lautete. Der Architekt Lew Rudnew trat mit konstruktivistischen Aufbauten hervor, auf denen »der Menge der Großen« gedacht wurde, »die dieses Leben verlassen haben«. 1922 wurde das Marsfeld zur Gänze in »Feld der Opfer der Revolution« umbenannt. Dennoch verlor sich die Erinnerung an die Ereignisse von 1917/18 im Strudel immer neuer Opfer, die das Sowjetregime forderte, ehe Stalins Personenkult jede Erinnerung tilgte.

Andere Helden traten an die Stelle. Die gewaltsame Kollektivierung und Industrialisierung ab 1929 verschlechterte rapide die Lebensumstände, die sich zuvor mühsam gebessert hatten. Der Tiefpunkt der Industrieproduktion war 1933 erreicht, nebenbei zeitgleich mit dem Beginn der Krisenbekämpfung durch den Roosevelt'schen New Deal in den USA. Der Reallohn der Arbeiterschaft sank während des ersten Planjahrfünfts um rund die Hälfte, die

Arbeitsproduktivität blieb weit hinter den Erwartungen zurück, selbst gut ausgestattete Fabriken erreichten selten mehr als die Hälfte ihres möglichen Produktionsumfangs. Um die forcierte Industrialisierung dennoch zu bewerkstelligen, waren mit dem Fünfjahresplan die »Stoßarbeiter« und die aus ihnen gebildeten Brigaden ersonnen worden. Als Avantgarde der Arbeiterklasse sollten die »udarniki« Vorbild und Ansporn für die Massen frischgebackener Industriearbeiter sein, die eben erst dem bäuerlichen Milieu entronnen und in die Städte gespült worden waren. Noch waren die Stoßarbeiter namenlose »Helden des Aufbaus«.

Das änderte sich Ende August 1935, im zweiten Planjahrfünft, als die »Stachanow-Bewegung« inszeniert wurde: die Übererfüllung des Plansolls nicht um einige Prozent, sondern gleich um ein Mehrfaches. Nun hatte der »Held« einen Namen, er hieß Alexej Stachanow, war Bergarbeiter und brach in einer einzigen Nachtschicht 102 Tonnen Steinkohle, das Achtfache der Norm. Die Individualisierung der bis dahin anonym vorgetragenen Forderungen nach Produktionssteigerung entsprach dem Personenkult der Stalinzeit, wobei es sich um einen beliebig austauschbaren »Helden« handelte, dessen weithin verkündete Leistung auf diese einzige, genauestens vorbereitete Nachtschicht konzentriert blieb. Es war übrigens der Erste Kongress der Stachanow-Arbeiter 1935, auf dem Stalin das berüchtigte Wort sprach: »Das Leben ist leichter geworden, Genossen, das Leben ist fröhlicher geworden!« – wie zum Hohn auf die mindestens sechs Millionen Toten der durch maßlose Getreideablieferungen verschuldeten Hungersnot zu Beginn der dreißiger Jahre. Diesen unfreiwilligen »Helden« des sozialistischen Aufbaus ist kein Denkmal zuteil geworden, ja oft nicht einmal das schlichteste Begräbnis.

Die traditionell maskulin geprägte russische Gesellschaft sah auch Heldinnen. Sie hatten es besonders schwer, zumal auf dem Lande. Eine der ersten Traktorfahrerinnen, Pascha Angelina, sah sich im Sommer 1930 dem erbitterten Widerstand der Kolchosbäuerinnen gegenüber, die sie als Bedrohung ihrer hergebrachten Rollenvorstellungen empfanden. Als überzeugte Bolschewistin gab Pascha nicht auf, gründete gar 1933 die erste weibliche Traktorenbrigade – und gab einer Tochter in Bewunderung für den »Führer der Völker« den Namen »Stalina«.

Die wahren, von breiten Bevölkerungsteilen tatsächlich verehrten Helden dieser Epoche jedoch waren andere. Die Industrialisierung benötigte Fachkräfte; Ingenieur zu werden wurde zum millionenfachen Berufswunsch, der raschen Aufstieg versprach. Kommunismus wurde mit Technik gleichgesetzt. Die Überwindung von Raum und Zeit wurde in der riesigen Sowjetunion, diesem in weiten Teilen noch kaum erschlossenen »Sechstel der Erde«, geradezu zum Leitmotiv. Expeditionen in unbezwungene Gebiete wurden von Millionen Menschen verfolgt. Und nichts machte die Raum-Zeit-Überwindung greifbarer als die Fliegerei: Piloten wurden zu Helden, Flugzeuge erschienen auf zahllosen Propagandafotografien, als ob sie beständig über jedem Fleck des Landes kreisten.

In idealtypischer Weise fielen Forscherdrang und Fliegerei im Fall des Expeditionsschiffs Tscheljuskin zusammen, das nach monatelanger hilfloser

Drift im Februar 1934 im Nordpolarmeer vom Eis zerdrückt wurde. Die Besatzung und die übrigen Teilnehmer, unter ihnen auch Frauen und sogar zwei Kleinkinder, überlebten auf einer Eisscholle – und konnten gerettet werden, von wagemutigen Fliegern natürlich. In Moskau wurden sie in einer New York abgeschauten Konfettiparade gefeiert. Und es wird eine Auszeichnung für die insgesamt sieben Rettungsflieger geschaffen, ad hoc und der Bedeutung nach umfassender als alles, was es an Medaillen und Plaketten bis dahin gab: »Held der Sowjetunion«. Die Spitze der Partei, voran Stalin, beantragt, »als den höchsten Grad der Auszeichnung für Heldentaten den Ehrennamen ›Held der Sowjetunion‹ zu bestimmen«.

Piloten wurden zu »Stalinfalken« stilisiert, es wurde ein eigener alljährlicher »Tag der Flieger« eingeführt. Zwei Piloten sind unter den nur fünf »Helden«, die die Auszeichnung drei- oder gar viermal erhielten. Nur wenige Hunderte wurden zu »Helden« gekürt, bevor 1941 auch für die Sowjetunion der Krieg begann; ab dann wurde die Heldenzahl inflationär.

Die Botschaft solcher mit ungeheurem Propagandaaufwand verbreiteten Taten war deutlich: Jeder kann ein Held werden. Die schlagartige Heraushebung und überschießende Feier zuvor völlig unbekannter Personen sollte indessen nicht persönliche Lebenswege aufzeigen, sondern allein eine zuvor nur im Kollektiv denkbare Leistung für jedermann nachvollziehbar machen. In der scheinbaren Individualisierung verbirgt sich die Auslöschung des Persönlichen, das doch gerade in der Abweichung von der millionenfach verkündeten parteikonformen Sowjetbiographie bestanden hätte.

Darin besteht der Unterschied zum Fliegerkult etwa um den Atlantikbezwinger Charles Lindbergh, der in der phänomenalen Massenbegeisterung wohl das Vorbild für die europäischen Diktaturen der dreißiger Jahre abgab. Denn Fliegerhelden gab es auch in Hitlerdeutschland und mehr noch in Mussolinis Italien. Dass die größten Fliegerhelden auch der beiden faschistischen Regime, wenn sie nicht gerade den Nordpol anvisierten, meist in die Vereinigten Staaten flogen, sei als Indiz für die unterschwellige Amerikabewunderung erwähnt, die die Diktaturen Europas so merkwürdig eint.

Unter Mussolini wurde der Begriff des Helden nachgerade inflationär gebraucht, zumeist in der Mehrzahl der »eroi«, denn neben dem Namen Mussolinis fand kaum ein anderer Platz. Das fällt umso mehr auf, als sich in Mussolinis pathetischem Sprachgebrauch »Held« und »Märtyrer« nahezu synonym begegnen. Doch keine einzelnen Gefallenen werden benannt und gefeiert, wie in Nazideutschland ein Horst Wessel. In der zum zehnten Jahrestag des »Marsches auf Rom« veranstalteten »Ausstellung der faschistischen Revolution« 1932 in Rom, die wegen ihrer weitgehend avantgardistischen, an El Lissitzky orientierten Gestaltung als Meilenstein der Moderne gelten darf, gab es ein »Heiligtum der Märtyrer«. Doch auf dem zentralen, in seinem Querbalken stark verkürzten und somit ein Gutteil entchristlichten Kreuz waren die Worte »Für das unsterbliche Vaterland!« zu lesen. Ihnen antworteten von den kreisrunden Wänden in weiß leuchtender Schrift jedoch nicht die Namen besagter Märtyrer, sondern in unzähliger Wiederholung der Ausruf »Anwesend!«. Das Modell des Unbekannten Soldaten stand

Pate: Nicht der Einzelne zählt und wird gar betrauert, sondern die Menge der Toten bildet einen Chor, der die Lebenden zur unbeirrbaren Nachfolge verpflichtet. Dass die Gestaltung der »Mostra della Rivoluzione Fascista« einschließlich des »Heiligtums« zum Großteil von Adalberto Libera stammt, dessen gleichfalls zu Zeiten des Faschismus begonnener Kongresspalast als Auftakt der italienischen Nachkriegsmoderne gerühmt wird, sei am Rande erwähnt.

Den Doppelbegriff von »unseren Märtyrern und unseren Helden« schreibt Mussolini auch ins Vorwort des Begleitbuches. Im Verlauf der von über vier Millionen Besuchern gesehenen Ausstellung, die das Buch minutiös dokumentiert, werden dann die Namen der toten »Kämpfer« genannt, die den Weg von der Gründung der »Fasci« 1919 bis zur Machteroberung nur dreieinviertel Jahre darauf säumen. Doch das am Ende der Mittelachse des Ausstellungsgebäudes plazierte »Heiligtum der Märtyrer« hebt diese Individualisierung wieder auf, um die faschistische Botschaft »von den alten Kameraden an die jungen« weiterzureichen, wie Mussolini schreibt. Der Duce amtierte als Staatschef im Palazzo Venezia genau in der geographischen Mitte Roms, schräg gegenüber vom Nationaldenkmal für Viktor Emmanuel II., dem »Altar des Vaterlandes«, an dessen Fuß der Unbekannte Soldat Italiens beigesetzt worden war. So schließt sich der Kreis.

Doch nicht nur Diktaturen, auch die Demokratie der Vereinigten Staaten hatte ihre Helden. Wie in der mit Hilfe amerikanischer Maschinen industrialisierten Sowjetunion waren es Helden der Arbeit. Die staatlichen Beschäftigungsprogramme insbesondere der Works Progress Administration appellierten inmitten der tiefsten Depression an das Arbeitsethos der Amerikaner. Zum staatlich verordneten Einheitslohn zu arbeiten stellte im individualistischen Amerika eine völlig neue Erfahrung dar. Die machten auch diejenigen Künstler, die wie alle vom Staat beschäftigten Arbeitslosen für 23,50 Dollar die Woche neben 108 000 Gemälden rund zweieinhalbtausend Wandbilder in Postämtern, Schulen oder sogar Feuerwehrwachen malten, die mit der allmählichen Überwindung der Wirtschaftskrise allzu oft wieder spurlos verschwanden. Generalthema ist stets das arbeitende Amerika, das der Bauleute auf den Gerüsten, der Farmer auf den Mähdreschern oder eben der Postbeamten hinter dem Schalter.

Von »Helden« sprach man nicht, es gab auch keine Medaillen; und doch wurde jedem Betrachter vor Augen geführt, dass die Lebenskraft des Landes mit dem auf Straßenplakaten herausgestellten »World's Highest Standard of Living« nicht auf den zuvor verehrten Großtaten der Industriebarone ruhte, sondern auf den Schultern von Mr. und Mrs. Smith. Dass die Staatsarbeiten unter anderem die Elektrifizierung ländlicher Gegenden sowie den Bau gewaltiger Staudämme und Wasserkraftwerke zum Hauptgegenstand hatten, ist eine weitere Parallele der beiden Weltmächte: Ihre Industrialisierungsprogramme bedurften geradezu zwangsläufig der Mythisierung durch das Heldentum der alltäglichen Arbeit.

Der Zweite Weltkrieg, nochmals fürchterlicher als sein Vorgänger, schuf viele tausend dekorierte »Helden«, einen neuen Totenkult – ein neuartiges

Erinnern jedoch brachte er nicht hervor. Die Formen, die sich nach 1918 so spontan und eigengesetzlich gebildet hatten, mussten genügen. Mehr noch, selbst die Sowjetunion, die die Toten des Zarenreichs in den Abgrund der Geschichte verbannt hatte, übernahm nun das Gedenken an den Unbekannten Soldaten und errichtete ein entsprechendes Grabmal an der Kremlmauer, dem geheiligten Ort für Bestattungen von Sowjetführern. Doch es dauerte immerhin bis 1967, dem fünfzigsten Jahrestag der Revolution, dass das Grabmal zustande kam. Mit seiner Ewigen Flamme macht es beim französischen Vorbild Anleihe. Der in Granit gemeißelte Gedenkspruch lautet »Dein Name ist unbekannt, aber deine Tat ist ewig« – keine Silbe vom »Sieg über den Hitlerfaschismus«, der doch der Inhalt des Großen Vaterländischen Krieges gewesen war, sondern eine Sinnstiftung allein aus der Überwindung aller Zeitlichkeit, dem letztendlichen Ziel der Totenrituale aller Kulturen.

Warum gab es nach dem Zweiten Weltkrieg kein den Jahren um 1920 vergleichbares Gedenken? Der naheliegende Einwand, durch den Völkermord der Nazis, parallel einhergehend mit den Kriegshandlungen, habe der Krieg eine Dimension erhalten, die das hergebrachte Gedenken an die gefallenen Soldaten unmöglich mache, überzeugt nicht. Anfangs spielte der Mord insbesondere an den europäischen Juden bei weitem nicht die globale Rolle, die ihm in der heutigen Geschichtserinnerung zukommt. Selbst im besiegten Deutschland galt die öffentliche Aufmerksamkeit weit stärker den von den Alliierten eingeleiteten Prozessen gegen NS-Größen und hohe Militärs als dem Völkermord. Es war die Kriegführung selbst, die die Vorstellung jedweden Heldentums aufgelöst hatte. Mit der erbarmungslosen Einbeziehung der Zivilbevölkerung wurde der Unterschied zwischen kämpfender Truppe und »Heimatfront« eingeebnet, und das Heldentum fiel im Luftschutzbunker kaum geringer aus als im Kursker Bogen. 1945 war ein ganzes Volk dermaßen erschöpft, dass die Vorstellung eines Heldenkultes oder gar einer »Dolchstoßlegende« wie nach 1918 vollkommen abwegig gewesen wäre.

Dennoch hat erst das in den achtziger Jahren rapide zunehmende Gedenken an den nunmehr so bezeichneten Holocaust die unterschwellige Erinnerung an die Kriegstoten ganz überlagert. Die Auseinandersetzung um die Neugestaltung von Schinkels Neuer Wache in Berlin hat diesen Konflikt 1993 in breitester Form sichtbar gemacht. Die letztlich defensive Haltung des Bundeskanzlers Helmut Kohl, der eine vergrößerte Version von Käthe Kollwitz' intimer Pietà als Gedenkskulptur wählte, ging in der heftigen Kritik unter. Denn die trauernde Mutter, in der Kollwitz 1937/38 ihr eigenes Los gespiegelt hatte, erzwingt als universale Metapher für Tod und Trauer gerade nicht das Gedenken »Den Opfern von Krieg und Gewaltherrschaft«, das die Bodeninschrift einfordert.

Mit dem Holocaustmahnmal, dem »Denkmal für die ermordeten Juden Europas« nach dem Entwurf des Amerikaners Peter Eisenman inmitten der deutschen Hauptstadt, fand das gesellschaftliche Bewusstsein nicht nur Deutschlands, sondern der westlichen Welt seinen angemessenen Ausdruck. Bezeichnenderweise wurde das riesige, dabei mitnichten bedrückende Feld von liegenden Rechteckquadern am 10. Mai 2005 eingeweiht, zum sechzigsten Jahrestag der Kapitulation des Hitlerreiches. So fand gewissermaßen eine »translatio memoriae« statt: An die Stelle der Kriegserinnerung, die längst zu verblassen begonnen hatte, tritt die immerwährende Erinnerung an das schlimmste Menschheitsverbrechen der Neuzeit. Während das halbherzig umgestaltete Ehrenmal in der Neuen Wache zur Kuriosität an Berlins historischer Meile Unter den Linden geschrumpft ist, bildet das Eisenman'sche Stelenfeld einen Ort zwanglos-individuellen Gedenkens, was immer das für den einzelnen Besucher bedeuten mag.

Dabei gibt das Denkmal keinen greifbaren Anlass, an seiner Bestimmung als Erinnerungsort für den NS-Völkermord zu zweifeln. Und doch weckt es Assoziationen an ein Gräberfeld gleich welcher historischen Ursache,[3] die insbesondere demjenigen, der die Gräberfelder des Ersten Weltkriegs gesehen hat, nicht entgehen können. Was dort die Gesamtheit der militärischen Kriegsopfer meint, ob bekannt oder unbekannt, könnte hier ein Denkmal für die namenlosen Toten des Krieges meinen, ist aber explizit der Gesamtheit der ermordeten Juden Europas gewidmet. Sie sind, je nach Blickwinkel, Opfer der Nazischergen, Märtyrer des noch ungeborenen Staates Israel oder die Helden eines Jahrhunderts, das jedes kollektive Heldentum unmöglich gemacht hat. Zumindest gibt es über die Formensprache von 1918/20 hinaus keine neuen Formulierungen mehr. Helden und Tote sind zu Grabe getragen.

[3] Vgl. Felix Reuße, *Das Denkmal an der Grenze seiner Sprachfähigkeit*. Stuttgart: Klett-Cotta 1995.

Karl Heinz Bohrer

Ritus und Geste

Die Begründung des Heldischen im Western

Spricht man über das Heroische im amerikanischen Western, dann bezieht man sich nicht auf Realitäten, auch nicht auf abgebildete, sondern auf imaginative Konstrukte, auf Phantasmen. Das ist offensichtlich so. Aber dann ergibt sich, dass theoretisch mehr auf dem Spiel steht: Könnte es sein, dass auch der generelle heroische Diskurs von Imagination vorbestimmt ist – ein Phantasieren über die soziale und moralische Identifikation hinaus und dass dieses Darüberhinaus die eigentliche Bedingung des Sprechens vom Helden ist? Das Darüberhinaus wäre dann nicht die Qualität von physischem und moralischem Mut, nicht der höchste Grad einer noblen Tat, sondern etwas anderes, das eigentlich erst die Attraktivität des sogenannten Heroischen erklärt beziehungsweise lange Zeit erklärte. Eine Qualifikation sollte dann von vornherein ausgeschlossen bleiben: die normative Erwartung.

Was wir wissen ist: Helden gab es seit jeher. Aber unsere Wahrnehmung von ihnen ist geprägt von Imagination. Pointiert gesagt: Helden gibt es in Wirklichkeit nur, weil es sie vorher in der Literatur gegeben hat. Ob Achill wirklich gegen Hektor gekämpft hat, ist gleichgültig gegenüber der Gewissheit, dass der junge Alexander ein Held sein wollte, weil er Homer gelesen hatte.

Der Archetypus des Heldischen, so kann man verkürzt sagen, ist seit dem homerischen Paradigma der Zweikampf auf Tod und Leben. Sein Vollzug selbst – als Darstellung männlichen Muts und der daraus entspringenden Ehre – ist wichtiger als andere Motive, sei es die Verteidigung der bedrohten eigenen Gemeinschaft, sei es die Rache für erlittenen Verlust. Entscheidend aber bleibt das Ritual selbst jenseits psychologischer Färbungen, die bei Homer durchaus schon subtil sein können: Hektor weiß vor Beginn des Zweikampfs, dass ihn die Götter verlassen haben, aber er weiß auch, dass er trotz des drohenden Todes gegen Achill kämpfen muss.

Dieser in einer archaisch-aristokratischen Kriegerethik begründete Verhaltenskodex, der »kydos«, den René Girard charakterisierte, hat seine Wirkung auf den modernen Leser keineswegs verloren. Wir lesen die Schilderung des Zusammentreffens, des Verlaufes und des Endes von Achills und Hektors tödlichem Rencontre zweifellos anders, als es Alexander tat und viele junge Männer bis Ende des Ersten Weltkriegs, die noch immer dem gleichen Kodex folgten, den wir im europäischen Westen nicht zuletzt in Folge der Anonymität des modernen Kriegs als anachronistisch aus der Zivilisationsidee gestrichen haben. Was aber ist es dann, was uns dennoch die homerische Emphatisierung des Duells empfinden lässt?

I

Sehr viel aktueller stellt sich das Problem des Konflikts zwischen dem Helden und der modernen Gesellschaft im klassischen amerikanischen Westernfilm. Inwiefern wird dieser Konflikt selbst schon thematisiert? Und inwiefern gehört eine solche Thematisierung zur ästhetischen Imagination des Rezipienten? Im Zentrum der künstlerisch bedeutenden Western steht in der Regel das Motiv des Zweikampfs, des Zweikampfs als Ritual, das sich hierin vom Duell der adligen Kulturen des 18. Jahrhunderts unterscheidet, dagegen unmittelbar an den archaischen Typus des Zweikampfs auf Tod und Leben anknüpft.

John Fords *The Man Who Shot Liberty Valance* ist wohl zu Recht als Höhepunkt und Epitaph auf den Western gesehen worden. Nicht zuletzt deshalb, weil hier die Darstellung des historischen Vergangenheitscharakters des Western wie nirgendwo sonst vorher und nachher festgehalten worden ist. Der Film wird erzählt aus der Perspektive einer Epoche nach den stattgehabten Ereignissen. Der Erzähler, ein hochangesehener Senator (James Stewart), ist selbst der Held jener frühen Epoche, in der er den Banditen Liberty Valance erschossen haben soll. Er, der Anwalt Ransom Stoddard, repräsentiert von Beginn an das Prinzip des Gesetzes gegen das Prinzip des Colts und stößt dabei auf zwei unterschiedliche Repräsentanten des alten Rechts auf Gewalt: zum einen den mörderischen Banditen Liberty Valance (Lee Marvin), der im Sold der Besitzer großer Viehherden steht, die die Transformierung der offenen Prärie in den zu gründenden Staat verhindern wollen; zum anderen den Rancher Tom Doniphon (John Wayne), der das Greenhorn mehrfach vor der Brutalität des Banditen rettet. Die Filmerzählung verbringt einen großen Teil mit der Darstellung des zivilen Milieus in der kleinen Wildweststadt, seien es die pädagogischen Bemühungen des Advokaten, den Einwohnern Lesen und Schreiben beziehungsweise die Verfassung der USA beizubringen, sei es der politisch-aufklärerische Journalismus des Herausgebers der örtlichen Zeitung – unterschiedliche Milieutypen, nicht zuletzt der fette Sheriff, dessen komisch larmoyante Angst vor dem Banditen nichtsdestotrotz eines der Zeichen für die chaotischen Verhältnisse darstellt.

Eine ähnlich ausführliche Darstellung sozialer Typen in einer Komödienszene zeigt *Stagecoach*: Fünf extrem unterschiedliche Personen zusammen in einer Kutsche auf der gefährlichen Fahrt durchs Indianergebiet. Auch in *My Darling Clementine* und *High Noon* wird die soziale Fauna erläutert, sei es in Gestalt des sein Leben in Trunk und Wagnis verspielenden ehemaligen Arztes aus dem Osten, Doc Holliday, seien es die verschiedenen Personen der Gemeinde, die den Helden in *High Noon* im Stich lassen, sei es schließlich das in beiden Filmen benutzte Aufeinandertreffen zwischen zwei kodifizierten oppositionellen Frauentypen, der dunkelhaarigen Latinoschönheit und der blonden Ostküstenschönheit, beide konkurrierend um den gleichen Mann.

In diese Szenerien sind viele kleine sozialhistorische Informationen über Familienleben, klassische städtische Anfänge einer sich etablierenden bürgerlichen Gesellschaft nach dem Bürgerkrieg eingegeben. Das dichte Netz sozialer und historischer Bilder vor Augen erkennen wir zugleich, dass diese nicht die Essenz des Western darstellen. Ja, es erheben sich große Zweifel, ob sie, wie dialektisch man es auch dreht, viel zum eigentlichen Fokus, dem Zweikampf und dem Heldentypus, den dieser verlangt, beitragen oder ob sie doch nur den Stoff und nicht den Geist des Western wiedergeben. Denn handelte es sich wie im Falle von *High Noon* durchweg um eine soziale Allegorie über die aktuelle amerikanische Gesellschaft, das heißt um ein politisches Lehrstück, dann verlören die beiden Agenten des heldischen Diskurses, Zweikampfritual und Held, ihren mythischen Appeal zugunsten einer sozialen Funktion. Historisch gerettet würde der Held sozusagen als Modell, sei es auf unterer Ebene als Sozialhelfer, sei es auf der obersten als Wächter des Gesetzes und Kämpfer für die Gemeinschaft. Die Lektüre der Sophokleischen *Antigone* als »moral agent«, wie es ein beliebter akademischer Trend noch immer belegt, Hegels Tragödientheorie folgend, zerstört gerade die Essenz der Antigone als tragischer Heldin der Einsamkeit. Sie übersieht, dass Antigone nicht wirklich in eine Diskussion über unterschiedliche Werte engagiert ist, sondern in eine Identifikation mit dem Tod. Das gleiche Argument gilt für den Westernhelden. Man wird sich um seiner Ästhetik, seiner imaginativen Evidenz willen von einer historisch-politischen Legitimierung trennen müssen.

Josef Früchtl hat in einer an der *Dialektik der Aufklärung* und an Max Webers Dialektik von »Selbsterhaltung durch Selbstvernichtung« orientierten Analyse die komplexe Struktur des Verhältnisses von Legende und Wahrheit der im Film erzählten Geschichte entwickelt, an die Verabschiedung des Tragödienhelden durch Hegel im Namen der Moderne anschließend.[1] Der für unsere Frage springende Punkt dabei ist kurz aufzugreifen: Unter welcher reflexiven Bedingung können wir noch einmal den »Helden« in uns auferstehen lassen? Früchtl meint: unter der Bedingung einer aufklärerischen Dekonstruktion oder »Zerstörung«. Danach löst die späte Enthüllung, dass nicht Stoddard, der linkisch-mutige Anwalt aus dem Osten, sondern Doniphon, der vereinsamende Mann des Westens, den Revolverhelden Liberty Valance erschossen hat, nicht nur die Ebene der bisher geglaubten Fakten auf; vielmehr, so das Argument, gehört dieses aufklärerische Motiv, das Duell sei ein Mord gewesen, zur eigentlich ästhetischen Rezeption selbst. Nur unter der Bedingung des geschichtsreflexiven Wissens, dass der radikale Individualismus des Westernhelden zum Scheitern verurteilt ist, lasse er sich noch einmal bewundern.

Diese Empfehlung, den Western im Sinne des Odysseus der *Dialektik der Aufklärung* zu lesen, also den Helden nur unter der Bedingung seines Untergangscharakters zuzulassen, heißt ihn zum Zeichen einer Allegorie moderner Subjekttheorie zu erheben. Das ehrt ihn ungemein, aber es verkennt den fik-

[1] Josef Früchtl, *Das unverschämte Ich. Eine Heldengeschichte der Moderne*. Frankfurt: Suhrkamp 2004.

tional ästhetischen Status seiner Erscheinung, genauer das Faktum des Erscheinungscharakters des Helden, ganz abgesehen davon, dass die historische Differenz nur in *Liberty Valance* thematisiert worden ist, alle anderen Filme ohnehin nicht über den dialektischen Leisten geschlagen werden können. So wie man die ideologiekritisch-allegorische Funktionalisierung des homerischen Helden erkannt und zurückgewiesen hat,[2] so ist auch der Westernheld vor einer dialektischen Lektüre zu bewahren. Adornos und Horkheimers spekulativ-utopisch bleibendes dialektisches Aufklärungsmodell scheitert ohnehin an einem erstaunlichen Selbstwiderspruch: Warnend vor der Unfähigkeit, »Unerhörtes zu hören« (den Sirenengesang), verwandelt es selbst das Unerhörte in das immer schon Gehörte!

Das Unerhörte im Western ist in Wahrheit die »Erscheinung« des Helden. Diese Erscheinung demonstriert nicht das Scheitern des Individualismus, sondern seine extreme Erfüllung. Hierin variiert die Figur des Westernhelden durchaus den zu Beginn zitierten archaischen Helden des Epos. Der Satz, mit dem der Zeitungsmann ablehnt, die Wahrheit statt der Legende über die Erschießung von Liberty Valance zu drucken, ist zur Erklärung für die ästhetische Etablierung des Helden in Anspruch zu nehmen. Der Satz »When the legend becomes fact, print the legend« wäre dann phänomenologisch dahingehend zu verstehen, dass der Präsenzcharakter des Helden im filmischen Bild (beziehungsweise in der epischen Metapher) sich gegen unser historisches Wissen und gegen seine tatsächliche Vergangenheit durchsetzt - jetzt und in der Realität.

II

Es ist auffällig, dass zwei der berühmtesten Beispiele des Genres, Fords *Der Mann, der Liberty Valance erschoß* sowie Hawks' *Red River* den Zweikampf sozusagen in Frage stellen. Das scheint eine Reverenz an dessen zivilisatorische Problematik zu sein. Der Film ist deshalb auch von der Kritik der siebziger Jahre partiell gefeiert worden. Aber wird das Duell als Reminder des heldischen Rituals wirklich aufgehoben? Ist dessen Ästhetik dadurch prinzipiell obsolet? Im Falle von *Red River* stellt sich das Problem im Film selbst manifest dar: Wenn am Ende des Weges der archaische Mann, der als Tom Dunson in Gestalt John Waynes zum vielleicht berühmtesten Kennzeichen des Genres wurde, zum tödlichen Duell gegen seinen jungen Konkurrenten Matt (Montgomery Clift) antritt, wird dessen Vollzug durch die Intervention einer Frau im letzten Augenblick verhindert: Diese Verhinderung setzt an die Stelle des heroischen tödlichen Ausgangs den Ausblick auf eine friedlichere Epoche, die des Ehemanns, nicht die des Helden.

Im ursprünglichen Skript von Borden Chase war der heroische Ausgang vorgesehen. Der bereits zu Tode verletzte Dunson versucht in letzter An-

---

2 Vgl. Walter Haugs Demontage der kulturwissenschaftlichen Exegese literarischer Texte: *Literaturwissenschaft als Kulturwissenschaft?* In: *Deutsche Vierteljahrsschrift für Literaturwissenschaft und Geistesgeschichte*, Heft 1, 1999.

strengung, den Gegenspieler zu erschießen, bricht aber vorher zusammen und wird von dem jungen Mann und dessen neuer Liebe auf seinen Wunsch hin zurück nach Texas gebracht, wo er, von ihnen gestützt, in aufrechter Haltung stirbt, bevor er vorwärts auf sein Gesicht fällt. Diese Szene wäre dem traditionellen Charakter des Western angemessener gewesen als jene, für die sich der Regisseur entschied. Ein Hawks-Biograph kommentiert: »Mit diesem Ende hat Hawks nicht nur mit den Regeln des traditionellen Western gebrochen, sondern zudem noch mit den Regeln der klassischen Tragödie.«

Dass der Western der griechischen Tragödie entweder in der Essenz des tödlich-lakonischen Geschicks beziehungsweise dem über das Leben selbst gesetzten Prinzip der Ehre verglichen werden kann, zeigt sich auch in der häufigen Analogisierung mit der Tragödie Corneilles. Corneilles Helden funktionieren anders als die Helden Racines noch nach einem sonoren Pflichtkodex und sind eben dadurch als heldische Existenz definiert: als Spiegel des alten französischen Feudaladels. Im Falle Racines tritt dessen Relativierung ein: Der tragische Konflikt kommt nicht mehr durch die Opposition von objektiver heroischer Pflicht und subjektiver Liebe zustande, sondern wird in den Diskurs der Liebe selbst verlegt. Wenn also der Western eher an Corneille anschließt, dann paradoxerweise an das ältere historische Modell.

Hawks' Entschluss, diesem Modell den Abschied zu geben, entsprang einem innovatorischen Einfall, nicht aber einem historisch zwingenden ästhetischen Prinzip. Denn zweifellos wäre die Darstellung des tödlichen Rituals am Ende von *Red River* von größerer Konsequenz gewesen: Die Verfolgung des einmal gesetzten Ziels, des Pakts, den der Held mit sich selbst macht, nimmt schon den Charakter eines Rituals an. Dass Dunson dabei schuldig wird, ja zum Totschläger, diese Verfehlung ließe sich durchaus noch im Sinne des aristotelischen »Fehlers« des Helden verstehen. Der Fehler nimmt diesem nichts von seiner furchtbaren Würde. Wenn Dunson zum Ritt nach Missouri aufbricht, sieht er aus wie ein Krieger. Die Andeutung einer Kritik an der imperialistischen Aggression (»Ich nehme dieses Land«) tritt hinter dem Außen der »großen Landschaft« zurück, die in Analogie zur Erscheinung des Helden selbst steht.

Ebenfalls in Anlehnung an die antike Tragödie ließe sich die Vermeidung des Zweikampfs in *Red River* dergestalt erklären, dass hierdurch, ähnlich wie am Ende von Aischylos' *Orestie*, das abgelaufene tragische Drama eine von außen aufgesetzte »historische« Läuterung erfährt: Wir erfahren, dass fortan das gerade gezeigte Ritual zugunsten eines gesetzlich geordneten städtischen Lebens verschwinden wird. Diese Information kann aber die Faszination am Ritual selbst nicht auflösen, sondern bestätigt sie eher. Die von Tragik befreite neue reale Situation schaut mit erneuter Konzentration auf die gerade vergangene ästhetische Situation zurück: Das ästhetische Rezeptionssubjekt ist wieder zum realen Zeitsubjekt geworden, um immer wieder zum Rezeptionssubjekt zurückkehren zu können.

Im Falle von *Liberty Valance* ist die dem mythischen Gehalt des Kunstwerks nur äußerliche Befreiung vom Ritual noch klarer zu erkennen: Es ist ja nicht so, dass die erste Version der Erschießung des Banditen, der in Gestalt von Lee Marvin nicht ohne Panache daherkommt, durch die zweite Version wirklich entwertet würde. Der noch immer seinen Revolver nicht richtig beherrschende junge Anwalt mag in seiner lächerlichen Küchenschürze seinen bis dahin hoffnungslosen unheroischen Status markieren. Indem er sich zum Zweikampf stellt, dem er auch entgehen könnte, wird er zum Helden im archaischen Verständnis. Dafür ist auch das Motiv von Belang, wie es für alle Duellrituale der bedeutenden Western gilt, von *My Darling Clementine* bis *High Noon*: Zwar hat der Bandit eine erneute Provokation gegenüber dem Gesetz begangen, indem er den tapferen Zeitungsmann fast totschlug und die Druckerei zertrümmerte. Aber das ist am Ende für den Anwalt nicht mehr der ausschlaggebende Grund, das Duell zu suchen. Vielmehr entsteht er in einer anderen, höheren Pflicht: der eigenen Ehre gegenüber. Denn der Villain hat ihn zum Duell gefordert.

Die Selbstreferenz des Duells, sein die sozialen Codes der modernen Gesellschaft transzendierender Gehalt, zeigt sich schon in der ersten Konfrontation zwischen Tom Doniphon und Liberty Valance. Der Anlass des Konflikts, das auf dem Boden liegende Steak, müsste eigentlich einen Komödienabschluss verlangen. Aber hier liegt eben nicht die Inszenierung eines sozialen Realismus vor. Wenn der Anwalt das Steak schließlich aufhebt und die Situation rettet, dann destruiert sein fassungslos ziviler Satz über die Unangemessenheit von Ursache und Wirkung keineswegs das, was hier auf dem Spiel stand: die förmliche Herausforderung eines notorischen Duellisten durch einen anderen. Wir denken dabei keineswegs, die Szene sei wegen ihres geringfügigen Anlasses grotesk. Wir verfolgen sie vielmehr mit auf den theatralischen Punkt gebrachter Anspannung. Das liegt daran, dass der Ehrenpunkt hier nicht als bloß formalisierter Gestus eines überholten Gesellschaftsreglements dargestellt ist, sondern als Ausdruck einer nicht hintergehbaren, unerbittlichen Emotion, die durch kein Wort, sondern nur durch eine ganz andere Handlung zu ersetzen ist.

Deshalb ist auch John Waynes Doniphon der eigentliche Held der Geschichte, dessen Begräbnis zum Anlass wird, sie noch einmal zu erzählen. Erzählform ist das Präteritum, und kein Zweifel kann bestehen über den nostalgischen Charakter des Erzählten: das endgültige Gewesensein des Helden. Diese Information über das Mittelbare des Geschehens verhindert aber nicht die Unmittelbarkeit seiner Wirkung. Die mitgeteilte Diskussion über Wahrheit und Legende, Faktum und Illusion vollzieht sich allein auf der inhaltlichen Ebene. Wir werden über ein Problem der Zivilgesellschaft unterrichtet, das der Satz des Journalisten »When the legend becomes fact, print the legend« beschreibt. Die in Wirklichkeit zum Faktum gewordene, das heißt entmythologisierte Legende ist aber etwas ganz anderes als die Erscheinung dieser Legende im Film. In ersterem Fall gehorcht sie einer realen psychologischen Erfahrung, nämlich die lebensnotwendige Illusion nicht zu zerstören. Im zweiten Fall gehorcht sie einem ästhetischen Transformationsprozess für den Zuschauer, in dem das Gewesensein und das Andersgewesensein hinter dem heroischen Schein der fiktiven Gegenwart des Filmbildes verschwindet.[3] Die erzählte, zum Faktum gewordene Legende ist etwas vom Faktum einer ästhetischen Operation Unterschiedliches.

Wenn man diese Differenz außer Acht lässt, liest man den Film, vor allem aus der Perspektive des nostalgischen Schlusses, leicht wie eine historische Reflexion über gestern und heute, über Veränderung und historischen Progress. Man könnte dann geneigt sein, die dargetane Aktualität des Helden im Sinne von William James' 1906 veröffentlichtem Essay *The Moral Equivalent of War* als Rettung kriegerischer beziehungsweise männlicher Tugenden in einer postheroischen Gesellschaft zu verstehen. Das aber wäre ein Missverständnis. Das Duell entledigt sich im Vollzug seiner unterschiedlichen sozialen Motive und folgt einem Kanon eigener Art, der in dem Satz beschlossen ist: Tun, was ein Mann tun muss.

III

Lakonie ist die Kennmarke des Verhaltens des Westernhelden. Vor allem drückt sie sich im Duell aus. In ihm konzentriert sich der Held als Erscheinung. Wie erscheint nun aber der Held im Duell? Die Antwort lautet: durch die Geste des Gehens. Es ist kein Zufall, dass drei herausragende Repräsentanten des Western, John Wayne, Henry Fonda und Robert Mitchum, durch einen elaborierten, in Teilen manieristischen Stil der Bewegung markiert werden, wobei die Figur der fiktiven Person mit der des berühmten Filmstars völlig verschmilzt, Heldwerdung hier also in einem doppelten Sinne verläuft. Der Kult des modernen Stars vollzieht sich sozusagen als Genesis aus dem archaischen Modell.

Fondas Schreiten. Wahrscheinlich ist der spezifische Bewegungsgestus Henry Fondas als Westernheld am erinnerlichsten aus *Spiel mir das Lied vom Tod*, wenn es zum Showdown zwischen ihm und »Harmonika« (Charles Bronson) kommt. Zwischen beiden liegt von Beginn ihrer ersten Begegnung an ein Geheimnis, das erst im Tode des Fonda-Charakters gelöst wird – für diesen selbst und den Zuschauer. Dabei wird der vom Adversarius gesuchte Zweikampf als Vergeltung für den sadistisch-rassistischen Mord am Vater, einem Mann indianischer Herkunft, enträtselt. Die psychologische Motivation ist aber nur der aufgebauten Spannung letztes Element. Als inszenierte Erscheinung steht Fondas langsames, zeremonielles Schreiten, im Kreis der gegenseitigen Belauerung Schritt für Schritt setzend. In der manieristisch-dekadenten Stilisierung des Italowestern-Regisseurs Leone gewinnt Fondas ohnehin gemessener Gehstil ein Äußerstes an Ritualcharakter. Die Wortlosigkeit des sich umkreisenden Schreitens und gegenseitigen Beobachtens, die bessere Schussposition erwartend, wird nur durch eine charakteristischerweise zunächst unbeantwortete Frage Fondas an den unheimlichen Gegner unterbrochen: »Wer bist du?«

---

3 Vgl. Kurt Scheel, *Die Wahrheit der Legende.* In: *Ich & John Wayne. Lichtspiele.* Berlin: Tiamat 1998.

Man hat wegen der Stilisierung der Geste des Schreitens jenseits psychologischer Erklärung der Person – Fonda präsentiert als »Frank« einfach das Böse – auch von einer heimlichen Homoerotik des Zueinanderfindens im Duell gesprochen. Das ist allerdings eine Lesart, die am tiefer fundierten Erscheinungsmodus vorbeigeht. Das zeremonielle Schreiten, das schon charakteristisch war für Fondas Darstellung des Titelhelden in John Fords *Young Mr. Lincoln* (1939), wird das entscheidende Ausdrucksmittel in Fondas Auftritten als Marshal in *My Darling Clementine*, der das legendäre Duell zwischen Wyatt Earp und der notorischen Clanton-Family erzählt (und in vielen weiteren Filmen dargestellt worden ist). Konfrontiert mit dem Entschluss, die Ermordung seines Bruders an dem die Stadt mit seinen Söhnen terrorisierenden Outlawrancher zu rächen, wird Fondas Vorbereitung auf diese endgültige Konfrontation vollzogen in einer Serie von Gesten des Dahinschreitens, die ihren Höhepunkt findet, wenn er zum Treffpunkt des Showdown alleine auf der leeren frühmorgendlichen Straße den Gegnern entgegengeht, während seine Helfer in gedeckter Szenerie Schutz suchen, die Fonda erst unmittelbar vor dem ersten Schusswechsel wählt.

Bei allen einzelnen Farben, die das soziale Milieu der kleinen Bergwerkstadt betreffen – Kirchgang, Tanz, der fahrende Tragödienschauspieler, die eintreffende Frau aus dem Osten und schließlich der dem Trunk ergebene Outsider –, ist es doch dieser immer fortgesetzte stumme Gestus des Schreitens oder des aufrechten Stehens (ein Mittel, das schon in *Young Mr. Lincoln* grandios inszeniert ist), der Fondas Identität als Duellsucher markiert. Schon die erste Begegnung zwischen Earp und der Bande enthält die Rhetorik des Lakonismus, der langsamen Bewegung: Der Marshal ahnt, dass er die Mörder des Bruders vor sich hat, während diese wiederum den Verdacht spüren – ein langer Blickwechsel, die kurze Mitteilung Earps, dass er den Job des Marshals angenommen hat und dann auf die halbe Frage, wer er sei, nicht die Antwortverweigerung, sondern nur die beiden Worte »Wyatt Earp«. Sie klingen wie eine Drohung. Der Prozess auf das unvermeidliche Ziel hin wird fortgesetzt, wenn Earp in der Bar auf die ambivalente Figur des asozial gewordenen, dem Trunk und der Selbstzerstörung hingegebenen, offensichtlich lungenkranken Doc Holliday (Victor Mature) trifft, dem der Revolver locker sitzt und der glaubt, seine Umgebung brutal kommandieren zu können. Während Holliday am Ende des Saloons an der Theke stehend eine bedrohliche Ausstrahlung annimmt, geht Fonda mit langsamen Schritten durch die Länge des Raums auf den gefährlich gewordenen Outcast zu, durchaus die Möglichkeit von dessen Aggression in Kauf nehmend, obwohl er selbst keine Waffe trägt. Die Geste dieses Schreitens bekommt symbolischen Charakter: Sie zeigt Unerschütterlichkeit des Willens, Unablenkbarkeit des Mutes an. Es drängt sich der Gedanke auf, dass im symbolischen Charakter der Geste eine wesentliche Ursache des archaischen Charakters des Duellgangs liegt.[4] Die zu seinem Lakonismus gehörende Frage »Wer bist du?« gehört ebenfalls in den symbolisch-archaischen Kontext.

4 Vgl. Jean-Claude Schmitt, *Die Logik der Gesten im europäischen Mittelalter*. Stuttgart: Klett-Cotta 1992.

John Waynes Vorwärtsstürzen. In *Red River* wurde Wayne vom Regisseur daran gehindert, das Duell mit Montgomery Clift auszuführen. Das bedeutet aber nicht, dass die das Duell vorbereitende, ja zu ihm selbst schon gehörende Bewegung des finalen Gestus verschwindet: Waynes Gehbewegung stellt das Gegenteil von Fondas Schreiten dar. Es ist ein aus der Hüfte entstehender, ungestümer oder lässiger Selbstausdruck des unbekümmerten Aktionshelden. Drückt sich in Fondas Schreiten eine fast biblisch zu nennende Würde aus, dann in Waynes dynamisch schaufelnder Bewegung auf sein Ziel hin eine jedes Hindernis verachtende, wegräumende Selbstgewissheit, eine Haltung, die die christliche Moral kritisch Übermut nennt, ein Merkmal auch des germanischen Eposhelden beispielsweise im *Nibelungenlied.* Kein Mensch vor Wayne hat in ähnlicher Fasson des Unbekümmerten einen Saloon betreten, in dem Revolverhelden schon auf ihn warten. Das aus der Hüfte kommende Vorwärts von Waynes Bewegung ist im Falle von *Red River* markiert durch die Emotion des Hasses und der Rache. Durchweg erscheint diese Bewegung in Waynes anderen Western in einem ruhigeren Bewegungsablauf. Aber immer ist es die große Geste desjenigen, der zur Sache kommen will, des nur mit dieser Sache Beschäftigten. Eine oft überraschende Verstelltheit von Arm- und Beinhaltung der mächtigen Gestalt gibt der Geste den besonders provokativen und herausfordernden Ausdruck nicht überbietbarer körperlich-psychologischer Überlegenheit. Selbst nachdem Dunson den Armreif, den er seiner Frau schenkte, am Arm des von ihm erstochenen Indianers findet, also entdeckt, dass seine Frau tot ist, zeigt er keine emotionelle Reaktion, sondern den charakteristischen Bewegungsablauf.

Waynes Gang und Handlungen strömen Freiheit aus: Es ist die Freiheit von jeder bürgerlich-zivilen Verabredung, eben auch der normalen alltäglichen Umgangsform des Grüßens und Verabschiedens. Es ist ein permanentes Zurkenntnisnehmen einer Situation der Gefahr, die Waynes Persona in eigener Souveränität beantwortet. Es ist dieser Bewegungsgestus, der selbst dem unrecht handelnden Helden in *Red River* seine widersprüchliche Größe gibt, Größe ist hier buchstäblich zu verstehen. In solcher Expressivität liegt ein Unterschied zu Henry Fondas, aber auch Gary Coopers stummer Bewegung, in der mehr vom Stoizismus des Duellisten zum Ausdruck kommt. Diese Regel der Wayne-Helden ergänzt die herausragende, vielkommentierte Eingangs- und Ausgangsszene von *The Searchers*: Die aus dem Inneren eines Blockhauses gesehene Gestalt, einmal sich nähernd, einmal sich entfernend, stellt nichts anderes dar als den einsamen Fremden, der nicht integrierbar ist in eine nähere oder entferntere soziale Gruppe, ein Verwandter von Dunson in *Red River*, allerdings ohne das Merkmal des Zweikampfrituals.

Das laszive Gehen Mitchums. Warum nicht die Rhetorik der Bewegung bei James Stewart und Gary Cooper? In beiden Fällen handelt es sich zumeist um eine Bewegung wider die expressive Rhetorik des Duellisten. Die Linkischkeit Stewarts und die Normalität Coopers inszenieren zwar auch Gesten. Aber es sind eher solche des Understatement. Dagegen stellt die Bewegung Robert Mitchums in allen seinen Rollen, besonders wirkungsvoll aber in seinen Western, einen Höhepunkt der stummen Ausstellung von unausgesprochener Souveränität dar. Zur Souveränität bedarf es nicht des »Anderen«, jedenfalls nicht im Western. Sie ist das Apriori, das der Duellist zur Szene bringt. Im Falle von Mitchums Helden ist diese Souveränität aber von einer betonten Selbstreferenz: In seinen Bewegungen liegt eine Sinnlichkeit, ja Laszivität, die eine ironisch-zynische Note bekommt – als ob der Körper dieses Helden die ganze Destruktion der moralischen Welt schon in sich aufgenommen hätte, er alle großen Worte durchschaue.

Mitchums laszive Gesten, die nicht zuletzt auch in seiner Rolle des Beschützers und Vaters in *River of No Return* ausagiert werden, lassen sich als eine besondere Form des Westernstoizismus fassen: Ist es im Falle Fondas und Coopers wohl immer ein Stoizismus in einer jeweils bestimmten Situation, so handelt es sich bei Mitchum sozusagen um eine Abart von prinzipieller Ataraxia, um jene gleichmütige Seelenruhe, die durch nichts irgendwo und jemals überrascht werden kann. Mitchums Stil des einsamen Reiters zieht besonders auch den Typus der Frage an, wer er sei, auf die er in *Blood on the Moon* (1948) zunächst keine Antwort gibt. In *Man of the West* (1958) ist es Cooper, der die Frage »Kenne ich Sie?« mit einem Schweigen eröffnenden »Nein« quittiert. Die Schläfrigkeit der den Körper schiebenden Bewegung auf das angenommene Ziel hin ist bei Mitchum unabhängig vom Charakter dieses Zieles immer die gleiche: Ob er auf das Zelt zusteuert, worin er Marilyn Monroe in *River of No Return* findet, oder in Richtung eines potentiellen Killers in einer Kneipe in *Blood on the Moon*, nichts deutet an, was er im Augenblick denkt. Der gleichmütige Gesichtsausdruck mit den notorisch halbgeöffneten, müden Augen spricht zusätzlich dafür, dass es nichts Gutes ist, was er erwartet.

Wenn also der Stil des Gehens so entscheidend ist bei der Darstellung der Konfrontation und des endgültigen Duells, dann kommt diesem Stil über seine unmittelbare Ausdrucksqualität hinaus eine Bedeutung zu: Die Eingangsszene von *Rio Bravo* zeigt fünf Minuten lang dialogfrei ausschließlich symbolisch hochbesetzte körperliche Bewegung der verschiedenen Akteure, in deren Mittelpunkt die Point-d'honneur-Frage steht, ob der der Trunksucht verfallene Held Dude (Dean Martin) eine ihm hingeworfene Münze aufnimmt oder nicht (eine gewisse Analogie zur *Liberty Valance*-Szene, wer das Steak aufhebt). In dieser ausgesuchten, aber immer wiederholten Körperlichkeit erreicht der Westernheld die ihn vor allem auszeichnende Sphäre – er ist vom Gewöhnlichen zum Ungewöhnlichen geworden –, die Aura des mythischen Helden. Homers Schilderung des Zweikampfes zwischen Hektor und Achill brilliert in grausamen körperlichen Details. Solche Präsenz des Duellkörpers unterscheidet den Westernhelden auch vom Gangster: Ist dieser jede Sekunde auf dem Quivive, so hat jener Zeit für eine Ewigkeit.[5]

---

[5] Vgl. Michel Ciment, *Le crime à l'écran. Une histoire de l'Amérique*. Paris: Gallimard 1992; Robert Warshow, *Movie Chronicle: The Westerner*. In: Jim Kitses/Gregg Rickman (Hrsg.), *The Western Reader*. New York: Proscenium 1998.

Zur sprachlosen Körperlichkeit – der Lakonismus neuerer Filme wie *Unforgiven* oder *Open Range* erreicht sogar etwas vom Stil der Dialoge des frühen Hemingway – gehört vor allem die Demonstration der Waffe: nicht nur das Ziehen des Revolvers oder das In-Anschlag-Bringen des Gewehrs, auch Varianten des Gürtelanschnallens, Entsicherns und des Zurücksteckens der Waffe. Der häufig hierfür in Anspruch genommene längere Zeitraum schafft statt der gewöhnlichen eine imaginäre Zeit. Die die Gesten begleitenden Geräusche, ob von Metall oder Leder, intensivieren den symbolischen Raum. Die Gegenständlichkeit von Waffe, Gesten und Geräuschen repräsentiert Grenzsituationen der Gefahr und des Todes; sie produziert eine Stimmung, die in einer nur psychologisch aufgebauten Drohszene nicht entsteht, weil dort sprachlich zwischen den Gegnern vermittelt wird.

Wenn die heldische Identität des Western denn wirklich in einem von sozialer Funktion befreiten Duell und seinen Gesten liegt, dann fragt man sich am Ende, was denn letztlich hinter deren Attraktivität für den modernen Zuschauer steckt. Mit der Transzendenz des Gewöhnlichen ist ja schon die Erklärung für einen ästhetisch-ontologischen Effekt gegeben. Aber es muss eine inhaltliche Identifikation möglich sein. Lassen wir einmal den etwas wohlfeilen Hinweis auf infantile Omnipotenzgefühle beiseite. Identifikation bietet sich darin an, dass die genannten Duellcharaktere (mit Ausnahme von Fonda in *My Darling Clementine*) sehr ambivalente, moralisch problematische Helden sind. Gerade weil die Westernhelden nicht einfach als »moral agents« genommen werden können, muss für den modernen Zuschauer ein anderer Identifikationsgrund da sein, der in einer Schwäche und nicht in einer Stärke liegt. Schon der homerische Held zeigt solche Schwächen, und Siegfrieds Unattraktivität liegt in seiner Stärke. Was wäre diese Schwäche?

Die Antwort ist in der Darstellungsform selbst zu suchen: Im Duell ist der Held, in welchem Kontext er vorher auch gestanden haben mochte, völlig allein und ohne Botschaft. Diese buchstäbliche Isolation ist zwar vielfältig gebrochen zu erkennen: In *High Noon* steht die Frau dem Bedrohten im letzten Augenblick zur Seite, am Ende des Duells in *Clementine* und *Stagecoach* wird ein neues Leben in Aussicht gestellt – nicht wesentlich für das Image des Helden ist also der tödliche Ausgang. Dazu gehört auch, dass das Prinzip der Fairness beim Duell nicht strikt eingehalten wird. Auszuschließen ist der Schuss in der Rücken, obwohl selbst dieser zweimal in *River of No Return* gerechtfertigt wird. Aber es gibt doch noch andere Möglichkeiten der Vorteilsbeschaffung. In *El Dorado* wird das sogar kommentiert: Der den Gegner überraschende, seinerseits verwundete Wayne antwortet auf dessen letzten Satz, warum er ihm denn keine Chance gegeben habe: »Dazu bist du zu gut.« Der sehr amerikanische grimmige Zynismus dient dazu, die Silhouette der Männlichkeit umso stärker gegen idealistische »Verklärung« zu setzen, so wie es im Detektivtypus Humphrey Bogarts dann ikonisch geworden ist.

Vielleicht ist es kein Zufall, dass der Western seinen Höhepunkt in der Zeit des europäischen Existentialismus fand: Auch Sartres Orest kam als Fremder in eine von schwarzer Melancholie gezeichnete Stadt, in der er töten und »aufräumen« musste. Melancholie ist das Ausdruckszeichen des Westernhelden. Es war Charles Baudelaire, der diesen Typus als moderne Maskulinität zivilisationskritisch in der Figur des Dandy auf den Punkt brachte: Dass nämlich der Dandy das letzte Zeichen des Heros in der neuen Massengesellschaft sei, und der Dandyismus ein so absonderliches Phänomen wie das Duell. Lieferte Sartres Emphatisierung des existentialistischen Fremden und Baudelaires Emphatisierung des Dandy nicht das Argument für die Attraktivität des Westerners als fundamental modernem Topos? Man könnte beide Varianten zurückverfolgen bis zu Machiavellis Beschreibung des virilmutigen einsamen Condottiere im *Principe*. In der Affinität, die Reinheit seines Selbst und sein Image zu bewahren und darin den letzten Grund seiner Existenz zu sehen, wie es Robert Warshow gedeutet hat, könnte wohl der Grund für das Interesse an ihm liegen, jedenfalls solange das Kriterium der Individualität noch nicht gänzlich abhanden gekommen ist.

Erwägt man diese inhaltliche Erklärung für die Aktualität des Westernhelden, wird man auf die formale umso mehr zurückkommen müssen, also auf die entscheidende Wirkung von Ritual und Geste: Diese sind nämlich Erscheinungsformen im Raum, die von Kategorien der Zeit nicht relativiert werden können. Die Referenz auf den Existentialisten und den Dandy scheint den Gedanken zu fördern, der heroische Appeal habe etwas mit Narzissmus zu tun, dem Narzissmus des Helden selbst und dem Narzissmus des Beobachters des Helden.[6] Jedenfalls sind beide der Gegentyp zum altruistischen Helden der guten Tat. Von größerem Interesse als diese interne psychologische Motivation ist aber in unserem Kontext der externe raumbezogene Aspekt, welcher die Ähnlichkeit zwischen Existentialisten, Dandy und Westerner erklärt: Ihre Reduktion auf eine irgendwie selbstbezogene Erscheinung produziert intensive Bilder jenseits der sozialen Normalität und der normativen Erwartung. Sie enthalten keine moralisch eindeutig identifizierbaren Handlungen, es sei denn eine Kühnheit, die konformistische oder konventionelle oder normative Gewohnheit überbietet. Unsere Phantasie wird von dieser Kapazität für das Riskante der heldischen Handlung mehr gefangengenommen als für das Ziel. Es gibt gute Gründe für die Schlussfolgerung, dass hierin auch die Attraktivität aller Erscheinungsformen der »sozialen« Helden liegt, bei denen das erreichte Ziel das Offensichtliche ist.

[6] So Jan Philipp Reemtsma im Juni 2009 in seinem Vortrag auf der Tagung »Verdammte Helden« des Einstein Forums, Potsdam.

Martin Seel

Ethan Edwards und einige seiner Verwandten

Außerhalb des Mythos ist niemand ein Held. Im gewöhnlichen Leben gibt es, wenn überhaupt, nur Teilzeithelden. Ein Held ist hier jemand, der in außergewöhnlichen Situationen auf ungewöhnliche, manchmal beinahe übermenschlich erscheinende Weise, einmal oder mehrmals, das Richtige tut. In den Arenen eines ökonomischen, politischen, militärischen, humanitären, künstlerischen oder sportlichen Einsatzes meistert er kollektive Krisen durch sein individuelles Handeln auf eine Weise, wie es die Normalsterblichen nicht vermögen oder vermocht hätten. Dieser Heldenstatus wird erworben durch ein ebenso umsichtiges wie entschlossenes, nicht selten auch listen- und erfindungsreiches Handeln. Er wird erhalten durch ein Leben, das seinen im Kampf um was auch immer gewonnenen Nimbus nicht zerstört. In den Augen der anderen ein Held zu bleiben ist im wirklichen Leben noch ungleich schwerer, als einer zu werden. Denn niemand ist von früh bis spät ein Held, es sei denn eben im Mythos, in dem es keinen Alltag gibt. In vielen ihrer Fiktionen freilich hat die Kunst ein Äquivalent zu der Rolle des Helden geschaffen – in der Form von Protagonisten, denen in ihren Erzählungen die Hauptrolle zufällt. Jedoch sind dies Heldinnen und Helden in einem rein poetologischen Sinn: Figuren wie Don Quijote oder Anna Karenina, um die sich in einer Geschichte vieles oder alles dreht. Diese Heldenfiguren müssen überhaupt nichts Heldenhaftes haben, wie es die Laufbahn von der *Odyssee* zum *Ulysses* exemplarisch vor Augen führt. In ihren Helden hat die moderne Kunst den Glauben an den Helden verloren. Doch ganz so einfach ist die Sache nicht. Denn es gibt sie durchaus noch, die Imago vor allem von Männergestalten, die das Rollenschema des tatkräftigen Allesvollbringers erfüllen – allerdings auf eine oft zwielichtige, verdüsterte, verzerrte und verrätselte Weise.

1

Der Held dieses Essays ist der Held des Films *The Searchers* von John Ford aus dem Jahr 1956. Er ist es von der ersten bis zur letzten Szene. Er wird eingeführt, bevor die Handlung des Films überhaupt beginnt. Der erste Name, der nach dem Signet der Warner Brothers und des Produzenten auf einem nichtssagenden Bildgrund erscheint, ist derjenige seines Darstellers John Wayne. Begleitet wird dieses Versprechen einer extrem herausgehobenen Stellung des Stars, der hier den Helden geben wird, von aufwühlenden Orchesterklängen, komponiert von dem legendären Max Steiner. Erst danach folgt der Titel des Films und der übrige Vorspann, zu dem der sentimentale Westernsong *The Searchers* von einem gewissen Stan Jones zu hören ist. Als der Vorspann zu Ende ist, wird das Bild für einen kurzen Moment schwarz, worauf das Insert »Texas 1868« eingeblendet wird. Wieder wird das Bild schwarz; der Song erstirbt. Im nächsten Augenblick geschieht dreierlei auf einmal. Man hört das Geräusch einer Türklinke; die bittersüße Titelmelodie des Films setzt ein; und mit dem Aufschwingen einer Tür, in der die Silhouette der Frau erscheint, die sie gerade öffnet, öffnet sich auch die Welt dieses Films.

Bis zu diesem Punkt währt die Fiktion des Films gerade mal fünf Sekunden. Die drei ganz verschiedenen Musiken aber haben bereits die instabile Stimmungslage ihrer gesamten Entwicklung intoniert. Die erste Einstellung etabliert einen starken Kontrast zwischen dem drei Viertel der Leinwand ausfüllenden, in völligem Dunkel verbleibenden Innenraum und dem scharf begrenzten Ausschnitt des in hellem Licht liegenden Außenraums einer weiten Landschaft. Diese bildliche Metapher sagt schon fast alles über den Grundkonflikt dieses Films (und zahlloser anderer Spielfilme weit über den Western hinaus): Ein bedrohter Schutzraum sieht sich einem bedrohenden Ereignisraum ausgesetzt; ein ungeheures Draußen verlangt nach einem befriedeten Drinnen, wie ein beklemmendes Drinnen nach einem befreienden Draußen verlangt. Die anschließende Kamerafahrt folgt der Frau in ihrem Gang auf die Veranda des Hauses, wodurch sich auch das Bild der Landschaft langsam weitet. Nochmals wird hier die gesamte Bewegung des Films vorgreifend vollzogen: In der Freiheit des Landes lauert eine Gefahr für seine soziale und rechtliche Domestizierung. In der rechten Bildhälfte sieht man von ferne einen Reiter herankommen, nach dem die Frau mit unruhigen Blicken Ausschau hält. Ein Mann tritt neben sie und spricht mit fragender Intonation das erste Wort des Films, das seinem Helden einen Namen gibt: »Ethan?«

Es ist Ethan Edwards, der auf das Farmhaus der Familie seines Bruders zureitet. Für die Ankunft lässt sich der Film viel Zeit. Wie auf einer – von der Kamera seitlich erfassten – Bühne treten nach und nach auch die drei Kinder und der Hund des Hauses auf die Veranda. Aber trotz des stummen Händedrucks seines Bruders Aaron und des warmen »Welcome home«, mit dem ihn seine Schwägerin Martha begrüßt, ist es kein herzliches Willkommen, das die Familie ihm und das er der Familie bereitet. Bevor dies in Wort und Bild deutlich wird, macht die Musik es klar. Mit Ethans Näherkommen verdunkelt sich die Atmosphäre. Bei dem Händedruck mit dem Bruder werden die bis dahin hellen Orchesterklänge von tiefen Bratschenklängen grundiert, und als Ethan sich dem Eingang des Hauses nähert, setzen für einen Moment dunkel vibrierende Cellotöne ein. Währenddessen weicht Martha mit Blick auf Ethan rückwärts in das Innere zurück, als fürchte sie sich vor ihm oder ihrer beider (bald darauf durch Blicke und Gesten angedeuteten) unterdrückten Zuneigung füreinander. Als Ethans Blick wenig später selbstvergessen beim Anblick Marthas verweilt, reißt ihn Aaron durch einen zweiten Händedruck und ein zweites, nun vom Hausherrn selbst gesprochenes »Welcome home, Ethan« aus seinem Sinnen heraus. Ethan Edwards ist in diesem Haus ein Fremdkörper. Er hat im Bürgerkrieg auf Seiten der Südstaaten gekämpft und ist dann drei Jahre lang umhergezogen, man weiß nicht wo und mit wem; er ist gut betucht, wird möglicherweise steckbrieflich gesucht – und schweigt sich über all dies aus, abgesehen von einem beiläufig hingeworfenen »I don't believe in surrenders«. Er ist nicht sesshaft; er will und wird es nicht werden. Am nächsten Tag wird er bei der ersten Gelegenheit wieder aufbrechen, mit tödlichen Folgen für fast die gesamte Familie. Aber er ist ein Fremdkörper nicht allein in diesem bald den Flammen geweihten Haus. Er ist es in jedem – denn er ist es im Haus der Zivilisation selbst.

2

Der Plot der *Searchers* ist bekannt und rasch erzählt. Nachdem durch eine List alle wehrhaften Männer (bis auf den hilflosen Aaron) weggelockt wurden, überfallt ein Stamm Komantschen die Farm von Ethans Bruder, tötet ihn, seinen Sohn und seine zuvor vergewaltigte Frau, ein Schicksal, das auch der zunächst entführten Tochter Lucy widerfährt. Zusammen mit einer Gruppe von Nachbarn, aber bald allein mit Martin Pawley, dessen Eltern seinerzeit ebenfalls von den Komantschen ermordet wurden (wobei Ethan ihn retten konnte), und der im Haus seines Bruders aufgewachsen ist, macht sich Ethan auf eine insgesamt fünfjährige, erbitterte, an Irrungen und Wirrungen reiche Suche nach der ebenfalls entführten, später als Nebenfrau des Indianerhäuptlings Cicatrice alias Scar lebenden Debbie, die er schließlich zum Haus der Nachbarn bringt, bevor er sich wieder auf Wanderschaft begibt. In all seinen Aktionen erweist Ethan sich als überaus kompetent, zeigt übermenschliche Ausdauer und hohe taktische Intelligenz, weiß sich mit der Waffe zu wehren, spricht diverse Sprachen, kennt die Gebräuche der Indianer, lässt sich von niemandem etwas vormachen und stellt gelegentlich sogar einen rauen Humor zur Schau. Ein Westernheld wie aus dem Bilderbuch – wären da nicht die abgründigen Obsessionen, die ihn bei seiner gesamten Mission leiten.

Es sind Verwandte, auf die Ethan am Beginn des Films trifft. Es sind diese Verwandten, unter ihnen die insgeheim begehrte Frau des Bruders, die kurz darauf von den Indianern ermordet oder – was Lucy und Debbie betrifft – von Mord bedroht werden. Daraus entspringt bei Ethan ein archaisches Motiv der Rache. Dieser Antrieb schwelt in seinem Handeln weiter, längst nachdem die anderen »Texicans« ihren Frieden mit den Verlusten gemacht haben. Aber es ist nicht einfach Rache, worum es ihm geht, sondern Rache nach den Bedingungen derer, an denen sie verübt werden soll. Einem der toten Indianer schießt er in die Augen, weil dies nach indianischem Glauben zur Folge habe, »that he can't enter the spirit lands. Has to wander between the winds.« Wie sein Gegenspieler Scar den Skalp seiner weißen Opfer nimmt (unter anderem von Martins Mutter und von Martha), so nimmt Ethan am Ende den Skalp von Scar. Hinzu kommt ein anderes, noch weit stärkeres, aber weniger archaisches Motiv: ethnischer Hass. Ethan ist Rassist. Schon als Martin am Abend seiner Ankunft in den Kreis der Familie kommt, verweigert Ethan ihm den Gruß und lässt stattdessen die Bemerkung fallen, Martin sehe aus wie ein »halfbreed«, ergänzt durch den Hinweis, es sei reiner

Zufall gewesen, dass er ihn seinerzeit gerettet habe. Martin wird gezwungen zu beteuern, dass nur ein Achtel Cherokeeblutes in seinen Adern fließe, was freilich Ethan nicht hindert, ihn bei nächster Gelegenheit als »quarterbreed Cherokee« zu bezeichnen. Aber Ethans Berührungsangst vor allem, was indianisch ist, reicht viel tiefer, mitten ins Herz seiner Suche hinein. Denn bis zum Ende des Films bleibt ungewiss, welchem Ziel eigentlich seine Suche gilt: der Befreiung Debbies oder aber ihrer Tötung, sei es, um sie wenigstens den Händen von Scar zu entreißen, sei es, um sie vor Blutschande zu bewahren, sei es, um sie von einem lebensunwerten Leben zu erlösen.

Dieser hochkomplexen Motivlage des Helden der *Searchers* hat Robert Pippin jüngst eine eindringliche Studie gewidmet.[1] Schon früh will Ethan die Indianer angreifen, wohl wissend, dass dies die Tötung der Entführten zur Folge haben würde. Ethan von der Tötung Debbies abzuhalten wird darum zu Martins Bestimmung; für ihn geht es schlicht um die Rettung des Mädchens, das ihm eine Schwester ist. Doch solche Wahlverwandtschaften lässt Ethan nicht gelten. »She's your nothing«, herrscht er Martin an, »she's no kin to you at all.« Aber die Bindung der Blutsverwandtschaft erweist sich ebenfalls als labil. Wenn Debbie lebt, so führt Ethan aus, ist sie für eine Weile sicher, aber nur »until she is of an age to ...«. Auch *vor ihm*, heißt das, ist sie nur sicher, solange sie von keinem Indianer zur Frau genommen wird. »It's hard to believe they're white«, sagt ein Armeeangehöriger über einige verstörte Frauen, die ein ähnliches Schicksal erlitten haben wie Debbie. Ethans Antwort: »They ain't white – anymore. They're Comanche.« Dies ist der Grund, warum der verletzte Ethan später, als er sein Testament aufsetzt (nachdem er bereits versucht hat, Debbie zu töten), sein Erbe nicht der blutsverwandten Nichte, sondern, gestützt auf die Feststellung, er sei »without any blood kin«, seinem Weggefährten Martin vermacht. Als dieser ihm wütend entgegnet, Debbie *sei* mit ihm verwandt, entgegnet er trocken: »Not no more she ain't.«

Die irritierendste Verwandtschaft aber besteht zwischen Ethan und seinem Antipoden Scar. Beide sinnen sie auf Rache; Scar hat zwei seiner Söhne durch die Weißen verloren, nicht anders als Ethan seine Verwandten durch ihn. Beide sind vereint in dem Wunsch, das Geschehene zu sühnen. Beide sind sie außergewöhnliche Männer der Tat, denen Vergeltung ungleich wichtiger ist als der Schutz und Erhalt der Gemeinschaft, der sie angehören. Beide sind ruhelose Nomaden, die kein festes Zuhause kennen. Scar selbst thematisiert diese Spiegelbildlichkeit bei ihrer Begegnung, als er auf Ethans verächtliche Bemerkung »You speak pretty good American, for a Comanche – someone teach ya?« entgegnet: »You speak good Comanche – someone teach you?« Diese Wesensverwandtschaft kulminiert in dem verstörten Blick, den Ethan kurz vor dem Ende, mit Scars blutigem Skalp in der Rechten, auf die entsetzt vor ihm stehende und dann fliehende Debbie wirft. Nach Pippins überzeugender Deutung weiß Ethan in diesem Augenblick nicht länger, wer

---

[1] Robert Pippin, *What is a Western? Politics and Self-Knowledge in John Ford's »The Searchers«*. In: *Critical Inquiry*, Winter 2009, S. 223-246.

er ist. Er ist wie ein indianischer Krieger über sein Opfer hergefallen. Vielleicht geht ihm in diesem Augenblick auf, dass er kaum anders handelt und fühlt als der nach seinem Urteil Primitive, an dem er soeben Rache geübt hat. Dieser Anflug negativer Selbsterkenntnis hemmt ihn, sein Vorhaben, die Tötung Debbies, getreu seinem kurz zuvor nochmals geäußerten Grundsatz – »Living with Comanches ain't being alive« – zu Ende zu bringen. Er tut das nach menschlichem Ermessen Richtige, weil er die Orientierung über Gut und Böse verloren hat. Wie noch jede große Erzählung lässt der Film die entscheidende Handlung unerklärt. Sie bleibt unerklärt, weil der Held sich selbst unerklärlich wird.

3

Ethan Edwards hat aber noch ganz andere Verwandte. Diese Verwandtschaft betrifft nicht die Figur, sondern den Figurentypus, der in Fords *The Searchers* eine extreme Ausprägung findet. Mit Anklängen an den französischen Film noir hat vor allem das amerikanische Kino diesen ästhetischen Typus immer wieder gestaltet – den eines Helden, der seine im Ergebnis rettenden Taten in moralischen und politischen Grauzonen begeht. Geprägt wurde dieser Topos insbesondere durch einige der klassischen Rollen Humphrey Bogarts in Filmen wie *The Maltese Falcon* (John Huston, 1941), *Casablanca* (Michael Curtiz, 1943), *To Have and Have Not* (Howard Hawks, 1944) oder *Key Largo* (John Huston, 1948). Die von Bogart gespielten Charaktere sind zynische, primär ihrem Eigeninteresse folgende Outsider, die weniger aus moralischen als aus Geschmacksgründen Profitgier, Drangsalierung und Mord nicht ausstehen können. Für deren Verhinderung riskieren sie wider Willen ihr Leben, wofür sie gelegentlich – in Gestalt couragierter junger Frauen, wie Lauren Bacall sie zu verkörpern pflegte – immerhin mit einem Happy End belohnt werden. Eine starke Metapher für die Position dieser zwielichtig guten Helden entwirft das Ende von *Casablanca.* Nach seinem keineswegs selbstlosen Verzicht auf Ilsa Lund macht sich Rick Blaine – am »Beginn einer langen Freundschaft« – zusammen mit Captain Renault über das im Nebel liegende Niemandsland eines Rollfelds davon. Dies ist ein *soziales* Niemandsland. Die beiden verlassen die vom Faschismus in Trümmer gelegte Welt des Films in Richtung eines ungewissen, gleichsam exterritorialen Orts, an dem sie im Einklang allein mit dem eigenen Gesetz leben können.

Solche Ortlosigkeit ist seither der Preis für den Status unbezwinglicher Helden in jeder ernstzunehmenden Kinoerzählung. Zu den zahllosen Kriminal- und Gangsterfilmen, in denen Gesetzeshüter und Gesetzesbrecher spiegelbildliche Züge annehmen, zählt *Heat* von Michael Mann (1995). Der von Al Pacino gespielte Lieutenant Vincent Hanna ist im sozialen Leben weit gründlicher gescheitert als sein Gegenüber, der von Robert De Niro gespielte Gangster Neil McCauley, aber süchtig nach Festnahmen wie dieser nach dem ultimativen Coup. Er verhilft dem Gesetz zur Geltung, nicht weil er an Gerechtigkeit glaubte, sondern weil er im Wettstreit mit dem Verbrechen als ein Sieger hervorgehen will, der von seinen Gegnern als einer der Ihren anerkannt wird. Am Ende des Films, als Hanna seinen Gegenspieler auf dem Flughafen von Los Angeles tödlich verwundet hat, verwandelt er sich in einen einfühlsamen Sterbebegleiter, der zusammen mit dem Besiegten über die Unwägbarkeit des Weltlaufs trauert – ein Augenblick außerhalb der gesellschaftlich sanktionierten Opposition von Verbrechen und Strafe. Ein Outlaw innerhalb des Systems ist auch der von Bruce Willis zelebrierte Cop John McClane in der zwischen 1988 und 2007 von verschiedenen Regisseuren gedrehten *Die Hard*-Tetralogie. McClane ist ein Besessener, der sich im familiären wie beruflichen Leben nur mit Mühe oder gar nicht zurechtfindet, aber in der Krise – in der Befreiung erst eines Hochhauses, dann eines Flughafens, dann einer Stadt und schließlich des ganzen Landes von terroristischer Gewalt – durch seine irrationale Beharrlichkeit das Kalkül der Mächte des Bösen zu durchkreuzen vermag. Er nutzt seine Wut auf die Welt zur Errettung der Welt.

Gröber noch stellt sich die rechtliche Exterritorialität des modernen Helden in der von Clint Eastwood in fünf Filmen verkörperten Figur des Dirty Harry dar. Wie seine zahlreichen Widersacher stets schussbereit, sorgt er als ein eiskalter Engel mit Polizeimarke in San Francisco für »law and disorder«. Es sind Energien des Bösen, mit denen er die Bösen bekämpft. In der vierten, unter Eastwoods eigener Regie entstandenen Folge *Sudden Impact* (1983) kommt es zu einem prägnanten Dialog. Von einer aus Rache mordenden Schönen, deren wahre Identität Inspector Callahan alias Dirty Harry noch nicht kennt, mit der Bemerkung zur Rede gestellt, »You're either a cop or public enemy No. 1«, antwortet dieser: »Some people might say both.« Und gefragt nach dem Grund seines rabiaten Vorgehens, weiß er nur zu sagen: »I do what I have to do.« Schon im ersten Film der Serie (Don Siegel, *Dirty Harry*, 1971) hatte er auf die Frage, warum er denn überhaupt dabei bleibe, nur antworten können: »I don't know; I really don't.« Callahan ist ein Getriebener, den es im Namen des Rechts über die Grenzen der Legalität hinaus treibt. Am Ende des Films freilich, nachdem er einen mordenden Psychopathen auf eigene Faust zur Strecke gebracht hat, nimmt er sich selbst aus dem Spiel. Inmitten eines öden, neben einer Highwaykreuzung liegenden Brachlands stehend, nimmt er, während im Hintergrund Polizeisirenen zu hören sind, seine Dienstmarke heraus, betrachtet sie missmutig und wirft sie in weitem Bogen in den Tümpel, in dem die Leiche des erschossenen Verbrechers schwimmt.[2] Selbst der von Harvey Keitel gespielte alkohol-, kokain- und spielsüchtige »Bad Lieutenant« in Abel Ferraras gleichnamigem Film (1992), dem nichts und niemand mehr heilig zu sein scheint, vollbringt am Ende noch eine verrückte Handlung, indem er zwei vermutliche Vergewaltiger mit 30 000 Dollar Wegegeld in die Freiheit entlässt, bevor er sich auf den Straßen New Yorks von den Schergen des Gangsters, dem er Unsummen schuldet, widerstandslos abknallen lässt. Auf eine abstruse Weise, angesteckt

2 Mit Filmen wie *Unforgiven* (1992) und *Gran Torino* (2008) hat Eastwood den Charakter des gebrochenen Helden als Regisseur und Darsteller erheblich komplexer ausgelotet.

von dem religiösen Wahn des Opfers, einer Nonne, imitiert der namenlose Held dieses Films jene gute Tat, die seine filmischen Verwandten am Ende ihrer fragwürdigen Missionen schließlich doch vollbringen.

Von einem Heroentum klassischer Zeiten, wie es in manchen eher konventionellen Western nachlebt, ist in diesen und anderen Filmen nichts geblieben. »Heroen dagegen sind Individuen«, sagt Hegel in seinen *Vorlesungen über die Ästhetik* im Blick auf die Epik und das Drama früherer Zeiten, »welche aus der Selbständigkeit ihres Charakters und ihrer Willkür heraus das Ganze einer Handlung auf sich nehmen und vollbringen und bei denen es daher als individuelle Gesinnung erscheint, wenn sie das ausführen, was das Rechte und Sittliche ist.« Denn genau diese »unmittelbare Einheit ... von Substantiellem und Individualität der Neigung, der Triebe, des Wollens«, in der »die Individualität sich selbst das Gesetz ist, ohne einem für sich bestehenden Gesetz, Urteil oder Gericht unterworfen zu sein«, ist in der Welt des Ethan Edwards und seiner zahlreichen ästhetischen Verwandten zerrissen. Schuld daran aber sind nicht die einzelnen Akteure, sondern die von gesellschaftlicher Entzweiung und sozialer, rechtlicher und ökonomischer Differenzierung geprägten modernen Lebensverhältnisse selbst. »Wir dagegen nach unserer heutigen Vorstellung scheiden uns als Personen mit unseren persönlichen Zwecken und Verhältnissen von den Zwecken solcher Gesamtheit ab ... Solch eine Scheidung kennt die Heroenzeit nicht.«

Ist ein derartiger Widerstreit aber einmal in eine historische Lebensform eingebaut, so kann sich auch und erst recht der zu außergewöhnlichen Leistungen Befähigte nicht aus ihm befreien. Vielmehr durchleidet er diesen Widerstreit auf exemplarische Weise, und die Figuren, die ihn in der Fiktion repräsentieren, spielen ihn auf exemplarische Weise durch. Der Held des modernen Kinos hadert mit dem Gesetz, dem er unterliegt, auch wenn er ihm auf eigene Rechnung Geltung verschafft. Er bildet nicht länger die Mitte seiner sozialen und politischen Welt; er steht an ihrem Rand. Dieser Held ist ein Held wider Willen; er wird oft gerade dann zum Verlierer, wenn er seinen Kampf gewinnt. So willkommen seine Taten der Gesellschaft auch sein mögen, für ihren Vollstrecker hat sie keinen Platz. Aus der Warte der zivilen Gemeinschaft ist er weniger in einem buchstäblichen als vielmehr in einem metaphorischen Sinn verrückt. Die Tür einer zwanglosen Teilnahme am bürgerlichen Leben bleibt ihm verschlossen.

4

Dieses Dilemma des modernen Helden hat John Fords *The Searchers* so scharf wie vielleicht kein anderer gezeichnet. Man darf sich durch die Westernkulisse mit Monument Valley und allem, was in Fords epischen Western dazugehört, nicht täuschen lassen. Der Film inszeniert das Drama jener heldenhaften Figuren, die das heroische Handlungsschema nicht länger auszufüllen vermögen, trotz seiner tiefen Verankerung in der Geschichte der Kolonisierung des Westens, in einer über den amerikanischen Gründungsmythos und das Westerngenre weit hinausreichenden Form. Nirgends wird dies deutlicher als in der Grundeinstellung, mit der der Film beginnt und auf die er in der Mitte und schließlich am Ende wieder zurückkommt.

Die mittlere dieser Sequenzen ist die am wenigsten auffällige, aber auch sie hat es in sich. Nach einem düsteren, in einem Schneegestöber stattfindenden Dialog zwischen Ethan und Martin über die mögliche Vergeblichkeit ihrer vorerst abgebrochenen Suche erfolgt eine Überblendung auf eine sonnenbeschienene weite Landschaft, in deren Vordergrund sich Kühe und Pferde an einer Tränke tummeln. Die schwermütig besänftigende Titelmusik setzt ein. Es folgt ein kurzer Schnitt auf einen Cowboy vor den Stallungen einer Farm. Dann wirft die Kamera zum zweiten Mal einen herausgehobenen Blick aus dem Inneren eines Hauses nach draußen. Diesmal steht die Tür bereits offen. Wie zu Beginn des Films wird auch diese Einstellung von einem Innenraum dunkel umrahmt, auch wenn diesmal eine knappe Hälfte des Bildes zur Landschaft hin offen ist. In seiner Mitte steht eine Frau, die ins Weite schaut und langsam von der Veranda auf den Vorplatz des Hauses geht; ihr folgt, aus dem Haus kommend, ein Mann. Es handelt sich um Mr. und Mrs. Jorgensen, die Nachbarn der Familie von Ethans Bruder. Sie sehen Ethan und Martin von rechts heranreiten. Anders als zu Beginn des Films folgt die Kamera den in die Ferne Blickenden nicht auf ihrem Weg nach draußen. Stattdessen folgt ein Gegenschnitt auf das vor der Front des Hauses stehende Paar, zu denen sich ihre Tochter Laurie gesellt: erneut eine bühnenhafte Szene, durch die die Ankunft der vorerst gescheiterten Searchers vorbereitet wird. Die Kamera springt nochmals zurück und lässt die Heimkehrer in das Bild hinein und auf die Wartenden zureiten. Die folgenden Begrüßungsszenen sind in entscheidender Hinsicht ebenso unterkühlt wie diejenigen am Anfang des Films, mit Ausnahme der Begegnung zwischen Martin und Laurie, deren durch den Konflikt um Debbie beinahe zerrissenes Liebesband von nun an einen Nebenstrang des Films bildet. Ohne zu grüßen geht Ethan auf Lars Jorgensen zu und fragt ihn, ob er seinen Brief erhalten habe, der die Nachricht vom Tod seines Sohnes enthielt. Jorgensen bestätigt dies und streckt Ethan die Hand zum Gruß hin, die dieser zögernd ergreift. Kurz darauf begibt sich die Gruppe auf den Weg ins Haus. Martin und Laurie schreiten zügig an der nun wieder am Eingang postierten Kamera vorbei. Dieser ungehinderte Zugang in den inneren Bereich aber bleibt Ethan verwehrt. Denn sobald Mrs. Jorgensen, die ihn bis dahin überhaupt nicht beachtet hat, die Stufe zur Veranda betritt, dreht sie sich zu ihm um und fragt ohne Umschweife: »Ethan, what about Debbie?« Diese Frage bringt Ethan abrupt zum Stehen, gerade in dem Augenblick, als auch er die Stufe nehmen will. Ethan blickt Mrs. Jorgensen an, schaut erst grimmig zu Boden und dann ziellos an ihr vorbei, schüttelt wortlos den Kopf und verlässt die Einstellung in Richtung der Haustür.

Bevor es am Ende des Films zu einer spektakulären zweiten Wiederholung dieser Gegenüberstellung von Innen- und Außenraum kommt, wird dieser Kontrast noch zwei weitere Male variiert. In beiden Fällen wird aus einer dunklen Felsenhöhle heraus eine Fluchtbewegung verfolgt. Beim ersten Mal fliehen Ethan und Martin vor dem angreifenden Clan des Häuptlings Scar in diesen Schutzraum, aus dem heraus sie sich mit ihren Waffen erfolgreich wehren können. Beim zweiten Mal, kurz vor dem Schluss des Films, ist es Debbie, die am Ende ihrer vergeblichen Flucht vor Ethan auf einen ganz ähnlichen Höhlenraum zurennt. Die Parallele ist unübersehbar: Was zunächst Zuflucht vor den Indianern war, ist nun der Fluchtort der jungen Frau, die vor Ethan Schutz sucht. Gleichsam auf der Schwelle zum Inneren der Höhle stürzt Debbie und wird von Ethan gestellt. Sie dreht sich um, wendet sich ihm mit angstvollem Blick zu – und Ethan hebt sie hoch, wie er es in der Begrüßungsszene mit ihr getan hat, als sie noch ein kleines Mädchen war. Während sehr verhalten erneut die Titelmelodie erklingt, nimmt Ethan sie mit den Worten »Let's go home, Debbie« in die Arme. Vor dem Hintergrund dessen, was Ethan die gesamte Erzählung des Films über bewegt hat, sind dies leere Worte. Welches Heim und welche Heimat könnte ausgerechnet Ethan ihr anbieten oder mit ihr teilen, wo er doch in diesem Augenblick weniger denn je weiß, wie er zu sich selbst steht und wohin er gehört? Ethan spricht diese Floskel in einem Widerhall des ebenfalls verlegen konventionellen »Welcome home«, mit dem Debbies Eltern ihn bei seiner Rückkehr aus langer Abwesenheit begrüßt haben, ohne willens und, wie sich bald herausstellt, in der Lage zu sein, ihn bei sich aufzunehmen.

All diese Bezüge kulminieren in der finalen Sequenz des Films. Der Annahme Debbies durch Ethan folgt ein kurzes komödiantisches Zwischenspiel um die Figur des Captain und Reverend Samuel Johnson Clayton, der den Angriff auf Scars Lager befehligt hat. Nach einer Überblendung (bei gleichzeitig einsetzender Leitmelodie) blickt man – in formaler Opposition zu der Darstellung des Auftritts der Familie von Ethans Bruder in der fünften Einstellung des Films – von links auf die Veranda vor dem Haus der Jorgensens. In einem Schaukelstuhl sitzt das Faktotum Mose Harper. Mrs. Jorgensen, gefolgt von ihrem Mann, betritt zügig diese Bühne und bleibt vor der Schwelle zum offenen Land stehen. Schnitt. Wieder sieht man Pferde und Kühe an der Tränke vor dem Haus; dahinter eine sich nähernde Gruppe von Reitern. Danach erneut die von links aufgenommene überdachte Veranda: Lucy eilt hinzu und schaut wie alle anderen nach den Ankömmlingen. Schnitt. Lucy eilt ihrem Martin entgegen, ohne einen Blick für die vor Ethan auf dem Pferd sitzende Debbie. Ethan und Debbie reiten direkt auf den Betrachter zu. Schnitt. Das Ehepaar Jorgensen (nunmehr von halblinks aufgenommen) beobachtet gerührt die Ankunft Debbies. Von den Worten, die sie wechseln, ist freilich nichts zu hören. In dieser gesamten Sequenz gibt es keinen vernehmbaren Dialog mehr. Die Musik allein übernimmt die Kommentierung. Schnitt. Ethan steigt vom Pferd und nimmt Debbie in die Arme. In diesem Augenblick setzt noch einmal der aus dem Vorspann bekannte Song *The Searchers* ein, der bis zum letzten Bild durchgespielt wird. Schnitt. Mose Harper sitzt vergnügt in seinem Schaukelstuhl.

Nun folgt die Einstellung, auf die sich der ganze Film seit seinem allerersten Landschaftsbild zubewegt. Von der Schwelle des Hauses aus blickt die Kamera über die Veranda hinweg in die helle Landschaft. Rechts und links stehen die alten Jorgensens, in der Mitte trägt Ethan Debbie heran und stellt sie auf der Stufe des Vorplatzes ab. Umarmung zwischen Debbie und Mrs. Jorgensen, die sich jetzt, gefolgt von Mr. Jorgensen, zum Eingang des Hauses begeben, der Kamera entgegen. In einer Umkehrung der Fahrt in der ersten Einstellung des Films bewegt diese sich rückwärts in das Innere des Hauses, bis der Ausschnitt der Tür und damit der Blick in die helle Landschaft nur noch etwa ein Drittel der Leinwand ausfüllt – schwarz eingerahmt von der Wand des Innenraums. Die Jorgensens und Debbie gehen rechts an der Kamera vorbei. Ethan Edwards macht einige Schritte auf die Haustür zu, dreht sich um und lässt das junge Paar vorbei, das ebenfalls nach rechts abgeht. In dem verbleibenden schmalen Bildausschnitt steht Ethan allein vor der staubigen Prärie. Er wendet sich dem Haus zu, zögert, dreht ab und schreitet langsam ins Weite davon. Daraufhin schließt sich – *von links* – die Tür des Hauses. Sie wird jedoch von niemandem, von keiner Figur im Haus geschlossen; vom Innenraum ist überhaupt nichts mehr zu sehen. Kein Geräusch einer Türklinke ist zu hören. Mit dem Zufallen der Tür schließt sich hier der Raum des Films selbst. Mit der Weite wird zugleich die Nähe, mit dem Außen das Innen gelöscht. Die Leinwand wird zu der »vierten Wand« des Filmtheaters, die sich vor alle Differenzen der filmischen Imagination stellt. Es ist nur noch eine schwarze Fläche da, auf der – zusammen mit einem allerletzten Aufwallen der Orchestermusik, die dem tröstlich traurigen Lied das Wort abschneidet – das Insert »The End« erscheint.

5

Man muss an dieser Stelle Ethan Edwards und alle seine inner- wie interfilmischen Verwandten einen Moment lang vergessen, um zu verstehen, was hier mit der zentralen Figur der *Searchers* geschieht. Der Film endet mit einer Selbstthematisierung des filmischen Raums. Aufgeladen durch die beiden analogen Sequenzen am Anfang und in der Mitte formuliert das Ende eine Allegorie der grundsätzlichen Ausschnitthaftigkeit des filmischen Bildes, die gerade dort gegeben ist, wo seine Einstellungen den Blick in eine unbestimmte Weite eröffnen. Jeder Bezug auf Zustände und Ereignisse, das stellt diese Szene aus, geht im Film mit einem permanenten Entzug einher; alle Sichtbarkeiten des filmischen Geschehens erzeugen einen Horizont des in ihm Unsichtbaren, der spürbar auf alles innerbildlich Manifeste einwirkt. Wie häufig in der Kunst leistet diese Selbstpräsentation des künstlerischen Mediums eine nochmalige Intensivierung dessen, was in seiner Verwendung dargeboten wird. Denn das Schließen des Raums der Fiktion ist hier zugleich ein Ausschluss des Helden aus der Welt, die sie entwirft. Für eine Figur, bei der sich das beinahe Übermenschliche mit dem Unmenschlichen paart, gibt es in der Sphäre einer um Zivilisierung bemühten Gemeinschaft keinen Platz. Die Allegorie des filmischen Bildes konvergiert mit einer Allegorie der sozialen Ortlosigkeit des modernen Helden.

Einen bemerkenswerten Nachhall hat die ingeniöse Schlussszene der *Searchers* in Fords *The Man Who Shot Liberty Valance* aus dem Jahr 1962. Dieser Film verhält sich zu dem früheren wie eine Art nachgelieferter Traktat über die Verschränkung von Gesetz und Gewalt am Ursprung der nordamerikanischen Demokratie.[3] In schwarzweißen Bildern und einer tief melancholischen Rahmung handelt der Film von dem Preis der Befriedung des Westens. Wiederum John Wayne spielt die Figur des scheinbar allesvermögenden, am Ende aber gebrochenen Helden Tom Doniphon, der dem jungen, zunächst vergeblich um Recht und Gesetz kämpfenden Anwalt Ransom Stoddard (James Stewart) in der Schlüsselszene des Films das Leben rettet, womit er die lange begehrte Frau endgültig an diesen verliert. Doniphon ist der Mann, der den Banditen Liberty Valance erschossen hat, obwohl Stoddard und alle anderen glauben, Stoddard sei es gewesen. In der entscheidenden Szene hat Doniphon im Dunkeln, für alle anderen unsichtbar, mit einem tödlichen Schuss von außen in das Geschehen eingegriffen. Er hat sich damit in die Position eines Außenseiters begeben, die ihn für den Rest seines Lebens gefangen halten wird.

Gegen Ende des Films ist der von Gewissensbissen über seine gesetzlose Tat geplagte Stoddard im Begriff, seine Wahl zum Delegierten der Gemeinschaft der Farmer, Handwerker und kleinen Geschäftsleute, die einen eigenen Staat gründen wollen, auszuschlagen. Als er sich – »I'm going back east, where I belong« – verdrücken will, wird er von Doniphon gestellt, der ihm in ein Nebenzimmer folgt und die Tür krachend zuschlägt. Dort eröffnet Doniphon Stoddard, dass er es war, der Liberty Valance aus dem Hinterhalt erschossen hat – »cold blooded murder« zwar, aber damit könne er leben. Nach einem kurzen Wortwechsel begibt sich Stoddard entschlossenen Schritts durch die Schwingtür zurück in die Versammlung, wo er mit großem Hallo begrüßt wird. Während drinnen freudige Blasmusik erklingt, schwingen die beiden Flügel der Tür hin und zurück; Doniphon kommt heran, hält inne – und macht kehrt. Langsam schließt sich der Spalt der Tür. Der unrasierte, betrunkene und seines Lebensmutes beraubte Held geht seitlich ab und verlässt die Szene des Films.

»When the legend becomes fact, print the legend« lautet das berühmte Fazit des Chefs der lokalen Zeitung, dem Stoddard bei seiner späten Rückkehr in das Städtchen Shinbone die verborgene Wahrheit hinter seiner politischen Karriere offenbart hat. *The Searchers* dagegen hat kein beschönigendes Lob der Legende zu bieten. Bis zu ihrem allegorischen Schlussbild hält sich diese Fiktion allein an die Tatsachen: In der modernen Welt und in den Fiktionen, die ihr ins Herz treffen, gibt es keine ungebrochenen Helden und keinen Bedarf für das Phantasma ihrer verblichenen Glorie. Selbst in der verbilligten Sphäre von Sport und Spiel können uns nur noch die mit sich hadernden Helden berühren. Das Schicksal nachmythischer Helden vollzieht sich einzig in ihrem Scheitern.

---

3 Vgl. Gertrud Koch / Hauke Brunkhorst, *Von der Gewalt gegen Körper zum Körper des Rechts*. In: Paula Diehl / Gertrud Koch (Hrsg.), *Inszenierungen der Politik*. München: Fink 2007.

Josef Früchtl

Und diesen Unsinn glauben wir

Zur Selbstreflexion der Heldenfigur im Film

Wenn Zeitgenossen meiner Generation, geboren in den fünfziger Jahren, an ihre Kindheit und Jugend zurückdenken, betreten sie mental einen ganz eigenen Raum. Drei Dimensionen schieben sich hier ineinander und bringen eine Trinität zum Vorschein, die durchaus von heiligem Ernst, aber auch von peinlicher Komik kündet: die Dreieinheit von Politik, Metaphysik und Popkultur. »Es ging, kurz gesagt, um die heldische Übertragung der im Innern der Bürgersöhne erschienenen Revolutionsidee in die Wirklichkeit der Bundesrepublik.« So beginnt das Kapitel »Helden« in Stephan Wackwitz' autobiographischem Romanessay *Neue Menschen*. Im Frühjahr 1977, an seinem fünfundzwanzigsten Geburtstag, beschließt dort das Erzähler-Ich, seine Zulassungsarbeit über Hölderlin zu schreiben. »Es war, glaube ich, eine politische Entscheidung.« Doch in Hegels vielzitiertem Satz über die »erhabene Rührung«, die in der Zeit der Französischen Revolution geherrscht habe, »als sei es zur wirklichen Versöhnung des Göttlichen mit der Welt nun erst gekommen«, in diesem Satz hat der Student noch nicht die Konstruktion des Als-ob wahrgenommen. Statt dessen das Phantasma der Revolution als »Niederkunft oder Wiederkunft des Absoluten in die gefallene Welt«. Metaphysik also von der gefährlichsten Art, nämlich als theologisch-politische Verschmelzung. Und dazu gesellt sich die Populärkultur in Gestalt der Popmusik und des Films, im Falle des Films sogar ein ziemlich verlotterter und zynischer Geselle: »Besonders jener Wehrmachtsmantel aus der Altkleidersammlung zitierte, wie bewusst auch immer, die Italowestern, von denen wir alle damals nicht genug bekommen konnten.« Rückblickend erfasst den Autor noch einmal das ungläubige Staunen: »Irgendwie müssen wir diesen Unsinn tatsächlich einmal geglaubt haben.«

Es ist, als ob. Diese eigentümliche Aussageform bringt Gegensätze zusammen, hält auf instabile Weise die Mitte zwischen Glauben und Nicht-Glauben und produziert eine eigene Art von Fiktion. Seit mehr als zweihundert Jahren, seit dem Erscheinen von Kants *Kritik der Urteilskraft*, hat sich dieses Konzept verbreitet. Mit Vorbehalten muss man allerdings stets noch rechnen, wenn man behauptet, dass die spezifisch ästhetische Fiktion nicht nur bei Hölderlin, sondern durchaus auch im Hollywoodfilm am Werk sei. Die nicht zu leugnende Behauptung, dass die berühmt-berüchtigte Filmfabrik kapitalistisch profitorientiert ist und gerne seichte Botschaften unters Volk streut, drängt diesbezüglich die Gegenbehauptung in den Hintergrund, dass, genau besehen, kein Film nur *eine* Botschaft verkauft, und dass auch beinahe niemand restlos an das glaubt, was als Message verkauft wird.

Dabei hat die Gegenthese einen prominenten Fürsprecher. Theodor W. Adorno erweist sich auch insofern als Meister der Selbstreflexion, als er seine auf Dauerkritik fixierten intellektuellen Zeitgenossen davor warnt, der Dialektik eines »Clichés der Clichéfeindschaft« aufzusitzen. Der Widerwille vor dem Abgegriffenen wird auf Dauer selber abgegriffen. In den Aufsätzen *Filmtransparente* und *Fernsehen als Ideologie* fordert er, subtile Analyseverfahren zu entwickeln, die davon ausgehen, dass in den dargestellten Figuren und Handlungen »verschiedene Schichten von Verhaltensmodellen« übereinander liegen. Die moralische Botschaft ist nur eine dieser Schichten. »Während die Intention immerzu gegen den playboy, die dolce vita und die wild parties geht, wird doch die Gelegenheit, sie zu erblicken, vermutlich mehr genossen als das eilfertige Verdikt.« Die Ideologie eines Films kann daher für einen Hegel-Marxisten nicht weniger widersprüchlich sein als die Struktur der Gesellschaft. Sie enthält »das Gegengift ihrer eigenen Lüge«.

Für die Analyse dieses Gegengifts ist die Figur des Helden geradezu prädestiniert. Denn das Kino beerbt den Roman als großen Geschichtenerzähler, und diese Geschichten erzählen von wie auch immer besonderen, daher erzählenswerten Ereignissen, die um einzelne Subjekte, traditionell um Individuen im emphatischen Sinn, um Heldinnen und Helden kreisen. Zumindest ist dies die im unverfänglichen Sinn triviale Konzeption des Romans. Analytisch prädestiniert ist die Figur des Helden aber auch, weil sie nicht nur einen ästhetisch-literarischen, sondern auch einen sozialphilosophischen Kontext hat. Sie meint nicht nur die Hauptperson einer Erzählung und den Protagonisten einer Handlung, sondern die Personifizierung eines sozialkulturellen Ganzen.

Das bringt die Dimensionen der Metaphysik und der Politik zurück in die Betrachtung der Populärkultur. Helden sind demgemäß Inkarnationen eines Allgemeinen, Individuen, die eine »volonté générale« verkörpern. Interessant werden sie dadurch zunächst einmal für die Philosophie, und Hegel hat sie, angestoßen durch Fichte (»Wer hat die rohen Stämme vereinigt, und die Widerstrebenden in das Joch der Gesetze gezwungen? Heroen waren es«), genau in diesem Sinne beschrieben. Er hat sie dadurch vom abgestandenen Diskurs der plotinischen Metaphysik und der Tugendethik losgelöst. Helden gelten nunmehr als Statthalter der Metaphysik inmitten des Alltags, Vollstrecker einer im mehrfachen Sinn des Wortes ordinären Metaphysik. Politisch ist das aus rechtsstaatlich-demokratischer Sicht zweifellos dubios. Die Helden der Politik, die Hegel vor Augen hat, kann man an wenigen Fingern abzählen – Alexander, Caesar, Napoleon –, und sie alle glänzen als (von sich selbst) überzeugte Gestalter der Wirklichkeit, die diese Überzeugung, wenn es sein muss, rücksichtslos durchsetzen.

Eben dies macht sie schließlich auch für die Hochkultur der Kunst interessant. Zu Beginn des 19. Jahrhunderts beerbt ja die Figur des Künstlers die des Helden, eine Transfiguration, die dadurch möglich und nötig wird, dass die Französische Revolution in einem blutig-heroischen Akt eine neue, die bürgerliche Gesellschaft etabliert, die für dergleichen Heroentum nur noch im Reich der Kunst einen Platz reserviert, da der Bürger nun als ökonomischer und familiärer Patriarch seinen Lebenssinn gefunden hat. Auch dies beschreibt Hegel, nicht ohne spöttische Beiklänge, in nüchterner Sprache: Der

Platz der Helden ist in der Kunst. Denn nicht nur beziehen wir unser Wissen von Helden zunächst allein aus der Kunst, aus dem antiken Epos und der Tragödie, sondern es gibt auch eine strukturelle Übereinstimmung zwischen Kunst und Heldentum. Wie der Held etwas Allgemeingültiges *verkörpert*, *präsentiert* es der Künstler in seinen Werken. Er ist der Held einer im Werk zur Erscheinung gebrachten Präsenz der Transzendenz. Für Hegel gehören allerdings beide, Kunst und Heroentum, ihrem Ideal nach der Vergangenheit an, die Kunst der griechischen Antike und das Heldentum dem sogenannten mythischen Zeitalter. In der bürgerlichen Moderne kann der Held nur temporär auferstehen, in den Zeiten von Revolution und Bürgerkrieg, allgemein gesagt: in den Ausnahmefällen des Gewöhnlichen.

Fragt man sich nun, welche Verhaltensmodelle sich im Fall des Leinwandhelden überlagern, aus welchen Zeichenschichten er sich zusammensetzt, darf man mit einer Menge Arbeit rechnen. Da das Erzählkino Jahr für Jahr fleißig Geschichten produziert, kommen und gehen die Heldenfiguren. Manche bleiben, aber auch sie verändern sich. James Bond liefert dafür eines der berühmtesten Beispiele. Seit langem schon gehört er zu den Ikonen der Popkultur, und Ikonen, daran sei sogleich erinnert, nennen wir jene ursprünglich orthodox-christlichen Bilder, denen man die Eigenschaft zuspricht, das Göttliche in der Anschauung zu vergegenwärtigen, also wie Werke der Kunst die Präsenz der Transzendenz zu leisten. Je länger das Filmleben dieser Helden andauert, desto deutlicher treten körperliche Verletzbarkeit, psychologische Wunden und Risse hervor. Es bedarf keiner subtilen Analysen mehr, um diese Helden zu demaskieren. Sie tun das lakonisch selber oder müssen es, wie Normalsterbliche auch, schmerzhaft lernen.

Parallelen dazu lassen sich auch bei zwei anderen Ikonen der Populärkultur beobachten, bei Batman und Spider-Man. Dass sie maskiert auftreten, hat nicht nur den strategischen Grund, auf diese Weise ihre Widersacher besser bekämpfen zu können, sondern ist entscheidend eine Reaktion auf die bürgerliche Ordnung, die für das eigenmächtige Handeln von Helden in der durch Gesetze aller Art geregelten Welt keinen Platz mehr vorgesehen hat. Nur die Doppelidentität weist einen episodischen Ausweg aus den Kalamitäten dieser bürgerlich-nichtbürgerlichen Existenz. Da er aber als Episode nur temporär sein kann, taucht stets die grundsätzliche Alternative wieder auf, sich entweder für die eine oder die andere Form von Existenz zu entscheiden. Dann kann auch ein Spider-Man zum Fall für den Psychologen werden. Der Umstand, dass die Spinnenkräfte unerwartet aussetzen, muss dann als Symptom dafür gedeutet werden, dass die eine Identität der anderen im Wege steht. Wenn Spider-Man sein Kostüm in die Mülltonne schmeißt, weil es sein Privatleben zu sehr belastet, das Glück der Liebe verhindert, weiß man als Zuschauer bereits, dass dieser Entsorgungsakt nicht von Dauer sein wird, zumal wenn er im ersten Drittel des Films stattfindet. Die scheu angebetete Geliebte zu gewinnen ist aber nicht nur deshalb schwierig, weil der Held unerkannt ist und seine Liebe also nicht durch Taten wirklich beweisen kann, sondern weil stets auch irgendein verrückter Bösewicht das Geschehen mitbestimmt, indem er den Helden sadistisch vor die Wahl stellt, entweder seine Geliebte oder eine ganze Gruppe unschuldiger Menschen vor dem Tod zu retten. »Nur Dummköpfe sind Helden«, lautet daher frank und frei der Lehrspruch des Popikonen-Kinos.

Über einen weiteren Aspekt täuscht dieses Kino sich nicht: dass das Böse und das Gute so verschieden nicht sind, ja dass das eine erst vollkommen wird durch das andere. In dem Batman-Film *The Dark Knight* gehört ästhetisch die Sympathie letztlich sogar dem Bösen. So grandios, fulminant und intensiv ist dieser von Heath Ledger verkörperte schmatzende und züngelnde Joker, dass Batman sich in seiner schwarzen Rüstungsstarrheit vergeblich müht, gegen seinen irr-genialischen Widersacher anzuspielen. Ein feixender Clown im Tuntenkostüm mit dem Zeitzünder in der Hand: »Ich bin das Chaos« – selten war dieser Satz glaubhafter als aus dem Munde dieses Exemplars der Spezies Mensch. Der Böse ist (moralisch) wirklich sehr böse, aber auch sehr gut: ästhetisch. Eben dies, das Ästhetische, das den Horror ausmalt und zugleich übermalt, übertreibt und auf Distanz hält, macht sein Faszinosum aus und in diesem Film den Bösen zum unheimlichen Helden.

Während also die ideologiekritisch angestoßene, bilder- und mythenanalytische Methode an den Heldenfiguren des Films mehr oder weniger mühelos verschiedene, auch sich widersprechende Schichten freilegen kann und speziell bei den Serienhelden mit zunehmendem Alter die Problemablagerungen ihrer heroischen Existenz zum Vorschein kommen, gibt es auch eine Reihe von Filmen der Heldendekonstruktion, die diese Methode in Eigenregie durchführt. Der Film nimmt sich ausdrücklich der Frage an, wie Helden gemacht werden. Er tut dies notwendigerweise in einer medien- und selbstreflexiven Wendung, fragt also, wie Helden durch die modernen Kommunikations- und Unterhaltungsmedien, durch Zeitung, Rundfunk, Fernsehen und den Film selber, gemacht werden.

Und hier kommt der Cineast in Bilder zerlegender und wieder zusammenfügender Absicht zu einem zweifachen Befund. Zum einen, dass die explizite Selbstreflexion der Heldenfigur im Film bevorzugt im großräumigen Genre der Komödie stattfindet. Als Figur des Außergewöhnlichen, speziell als Ausnahmefall des Bürgerlich-Gewöhnlichen, hat der Held seinen angestammten Platz im Western-, Kriegs-, Crime- und Actionfilm, überall dort, wo ein Einzelner eine Sache, meist stellvertretend für eine Gemeinschaft, selbst in die Hand nimmt. Mit all diesen mehr oder weniger präzis konturierten Genres kann das der Komödie sich legieren. Das Resultat reicht dann von feiner Ironie über bissige Satire und deftige Parodie bis zur geschmacklosen Albernheit und in verschiedenen Abstufungen wieder zurück.

Im Fach des Western etwa ist James Garner diesbezüglich eine bewährte Besetzung. Die ausgewogene Mischung aus Ahnungslosigkeit und Verschlagenheit in seinem Gesicht reicht aus, um seine Gegenspieler mit schöner Regelmäßigkeit in die Falle laufen zu lassen. In *Support Your Local Sheriff* bedient Garner die Grundausstattung der Westernkomödie mit der Figur des sachlich-routinierten, beiläufigen Helden, der als Fremder eines Tages in irgendeinem Städtchen auftaucht, eigentlich auf der Durchreise, in diesem Falle nach Australien, wo er sich dazu überreden lässt, den Posten des Sheriffs zu

übernehmen, der gerade mal wieder nicht besetzt ist. Eine Menge raufwütiger Goldgräber und vor allem eine mächtige Familie halten das Städtchen nämlich im Willkürgriff und lassen den jeweiligen Sheriff nicht alt werden.

Für den Western als Komödie findet der Film eine exemplarische Szene. Als der Sheriff nämlich einen der eigenmächtigen Cowboys ins Gefängnis stecken will, muss er feststellen, dass es erst im Rohbau fertiggestellt ist, ohne Türen und Gitter. Dennoch schafft er es, dass der wilde und natürlich auch begriffsstutzige junge Mann brav in seinem abgezirkelten Bereich verbleibt: Er tut einfach so, als ob er bereits jemanden erschossen habe, der dieses Spiel nicht mitmachen wollte. So ist es auch mit dem Western als Komödie bestellt: Er kann eigentlich nicht funktionieren, aber unter bestimmten Bedingungen, vorneweg denen des Als-ob, eben doch.

Garner kann mit seinem raubeinigen, aber stets frisch rasierten Charme auch in einer Kombination von Crime- und Westernfilm glänzen, der ausdrücklich die Überblendung von Realität und Fiktion in der Heldenfigur thematisiert. *Sunset* aus dem Jahr 1988 lässt die Zeit des frühen Hollywoodkinos um das Jahr 1929 mit der ersten Oscar-Preisverleihung wieder auferstehen. Es ist die Zeit der Umstellung vom Stumm- auf den Tonfilm, in der einer der ersten Stars des Westerngenres, der Rodeoreiter und Stuntman Tom Mix, in eine selbstzweiflerische Krise gerät. Diese Episode greift *Sunset* auf: Tom Mix, gespielt von Bruce Willis, bekommt das Angebot, die Rolle von Wyatt Earp zu übernehmen, der schon zu Lebzeiten eine Legende ist und real 1929 im Alter von achtzig Jahren stirbt. Im Film erhält der lebende Mythos dagegen vom Studio einen Beratervertrag für jenen Film, der sein Leben auf die Leinwand bringen soll.

Diesen gealterten Wyatt Earp spielt James Garner, der zwanzig Jahre früher bereits einmal diese Rolle innehatte und in *Hour of the Gun* die Schießerei am O. K. Corral vom 26. Oktober 1881 zum Besten gab. Wenn dieser Showdown im Film im Film *Sunset* gedreht ist, wird Earp mit der Frage konfrontiert, die er noch öfter zu hören bekommt, ob es nämlich in Wirklichkeit auch so gewesen sei wie nun im Film, und er beantwortet sie stets mit dem gleichen verschmitzten Lächeln: »Aber sicher! Naja, mehr oder weniger.« Was wir Realität nennen, ist ein Running Gag, und die Helden sind diejenigen, die ihn schön doppeldeutig exekutieren: ihn immer wieder ausführen und so das Todesurteil über ihn vollstrecken. Heroische Realität ist für die Komödie ein Scherz, der sich totläuft.

Noch mehr bietet sich die Reflexion der Heldenfigur im Genre des Kriegsfilms an. Aber die Legierung der Komödie mit diesem Genre ist äußerst prekär. Am ehesten funktioniert sie, wenn der Film sich auf das beschränkt, was vor oder nach den eigentlichen Kämpfen geschieht. Und am besten, wenn er sich dabei auf die Politik konzentriert. Preston Sturges hat dafür 1944 mit *Hail the Conquering Hero* ein Modell geliefert, das in seiner Kurzfassung lautet: Ein Antiheld wird durch das Spiel des Zufalls zum Helden und dadurch zum Repräsentanten der Politik erklärt, entlarvt sich im Zeichen der Wahrhaftigkeit selber und wird dadurch erst recht zum politischen Helden. Nichts hat die, wie der Film vorführt, verlogene und heldensüchtige Politik mehr nötig als Aufrichtigkeit, nämlich Helden, die keine Helden sein wollen. Freilich liegt die dialektische, bittere Ironie darin, dass die Botschaft der Moral nicht ankommt. Und so wird auch noch ein vermeintlicher Held, der sich selbst als Lügner entlarvt, zum Helden in einer zivilisatorischen Großarena der Lüge, in der Politik.

Gänzlich offen steht der Komödie dagegen das Genre des Actionfilms. Dies schon aus dem einfachen Grund, dass »action«, die beschleunigte Bewegung, aus sich heraus zur Übertreibung tendiert. Dann läuft die Verfolgungsjagd mit sichtlich überhöhter Geschwindigkeit auf der Leinwand ab. *Last Action Hero* bietet in diesem Umfeld eines der gelungensten Beispiele für die Inszenierung der Inszenierung des Helden. Der Trick, dessen sich der Film dabei bedient, ist der des Wechsels in der Ontologie. Ganz in Übereinstimmung mit der Philosophie kann er eine Erklärung dafür nur mit Verweis auf die Magie geben. Es ist eben eine magische Karte, die den Eintritt nicht nur ins Kino, sondern auch in die Welt des Kinos auf der Leinwand erlaubt, und so findet sich ein Junge namens Danny, der ohne einen Vater aufwachsen muss und seine Freizeit am liebsten mit Filmen des harten Cops Jack Slater verbringt, eines schönen Tages in einem Film wieder, in dem sein Held gerade dabei ist, einen üblen Mafiaboss zur Strecke zu bringen.

Erste Versuche, dem Filmhelden beizubringen, dass er nur eine Fiktion ist, mit Handlungen und lockeren Sprüchen, die voraussagbar sind und daher im komödiantischen Kontext erneut der Struktur des Running Gag folgen, sind logischerweise zum Scheitern verurteilt. Denn wie sollte jemand, der nur eine bestimmte Welt und keinen Vergleich mit einer anderen kennt, von seiner Welt nicht überzeugt sein? Er kann nicht anders, als an sie zu glauben, wiewohl das Ganze von außen gesehen Unsinn ist. Platon hat dafür in der *Politeia* das einschlägige Gleichnis erfunden. Erst wenn ein Weltenwechsel stattfindet, hat die Erfahrungserkenntnis eine Chance, und so stehen auch dem »action hero« einschneidende Überraschungen bevor, als er mit seinem jugendlichen Fan die ontologische Ebene des Films (im Film) gegen die der Wirklichkeit (im Film) tauschen muss. Wenn man dort nämlich ein Fenster mit der Faust einschlägt, tut das wirklich weh.

Auffällig ist, dass das Modell des Helden aus Zufall oder des Helden wider Willen in der Welt des Hollywoodfilms weit verbreitet ist. Irgendjemand stolpert in die Rolle des Helden hinein und wird ihrer schließlich nicht froh. Auch Frank Capras *Meet John Doe* (1941) und Stephen Frears' *Accidental Hero* (1992) bieten hierfür Beispiele. Capras Film, halb Komödie, halb Drama, thematisiert die Spannung zwischen der Figur des Helden und einer demokratischen Gesellschaft. In selbstreflexiver Manier führt das Medium Film vor, in welchem Maße es selbst ebenso wie die anderen Medien diese Figur in Szene setzt und im Verein mit der Politik um egoistischer Motive willen ausbeutet. Es führt aber ebenso vor, wie sehr die Bürger einer demokratisch, kapitalistisch und massentechnologisch organisierten Gesellschaft diese Inszenierung benötigen. Eben weil einerseits jeder sein eigenes Leben und Überleben in dieser Gesellschaft nur auf der Basis des Egoismus sichern kann, andererseits aber Erfahrungen des blinden Vertrauens und der gelingenden Verständigung nicht minder basal sind, kann das Bedürfnis nach dem nichtegoistischen Gelingen so leicht bedient und gelenkt werden.

Und Helden sind inszenierte Statthalter dieses Gelingens. Ganz normal sind sie, wenn sie andere aus einer Not erretten, aber nicht aus hehren, sondern kontingenten und letztlich wieder egoistischen Motiven. Da die Massenmedien, also die Massen und die Medien, sie so allerdings nicht wahrhaben wollen, bleibt der egoistische Retter in der Not im Schatten des Scheinwerferlichts, in dem jemand sitzt, der sich in sozialer Absicht zum Retter erklärt hat und als solcher auch glaubwürdig erscheint. Und da die beiden einen arbeitsteiligen Deal eingehen, bekommen am Ende alle, was sie wollen: die Masse ihren Helden, die Massenmedien ihre Story mitsamt dem dazugehörigen finanziellen Umsatz und die beiden Protagonisten eine Wunscherfüllung. Und das alles kann das Massenmedium Film vor Augen führen. Bei Frears, Capra und anderen kommt hinzu, dass sie dem Helden einen zeitgemäßen demokratischen Aspekt verleihen. Wenn es ein intrinsisches Merkmal des Heroismus ist, keine Option zu sein – »Ein Held kann man nur sein, aber niemals sein wollen« (Ralf Konersmann) –, ist in diesen Filmen neu, dass man auch offiziell kein Held mehr sein will und einem klar ist, auf Dauer kein Held sein zu können. Die massendemokratischen Helden wider Willen weisen die überkommene Ehre der Heldenrolle zurück, fühlen sich von der Bürde dieser Rolle überfordert.

Die cineastische Thematisierung der Frage, wie Helden gemacht werden, hat ihren bevorzugten Platz in der Komödie. Außerhalb dieses anpassungsfähigen Genres tut der Film sich mit diesem Thema offenbar wesentlich schwerer. Den Sachverhalt verkürzend kann man sagen, dass es eigentlich nur zwei Großmeister der seriösen expliziten Selbstreflexion der Heldenfigur im Hollywoodfilm gibt, und das sind John Ford und Clint Eastwood, beide keineswegs zufällig im angestammten Genre der Heldenfigur im US-amerikanischen Film zu Hause, im Western. *The Man Who Shot Liberty Valance* (1962) ist in diesem Zusammenhang Fords Meisterwerk.

Der Mann, den alle als den Helden feiern, weiß, dass dies eine Legende ist, und er muss erfahren, dass die Öffentlichkeit, repräsentiert durch eine Tageszeitung, die Wahrheit nicht hören will, weil sie nur schwer zu ertragen ist. Derjenige, der Liberty Valance in Wirklichkeit erschossen hat, hat es nämlich aus dem Hinterhalt getan. Die vermeintliche Heldentat war glatter Mord, aber die Legende ist stärker als die Wahrheit, denn sie hat ihrerseits für die Gemeinschaft, die an sie glaubt, den Stellenwert einer stabilisierenden Wahrheit. Und das Medium Film zeigt unter der Regie von John Ford die Wahrheit der Legende im doppelten Sinn: ihre sozial und kulturell stabilisierende Funktion wie die Lüge, auf der sie beruht. Ford zeigt das in einer Doppelbewegung, für die sich in einem vergleichsweise naiven, von Derridas Finessen befreiten Verständnis bestens der Begriff der Dekonstruktion anbietet: Die Figur des Helden wird als partikulare zerstört und zugleich als allgemeine wieder aufgebaut, indem sie in ihrer Unzerstörbarkeit bestätigt wird.

Ebenso perfekt, nur im Effekt radikaler führt dies Eastwoods *Unforgiven* vor Augen, wenn am Ende der rächende Held wie ein profaner Benjaminscher Engel der Geschichte erscheint, das Antlitz der Vergangenheit zuwendend, all den Leichen, die sich vor ihm auftürmen, und im gewalttätigen Akt der Erlösung die Erlösung verweigernd. *Unforgiven* enthüllt die Wahrheit all der Geschichten, die die Helden erzählen und Groschenheftschreibern in die Feder diktieren, als Angeberei und Lüge, enthüllt also, wie sehr Held und Erzähler sich gegenseitig brauchen. Doch bietet das Resultat, anders als bei Ford, nicht einmal mehr eine symbolische, wehmütig wahrgenommene Heimat, sondern nur noch ein ortlos gewordenes Absolutes, das sich in der Figur des Helden in ewiger Verdammnis selber umkreist. *Unforgiven* schafft es, der Figur des Helden ihre metaphysische Wucht zurückzugeben, ohne zu verleugnen, dass sie auf einer kulturellen Konstruktion beruht.

Dass Heldentum etwas ist, das aufgebaut und aufgebauscht wird, macht Eastwood schließlich auch zum Thema, wenn es um den Helden auf jenem Feld des Außergewöhnlichen geht, das die Zivilisation stets noch in Zeiten des Krieges bereithält. In *Flags of Our Fathers* ist es erneut die verschworene Allianz von Politik und Massenmedien, die die Konstruktion vorantreibt. Denn jenes berühmte Foto aus dem letzten Jahr des Zweiten Weltkriegs, das sechs amerikanische Soldaten zeigt, die auf der Insel Iwo Jima in einer gemeinsamen Anstrengung eine Fahnenstange mit dem Sternenbanner aufrichten, kommt als emotionenverdichtendes Bild an der kriegsmüden Heimatfront zur rechten Zeit. Der Film zeigt nun, dass dieses Bild, das Geschichte gemacht hat, seinerseits gemacht ist und eine Geschichte hat, und zwar eine ganz und gar nicht rühmliche. Das Ereignis, das es abbildet, ist inszeniert, einer der in den USA zu Propagandazwecken herumgereichten Helden ist nur ein Ersatzmann und die beiden anderen wollen jene Helden nicht sein, die man in ihnen sehen will. Ein Held zu sein ist vielmehr eine Form des Unbehagens in der Kultur, in der Sahnetorten mit blutroter Soße gereicht werden. Es übersteigt die Kräfte jener Boys, die im Krieg eigentlich nur heil davonkommen wollen. Wenn sie Leib und Leben riskieren, dann für ihre Kumpels und Freunde, die mit ihnen unter Beschuss im Dreck liegen. Die Erinnerung an sie hat einen angemesseneren Platz in Bildern wie denjenigen am Ende des Films, als die Soldaten am Strand von Iwo Jima im Wasser herumtollen wie kleine Jungen.

Und was die Ästhetik betrifft, steckt eine ganze Philosophie des Films in der Idee, ein stillgestelltes Bild wieder in den dynamischen Raum der Bewegung zurückzuversetzen. Der Film will dann nur ein »Bewegungsbild« sein, er hat es nicht, wie Gilles Deleuze behauptet, auf ein direktes Bild der Zeit abgesehen. Es geht schlicht darum, den Bildern ihre Geschichten zurückzugeben. Der Film braucht daher keine neue Ontologie, sondern eine neue Form von historischem Materialismus. Er hat ein Daseinsrecht nicht erst, wenn er das Sein des Nichtseienden zur Erscheinung bringt, sondern sein Anliegen zugleich bescheidener und anspruchsvoller ist: die historische, material-endliche, kontingente, im Großen und Ganzen unheroische Existenz.

Dirk Knipphals

Abschied von der dunklen Seite der Macht

Erwachsen werden mit Luke Skywalker und Spiderman

Es ist eine schöne Sache, mit Superhelden durch die Lüfte zu fliegen. Erfreulicherweise kann man dieses Gefühl derzeit gut nachempfinden in den Verfilmungen mit den Heldennamen der Firma Marvel im Titel, die in den vergangenen Jahren in so großer Zahl und vor allem auch so liebevoller Umsetzung in die Kinos gekommen sind. Flugszenen sind wichtig in diesen Filmen. Das Fliegenkönnen ist die elaborierteste der Wunschphantasien, die man als Zuschauer dieser Filme eingelöst bekommen möchte, nicht so platt wie die von der Unbesiegbarkeit, nicht so ungehobelt wie die von unfassbarer Kraft.

Unter den Nerds und Freaks, die rund um Hollywood am Rechner sitzen und Geschichten aushecken oder über deren Realisierung brüten, ist in den vergangenen Jahren denn auch ein Wettbewerb darum entstanden, wer bei welchem Superhelden mit Hilfe modernster Tricktechnik die beeindruckendsten Flugszenen hingebastelt bekommt – ähnlich wie bei den hochklassigen Fernsehserien, die sich zuletzt mit immer komplexeren Figurenzeichnungen gegenseitig überboten haben, und ähnlich wie bei den Animationsfilmen, wo sich die konkurrierenden Teams in immer ausgefallenere Rahmenhandlungen hineinsteigerten. Dabei wird sorgsam darauf geachtet, im Flugstil eines jeden Helden ein individuelles Markenzeichen zu pflegen.

Bei Spiderman, meinem Favoriten, ist es dieser schwingende Bewegungsablauf. Es ist ja kein einfaches Fliegen, was dieser Held in den neuen Verfilmungen vorführt. Vielmehr schwingt er sich von Spinnenfaden zu Spinnenfaden durch die Straßenschluchten Manhattans, ein komplexes Vorwärtshangeln aus Schleudern, Ziehen, Schwingen, Hochziehen, Fallenlassen und wieder Hochziehen – atemberaubend sieht das aus, akrobatisch und bei aller Waghalsigkeit auch vollkommen schwerelos. Das Beeindruckendste an Batmans Gleitflügen über Gotham City ist dagegen die Tonspur, mit der sie begleitet werden: Die künstlichen Hightech-Fledermausflügel dieses Superhelden erzeugen im Flugwind ein unglaublich schnelles, massives Flattern, es löst bei mir immer wieder aufs Neue eine Gänsehaut aus. Die rasantesten Flugszenen waren zuletzt aber bei Iron Man zu sehen. Dieser Held, der in seinem Normalleben ein genialer Erfinder ist, hat sich eine eiserne Hightech-Rüstung mit Düsenantrieb auf den Leib konstruiert; in ihren Flugeigenschaften soll sie mit den modernsten Kampfjets mithalten können – man glaubt das durchaus, während man Iron Man im Film beim Fliegen zusieht.

Wir hatten also unseren Spaß, mein Sohn und ich, als wir an einem verregneten Samstagnachmittag im Museum für Film und Fernsehen am Potsdamer Platz in Berlin gelandet waren. Es gibt dort eine Abteilung, in der Filmtricks erklärt werden, eine gute Adresse, um bei schlechtem Wetter ein paar Stunden gewinnbringend totzuschlagen. Skizzen zu Fritz Langs *Metropolis* und Ausschnitte aus dem allerersten *King Kong*-Film hatten die historische Dimension eröffnet und dabei klargemacht, wie viel sich in der Tricktechnik inzwischen getan hat. Und den Schluss- und Höhepunkt der Abteilung bildete dann eine aufwendige Spiderman-Installation – ich weiß noch, dass ich mit einiger innerer Rührung registrierte, dass sie uns beide gleichermaßen anzog: Spiderman, das ist der Superheld, auf den wir uns innerfamiliär gut einigen können.

Sorgfältig und mit Stolz in der Stimme erläuterte der Erzähler des Off-Kommentars, wie die Jungs in Hollywood es hingekriegt haben, diese Filmfigur so beeindruckend zum Fliegen zu bringen. Zwei Details habe ich mir gemerkt. Zum einen ist es offenbar nicht empfehlenswert, bei der Konstruktion solcher Szenen seine Phantasie allzu sehr ins Kraut schießen zu lassen; mit großer Akribie haben die Animationskünstler reale Bewegungsabläufe studiert und kopiert, so wie es schon ihr Ahnherr Walt Disney gehalten hat. Beispielsweise haben sie Spiderman niemals die realen Bewegungsmöglichkeiten der menschlichen Wirbelsäule überschreiten lassen, das würde offenbar gleich auffallen und unrealistisch aussehen.

Zum anderen haben sie in die computergenerierten Filmsequenzen reale Bildelemente eingebaut. Spidermans Augenpartie stammt auch in den waghalsigsten Trickszenen von Realaufnahmen des Schauspielers Tobey Maguire, die in das Computerbild hineinkopiert wurden. Besonders fasziniert hat mich, dass an das gesamte Filmteam Digitalkameras verteilt wurden: Alle sollten so viele echte Fenster wie möglich aufnehmen; auch diese Bilder wurden in das Computerbild hineinkopiert. Ganze Hochhausfassaden setzen sich aus Collagen von Einblicken in wirklich existierende Wohnungen und Büros zusammen. Und so schwingt sich Spiderman in dem Film möglicherweise auch an Ihrem Fenster vorbei (die Filmcrew soll auch während ihrer Reisen und Urlaube fröhlich herumgeknipst haben) – selbstverständlich viel zu schnell, um es bewusst wahrzunehmen, aber in ihrer Summe vermitteln diese Fragmente eine satte Realitätsanmutung.

So eine Information merkt man sich als Autor. Nicht nur, weil sie einen Eindruck davon vermittelt, wie kompliziert das Handwerk des Computergenerierens tatsächlich ist. Sondern auch, weil sie ein gutes Bild dafür abgibt, was alles in den Kinobildern mitschwingen muss, um Helden zu erschaffen. Es sind ja nicht nur Augenpartien und Häuserfassaden. Zum Schwingen gebracht werden müssen vielmehr auch die Phantasien, Selbstentwürfe und Erinnerungen der Zuschauer. Das war damals jedenfalls einer jener Momente, in denen man als Vater gerne wirklich gewusst hätte, was so alles in dem Kopf seines Sohnes mitschwingt, während er Spiderman beim Fliegen zuguckt; er war längst aus dem Alter heraus, in dem man seinen Eltern noch ungeschützt Einblick in sein inneres Heldenleben gewährt.

Und ich habe mir damals, vor der Spiderman-Installation stehend, schon gedacht, dass dieses Bild einen guten Übergang abgeben würde. Denn was bei mir bis heute mitschwingt, wenn ich an populärkulturelle Kinohelden denke, das ist *Krieg der Sterne*. George Lucas' klassische *Star Wars*-Trilogie hat mich in der Pubertät voll erwischt und gibt seitdem eine Folie ab, an der sich alle neuen Helden messen lassen müssen. Keineswegs möchte ich behaupten, dass Luke Skywalker mein Lieblingskinoheld ist. Da gibt es Deckart aus *Bladerunner*, Ellen Ripley aus *Alien 1*, Woody Allen in seinen vielen Rollen, auch Rick in *Casablanca*, den Terminator, Kris Kristoffersen in *Heaven's Gate*, dann auch einen düsteren Antihelden wie Kapitän Ahab in John Hustons *Moby Dick*-Verfilmung, und bestimmt fallen mir, wenn ich darüber nachdenke, noch mindestens ein Dutzend Namen mehr ein.

Es gibt sogar Phasen, in denen ich Luke lieber gar nicht zum Helden hätte. Die neuen Superhelden-Verfilmungen kann ich viel befreiter, entspannter, lockerer ansehen. Aber bei Luke schwingt etwas anderes, Schwereres mit. Etwas, was manchmal auch mitschwingt, wenn ich die Wörter Heimat oder Herkommen denke. Luke Skywalker ist der Held, der gleichsam immer schon da war und der bislang alle Windungen meines Lebens mitgemacht hat. Ein Stück weit kann ich sogar mein Leben gespiegelt in dieser Hollywoodfigur beschreiben. Nur habe ich an diesem verregneten Samstagnachmittag die Ahnung gehabt, dass sich daran etwas geändert haben könnte und dass mein Interesse an Spiderman ein guter Anlass ist, über Luke als Helden noch einmal ganz von vorn nachzudenken.

Luke Skywalker wird in *Krieg der Sterne* zweimal zum Helden. Das erste Mal geschieht das am Ende derjenigen Episode, die als allererste in die Kinos kam, 1978 (nach abschließender Zählung ist das die Episode IV), *Eine neue Hoffnung*. Ich finde es bis heute erstaunlich, mit welcher Sicherheit, ja Fähigkeit zur Klassizität der smarte Newcomer George Lucas dieses Finale inszenieren konnte; ein Showdown, als wolle er ein für allemal festlegen, wie man so etwas macht. Und als großer Höhepunkt gelingt es Luke dabei, entgegen aller Wahrscheinlichkeit – allerdings schon mit Hilfe der »Macht« – die einzige Schwachstelle des »Todessterns« zu treffen. Wenige Augenblicke später sieht man dieses übermächtige imperiale Raumschiff in tausend Lichtpunkte erst zerbersten, dann verglühen. Ich weiß noch, diese Explosion war eine der ganz großen Glückserfahrungen meiner Pubertät; ihre entlastende, irgendwie traumartige Wirkung teilt sich mir heute noch mit, wenn ich den Film mal wieder in den DVD-Rekorder schiebe. Wie wenn ein Schrecken, der eben noch unüberwindlich schien, sich plötzlich in nichts auflöst.

Wie geschickt George Lucas die Motive eines fundamentalen Nichteinverständnisses mit der gesellschaftlichen Realität gebündelt hatte, wurde mir erst später klar. Auf die Figur des Darth Vader, des schwarzen Lords, der auf die dunkle Seite der Macht gewechselt war, konnte ich mein zunächst dumpf drängendes, später dann auch bewusst bearbeitetes Hamlet-Gefühl projizieren, dass etwas in der Welt der Väter nicht stimmte. Der Aufstand der Rebellen gegen das Imperium wird auch als Befreiungskampf der Lebenswelt gegen ein übermächtiges technokratisches und von kalter Machtgier durchherrschtes System gezeichnet – hippieske Echos von Haight Ashbury und »Macht kaputt, was euch kaputt macht« inklusive. Selbstverständlich: Niemand hat mit Darth-Vader-Bildern gegen ehemalige Nazirichter, die bundesrepublikanische Ministerpräsidenten werden durften, agitiert; und niemand ist mit Luke auf dem Banner auf Demos gegen Atomkraftwerke oder die Nachrüstung zu Felde gezogen. Aber immerhin: Die Weltraumsaga war als popkulturell abgefederter Triumph der Gegenkultur lesbar; selbst wenn die das in ihrer Gegnerschaft zum Mainstream gar nicht gemerkt hat. All das schwang wohl in meinem Hinterkopf mit, während ich Luke beim entscheidenden Anflug auf den Todesstern zusah.

Allerdings wurde mir schon früh klar, dass auch gewisse Ambivalenzen in dieser Szene mitschwingen; ich hielt es immer für möglich, dass Ronald Reagan sich gerade von dieser Explosion inspirieren ließ, als er sein geplantes Raketenabwehrsystem kurzerhand »Star Wars«-Programm taufte. Es schien dem politisierten Jugendlichen durchaus nicht ausgeschlossen zu sein, dass dieser US-Präsident mit der Sowjetunion, dem »Reich des Bösen«, ähnlich umzugehen gedachte, wie Luke es mit dem Flaggschiff des Imperiums vorgemacht hatte.

Wichtig für das Heldenthema ist: Luke wird zunächst zum Kriegshelden, durch eine einzige große Tat. Ganz am Schluss der Episode folgt noch eine offizielle Feier, bei der sich George Lucas große Mühe gegeben hat, sie als eingelöste Wunschphantasie darzustellen, mit Galauniformen und wagnernden Fanfarenstößen, demonstrierter Einigkeit und gefühlter Freundschaft. Ein wenig erinnert das alles mit seiner Lichtästhetik und der inszenierten Zuschauermasse in Reih und Glied ungut an Nürnberger Reichsparteitagsaufmärsche, aber dann wird das Pathos der Zeremonie glücklicherweise durch sanftes Lächeln und Augenzwinkern aufgebrochen.

Man kann diesen Schluss mögen, auch wenn man sieht, wie platt und vordergründig er ist. Die Schlussszene fängt die emotionale Bewegung, die vom Showdown und schließlich dem explodierenden Schreckensraumschiff ausgeht, gut auf. Sie zeigt dem Zuschauer, dass doch alles bloß ein Film war, Hollywood halt. Wenn man aber die beiden Episoden hinzunimmt, die dann die erste Trilogie gebildet haben, kann man das auch ganz anders sehen. Dann lässt sich gerade diese Feier als Hinweis darauf lesen, dass diese Art der Heldenwerdung defizitär ist. Irgendwann später in der Trilogie wird Darth Vader, als er glaubt, Luke Skywalker besiegt zu haben, beinahe enttäuscht den Satz sagen: »Allzu leicht!« So ist das auch hier mit der Heldenschaft. Auch sie geschah allzu leicht. Die Feier hat jedenfalls etwas Imaginiertes. Als solle Luke ausdrücklich gesagt werden: ein Schuss, ein Treffer, und schon bist du ein Held – so möchtest du vielleicht, dass es läuft, aber so läuft es eben nicht. Bevor er sich als wirklicher Held fühlen darf, muss noch einiges geschehen. Luke ist ja am Ende der Episode IV noch gar kein Jedi-Ritter!

Was erst zu geschehen hat, begründet den epischen Bogen der Trilogie. Luke muss sich erst seinem Schicksal stellen. Er muss die Wahrheit erkennen, dass Darth Vader – der Oberschurke, in dessen Bild George Lucas alles hineingepackt hat, was Angst macht und zugleich erhaben ist: tiefe Stimme und Maschinenatem, Assoziationen von SS-Uniformen und Samurairüstungen, Körpergröße und Zauberkraft – sein eigener Vater ist. Er muss seine

Furcht zu beherrschen lernen. Schließlich muss er sich Darth Vader zum Duell stellen, und dabei muss er sich – eine Wendung, die oft übersehen wird – angemessen verhalten.

Alle drei Teile der ersten Trilogie enden mit einem Duell zwischen Luke und seinem Vater. Und im entscheidenden dritten Duell darf sich Luke keinesfalls ergeben, er darf seinen Vater aber auch nicht töten, sondern er muss leiden und das Leiden aushalten und damit Darth Vader die Möglichkeit geben, wieder zu seinem wirklichen Vater zu werden: beschützend und nicht als der Begründer einer weltbeherrschenden Dynastie, als der er sich zusammen mit seinem Sohn imaginiert hatte. Das ist der entscheidende Clou dieser Heldenreise. Indem Luke Darth Vader dazu bringt, den Imperator als den wirklich Bösen zu töten, verwandelt sich diese übermächtige Vaterimago zurück zu dem realen Menschen, den Luke wohl vermisst hatte – allerdings um den Preis, dass der freundliche ältere Herr, der sich hinter der Darth-Vader-Maske verborgen hatte, bald darauf stirbt.

Erst durch dieses komplizierte Geschehen wird Luke Skywalker wirklich zum Helden. Die stille Zeremonie, mit der er sich dann vom Leichnam seines Vaters verabschiedet, bestätigt das. In ihrem würdigen Bei-sich-Sein stellt sie das Gegenbild zu der prunkenden Heldenfeier am Ende der Episode IV dar. Luke Skywalker muss also erst eine umfangreiche Reise antreten, in der er sich sein Heldentum redlich erarbeiten muss, mit Aufbruch, Abenteuern, Bewährungen, Verwandlungen und Reifeprozess. George Lucas selbst hat immer wieder darauf hingewiesen, wie viel er bei der Konstruktion von *Star Wars* dem Mythenforscher Joseph Campbell verdankt. Dessen grundlegendes Werk *Der Heros in tausend Gestalten*, eine aus Mythen aller Welt destillierte Blaupause für den Verlauf so einer Reise, soll in Hollywood inzwischen jedem Neuling, der sich im Drehbuchschreiben versuchen will, in die Hand gedrückt werden.

Dieses Motiv der Heldenreise hat *Krieg der Sterne* in meinem Bewusstsein verankert. Aus Mythen, Märchen und Sagen hat man sich als Kind zwar schon manches zusammengereimt – Gustav Schwabs heute unter Jugendlichen gänzlich ungebräuchliche Sammlung *Sagen des klassischen Altertums*, in der ich als Heranwachsender viel las, stellt ja wohl so etwas wie einen Vorläufer der heutigen Superheldenfilme dar –, aber erst durch George Lucas wurde es für mich handhabbar. Und was ich an diesem Nachmittag im Museum noch undeutlich fühlte, war die Erkenntnis, dass ich meine Beschäftigung mit der alten *Star Wars*-Trilogie in gewisser Weise lange Zeit selbst wie eine Heldenreise begriffen habe. Ich habe *Krieg der Sterne* ein Stück weit nachgelebt.

1978 war *Star Wars* eines derjenigen Vehikel, mit denen sich der Vierzehnjährige gedanklich aus der bundesrepublikanischen Vorortwelt, in der er aufwuchs, hinauskatapultieren konnte. Es gab noch mehr solcher Vehikel, *Star Wars* und die Parallelwelt, die der Film anbot, trug einen vielleicht am weitesten fort. Weltraum. Zukunft. Rebellion. Schwere Zeichen für Pubertierende und ein ziemlich sicherer Antrieb heraus aus der Welt der Einfamilienhäuser und geputzten Vorgärten.

Die dem Aufbruch folgenden Abenteuer und Prüfungen stellten sich zunächst vor allem als imaginäre Kämpfe mit Darth Vader heraus. Ich weiß noch, auf einer Demo bin ich einmal richtiggehend erschrocken: Die dunkel gekleideten Polizisten, die die schwarzen Blocks in Schach halten sollten, sahen mit ihren Brustpanzern und Helmen ein bisschen wie Darth Vader aus. Das muss etwa Mitte der Achtziger gewesen sein. Ungefähr zur gleichen Zeit habe ich in der Unibibliothek gesessen und eine linguistische Hausarbeit nicht schreiben können, weil ich im Bücherregal direkt hinter meinem Arbeitsplatz Klaus Theweleits Buch *Männerphantasien* entdeckt hatte. Zwei Wochen lang setzte ich mich täglich an meinen Platz, las Theweleit und erschauerte vor der Darthvaderhaftigkeit ganz normaler Männer.

Es gab dann auch noch andere intellektuelle Abenteuer mit dieser Trilogie zu bestehen. Während des Studiums habe ich sie gegen den Vorwurf des Unauthentischen, bloß Zusammengebastelten verteidigt. Das sei doch nur ein Plastikmythos, hieß es (als ob Wagners *Ring* aus einem Guss wäre!). Spätestens bei den sich darüber entspinnenden intellektuellen Scharmützeln konnte man dann auch die für eine Heldenreise wichtigen Verbündeten finden. Unter den avancierten Kommilitonen gab es andere Fans dieser Weltraumsaga, und Umberto Eco erläuterte am Material von *Krieg der Sterne* mythische Erzählstrukturen und das Konzept der Doppelkodierung; wir hatten das in der zweiten Hälfte der achtziger Jahre im philosophischen Proseminar zur Ästhetik der Postmoderne.

Ablehnung der Vaterwelt, Lebenswelt versus System, Postmoderne – das alles passt nicht recht zusammen. Aber das muss es bei solchen Heldenreisen auch gar nicht. Sie zeichnen eine Zwischenwelt, Stationen des Übergangs. Wichtig ist, dass sich diese Episoden in Richtung der Selbstfindung eines Helden interpretieren lassen. Mit *Krieg der Sterne* hatte ich offenbar einen Rahmen, in dem die inneren Kämpfe, die mein Erwachsenwerden begleitet haben, immer schon eingeordnet waren. Die Kämpfe tauchten in diesem Rahmen nur als Comicversionen ihrer selbst auf, aber womöglich wirkte gerade das beruhigend; innerlich zerrissen ist man in diesen Lebensphasen schon genug.

Bleibt der Reifeprozess am Ende der Reise. Da wird es nun allerdings kompliziert. Selbstverständlich wurde meine Beschäftigung mit der Trilogie mit zunehmendem Lebensalter distanzierter, ich habe sie in ästhetischer Perspektive betrachtet, weniger identifizierend. Außerdem galt es, Veränderungen in der Realität zu registrieren. Egal, wie man zu Wiedervereinigung, gesellschaftlicher Liberalisierung und Rotgrün steht, die Darthvaderhaftigkeit des Systems hat doch inzwischen einiges an Evidenz verloren. Und noch etwas ist geschehen: Während sich Väter und Söhne die alte *Krieg der Sterne*-Trilogie nie, niemals! zusammen angesehen hätten – damals gingen Eltern mit ihren Kindern einfach nicht gemeinsam ins Kino –, saßen sie um die Jahrtausendwende herum bei den neuen Folgen oft nebeneinander im Kino. Man muss das nicht verkitschen. Aber es zeigt immerhin, dass das Verhältnis der Generationen längst nicht mehr so konfrontativ angelegt ist, wie es den alten Episoden noch eingeschrieben ist. Beides, zunehmende Distanzierung und Registrieren der gesellschaftlichen Veränderungen, ließe sich dahingehend beschreiben, dass am Ende meiner Beschäftigung mit *Krieg der Sterne* zwar nun nicht gleich die große Versöhnung steht wie in den Filmen, aber doch immerhin ein begründetes Nachlassen der rebellischen Energie, ein Sicheinfinden in eine symbolische Ordnung, die sich inzwischen auch so weit gewandelt hat, dass man nicht mehr heldisch gegen sie aufbegehren muss. Eine Art Entwicklungsroman mit *Star Wars* als Kulisse.

Aber auch in meiner Heldenreise mit *Krieg der Sterne* gibt es noch einen Clou kurz vor Schluss. Erst als ich mir darüber Gedanken machte, warum mich die neuen Episoden so kaltlassen, bin ich darauf gekommen, wie sehr mich nicht nur Darth Vader als Symbol einer gepanzerten Vaterfigur faszinierte, sondern auch Luke Skywalker als überlebender Held. Diese Syth Lords und statischen Massenschlachten in den neuen Episoden können mir sowieso gestohlen bleiben, es fehlt in ihnen eben auch ein heldischer Glutkern, der die alten Episoden für mich energetisch aufgeladen hat. Zentral hat dieser Kern mit einem Satz zu tun, den Darth Vader im so großartig opernhaften Schlussduell der Episode V Luke Skywalker entgegenschleudert. »Erforsche deine Gefühle!« lautet er. Luke soll zugeben, dass er innerlich längst weiß, dass Darth Vader sein Vater ist – und er selbst damit direkt verwandt mit der böse Seite der Macht. In das »Nein«, das Luke mit schmerzverzerrtem Gesicht eher dem ungerechten Schicksal ins Antlitz schleudert, als dass er damit seinem Vater antwortet, habe ich offenbar irgendwann die vielen Helden der Selbstzerstörung hineinprojiziert, mit denen man, wenn man in den Siebzigern aufwuchs, zu tun haben konnte.

Jim Morrison und Janis Joplin – das ganze »Live fast, die young«-Programm wurde ja als Rebellion gegen das Erwachsenwerden interpretiert. In Deutschland gab es diese zornige, unglückliche und zum Teil auch ziemlich verwirrte Schriftstellergeneration um Bernward Vesper und Rolf Dieter Brinkmann; es ging von diesen Autoren immer eine geheimnisvolle dunkle Aura aus, wie von älteren Brüdern, denen man bei ihren heroischen Kämpfen und ihrem heroischen Scheitern zugesehen hat – selbst noch zu jung, um mitzumachen und heimlich auch ziemlich froh darüber. Rainer Werner Fassbinder wäre ein anderer dieser Namen: Sie stehen für die vielen Söhne, die auf die Schuld ihrer Heldenväter mit bohrender Selbsterforschung geantwortet haben, bis hin zu selbstzerstörerischen Tendenzen.

Erforsche deine Gefühle – das kann ein sehr schmerzhafter Prozess sein. Für Michael Rutschky galt in den Siebzigern gerade die Erfahrung von »Schrecken und Schmerz« als Inbegriff einer Erfahrung im emphatischen Sinn. Es waren ja auch die großen Kinozeiten der Reisen ins Herz der Finsternis; *Apocalypse Now*, das große Filmepos, das direkt Bezug auf Joseph Conrads *Heart of Darkness* nimmt, kam ungefähr gleichzeitig mit *Krieg der Sterne* ins Kino. »Wir haben uns daran gewöhnt, die gefesselte Gestalt eines überwältigten Ungeheuers zu betrachten, aber dort – dort konnte man etwas betrachten, das ungeheuerlich und frei zugleich war«, schreibt Conrad. Luke Skywalkers Gefühlserforschung war für mich eine Reise zu dem Ungeheuerlichen in einem selbst.

Aber der Punkt bei solchen Heldenfilmen wie *Krieg der Sterne* ist: Sie zeigen, dass man auch so etwas überleben kann. Sigmund Freud hat in *Der Dichter und das Phantasieren* das »eigentümliche Heldengefühl« mit einem Zitat des Wiener Lustspielautors Ludwig Anzengruber umrissen: »Es kann dir nix g'schehen.« Diese heldische Unverletzlichkeit ist bei Freud auf Seestürme und Schlachten gemünzt, aber man kann sie auch auf die Abenteuer der Selbsterforschung anwenden. Welchen Abgründen du dabei auch begegnen wirst, du wirst bis ins Innerste erschüttert werden, aber du wirst es überleben! Vielleicht wirst du dabei sogar zu dir selbst finden. So wie Luke. Das ist mein Heldengefühl aus *Krieg der Sterne* im Kern – und ich glaube, das war auch das, was der Jugendliche und junge Mann wirklich an diesem Film brauchte.

Das alles habe ich eigentlich längst gewusst, und dass ich es mir nun auch selbst zuzugeben vermag, kann ich als Schluss meiner Heldenreise interpretieren. Selbst wenn zur Gefühlserforschung gehört, dass dieser Schluss immer noch mit einem leichten Gefühl der Peinlichkeit behaftet ist. Ich glaube, man hätte lieber coolere Helden als Luke Skywalker. Dass aus dem Schauspieler Mark Hamill nach *Krieg der Sterne* nie mehr etwas Rechtes geworden ist, werte ich als Abwehrmechanismus seitens des Publikums. Aber man kann sich seine Helden offenbar nicht immer selbst aussuchen.

Solche Heldenreisen haben lange Bögen. Mit *Star Wars* ragten die aufrührerischen sechziger und grüblerischen siebziger Jahre in die popironischen achtziger Jahre hinein; ich brauchte bis zur Jahrtausendwende, um mir dessen klar zu werden. An einer Stelle in Ulf Erdmann Zieglers Roman *Hamburger Hochbahn* heißt es: »Das ist eigenartig, sagte ich. Wir, oder die meisten in meiner Altersgruppe, schieben alles auf.« Bezogen ist das aufs Heiraten, Hausbauen und Berufergreifen. Aber vielleicht gilt das ja auch fürs Beenden seiner in der Jugend begonnenen Heldenreisen.

Jedenfalls habe ich damals, im Museum für Film und Fernsehen am Potsdamer Platz in Berlin, bestimmt auch ein Moment von Freude darüber empfunden, dass die Heldenreise mit Luke in jeder Hinsicht hinter mir liegt. Spiderman ist eine ganz andere Art Held. Einer, der einem nicht unter die Nase hält, dass man der Helden bedürftig ist; sondern einer, der die komischen, auch tragikomischen Aspekte dessen sehr bewusst herausstellt.

Sam Raimis Spiderman-Verfilmungen inszenieren ein lustiges, aber zugleich auch ziemlich ernsthaftes Spiel darüber, wie es sich anfühlen könnte, in den heutigen postheroischen Zeiten ein Held zu sein: Die Hauptfigur ist dabei im ständigen Kampf mit den Erwartungshaltungen seiner Mitmenschen und auch mit der eigenen Hybris. Genau wie in *Star Wars* wird in *Spiderman* eine Heldenwerdung durch große Taten als defizitär dargestellt; Spiderman wird zwar mehrfach öffentlich als Held gefeiert, aber gerade diese Feiern ziehen dann auch böse Gegenspieler an oder sie steigen Spidy zu Kopf und er muss danach erst mühsam wieder vernünftig werden. Aber anders als in *Star Wars* gibt es hier auch nicht die Möglichkeit, durch eine Heldenreise endgültig zum Helden zu werden. Es existiert eben keine »Macht«, der man vertrauen könnte; man muss sich schon auf eigene Rechnung immer wieder aus dem Fenster schwingen und daranmachen, mal wieder die Probleme der Welt zu lösen. Und eine dunkle Seite der Macht gibt es auch nicht: Im dritten Teil der Verfilmung wird Spiderman klar, dass der Mord an seinem Onkel keineswegs auf das Konto von etwas Bösem geht, sondern das Ergebnis einer Verkettung unglücklicher Umstände war.

Eine dunkle Seite hat dafür Spiderman selbst: Er muss seine Wut kontrollieren, die gespeist wird aus der traumatischen Erfahrung, dass er glaubt, am Tod seines Onkels schuld zu sein. Aber es geht auch keinesfalls mehr darum, diese dunkle Seite bis ins Letzte auszuleuchten. Zu *Star Wars* verhält sich *Spiderman* wie Coaching zur Psychoanalyse. *Spiderman* ist die Art Film, bei der man landet, wenn man einen ironischen Helden für die Selbsterfinder von heute kreieren will. Statt um eine geschlossene Heldenreise geht es um den immer wieder gefährdeten Prozess einer inneren Entwicklung. Statt um pathetische Gefühlserforschung dreht sich das Heldische hier um ständige Selbstreflexion. Kurz: Die heroischen Züge, die es bedeutet, heute ein Individuum zu sein, werden verhandelt. Wenn man sich das genau ansieht, wird man feststellen, dass hinter der Heldenreise in *Krieg der Sterne* und dem pragmatischen Heldentum in *Spiderman* ganz unterschiedliche Theorien von Identität verborgen sind. *Star Wars* steht dafür, dass man eine Identität in einem komplizierten Prozess mit vielen Umwegen erwerben, dann aber durchaus haben kann. Bei *Spiderman* ist die Identität immer neuen Herausforderungen ausgesetzt, sie muss immer wieder aufs Neue erstritten und variiert werden.

Wir haben dann, mein Sohn und ich, nach dem Museumsbesuch nicht *Krieg der Sterne* in den DVD-Rekorder geschoben. Einige Wochen später habe ich mir die alte Trilogie dann aber noch einmal allein durchgeguckt, und bei den Duellen zwischen Darth Vader und Luke bin ich sogar ein wenig sentimental geworden. Aber es gab auch heroische Szenen, die mich wieder gefangen haben: der Untergang der beiden Sonnen auf Tatoouin aus Episode IV, der Anflug auf die Stadt in den Wolken in Episode V. Auch in der Episode VI gibt es solche Szenen (selbst wenn sie zu einem Gutteil durch die kleinen Bärchenkrieger vom Stamme der Ewoks mehr verballhornt als bereichert werden) – etwa wenn Luke Skywalker am großen Fenster des Raumschiffs steht und in den Weltraum guckt, wo sich bald darauf sein Schicksal entscheiden wird. Vielleicht verlassen einen seine wichtigen Heldenreisen nie ganz.

Bodo Mrozek

Im Geheimdienst Seiner Majestät, des Kapitalismus

Helden der Popkultur: Spione und Agenten im Kalten Krieg

Wenn sich der Mauerfall dieser Tage und damit das offizielle Ende des Kalten Krieges zum zwanzigsten Male jährt, wird auch eine Zäsur von kultureller Dimension historisiert. Gut vier Jahrzehnte lang hatte der Konflikt der Weltmächte nicht nur die Außenpolitik bestimmt. Von Großbritannien aus betrachtet erscheint der Kalte Krieg im Rückblick einerseits als Zerrspiel der Kräfte auf der Ebene von Sicherheitspolitik und Geheimdiplomatie. In seiner populären Wahrnehmung war er in erster Linie die internationale Bühne für eine neue Art von Heldenfiktion.

Wohl kaum eine Figur hat ein Genre mehr geprägt als James Bond das der Spionageprosa. Erdacht hatte den Agenten mit der Dienstnummer 007 der ehemalige Spion und Journalist Ian Lancaster Fleming in seinem Kriminalroman *Casino Royale*. Der außerordentliche Erfolg seiner zwischen 1953 und 1965 erschienenen insgesamt vierzehn Bücher, die bis heute von lizenzierten Nachfolgern fortgeschrieben werden, hatte viele Gründe. Auf medialer Ebene wird er mit der Verbreitung als täglicher Zeitungsstrip und schließlich als Leinwandheld erklärt. Die phantastische Figur des James Bond mit seinen comichaften Überzeichnungen und populären Stereotypen war zeitweise so dominant, dass sich der Autor John Le Carré gegen die Interpretation wehrte, er habe den politischen Realismus im Spionagegenre erfunden: »When I brought back, but did not invent, the realistic spy story, it was misinterpreted as a great new wave. The old wave had a tidal force.«[1] Tatsächlich ist das Genre weit älter.

In seinen Anfängen ist der fiktionale Spionageheld ein Nationalheros – und damit ein Geschöpf des 19. Jahrhunderts. Die Ursprünge des angelsächsisch geprägten Genres lassen sich bis in die britisch-deutsche Konkurrenz des Kaiserreiches zurückverfolgen. Britische Ängste vor den Flottengesetzen des Konteradmirals von Tirpitz regten die frühe Agentenprosa an. In sogenannten Invasionsromanen werden deutsche Spione und britische Verräter entlarvt, um die drohende Besetzung der britischen Inseln zu verhindern. Einer ihrer ersten prominenten Autoren, der irische Offizier Robert Erskine Childers, beschrieb die Deutschen 1903 in *The Riddle of the Sands* als »our great trade rivals of the present, our great naval rivals of the future«. Das Buch, das vom *Guardian* unter die wichtigsten hundert britischen Erzählungen gewählt worden ist, gilt als erster moderner Spionageroman. Schon damals vermischten sich Fakten und Fiktionen auf bemerkenswerte Weise.

---

[1] Vgl. Wesley Britton, *Beyond Bond. Spies in Fiction and Film*. London: Elder 2005.

Winston Churchill etwa soll von den eindringlichen Schilderungen über Einmarschpläne der Deutschen im Roman so beeindruckt gewesen sein, dass er die Flotte an strategisch wichtige Punkte verlegte. Sechs Jahre nach der Veröffentlichung des Romans wurden in London die Military Intelligence Sections gegründet, abgekürzt MI5 und MI6. Die anfänglich zehn Beamten des Nachrichtendienstes wurden im Ersten Weltkrieg auf 850 aufgestockt.

Auch das fiktive Spionagegenre erlebt einen beachtlichen Aufschwung. In das Informationsvakuum der geheimen Dienste, über deren Arbeit naturgemäß wenig bekannt wurde, stieß die Agentenprosa vor. Das einschlägige Standardwerk listet 1675 Titel zwischen 1937 und 1975 allein für den englischsprachigen Raum auf.[2] Bond war keineswegs der erste Agent mit Dienstnummer. In Frankreich etwa veröffentlichte seit 1949 der Autor Jean Bruce die Abenteuer des Geheimagenten OSS 117. Flemings Figur war jedoch mit Abstand der erfolgreichste Agent aus dem Reich der Spionagefiktion.

Die mischte sich mit der Ebene der Politik gelegentlich auf eigentümliche Weise. So räumte der Chef der Auslandsspionage der DDR Markus Wolf ein, er habe die Verfilmungen von Bonds Abenteuern als Lehrmaterial für seine Mitarbeiter verwendet. Auf der anderen Seite des Eisernen Vorhangs gab Ronald Reagan seiner ganz eigenen Sicht auf die Geschichte Ausdruck und nannte den Agenten mit der Lizenz zum Töten »eine moderne Fassung der großen Helden, die von Zeit zu Zeit in der Geschichte auftauchen, die ihr Leben für die Sache des Gerechten aufs Spiel setzen«.

Den Erfolg der Spy Novel nach dem Krieg hat man als Phänomen der Dekolonialisierung und somit als Subtext der Suezkrise von 1956 und des daraus resultierenden Machtverlusts Großbritanniens interpretiert.[3] Doch auch international fanden die Filme Nachahmer. In den USA übernahm Dean Martin die Rolle des Geheimagenten Matt Helm, den der amerikanische Autor Donald Hamilton in 27 Büchern auf geheime Mission schickte. Vier davon wurden verfilmt. Einen ähnlichen Charakter hatten die mit James Coburn besetzten Verfilmungen der Abenteuer des Agenten Derek Flint, der unter anderem eine Verschwörung früher Klimaterroristen aufdecken muss. Flint umgibt sich während seiner Anstrengungen zur Rettung der Welt stets mit leichtbekleideten jungen Frauen und trägt so weniger zur Interpretation des Kalten Krieges als vielmehr zur populären Ausgestaltung des Lebensstils eines Playboys bei.

Doch bei weitem nicht alle Bond-Nachfolger sind parodistischer Natur. Allein ihre Zahl ist beachtlich: Sammler zählen mehr als zweihundert Agentenfilme allein im Verlaufe der sechziger Jahre. Nur wenige zeigen dabei den Realismus, den etwa Alfred Hitchcocks Kubafilm *Topas* (1969) oder Yves Boissets *Maulwurf* (1981) an den Tag legen. Die meisten hatten starke Ähn-

---

2 Myron J. Smith, Jr. / Terry White, *Cloak and Dagger Fiction. An Annotated Guide to Spy Thrillers*. Westport: Greenwood Press 1995.

3 Vgl. Christopher Lindner (Hrsg.), *The James Bond Phenomenon. A Critical Reader*. Manchester: Manchester University Press 2003.

lichkeit mit der flemingschen Welt. So entkam Geheimagent 505 der *Todesfalle Beirut*, und auch die Amerikaner zog es in *Geheimauftrag CIA – Istanbul 777* in den Orient. Dazu kamen Fernsehserien wie *Get Smart*, *I Spy*, *The Saint* oder *Amos Burke*.

Die Deutschen tun sich mit dem Anschluss an die britisch geprägte Spy-fiction vergleichsweise schwer. Nach dem Zweiten Weltkrieg befindet sich das Konzept des Nationalhelden in der Krise. Die Fliegerasse, Frontkämpfer und Kolonialoffiziere haben als Helden ausgedient. Einen vergangenheitspolitisch geschickt angelegten Helden entwirft Johannes Mario Simmel 1960 mit seinem Roman *Es muss nicht immer Kaviar sein*. Sein Protagonist ist Thomas Lieven, ein deutscher Bankier, der den Zweiten Weltkrieg als eine farbenfrohe Kulisse für allerlei Amouren und Heldentaten wider Willen zwischen den Fronten erlebt. Mit dem Untertitel *Die tolldreisten Abenteuer und auserlesensten Kochrezepte des Geheimagenten wider Willen Thomas Lieven* knüpft Simmel an die Tradition des Schelmenromans an und bietet zudem eine willkommene Folie zur Umdeutung des Krieges als einer abenteuerlichen Europareise an – ein narratives Bewältigungsschema, das sich mit den Erzählungen vieler Frontsoldaten deckt. Trotz des außerordentlichen Verkaufserfolgs der Bücher können insbesondere die Verfilmungen für Kino und Fernsehen mit den deutschen Schauspielern O. W. Fischer und Siegfried Rauch international nicht mit einem Sean Connery konkurrieren.

Der Aufstieg der Spy Novel ist mittlerweile Gegenstand diverser Deutungen. Selbst die tiefenpsychologische Dimension des Spionagehelden, dem Machoallüren, Xenophobie und eine destruktive Sexualität vorgeworfen werden, ist hinreichend erforscht. Seine Vorliebe für schnelle Autos und Fernreisen etwa wurde in Toby Millers Aufsatz *James Bond's Penis* im Reader *The James Bond Phenomenon* als Flucht vor sexueller Verantwortung interpretiert. Umstritten bleibt, inwieweit der fiktionale Geheimagent der Nachkriegszeit als neuer Typus Held ein originäres Produkt des Kalten Krieges ist und dessen bipolares Weltbild reflektiert.

Der Kalte Krieg wird nicht nur mit dem Arsenal der militärischen Bedrohung, dem Rasseln der Panzerketten und den blutigen Gefechten der sogenannten Stellvertreterkriege geführt. Er ist in weiten Teilen nicht allein ein territorialer und ideologischer Konflikt, sondern eine Auseinandersetzung, die vor allem auf der symbolischen Ebene der Kultur stattfindet. Eine Ausstellung des Londoner Victoria & Albert Museums versuchte jüngst unter dem Namen »Cold War Modern« den Kalten Krieg als epochale Zäsur der Moderne einzuführen. Die These lautete, dass in Architektur, Graphik, Mode, Film und Produktgestaltung zwischen 1945 und 1970 der Wettstreit der Systeme die übergreifenden Impulse geliefert habe.

Prominent vertreten in der Ausstellung sind die Entwürfe des Setdesigners Ken Adams, der die meisten James-Bond-Utopien zeichnete. Bildlicher Ausdruck der Bedrohung eines automatisierten Krieges ist etwa die Konsole, die per Knopfdruck das Landhaus des Superschurken Goldfinger in einen Kommandostand verwandelt. Ihr Äquivalent findet sich in den Wohnzimmern der Nachkriegsära wieder in Form der roten Knöpfe der Hifi-

Gestaltung des deutschen Produktgestalters Dieter Rams oder im Interface-Design von Ettore Sottsass für Olivetti.[4]

Inwieweit der Kalte Krieg eine zentrale Rolle für die Motivgeschichte der Spionageprosa selbst spielt, ist jedoch fraglich. Umberto Eco fand in seiner Analyse der Bond-Romane eine Reihe fester Gegensatzpaare, die »eine begrenzte Anzahl von Permutationen und Verzahnungen zulassen«. Von Roman zu Roman wechselten zwar die Spielarten, die Kontrastpaare selbst bezifferte Eco dabei auf nicht mehr als fünfzehn, darunter Antagonismen, etwa »Bond versus Bösewicht« oder »Bösewicht versus Frau«.[5] Diese »breite Skala« von Antagonismen erschöpfe alle narrativen Erfindungen Ian Flemings. Bemerkenswert ist dabei, dass das Kontrastpaar »Freie Welt versus Sowjetunion« erst auf Platz fünf rangiert und dicht gefolgt wird vom Widerspruch »Großbritannien versus nichtangelsächsische Länder«: Mehr noch als ein Kalter Krieger erscheint der literarische Bond als ein britischer Snob, der auf Schwarze, Deutsche, Franzosen, Italiener und Amerikaner gleichermaßen herabblickt – und nicht nur auf den Kommunismus als Ideologie.

Weit mehr als den Konfliktlinien des Kalten Krieges folgen die Einsatz- und Drehorte Bonds denn auch den Sehnsuchtsorten des Tourismus. Von der Struktur her sind die meisten Spionageerzählungen Reiseromane. Im Gegensatz zum traditionellen Bildungsroman findet jedoch weder eine Wandlung statt noch eine persönliche Entwicklung. Die Reisen dienen vielmehr der Bestätigung von Klischees und Exotismen und verknüpfen neuartige Sportarten mit exotischen Schauplätzen. In *Man lebt nur zweimal* (1967) landen etwa Drachenflieger an der japanischen Küste, *Casino Royale* (2006) führt zu einem weltweiten Boom der französischen Extremsportart Parkour.

Der große James Bond Atlas verzeichnet die Einsatzorte auf chronologisch geordneten Landkarten und konfrontiert sie mit den politischen Grenzziehungen der jeweiligen Dekade. In den sechziger Jahren sind das Fernziele wie Jamaica und die Bahamas, später die Pyramiden von Gizeh, der Grenzstreifen zwischen Nord- und Südkorea, in *Moonraker* (1979) ist es der Weltraum. Berlin, die Hauptstadt des Kalten Krieges, ist für Bond ein vergleichsweise unbedeutendes Ziel, man zieht wärmere Gefilde vor. Meistens aber werden gleich mehrere Fernziele bemüht, wobei Steueroasen und Treffpunkte des Jetset mit afrikanischen und südamerikanischen Krisenschauplätzen abwechseln.

Besonders nahe kommt Bond auf seinen Reisen der kommunistischen Bedrohung in *From Russia with Love* (1967). Die geheime sowjetische Killerorganisation SMERSH will den Agenten des freien Westens endgültig loswerden und lockt ihn deshalb nach Osteuropa in eine Falle. Als Köder dienen eine Dechiffriermaschine namens Lector und die junge Codespezialistin Tatjana Romanova. Im Auftrag von MI6-Chef M reist Agent 007 deshalb zu-

---

[4] Vgl. Jane Pavitt/David Crowley (Hrsg.), *Cold War Modern. Design 1945–1970*. London: V&A Publishing 2008.

[5] In: Oreste del Buono/Umberto Eco (Hrsg.), *Der Fall James Bond. 007 – ein Phänomen unserer Zeit*. München: dtv 1966.

nächst nach Istanbul und sodann mit dem Orientexpress durch Jugoslawien nach Venedig. Auf den Fersen sind ihm dabei der von Moskau finanzierte Killer Red Grant und die ehemalige KGB-Agentin Rosa Klebb.

Obwohl diese Rahmenhandlung alles hat, was zur Konfrontation der Systeme benötigt wird, bleiben die dem Schema Sowjetunion zugeordneten Schurken dezidiert unideologisch. Klebb erfüllt zwar rein äußerlich die Klischees einer Kommissarin, hört zudem auf einen deutschen Namen und erfüllt damit die flemingsche Gleichsetzung von Kommunismus und Nationalsozialismus. Der Auftragsmörder Red Grant hingegen reist in der reichlich bizarren Tarnung als russischer Schachgroßmeister, residiert auf Kosten der sowjetischen Regierung in einer Villa eher feudal als sozialistisch und ist damit keineswegs ein kommunistischer Apparatschik, sondern ein wohlhabender Exzentriker, ebenso wie die meisten anderen Superschurken, die ihr Vorbild eher in Comicstrips denn in der Sphäre der Realpolitik haben.

Auch eine jüngere Studie, die den verschiedenen Phasen des Kalten Krieges folgt, findet in den Bond-Filmen keine direkten Entsprechungen mit den Spannungs- und Entspannungszyklen des Konfliktes.[6] Zwar sei die filmische Umsetzung motivischer Bedrohungsszenarien teilweise dem Inventar des Kalten Krieges entlehnt. So gewann der Film *Dr. No* (1962), in dem der Superschurke mit dem Abschuss einer Atomrakete droht, durch die Kubakrise an Brisanz. *Man lebt nur zweimal* (1967) weitete den Konflikt nach China aus, das sich nach der Kulturrevolution auch real zum neuen Feindbild mauserte. Insgesamt erweist sich die Suche nach direkten Analogien in der Zeitgeschichte jedoch als wenig fruchtbar, und so bleibt das Resultat der Studie mehr als dürftig. Erfolgversprechender erscheint die Analyse unter dem Aspekt der Lebensstilsoziologie im Zeichen des Pop.

Lietta Tornabuoni analysierte bereits in den sechziger Jahren in *L'Espresso* den Stil der neuen Spionagehelden. Sie kam zu dem Schluss, Bonds Erfolg sei darin begründet, dass sich sein Lebensstil nicht nennenswert von dem anderer Männer unterscheide. Wenn auch die meisten Männer eher selten seiner Neigung für Luxusautos und Champagner nachgehen dürften, so sei Bond in der Wahl seiner Alltagsgegenstände »reichlich konformistisch; er nimmt immer gute Markenartikel, aber solche von solidem und risikolosem Ruf. Nichts Exzentrisches ... Sein Feuerzeug ist ein Ronson, sein Rasierapparat ein Gillette ... seine Uhr eine Rolex«, schreibt Tornabuoni in *Der Fall James Bond*. Einzige Ausnahme: die eigens für ihn angefertigten Zigaretten. Auch der Alkoholkonsum Bonds ist maliziös in den Romanen verzeichnet. Ein Weinkenner, der Bonds Trinkgewohnheiten analysierte, kam zu dem Ergebnis, dass dieser zwar lauter außergewöhnliche Sachen trinke, ihm jedoch »die Kennerschaft eines Trinkers von Finesse« fehle.

Bereits in den sechziger Jahren stieg der Umsatz der von Bond getrunkenen Champagnermarke Taittinger um 40, der Import seiner Wodkasorte um 30 Prozent. Besonders stark aber wirkte sich die »Bonditis« Tornabuoni zu-

6 Philip Baum, *James Bond und der Kalte Krieg. Die Rezeption des bipolaren Weltbildes im Agentenfilm*. Saarbrücken: VDM 2008.

folge im modeorientierten Frankreich aus: Der Textilfabrikant Boussac habe den französischen Modemarkt mit Bond-Trenchcoats, -Hemden, -Schlafanzügen und dem aus *Dr. No* berüchtigten Frottee-Hausanzug Sean Connerys geradezu überschwemmt. Der Couturier Bayard nahm vier Bond-Anzüge mit Weste in sein Programm auf, Bally den Bond-Mokassin und den schwarzen Bond-Nachmittagsschuh. Colgate schuf das Eau de Cologne 007, eine Mischung der Düfte Whisky und Tabak.

Und auch die Damenmode verbreitete dankbar die Anregungen, die von den »Bond-Girls« ausgingen, angeführt von der französischen *Elle*, die den Bond-Stil vorausschauend auf den Titel gehoben hatte und ihren Leserinnen im Sommer 1962 die Anschaffung eines Ursula-Andress-Bikinis mit Gürtel empfahl. Die Damenwäschefirma Magarett bewarb Büstenhalter, Unterkleider und Schlüpfer mit dem Bild der vergoldeten Shirley Eaton aus dem Film *Goldfinger*. In Paris wurde ein auf fünfhundert Mitglieder limitierter »Club James Bond« eröffnet, mit eigenem Schießstand, in dem einzig Bonds Lieblingswaffe, die Beretta, zugelassen war. Im Jahr 1966 erreichte das Bond-Merchandising einen Umsatz von 50 Millionen Dollar.

Die Bond-Produzenten Saltzman und Broccoli gelten als die ersten, die sich der Popmusik als integralem Bestandteil ihrer Filmproduktionen bedienten. Das Titelstück *From Russia With Love* etwa verschaffte dem zuvor als »singender Busfahrer« bekannten Matt Monroe internationalen Ruhm, und das von Shirley Bassey gesungene Lied *Goldfinger* kletterte 1964 auf Platz acht der Singlecharts. Für die Interpretation der Titelsongs, die stets als instrumentale und Vokalversion erschienen, wurden zunehmend bekannte Popsänger und Songschreiber von Tom Jones über Paul McCartney bis Kanye West verpflichtet. Von elf Titelstücken schafften nur zwei nicht den Sprung in die amerikanischen Verkaufscharts, und die sogenannte Agentenmusik wurde zur »remarkably adaptable component of the Bond formula«, wie Jeff Smith in einer im Bond-Reader erschienenen Analyse des Soundtracks zusammenfasst. Die Zitate des Titelthemas aus der Feder des Komponisten John Barry sind Legion. Die Firma United Artists bot als multimediale Lektüreunterstützung die Langspielplatte *Music to Read James Bond By* an, das *Penthouse Magazine* brachte die Schallplatte *The Bedside Bond* heraus.

Diese Mehrdimensionalität des Genres und seine Orientierung an warenästhetischen Kriterien sprechen denn auch dafür, den »Spy Craze« mehr im Kontext der popkulturellen Ausgestaltung der Lebensstile und des Massenkonsums der sechziger Jahre zu verstehen und weniger im Kontext der Amerikanisierungs- und Sowjetisierungsdiskurse des Kalten Krieges. James Bond sei »an avatar of a particular image of affluence, fashion, modernity, and classlessness«, schreibt Michael Denning im Bond-Reader.

Auch das Product Placement der Filme ist beispiellos. Während sich die Requisite flexibel zeigt und bei besseren Offerten der Werbewirtschaft gerne von der Romanvorlage abweicht und die Rolex am Handgelenk schon mal in eine Seiko verwandelt, wird Bond längst nicht mehr nur durch seinen Gebrauch von Markenartikeln definiert: Er ist selbst zum Markenartikel geworden. Er sei einer der wenigen fiktiven Helden, die auch Assoziationen bei

Menschen hervorrufen, die noch nie ein Buch oder einen Film mit ihm gesehen haben, schreibt Christoph Lindner. Kaum ein Artikel über Bond kann der Versuchung widerstehen, die obligate Frage nach der korrekten Technik zum Mischen eines Martini zu stellen. Und wenn Bond laut Fleming die Italiener auch deshalb verachtet, weil sie »mit Initialen bestickte Hemden tragen und den Tag damit verbringen, sich zu parfümieren und Spaghetti zu essen«, so sind es doch jene bestickten Hemden und andere Produkte aus der Warenwelt, die den britischen Agenten zu dem machen, was er im Kern ist: ein Lifestylephänomen, das Kultur und Markt eng verflicht.

Es ist viel darüber spekuliert worden, wie James Bond sich aus der misslichen Lage befreien könne, in die ihn der Fall der Mauer und damit der Verlust seines Feindbildes gebracht hat. Zum einen ist die Befreiung aus misslichen Lagen die Hauptqualifikation des erstaunlich anpassungsfähigen Briten. Zum anderen stellt der Wegfall des Systemkonfliktes kein wirkliches Problem dar. Nachdem die Filme jahrzehntelang wie ein Gentlemenclub für die Bewahrung des Herrenwitzes wirkten, hat inzwischen selbst der britische Macho Bond einen weiblichen Chef erhalten, ohne dass freilich dabei ein Feminist aus ihm geworden ist. Die erste ernsthafte Verfilmung des ersten Bond-Abenteuers *Casino Royale* (2006) mit dem Darsteller Daniel Craig reagierte auf postmoderne Körperdiskurse, indem sie eine radikale Destruktion des im Fitness-Studio gestählten Männerkörpers inszenierte. Und seit der Wahl Barack Obamas zum Präsidenten wird in Großbritannien diskutiert, ob es nicht an der Zeit für einen schwarzen Bond sei – der aus der amerikanischen Serie *The Wire* in der Rolle des Killers Omar bekannte britische Schauspieler Idris Elba brachte sich für diese Rolle ins Gespräch. Der eigentliche Kern der Identität Bonds bleibt bei all diesen Modernisierungen aber unverändert: die Definition des Mannes als Summe der von ihm konsumierten Produktimages.

Die Spione, die aus der Popkultur kamen, so lässt sich resümieren, haben als Helden neuen Typs nicht so sehr den Kommunismus bekämpft. Sie haben stattdessen den Kapitalismus definiert. Kulturgeschichtlich macht sie das keineswegs weniger bedeutsam. Schließlich waren es keine Minikameras, Abhörprotokolle, Überläufer oder Strategieinformationen aus dem Arsenal der geheimen Dienste, die den Kalten Krieg am Ende entschieden. Den Sozialismus besiegten vielmehr die hedonistischen Verheißungen des Kapitalismus: Wohlstand, Konsum und grenzenlose Reisefreiheit. Nirgendwo waren diese Verlockungen schillernder präsentiert und plakativer formuliert worden als in der Popkultur, und deren geheimer Agent trägt den Namen Bond. James Bond.

Andy Bleck
"Der verwundete Sokrates"
nach einer Geschichte von Bertolt Brecht
Rohe Zwiebeln?
Ach so, die sollen ja Mut machen!
Ha!
Tags darauf - Morgennebel:
Die Schilde sind ne Spur zu Klein für Dicke wie dich, was?
Was die Waffenschmieden für einen Profit machen, bei so Kleinen Schilden
Skandalös!
Lagern!
He! Nicht auf dem Schild!
Wieso flüstert der denn?
Schluck! Die Perser sind nah!

und was hältst du von der Kriegsstrategie?
Kapitaler Plan! Das Fußvolk steht treu und bieder da und fängt den Stoß des Feindes auf. Derweil geht die Reiterei in der Niederung vor und fällt ihm in den Rücken.
Yaaii!
Stoßauffang
Stoßauffang
Ahh!
Verdammt, ein Dornenbusch!
Auutsch
Grrrr!
!
Gngkrch...

nix zu machen.
Da Kommen die Perser..
oje oje
Raaah!
Hierher dritte Kompanie
Los!
Gebt ihnen Saures
Kreisch!
Kloing
Haltet stand! Wir haben sie, die Dreckskerle
Krapulos, vor mit der Sechsten
Nullos nach rechts
?
Brüllt! Irgendwas!
!
!
Brüll!
Macht sie Kalt!
Bla Bla Brüll Bla Bla
Kreisch Brüll Zeter
Was ist denn hier los?
Nix. Wir brüllen, damit die denken wir sind mehr.

Ich glaub, wir gehen besser zurück.
Keinen Schritt! Seid ihr Angsthasen?
Trappel Trappel
!
Na endlich!
Zack
Knuff
Gemetzel
Später:
Nanu
Olé - Olé Olé Oleeh
He, was macht ihr da mit Sokrates?
Der dicke Schuster? Der hat uns zum Kampf ermutigt und die Perser verwirrt.
Na sowas
Jupheidi
Heida
Also, was ist passiert?
Tra la la
Wieso?
Was ist das für ein Gerede von deinen Heldentaten?
Alles Übertreibung. ..äh, Tippi, deine Suppe riecht aber gut.
Wie denn, wenn ich noch nicht mal das Feuer anhabe? Du hast dich wieder zum Narren gemacht, was? Morgen kann ich mir das Gelächter anhören.
Gar nicht! Ich habe mich tapfer geschlagen!

Warst du betrunken?
Nein, ich habe die unsrigen zum Stehen gebracht, als sie zurückwichen!
Du kannst dich ja nicht mal selber zum Stehen bringen
Stimmt
Gib mir das Salzfaß vom Tisch.
Öh, och ... ich weiß nicht ob ich nicht am allerliebsten überhaupt nichts zu mir nähme.
Ich habe mir den Magen ein wenig verdorben!
Ich sags ja, besoffen bist du! Versuch mal aufzustehen und durchs Zimmer zu gehen, dann werden wir's ja sehen.
Äh..
Wieso mußtest du denn überhaupt mitmarschieren? Deine vornehmen Freunde hätten dir doch einen Druckposten hinten bei der Feldküche verschaffen können.
Hm.
Oder haben sie es ganz in Ordnung gefunden, daß der Schuster mitmarschiert? Er ist Schuster, sagen sie, und Schuster soll er bleiben!
Wie können wir sonst in sein Dreckloch kommen und stundenlang mit ihm schwatzen und alle Welt sagen hören: Sieh mal an, Schuster oder nicht, diese feinen Leute reden mit ihm über Philosophie.
Dreckiges Pack!
Also, wenn du nicht betrunken warst, mußt du dich wie ein Schlächter aufgeführt haben.
Ist das Blut an deiner Hand?
Aber wenn ich eine Spinne zertrete!
Halt!

Ich glaube zwar kein Wort, aber irgendwas Schlaues, so hintenrum, mußt du wohl gemacht haben. Ich bringe es schon noch raus, verlaß dich drauf.
Hm. Riecht verdammt gut.
Die Sache ist noch nicht vorüber. Zur Zeit sind alle dabei, die eigenen Ruhmestaten rumzuposaunen. Aber bald kommen die auf mich zurück.
He, Alkibiades! Du hast zwar die Schlacht gewonnen, aber der Schuster hat sie ausgekämpft.
Kicher
Schmatz nicht so.
Was tu ich?
Nichts, nichts, Tippi, ich war grad in Gedanken.
Schnaub
Wumms
Knall
?

zzz
Willst du nicht rausgehen?
Keine Lust.
Klopf Klopf
Oh, deine Schüler. Schon so früh?
Morgen Sokrates, Morgen, Xanthippe.
Schluck
Alle reden von dir!
Du hast bewiesen, daß der groß Betrachtende auch der groß Handelnde sein kann.
Es ist alles Unsinn, was ihr da redet. Ich habe gar nichts gemacht.
Das wußten wir, daß du es so auffassen würdest. Wir fragten Eusopulos vor den Gymnasien: Was ist das für ein Geschrei, plötzlich?
10 Jahre hat Sokrates die größten Taten des Geistes verrichtet, und keiner hat sich nach ihm umgeblickt.
Jetzt hat er eine Schlacht gewonnen, und ganz Athen redet von ihm. Seht ihr nicht ein, wie beschämend das ist?
Aber ich hab sie gar nicht gewonnen.
Stöhn
Ich habe mich verteidigt, weil ich angegriffen wurde. Ich steckte unter lauter vernünftigen Leuten aus den Vorstädten, die kein Interesse an Schlachten haben, und tat das Gleiche wie die, höchstens einige Augenblicke vorher.
Das ist seine Art, Schlachten zu gewinnen.
Erlaube daß wir in die Gymnasien zurückeilen. Wir haben ein Gespräch zu diesem Thema nur unterbrochen, um dir guten Tag zu sagen.
Was ist bloß mit ihm? Wieso steht er nicht auf?
Oh, guckt mal!
Boa!
Sei gegrüßt, Sokrates! Wir sind beauftragt, dich in den Areopag zu bringen. Alkibiades selber hat beantragt, dich für deine kriegerischen Leistungen zu ehren.
oje oje oje

Ich brauche keine Ehrung! Sagt dem Areopag, ich habe mich um elf verabredet, um eine philosophische Frage durchzusprechen. Ich eigne mich nicht für öffentliche Veranstaltungen und bin viel zu müde.
Unglaublich!
Dir werden sie die Höflichkeit zu Amtspersonen noch beibringen.
Knall
Liegst du noch? Ich dachte, ich treffe nur Xanthippe!
Morgen, Antisthenes!
Ich beginne heute Abend wieder mit dem Unterricht. Kein Grund länger auszusetzen.
Nein
Fragt sich, ob sie kommen! Heute sind die großen Essen. Ich traf grad den jungen Pheston. Als ich sagte, daß ich abends Algebra gebe, war er begeistert. Der Protagoras und die anderen werden vor Ärger hochgehen, wenn es heißt:
Bei Antisthenes haben sie am Abend nach der Schlacht weiter Algebra studiert!
Ob ich Antisthenes alles sagen soll? Er behält es bestimmt für sich.

Sonst noch jemand getroffen?
Gorgias! Der erzählt rum, du müßtest davongelaufen sein, aber aus Verwirrung nach vorne! Einige wollten ihn schon verprügeln!
Hmpf! Das wär eine Katastrophe, wenn meine Feinde die Wahrheit rauskriegen.
Unsinn!
Ah!
Oh!
Alkibiades!
Alkibiades!
Alkibiades!
Antisthenes, wie geht das Philosophiegeschäft?
Guten Morgen, Xanthippe!
Sie toben auf dem Areopag über deine Antwort! Aus Witz schlug ich vor, dir Stockhiebe statt des Lorbeerkranzes zu verleihen, was sie noch mehr ärgerte. Aber du mußt doch mit. Wir gehen zu zweit, zu Fuß...
Eile heißt der Wind, der das Baugerüst umwirft. Setz dich.
Ihr Philosophen seid komische Leute. Tut es dir Leid, daß du geholfen hast, die Schlacht zu gewinnen? Antisthenes hat dir wohl die Gründe dagegen erläutert?
Wir haben von Algebra geredet!!!
Algebra! Typisch. Nur kein Aufheben machen, was? Nun, meiner Meinung nach war es einfach Tapferkeit.
Also beiß die Zähne zusammen, Alter, und lass die Zeremonie über dich ergehen. Es ist schnell rum und schmerzt nicht.
Und dann gehen wir einen heben.
Hm. Ich könnte sagen, ich habe mir den Fuß verstaucht.
Zum Beispiel, als mich die Soldaten von den Schultern ließen. Das zeigt auch, wie man durch Ehrungen seiner Mitbürger zu Schaden kommen kann.
Die Sache ist so – mein Fuß ...

Hm. Mist. Muß ich jetzt wirklich anfangen zu lügen !?
Äh, also...
Höre Alkibiades! Von Tapferkeit kann nicht die Rede sein. Als die Perser auftauchten, bin ich davongelaufen, und zwar in der richtigen Richtung. Aber da war ein Distelfeld, wo ich mir einen Dorn in den Fuß trat. Ich konnte nicht weiter. Ich habe dann wie wild um mich gehauen. In der Verzweiflung schrie ich irgendwas von anderen Abteilungen, damit sie glaubten, da seien welche, was Unsinn war, denn sie verstehen ja gar kein Griechisch. Andererseits schienen sie ziemlich nervös gewesen zu sein und konnten wohl das Gebrüll nicht mehr ertragen, nach allem, was sie beim Vormarsch hatten durchmachen müssen. Sie stockten einen Augenblick, und dann kam schon unsere Reiterei. Das ist alles.
Ha, Ha, Ha
Und da kannst du natürlich nicht in den Areopag gehen und die Treppe hinaufhinken, um den Lorbeerkranz in Empfang zu nehmen.
Warum hast du nicht gesagt du hast irgendeine andere Wunde ?
Weil ich einen Dorn im Fuß habe.
Oh, deshalb? Ich verstehe.
Schade daß ich meinen eigenen Kranz nicht mitgebracht habe, sonst würde ich ihn dir dalassen. Ich kenne niemand, der unter diesen Umständen erzählt hätte, was du erzählt hast.
Das hätte eine Blutvergiftung werden können!
Mindestens.
BB
AB

JÖRG LAU, geb. 1964, Redakteur für Außenpolitik im Hauptstadtbüro der *Zeit*. Gerade erschienen ist *Bekenntnisse eines schwer erziehbaren Vaters.* blog.zeit.de/joerglau

NORBERT BOLZ, geb. 1953, Professor für Medienwissenschaften an der TU Berlin. 2009 ist erschienen *Diskurs über die Ungleichheit.* norbert.bolz@tu-berlin.de

HANS-THIES LEHMANN, geb. 1944, Professor für Theaterwissenschaft an der Universität Frankfurt. 2003 ist erschienen *Heiner Müller Handbuch* (Mitherausgeber).

GILES MACDONOGH, geb. 1955, Historiker. Zuletzt sind erschienen *After the Reich* (2007) und *1938: Hitler's Gamble* (2009). giles@macdonogh.co.uk

NIELS WERBER, geb. 1965, Professor für Neuere Deutsche Literaturwissenschaft an der Universität Siegen. Zuletzt ist erschienen *Die Geopolitik der Literatur* (2007). werber@germanistik.uni-siegen.de

UTE FREVERT, geb. 1954, Direktorin am Max-Planck-Institut für Bildungsforschung, Berlin. 2006 ist erschienen *Geschichte bewegt. Über Spurensucher und die Macht der Vergangenheit* (Herausgeberin).

SVEN TETZLAFF, geb. 1965, Historiker, leitet den Bereich Bildung der Körber-Stiftung. 2007 ist erschienen *Fordern und Fördern. Was Schülerwettbewerbe leisten* (Mitherausgeber). gw@koerber-stiftung.de

INA HARTWIG, geb. 1963, Literaturkritikerin, Redakteurin der *Frankfurter Rundschau*. 1998 ist erschienen *Sexuelle Poetik*. i.hartwig@fr-online.de

RAINER HANK, geb. 1955, leitet die Wirtschaftsredaktion der *Frankfurter Allgemeinen Sonntagszeitung*. 2009 ist erschienen *Der amerikanische Virus. Wie verhindern wir den nächsten Crash?*

JOSEF H. REICHHOLF, geb. 1945, Evolutionsbiologe, leitet die Abteilung Wirbeltiere der Zoologischen Sammlung München. 2008 ist erschienen *Warum die Menschen sesshaft wurden.* reichholf.ornithologie@zsm.mwn.de

EGON FLAIG, geb. 1949, Professor für Alte Geschichte an der Universität Greifswald. 2009 ist erschienen *Weltgeschichte der Sklaverei.*

SUSAN NEIMAN, geb. 1955, Direktorin des Einstein Forums, Potsdam. 2005 ist erschienen *Fremde sehen anders.* – Der Beitrag basiert auf einem Kapitel aus *Moral Clarity. A Guide for Grown-up Idealists* (Orlando: Harcourt 2008).

ARBOGAST SCHMITT, geb. 1943, Professor für Gräzistik an der Universität Marburg. 2003 ist erschienen *Die Moderne und Platon*, 2008 Aristoteles' *Poetik* (Übersetzer und Kommentator). schmitta@staff.uni-marburg.de

HANS ULRICH GUMBRECHT, geb. 1948, Albert Guérard Professor in Literature an der Stanford University. Im Herbst wird erscheinen *Präsenz*.

PETER-ANDRÉ ALT, geb. 1960, Professor für Neuere deutsche Literatur an der Freien Universität Berlin. 2009 ist erschienen *Kafka und der Film*. altpa@zedat.fu-berlin.de

KARIN WESTERWELLE, geb. 1959, Professorin für Romanische Literaturwissenschaft an der Universität Münster. 2007 ist erschienen *Charles Baudelaire. Dichter und Kunstkritiker* (Herausgeberin).

Siegfried Kohlhammer, geb. 1944, Autor und Übersetzer. s.kohlhammer@mac.com

Heinrich Detering, geb. 1959, Professor für Neuere Deutsche Literaturwissenschaft und Vergleichende Literaturwissenschaft an der Universität Göttingen. 2008 ist erschienen *Bertolt Brecht und Laotse*.

Albrecht Betz, geb. 1943, Professor für Neuere deutsche Literatur, ist zur Zeit Gastprofessor an der Universität Löwen. 2004 ist erschienen *Les intellectuels et l'occupation 1940–1944* (Mitherausgeber).

Reinhard Steiner, geb. 1950, Professor für Kunstgeschichte an der Universität Stuttgart.

Bernhard Schulz, geb. 1953, Redakteur im Feuilleton des *Tagesspiegel*. bernhard.schulz@tagesspiegel.de

Karl Heinz Bohrer, geb. 1932, Professor emeritus für Neuere deutsche Literaturgeschichte. 2009 ist erschienen *Das Tragische*.

Martin Seel, geb. 1954, Professor für Philosophie an der Universität Frankfurt. Im Herbst erscheint *Theorien*.

Josef Früchtl, geb. 1954, Professor für Philosophie an der Universität Amsterdam. Zuletzt ist erschienen *Das unverschämte Ich. Eine Heldengeschichte der Moderne* (2004). j.fruchtl@uva.nl

Dirk Knipphals, geb. 1963, Kulturredakteur der *tageszeitung*. knipphals@taz.de

Bodo Mrozek, geb. 1968, Journalist und Historiker, forscht derzeit als Fellow am Deutschen Historischen Institut Washington über Popkultur. bodo.mrozek@fu-berlin.de

Andy Bleck, geb. 1967, Künstler, Comiczeichner. www.andybleck.de

Im nächsten Heft:

Walter Grasskamp
Die Welt als Museum?

Wolfgang Kemp
Gruppentexte

Peter Bürger
Begriff und Grenzen der Kritik

Hans Friesen
Zur Stilgeschichte der Architektur im 20. Jahrhundert

Friedrich Pohlmann
Meinen Sie Freiburg zum Beispiel sei eine tiefere Stadt?

Bezugsbedingungen: Der Merkur erscheint monatlich, im Sept./Okt. als Doppelheft. Die Zeitschrift kann durch jede Buchhandlung oder unmittelbar vom Verlag bezogen werden. Preis des Einzelheftes EUR 11 (D) / sFr 21,70; des Doppelheftes EUR 19 (D) / sFr 34,90; im Abonnement jährlich EUR 106 (D) / sFr 172; für Studenten gegen Vorlage einer Bescheinigung EUR 72 (D) / sFr 118. Private Abonnenten, die direkt über den Verlag beziehen, erhalten bei Nachbestellung jedes lieferbare Heft zum anteiligen Abo- bzw. Abovorzugspreis. – Falls die Lieferadresse von der Rechnungsadresse abweicht, fallen zusätzliche Kosten von EUR 0,35 (D) je Heft und Lieferung an. Der Abonnementpreis ist jährlich im Voraus fällig (bitte die Rechnung abwarten). Gerät der Kunde mit der Bezahlung einer Rechnung in Verzug, so werden damit alle unsere noch offenstehenden Rechnungen sofort fällig. Gerichtsstand ist Stuttgart. Alle genannten Preise enthalten die zum Zeitpunkt des Kaufs gültige Mehrwertsteuer. In Drittländern (außerhalb der EU) gelten die angegebenen Preise netto; alle Preise jeweils zuzüglich Versandkosten. Die Kündigung des Abonnements muss spätestens vier Wochen vor Ende des Bezugszeitraums in schriftlicher Form an den Verlag erfolgen. Ansonsten verlängert es sich automatisch um ein Jahr. Die Mindestbezugsdauer mit Ausnahme des Mini-Abos beträgt ein Jahr.
Manuskripte: Für unverlangt und ohne Rückporto eingesandte Manuskripte kann keine Gewähr übernommen werden.

Anzeigenverwaltung: Friederike Kamann, Tel. 07 11/66 72-12 25, Fax -20 32. Gültig ist die Preisliste Nr. 21 vom 1. 1. 2008. Verantwortlich für den Anzeigenteil: Andreas Falkinger.
Abonnementverwaltung (falls vorhanden, bitte Kundennummer angeben): Friederike Kamann, Tel. 07 11/ 66 72-12 25, Fax 07 11/66 72-20 32, E-Mail: f.kamann@klett-cotta.de; Einzelheft- und Abobestellungen auch unter **www.online-merkur.de**
Leiter Zeitschriften: Thomas Kleffner, Klett-Cotta, Zeitschriften, Rotebühlstr. 77, 70178 Stuttgart, E-Mail: th.kleffner@klett-cotta.de
Satz: TypoScript, Waldorf & Deiser, München. Druck und Einband: Ludwig Auer, Donauwörth.
Redaktionsschluss: 7. 8. 2009
ISSN 0026-0096 NC N NCA